사 회 인 문 학 총 서

권력과 학술장
: 1960년대~1980년대 초반

[사회인문학총서]

권력과 학술장
: 1960년대~1980년대 초반

서은주 / 김영선 / 신주백 편

혜안

사회인문학총서 발간에 부쳐

또 한 번의 문명사적 전환시대를 맞아 새로운 학문에 대한 요구가 드높다. 이 시대적 요청에 부응해 우리는 '21세기 실학으로서의 사회인문학'이란 과제를 수행하고 있다. 피로감마저 느끼게 하는 인문학 위기담론의 비생산성을 단호히 떨쳐내고, 인문학을 혁신하여 대안적 학문을 실험하고 있는 나라 안팎의 값진 노력에 기꺼이 동참하여 그 한몫을 감당하고자 한다.

사회인문학(Social Humanities)은 단순히 사회과학과 인문학의 만남을 의미하지 않는다. 인문학의 사회성 회복을 통해 '하나의 인문학', 곧 통합학문으로서의 인문학 본래의 성격을 오늘에 맞게 창의적으로 되살리려는 것이다. 학문의 분화가 심각한 현실에 맞서 파편적 지식을 종합하고 삶의 총체적 이해와 감각을 기르는 인문학의 수행은 또한 '사회의 인문화'를 이룩하는 촉매가 될 것이다.

이 의미 있는 연구는 연세대학교 국학연구원 인문한국(HK)사업단이 한국연구재단의 지원을 받아 2008년 11월부터 10년 기획으로 추진하고 있다. 우리 사업단에 참여하는 모든 구성원들은 학문 분과의 경계, 대학이란 제도의 안과 밖을 넘나들며 뜻을 같이하는 모든 분들과 연대하여 사회인문학을 널리 알리고자 한다.

'사회인문학총서'는 우리가 그동안 치열한 토론을 통해 추구해온 세 가지 구체적 과제의 보고서라 하겠다. 인문학이 사회적 산물임을 확인하는 자기 역사와 사회에 대한 이중의 성찰 과제, 학문 간 또는 국내외 수용자와의 소통의 과제, 그리고 제도의 안팎에서 소통의 거점을 확보하되 문화상품화가 아닌 사회적 실천성을 중시하는 실천의 과제, 이를 잘 발효시켜 숙성된 내용으로 한 권 한 권 채워나갈 것이다.

　지금 사회인문학의 길에서 발신하는 우리의 전언에 뜻있는 분들의 동참과 편달을 겸허히 기다린다. 관심과 호응이 클수록 우리가 닦고 있는 이 새로운 길은 한층 더 탄탄해질 것이다. 그로써 우리를 더 인간다운 문명의 새 세계로 이끄는 축복의 통로가 될 수 있기를 바란다.

2014년 4월
연세대학교 국학연구원 인문한국사업단장 백영서

책을 내면서: '경합하는 공공성'의 현장

이 책은 연세대학교 국학연구원 HK사업단 내 리서치워킹그룹 '대학과 학문, 공공성의 기획'팀이 지난 3년 동안 진행해온 공동연구의 성과를 묶은 것으로, 한국 근현대 학술제도사 연구의 흐름 속에 위치한다. 본 사업단에서는 한국 인문학 및 대학의 위기를 비판적으로 성찰하고 대안을 모색하기 위해 우선적으로 그것의 역사화 작업을 진행해 왔다. 2011년 출간한 『한국인문학의 형성—대학 인문교육의 제도화 과정과 문제의식』을 통해서는 해방 이후부터 1950년대를 대상으로 대학에서 인문학의 체제가 형성되는 과정의 제도적 기원을 탐색하였다. 여기서는 한국의 국민국가 건설과 연동하여 이데올로기적 지향이나 사회적 위상과의 관련성 속에서 인문학의 분과학문이 어떻게 전문성 및 정체성을 확보해 가는지에 관심을 두었다. 더불어 인문학이 교양으로서 대학의 교육과 연구의 장에 정착하는 양상과, 인문학 지식의 생산과 유통에 관여하는 학술기관·출판 등의 문제를 조명하였다. 또한 2012년에 출간한 『지식의 현장 담론의 풍경—잡지로 보는 인문학』에서는 현대 인문학자들의 중요한 실천의 장으로서의 잡지에 주목하여 그 역할과 가능성을 탐색하였다. 주요 잡지 및 학술지(학회지)를 중심으로 대학 밖의 학술적·사회적 공론장에 시선을 둠으로써 이론과 실천의 결합, 지식의 사회적 소통에 방점을 두었다. 여기서는 시대적 과제에 대응하기 위해 비판성·운동성을 강화하고 통학문적 지향을 확대해간 사례를 제시하였다. 그리고 이번에 같이 발간되는 『한국 근현대 인문학의 제도화』는 한국 대학에서의 학술담론과 공론공간의 변화를 구체적으로 추적함으로써 식민지적 학술제도와 학술담론이 해방 이후 탈식민화를 거치며 어떻게 한국사회에 뿌리내리는지를 검토하였다.

　'대학과 학문, 공공성의 기획'팀에서는 이러한 선행 연구를 계승하면서도 학술제도사 연구에서 보다 초점화된 시각과 주제를 통해 학술장을 재구성할 필요가 있다는 문제의식을 공유하였다. 특히 연구자들의 관심이 1960년대부터 80년대 초반에 이르는 시기에 집중됨으로써 개발독재 시기의 국가권력이 학술장에 어떻게 개입하는지를 규명하는 작업이 중요하고도 필요하다고 보았다. 여러 번의 내부 토론과 학술발표회를 거쳐 권력과 학술장의 관계성을 중심으로 학문의 공공성 문제를 고찰하자는 데에 합의하였다. 특히, 제도와 담론의 영역을 분리시켜 주로 분과학문 내부의 담론적 쟁점만을 다루거나 혹은 정책적 차원에서만 접근하는 제한된 연구 경향을 탈피하기 위하여 제도와 담론의 중층적이고 복합적인 연관을 고려하는 접근방법을 찾고자 고민하였다. 이 과정을 통해 박정희 정권기 대학의 제도적 안정화의 이면에서, 국가와 자본을 매개로 포섭과 배제의 역학이 학술장에 작동하는 양상을 '경합하는 공공성'이라는 관점에서 포착하고자 시도하였다. 더불어 냉전체제에서의 '비판적' 한국학의 가능성을 모색하였다.

　신자유주의적 지배력의 강화 속에서 공공성의 위기가 도처에서 발견되고 있다. 한국사회에서 그 어느 때도 공공성이 완전하게 실현된 적은 없지만, 공공성의 구현을 실험하고 그것을 위해 담론적 투쟁을 벌였던 공론장이 오늘날처럼 무기력한 적도 없었던 듯하다. 공공성의 위기란, 완전체로서 실재했던 공공성의 약화와 쇠퇴를 의미한다기보다 공공성의 구현을 둘러싼 긴장과 경합의 시도 자체의 약화와 부재를 의미한다고 하겠다. 지식의 공공성이란 차원에서 대학과 지식생산주체의 사회적 역할을 역사적으로 맥락화하려는 취지에도 불구하고 이 책의 공동 연구에 참여한 연구자들이 공공성의 개념 사용이나 그것의 구체적 현현태에 대한 평가에서 동일한 태도를 견지하였다고는 볼 수 없다. 식민지 경험에 이은 냉전체제, 그리고 미국의 신식민주의적 지배력 안에 위치했던 이 시기의 한국사회는 이러한 중첩된 모순이 본격적 산업화로의 이행과 맞물리면서 개인과 집단, 사적 영역과 공적 영역의 관계 자체를 근본적으로 새롭게 고민할 수밖에 없는 조건을 만들었다. 박정희 정권기의 지식인들은 국가권력과 대중(민중) 사이에서 자신들의 사회적 역할에 관심을 집중했으며, 권력의 비민주성이 심화될수록 소위 협력과 저항의 양자선택에 내몰려야 했다. 그렇다고 해서 이 시기 학술장의 대응을 '민주/반민주'의 이분법으로 단순화하는 것은 학술 주체의 실존적 조건이나 지식 구성자로서의 자의식 혹은 욕망 등을 충분히 설명하지 못한다. 실재하는 학술장은 자율성과 통제 메커니즘이 충돌하고, 권력과 자본에의 욕망이 비판적 저항의 당위성과 뒤엉켜 있으며, 개인주의적 지향과 공동체적 윤리가 공존하는 공간이다. 어쩌면 경계의 넘나듦이나 모호함, 적대적 이원성의 길항과 긴장이야말로 공공성을 향한 실존적 고투의 흔적일지도 모른다. 이 책에서 공공성을 둘러싸고 발생하는 해석의 균열 역시도 그러한 맥락에서 이해될 수 있을 것이다.

사회인문학총서 가운데 하나인 이 책은 3부로 구성되어 있다. 1부 '학술장의 공공성과 지식생산의 지형'은 학술제도 및 담론장의 구성에 개입하고 영향을 미친 다양한 힘들의 역학관계에 주목하여 '경합하는 공공성'이라는 관점에서 접근한다. 절대적인 권력주체로서의 국가·자본이 학술장에 개입하는 양상을 분석하고 공공성을 둘러싼 지식생산 주체들의 다양한 지향을 살펴본다. 강명숙의 「제도화된 학술장으로서의 대학과 국가 통제: 1960~1970년대를 중심으로」는 1960~1970년대 고등교육 정책에 작용한 국가의 통제 메커니즘이 제도권 안의 대학 학술장을 마비시키는 과정을 비판적으로 검토한다. 이 시기 대학의 제도적 안정화에도 불구하고 생계로서의 교수, 국가발전학, 학술활동 자격증으로서의 학위를 의미하는 제도로서의 학술(안)과 사회문제에 대한 전방위적 접근, 잡문으로 치부되는 고발적 글쓰기, 실천지향적 학술추구를 의미하는 운동으로서의 학술(밖)이 분기되는 양상을 분석한다. 이봉범의 「1960년대 권력과 지식인, 그리고 학술의 공공성: 적극적 현실정치참여 지식인의 동향을 중심으로」는 대학, 학문, 지식이 국가 및 자본에 의해 포획된 상황에서 권력/지식인의 관계에 대해 '체제옹호/저항'의 이분법적 틀을 벗어나 보다 유연한 시각이 필요함을 제안한다. 이 글은 1960년대 학술 파르티씨파숑의 전형적 형태인 평가교수단의 현실정치참여를 집중적으로 조명하면서 학술의 공공성 실현이 지니는 모순적 양면성을 도출한다. 김현주의 「1960년대 후반 비판 담론에서 '자유'의 인식론적·정치적 전망:『창작과비평』을 중심으로」는 정치적 운동/담론의 장이 폐쇄되어 가던 1960년대 후반에 문학/학술의 장에서 발아한 '자유'의 성격 및 의의를 분석한다. 이 글은『창작과비평』을 통해 자유의 인식론적, 정치적 전망을 활성화시킬 수 있는 지식 형식으로 제안된 것이 리얼리즘 문학과 비판적인 역사적 사회과학이었으며, 이것들이 성찰적이고 참여적인 주체를 구성할 수 있는 장치/제도였음을 논증한다. 김영선의 「한국여성학 제도화 과정과 지식생산의 동학: 장소·사람·프로젝트」는 1960~1970년대에 초점을 맞춰 여성(주의) 지식생산의 구조와 동학, 사회적 맥락에 대한 종합적 분석을 시도한다. 여성운동단체 및 대학여성연구소 등의 다층적·사회적 장소에서 생성된 인적 네트워크와 프로젝트들의 상호연결성, 그리고 여기에 함의된 실천성과 운동성을 드러냄으로써, 초기 여성문제의 조사연구와 여성교육 프로그램에 함의되었던 당대 공공성의 내용과 특징을 현재적 관점에서 재평가하고 있다. 이영미의 「1970~80년대 재야지식 장의 예술관 변화와 공공적 실천성: 문화운동·문예운동·예술운동의 명명과 그 의미」는 1970~1980년대의 진보적 예술운동의 다양한 명명과 그에 따른 예술관의 차이를 분석함으로써 예술의 공공적 실천의 지형을 고찰하고 있다. 이 글은 이 시기 진보적 예술운동의 담당자들이 지역사회와 정부의 문화정책 속에서 지식/담론의 차원과 구체적 실천의 차원을 접속·연대시키는 경험에 주목한다.

2부 "'비판적' 한국학의 모색'에서는 1960년대 이후 한국학이 보다 체계화·관제화 되어가는 한편으로 비판적 민족주의와 민중주의가 결합하여 '비판적' 한국학에 대한 모색이 이루어지는 양상을 고찰한다. 근대사 담론 및 식민화·주체화를 둘러싼 '외래/토착'이라는 학문 구성의 이분법을 비판적으로 성찰함으로써 현실에 개입하는 지식 구성의 복합성을 조망한다. 서은주의 「'민족문화' 담론과 한국학: 1970년대 분단인식과 관련하여」는 한국학의 부상이라는 학술사적 맥락에서 '민족문화'에 대한 담론화 과정을 분단인식과의 상관성에 주목하여 고찰한다. 관제 내셔널리즘의 학문생산 동력과 진보 진영의 민족주의 지향이 한국학의 제도화 과정에서 공생 혹은 길항하는 양상을 검토하고 이것이 분단에 대한 인식, 민중에 대한 이해와 어떻게 연동되는지를 고찰한다. 신주백의 「'내재적 발전'의 분화와 '비판적 한국학': 민중의 재인식과 분단의 발견을 중심으로」는 관점과 태도로서의 내재적 발전에 입각해 한국사를 연구해 오던 흐름이 1970년대 들어 어떻게 분화되었는지를 추적하여, 그 분화과정이 갖는 의미를 대학사, 학술사의 맥락에서 점검한다. 그는 민중을 역사의 주체로 재인식하고 분단의 문제를 학술연구의 대상으로 수용하는 태도를 민주적 공공성에의 지향으로 규정하고, 특히 분단에 대한 학문적 자각을 보여준 역사학으로부터 '비판적' 한국학의 가능성을 읽어낸다. 김건우의 「국학, 국문학, 국사학과 세계사적 보편성: 1970년대 비평의 한 기원」은 내재적 발전론을 기반으로 형성된 4·19세대 비평 패러다임을 분석함으로써 세계사적 보편성을 한국사에서 찾고자했던 민족주의적 열망을 비판적으로 고찰한다. 그는 민족주의 자체가 국가 통치 이데올로기와 접점을 지닌다는 인식 아래 1960~1970년대 문학사 혹은 비평이 소위 '국학'의 범주를 벗어나지 못했음을 지적한다.

3부 '학문의 자율성과 통제 메커니즘'은 백영서의 사회로 진행된 김병익·염무웅의 대담을 정리한 것으로, 박정희 정권 시기의 학술장 내외부의 규율 시스템과 『창작과비평』, 『문학과지성』을 중심으로 형성된 학술주체들의 인적 네트워크 및 담론 지형 등을 주요 내용으로 한다. 이 대담은 우선 대립적 진영으로 간주되는 두 잡지를 주도해온 김병익·염무웅의 공식적인 첫 대화라는 점에서 특별한 의의를 갖는다. 나아가 이 대담은 문건으로 확인하기 어려운 이 시기 학술장·문학장의 구체적이고도 세밀한 사실들을 증언·기록하는 자리이자, 거리화를 통해 성찰하고 평가하는 자리라는 점에서도 그 의미가 깊다. 이 대담에서는 창비와 문지가 출간되는 과정의 전후 맥락과, 두 매체를 연대 혹은 대립하게 만든 의식과 지향에서의 차별성이 무엇인지에 대해 증언하고 분석한다. 또한 두 매체를 기반으로 인문·사회과학의 지식 네트워크가 형성되고 확장되는 과정, 그리고 제한적이나마 이들 매체에서 생산된 담론이 일본과의 지식 교류를 통해 해외로 발신한 사례를 소개한다. 더불어 공식적인 검열을 포함해, 연구·출판과 관련된 지식인의 자기검열의 문제를 다룸으로써 학술장에 대한 국가권력의 개입과 지식인들의 대응 양상을 검토한다. 마지막으로 지성사의 관점에서 counter-culture로서의 두 매체의 역할과 의미를 극심한 매체환경의 변화를 겪고 있는 현재 상황과의 대비 속에서 평가한다.

이 책은 지식장에서 '공공성'을 둘러싸고 각축하는 국가와 지식생산주체의 다양한 욕망 등을 복합적으로 고려하는 시각 및 방법론을 시도함으로써, 국가와 학문주체의 관계성이 '협력과 저항'의 이분법만으로는 포착될 수 없다는 문제의식을 공유하였다. 공공성을 매개로 하는 이러한 접근법은 '진보/보수', '민주/반민주'라는 한국 지성계의 이분법적 틀을 비판적으로 성찰하는 계기를 제공하리라 기대한다. 이 책은 특정 분과학문의 제도화 과정이나 담론지형을 고려하면서도 분과학문 사이의 상호작용과 학술장 외부와의 영향관계를 통해 분과학문의 경계가 확장되고 해체되는 양상에 관심을 두었다. 그런 차원에서 이 연구들은 학제간 연구의 기원과 역사를 추적하는 작업이라는 의의를 갖는다. '경합하는 공공성'이라는 키워드로 학술장의 다층적이고 복합적인 성격을 규명하려는 이 책의 기획은 아쉽게도 국가권력의 통제라는 측면에서는 어느 정도 분석적 성취를 이루었지만 자본의 개입과 학술장과의 역학관계에 대해서는 상대적으로 연구가 미진하다. 국가를 경유한 자본의 영향력은 대학과 교수의 국가통제 방식을 통해 어느 정도 소개하였지만 학술장에 유입된 국내외 기업·민간재단 등의 펀드가 분과학문의 위계화와 특정 연구주제로의 집중화로 나타나는 맥락은 여성학의 제도화에 대한 연구 외에는 별로 다루지 못하였다. 이는 현재 한국의 대학과 학술장의 가장 근접한 전사(前史)로서 1980~90년대 학술장의 변화와 재편과정을 트랜스내셔널리티의 측면에서 접근하려는 후속연구에서 보완될 수 있을 것이다.

이 책을 묶어 세상에 내놓기까지 내부구성원은 물론이고 많은 분들의 노고가 있었다. 오랜 기간 동안 신촌까지 와서 세미나에 참여해준 이영미, 이봉범, 강명숙 선생님께 고마움을 전하고 싶다. 세미나에 참여하지는 않았지만 자신의 글을 흔쾌히 보내주신 김건우 선생님께도 감사드린다. 무엇보다 후배 연구자들을 위해 대담에 응해주신 김병익 선생님, 염무웅 선생님께 감사드린다. 한겨울에 인터뷰를 의뢰한 우리의 실례를 사과드리며, 이 대담에 충분히 담지 못한 선생님들의 정확하고 풍부한 기억들을 다른 자리에서 다시 만날 수 있기를 기대해 본다. 그리고 우리의 궁금증을 대신하여 유연하고도 효율적인 대담을 이끌어 주신 백영서 원장님께도 감사드린다.

2014년 5월
서은주

차 례

2부 '비판적' 한국학의 모색

3부 학문의 자율성과 통제 메커니즘

『창작과비평』, 『문학과지성』을 말한다

1부

학술장의 공공성과 지식생산의 지형

제도화된 학술장으로서의 대학과 국가 통제

1960~1970년대를 중심으로

강 명 숙

I. 학술장으로서의 대학

이 글에서는 1960~70년대의 고등교육정책, 주로 대학 및 학술정책에 초점을 두고 국가의 통제 메커니즘 구축과정을 살펴보고자 한다. 이를 통해 제도화된 학술장(學術場)으로서의 대학과 그 주변에서 이루어지는 학술행위가 국가와의 관계에서 어떠한 성격과 한계를 갖는지 논의하고자 한다.

1960년대는 대학 교육기회가 늘어나고, 대학이라는 학교 제도의 제도적 안정성이 추구되면서 대학이라는 사회기관의 내적 통치 원리, 대학과 대학 구성원들의 사회적 역할 등에 대한 진지한 모색이 필요한 시점이었다. 하지만 박정희 정권의 조국근대화와 경제개발 추진, 정치적 정당성의 위기와 맞물려 대학이라는 사회기구는 국가에 의해 동원과 억압의 장치로 인식되었다. 그 결과 대학이라는 제도화된 학술장은 자율적인 거버넌스 원리를 가지고 운영되는 장이라기보다는 국가권력과 상당히 밀착된 독특한 특질을 갖게 되었다. 이 특질은 대학이라는 제도적 장을 중심으로 전개되는

---

* 이 글은 「1960~70년대 대학과 국가 통제」, 『한국교육사학』 제36권 1호(2014)를 고쳐 수록한 것이다.

학술 활동의 성격을 규정지을 뿐만 아니라 제도 밖의 학술장 형성과 그 성격에도 영향을 미쳤다.

이 글에서는 대학을 제도화된 학술장으로 바라보고 접근함에도 불구하고 학술정책에 대한 본격적인 탐구보다는 대학이라는 제도화된 학술장에 대한 국가 정책을 살펴봄으로써 제도화된 장을 둘러싼 학술 연구 행위의 성격 및 그 한계를 가늠해보는 우회적인 방식을 취하고자 한다. 1960~70년대 연구 및 학술 활동이 대학 내부에서 활성화되지 못하고 대학 밖으로 내몰리는 배경을 특히 고등교육 정책의 맥락에서 살펴보고자 한다. 이는 고립되거나 개별화되어 있던 교수와 연구자들이 대학 밖에서, 혹은 특정 개별 대학이나 학문분야를 넘어서 연대를 맺고 대항 세력으로 성장해가는 과정, 대항적 학술 행위와 담론을 모색하게 되는 배경으로 국가의 고등교육 정책이 어떻게 영향을 미치는지 살펴보는 일이 될 것이다. 이는 동시에 국가에 의해 학술장으로서의 대학이 어떻게 정책적으로 포섭되고 배제되는지의 양면을 고찰하는 작업이 될 것이다.

그동안 1960~70년대의 고등교육 정책과 학술 통제에 대한 연구[1]는 시도되어 왔으나 대학이라는 장과 학술활동의 성격, 학술 정책 및 대학 정책과 대학인들의 학술행위를 연관시켜 논의한 연구[2]는 많지 않았다. 하지만 최근 대학이라는 학술장의 제도적 기반과 교육 및 연구 행위의 관계, 즉 대학의 구조적 특징과 그를 둘러싼 학술 행위의 상호연관성을

---

1) 이 글에서는 고등교육과 대학을 거의 동의어로 보고 경우에 따라서 혼용하였다. 고등교육 정책 및 학술 정책의 변천에 대한 연구로는 이형행, 「한국고등교육정책의 변천과정 소고」, 『연세교육과학』 24권, 1979 ; 김종철 외, 『한국고등교육의 역사적 변천에 관한 연구』, 대학교육협의회, 1988 등이 있다. 1960~1970년대 고등교육에 한정해서는 최긍렬, 「5·16 군사정부의 고등교육 통제에 관한 연구」, 교육출판기획실 엮음, 『분단시대의 학교교육』, 푸른나무, 1989 ; 채성주, 「유신체제하의 고등교육 개혁에 관한 연구」, 『교육행정학연구』 21권 3호, 2003의 연구를 참고로 하였다.
2) 고등교육제도와 학술활동의 발전을 연관시켜 논의하는 노력은 김필동, 「대학제도를 통해 본 학문체계 구조변동에 관한 기초연구」, 교육부 정책연구과제보고서, 2000 ; 장세훈, 「학술정책과 연구-교육체제의 변동 : 두뇌 한국(BK) 21사업을 중심으로」, 『한국사회학』 제36집 2호, 2002 등에서 시도되었다.

밝히려는 노력이 시도되고 있다.3) 대학 제도 도입 이후의 학술 활동의 질적 성격을 역사적으로 규명하여 우리나라 근대 학문의 형성을 살펴보는 것은 그 자체로 의미있는 시도이다. 나아가 최근의 대학 체제 개혁과 교육 연구 조건의 변화가 교육 연구 행위의 비판적 성격, 학문의 발전, 학문의 공공성과 어떻게 연결될 수 있는지에 대한 시사점을 제공해 줄 것이다.

II. 1960년대 대학정비와 국가 통제의 제도화

1. 대학 내부의 자율적 규율 시도

1960년 4·19혁명은 우리사회에서 대학과 대학생, 대학교수의 사회적 정체성 및 역할에서 하나의 전환기였다. 해방 이후 대학의 설립과 운영, 대학생 및 대학 교수의 양적인 증가 과정에서 나타난 현상으로 인해 대학이 나라를 망친다는 이른바 대학망국론이 제기될 정도로 대학사회에 대한 부정적 인식이 사회에 팽배했다. 4·19혁명 초기 고등학생들의 시위에서 "기성세대는 물러가라"는 플래카드에 괄호치고 "대학생부터" 라는 문구가 부기될 정도로, 대학생은 '놀고 먹는 대학생'으로 사회적 이미지가 형성되었다. 4·19혁명의 대학교수단 시국선언문에 "학원의 자유"와 "곡학아세하는 사이비 학자와 정치 도구화된 소위 문화예술인을 배격한다"는 성명 내용이

---

3) 나아가 대학에서의 분과 학문의 제도화 과정, 제도화된 분과 학문의 성격 등에 대한 논의도 전개되고 있다. 그러나 대학이라는 제도와 학문 행위의 특성을 연관시켜 논의한 연구로는 다음의 연구들이 참고할 만하다. 강명숙, 「대학의 제도적 기반 형성과 학술여건」, 『한국근현대사연구』 제67집, 2013 ; 김정인, 「1960년대 근대화 정책과 대학」, 『한국근현대사연구』 제63집, 2012 ; 정준영, 「해방직후 대학사회 형성과 학문의 제도화」, 『한국근현대사연구』 제67집, 2013 ; 신주백, 「식민지 조선의 고등교육체계와 문·사·철의 제도화, 그리고 공공성」, 『한국교육사학』 34권 4호, 2012 ; 정선이, 「연희전문 문과의 교육」, 『근대학문의 형성과 연희전문』, 연세대학교 출판부, 2005.

들어 있듯이 대학은 학문의 자유가 제한되었고, 대학교수에 대한 시선은 곱지 않았다. 그런데 4·19혁명에서 대학생과 대학교수단의 시위가 마지막 국면을 압도함으로서 대학생과 대학교수는 우리사회에서 사회문화적 주도권을 획득[4]하게 되었다. 이후 한국사회에서 군대와 대학이 근대화 압력 집단의 가능성으로 인식되고, 국가 근대화 프로젝트의 주요 대행기구로 대학, 대학생, 대학교수의 가능성이 주목되기 시작했다.

4·19혁명 이후 대학에서는 대학생과 교수들을 중심으로 자율적인 대학 민주화 작업, 학원 정화작업이 전개되었다. 과도 정부도 학원 안정화 노력을 기울여, 1960년 5월 10일자로 「대한민국 학도호국단 규정 폐지에 관한 건」을 대통령령으로 공포하여 학도호국단을 폐지하고, 학생자치기구로서의 학생회를 만들었다.

또 거의 모든 대학에서 무능, 어용, 부패, 독재 교수를 축출하려는 시위가 연달아 일어나자 1960년 5월 26일 「학원 정상화를 위한 긴급조치의 건」을 발표[5]하여 교수 축출의 기준을 제시하였다. "교육공무원으로서 3·15 부정 선거에 적극 가담하여 교육계나 일반국민의 지탄대상이 되고 있는 자, 구 정권을 배경으로 학교 경영 교육 행정 수행에 있어서 독재와 부정 불법을 자행하여 개인의 명리를 도모하고 학원의 질서를 문란케 하여 교육계의 위신을 손상케 한 자, 불순한 동기로 학생 또는 동료를 선동하여 학원의 질서를 문란하게 하거나 직무를 유기 또는 태만한 자, 4·19혁명 이후 부정입학을 시켰거나 부정 경리를 자행한 자를 처벌한다"고 정했다. 또 학생에 대해서도 "정당한 이유없이 학원의 질서를 문란케 한 자는 학칙에 의거하여 처벌토록 한다"고 처벌 요건을 제시했다. 문제는 분규대학의 대부분인 사립학교의 교수 및 학원경영자 처리였다. 그래서 "사립학교 교원과 법인의 임원으로서의 앞서 제시한 기준에 해당하는 자는 자진사퇴

---

4) 권보드래·천정환 지음, 『1960년을 묻다－박정희 시대의 문화정치와 지성』, 천년의 상상, 2012, 37쪽.
5) 『동아일보』 1960년 5월 27일.

하도록 권고하고, 이에 불응할 경우에는 총장, 학장, 교장의 취임 승인 및 법인 임원의 취임 인가를 취소할 수 있으며 기타 교원에 대해서는 해직을 명할 수 있다"고 하여 사립학교에 대해 정부가 강력하게 제재할 수 있도록 제도적 조치를 취했다. 그 결과 1960년 4월부터 9월 말까지 각급 학교에서 180명의 교장 및 교원이 배척되었고, 1명의 법인 임원의 불신임이 일어났다.[6] 학생과 교수, 교수와 이사진의 갈등을 수습하는 과정에서 분규 원인을 해결하기 위해 교수 및 경영진의 배척이 이루어졌지만, 사립학교 총장, 학장, 교수에 대한 정부의 직접 해임이 가능하도록 길을 열었다는 점에서 이후 악용의 여지를 만들어 놓았다.

4·19혁명 이후 각 대학에서는 교수회, 교수평의회를 구성하여 교수의 신분 보장 및 대학자치를 실현하려는 움직임이 가시화 되었다. 연세대학교는 1960년 5월 전체교수회를 열어 교수평의회 구성, 총장과 이사장의 겸임 분리, 총장의 선임을 위한 물색위원회 구성과 위원회의 교수대표 참여, 학장과 대학원장 임명에서의 교수회 동의, 교수 임용 승진에서의 교수회 동의 등을 요구하였다. 6월 이사회와 조정하여 위 사항을 결의함으로써 학원 민주화를 위한 기반을 마련하였다. 총학장 임명 및 교수 임용 승진에서의 교수회 동의는 서울대학교의 경우 1953년 4월 공포된 교육공무원법에 근거하여 교수회가 부활하면서 1950년대 중반부터 실천되고 있었다.[7] 그러나 문교부의 승인 거부 사태[8]가 일어나 실질적인 권한은 미약하여 그 의미는 제한적이었지만, 절차적으로는 교수회의 동의를 거치도록 함으로써 교수자치의 발전 여지를 마련해 두고 있었다.

---

6) 『대한교육연감』, 교육신문사, 1961 : 손인수, 『한국교육운동사 2』, 문음사, 1995, 181쪽 재인용.
7) 서울대학교에서는 1954년 부총장 윤일선 학장 임명 동의 투표, 1956년 윤일선의 총장 임명 동의 투표가 실시되어, 90% 이상의 교수가 참여하여 투표한 결과 임명 동의되었다.(한기언, 『대학의 이념』, 한국학술정보, 2005, 225~227쪽)
8) 1959년 5월 문리과대학 교수회에서 박양운 전임강사의 승진에 동의하여 총장이 조교수로서의 승진발령을 정부에 내신하였으나 특별한 이유 없이 끝내 발령이 나지 않았다.(한기언, 『대학의 이념』, 한국학술정보, 2005, 228쪽)

1960년 7월 29일 총선을 통해 집권한 제2공화국 민주당 정부는 학원 민주화, 교육의 질 제고, 중앙집권적인 권한의 지방 이양 정책을 추진하였다. 1961년 대여장학금법 시행, 서울대학교의 종합화 계획 등을 추진하였으나 뚜렷한 성과를 내지 못한 채 5·16 군사정부에 의해 밀려났다.

2. 국가의 개입 정당화와 국가주의적 대학관

가) 대학정비의 추진

1961년 5·16 군사 쿠데타로 집권한 정부는 대학에 대한 대대적인 정비작업을 착수했다. 군인들로 구성된 국가재건최고회의 문교사회분과위원회 최고위원들에 의해 입안된 정책들이 6월부터 발표되기 시작했다. 1961년 6월 21일 문교당국은 6월 20일까지 대학정원 초과에 대한 실태조사가 완료되었으며, 이에 의거해서 대학정비를 위한 대책을 수립하겠다고 천명하였다. 구체적인 대학정비 계획이 발표된 것은 7월 22일이었는데 그 내용은 기본원칙과 대학정상화를 위한 시책, 대학정비 원칙을 포함하고 있었다. 정비계획의 내용을 살펴보면 대학은 국가에 필요한 인력을 양성하는 곳으로, 대학의 질을 향상시키되 특히 학원을 영리적으로 운영하는 것을 엄격하게 막는다는 문제의식에서 출발하고 있음을 볼 수 있다. 구체적인 시책으로 대학입학자격 국가고시제 실시, 학사학위 국가고시제 실시, 엄격한 대학 정원제 실시, 교수의 자격과 질 강화하는 임면제도 마련, 재단의 임원은 2인 이상의 친족이사를 불허한다 등과 같은 사학재단의 합리적 운영 방안 등이 제시되었다. 대학의 부정축재 조사, 분규대학의 실태조사 및 정리, 부실재단 정비, 시설과 교수의 법정기준에 미달하는 대학의 정비를 천명하고, 또 인문계 대학의 감축과 실업계 대학의 육성, 대학의 지방분산, 국립대학의 경제적 운영 등의 정비 원칙도 발표하였다. 정비 계획에 따라 조사한 후 학교 및 재단 설립 허가 취소, 학교의 격하, 재단 및 학교 통합, 학생 정원 감축, 학생 신규 모집 금지, 학과 및 단과대학

폐지, 재단 강화 명령, 총학장의 해면 혹은 승인 취소의 8가지 조치를 취하겠다9)고 발표하였다.

이로써 국가의 대학 관리 통제 의지를 강력하게 드러내고, 국가의 인력 수급 필요에 따라 대학과 정원의 규모를 통제하겠다고 밝혔다. 당시 국공립뿐만 아니라 사학의 방만하고 영리 위주의 운영을 방지하겠다고 함으로써, 공적 이익을 대변하는 국가의 역할을 강조하고, 국가에 의한 관리로 대학 운영의 합리성을 추구하겠다고 하였다.

이어 8월 16일에는 2차 정비계획을 발표하였는데 학과, 단과대학, 지방 대학의 통폐합 방향과 학생 정원 감축 방안에 대한 것이었다. 사립대학의 정원은 재책정하고, 공립대학은 국립대학으로의 흡수하되 정원을 대폭 감축하며, 국립대학은 전남북과 경남북 단위로 동일지역내 단과대학은 종합대학으로 흡수하고, 유사 학과 및 단과대학은 통합하여 정원을 축소하고, 사범대학은 문리과 대학으로 통합하거나 교육대학원으로 신설한다10)는 내용이었다.

두 차례에 걸쳐 발표한 정비계획의 법률적 근거 뒷받침을 위해 1961년 9월 1일 '교육에 관한 임시특례법'을 제정·공포하였다. 전문 22조와 부칙으로 구성된 이 법에서 고등교육과 관련된 주요 내용은 다음과 같다.

> 제2조 국가의 문교행정에 관한 중요시책에 대하여 문교부장관의 자문에 응하게 하기 위하여 문교부에 문교재건자문위원회를 둔다
>
> 제3조 문교부장관은 학교의 지역별 또는 종류별의 배치상황, 설립자의 경비부담능력 또는 학교의 시설기준 기타 사정으로 필요하다고 인정할 때에는 문교재건자문위원회의 자문을 거쳐 학교 또는 학과의 폐합을 명하거나 학급 또는 학생정원의 재조정을 할 수 있다
>
> 제9조 ① 국, 공립의 대학교 또는 대학의 총장, 부총장 또는 학장(대학교의

---

9) 『동아일보』 1963년 7월 23일.
10) 『동아일보』 1963년 8월 16일.

학장을 제외한다)은 문교재건자문위원회의 자문을 거쳐 문교부장관의
제청으로 내각수반이 임명한다.

　　② 국, 공립의 대학교 또는 대학의 대학원장, 학장(대학교의 학장에
한한다)은 교수 또는 부교수 중에서 총장 또는 학장(대학교의 학장을
제외한다)의 제청으로 문교부장관이 보한다.

　　③ 국, 공립의 대학교 또는 대학의 교수, 부교수, 조교수는 총장
또는 학장(대학교의 학장을 제외한다)의 제청으로 문교부장관을 경유하
여 내각수반이 임명한다

제10조 국, 공, 사립대학교 또는 대학에서 전임강사이상의 교원을 신규채용
　　또는 승진 임명함에 있어서는 소정의 자격을 가진 자로서 연구논문
　　또는 저서를 교수자격심사위원회에 제출하여 그 심사에 합격한 자로
　　하여야 한다.

제12조 사립학교 교원이 교육공무원법에 의한 퇴직, 면직이나 징계의
　　사유에 해당된 때에는 감독청은 그 학교법인의 대표자에게 당해 교원의
　　해직을 명하거나 징계를 요구할 수 있다.

제13조 국, 공, 사립의 각급학교 교원은 노동운동을 할 수 없으며 집단적으로
　　수업을 거부하지 못한다.

제14조 대학교 및 대학에 명예교수를 둘 수 있다.

제15조 국, 공, 사립의 각급학교 교원의 정년은 60세로 한다. 단 명예교수는
　　그러하지 아니하다.

제21조 학사학위는 4년제대학(사범대학을 포함한다)의 전과정을 이수하고
　　국가에서 시행하는 학사자격고시에 합격한 자에게 수여한다.[11]

　　대학의 교육 연구 기능 강화와 대학의 자율적 운영 원리의 측면에서
보면 첫째 국가에 의한 학과의 강제적 통폐합과 학생정원 조정을 가능하게
했다. 둘째 보직 교수 임명 및 교수 임용과 승진에서 교수회의 동의 절차를
없애고 문교부와 내각수반이 임명하도록 임명권자를 상향 조정하였다.
셋째 명예교수제를 두고, 대학교수의 정년을 단축하여 교수의 신분 안정을

---

11) 법률 제708호, 교육에 관한 임시 특례법, 1961. 9. 1 제정.

약화하였다. 넷째 교수 자격 기준을 강화하고 자격 심사를 제도화 하였다. 다섯째 정치운동 뿐만 아니라 노동운동 금지, 집단 수업 거부까지 금지하여 교수의 기본권 제한을 강화하였다. 여섯째 학사자격고시 시행으로 대학의 전통적인 학위수여권을 부정하였다. 이는 대학이라는 학교 제도의 성립 과정에서 대학 자치, 학위수여 권한 등 학문의 자유를 위하여 국가 및 교회와 대립하면서 형성된 대학의 권한들을 부정하는 조치였다. 그래서 대학이 고등학교화 되어버렸다[12]는 탄식도 나왔다.

9월 1일의 법 공포에 이어 구체적인 대학정비안이 국공립대학 정비안과 사립대학 정비안으로 나뉘어 9월에 발표되었다. 그리고 문교재건자문위원회 규정(61. 9. 29 공포, 각령 제146호), 학사 자격 고시령(61. 10. 16 공포, 각령 제227호), 명예교수 규정(61. 11. 3 공포, 문교부령 제93호), 학교 환치령(61. 11. 29 공포, 각령 제273호), 교수 연구실적 규정(61. 11. 29 공포, 각령 제274호), 학교 정비 기준령(61. 12. 9 공포, 각령 제283호)이 연달아 제정되어 5·16 군사정부의 대학정비계획은 실행력을 갖게 되었다. 고등교육 개혁안으로 제시된 대학정비계획이 법적 기반을 갖추고 대학정비 안으로 최종 결정되면서 처음의 아이디어나 문제의식이 굴절되거나 희석화 된 측면도 있으나, 그야말로 군대 작전하듯이 일사천리로 추진되었다.

나) 대학정비의 실제

교수연구실적심사 규정은 교수 신규 채용 또는 승진 임명시 논문 혹은 저서 1편을 제출하여 그 연구능력을 질적으로 심사받도록 한 것이다. 이는 임용과 승진을 위해서는 연구 실적 연수와 교육 경력 연수라는 양적 요구 조건밖에 없었던 것을 강화한 것이다. 하지만 1963년 2월부터 부교수의 교수 승진 시에는 연구실적심사가 면제됨으로 그 의미가 반감되었다.

그리고 교수 정년 단축과 명예교수제 도입은 신진 학자들에게 길을

---

12) 손인수, 『한국교육운동사 3』, 문음사, 1995, 579쪽.

터준다는 명분으로 취해진 조치로, 1961년 9월 말 약 400명의 교원이 퇴직하였다. 서울대에서는 12명의 교수가 퇴직하였고, 연세대에서는 총장을 비롯하여 8명의 교수가 퇴직하였다. 그리고 이화여대에서는 총장을 비롯해서 6명이 퇴직하였다.[13] 하지만 교수 요원의 부족으로 국공립대는 1964년 1월에 다시 65세로 정년이 환원되었고, 사립대학에서는 정년제가 폐지되었다.

정비 과정에서 가장 논란이 된 것은 대학 및 학과의 강제적 통폐합과 학생정원 조정과 학사자격고시 실시였다. 학사자격고시제는 대학 졸업 예정자에게 국가가 전국 공통의 객관식 시험을 치르게 하여, 일정 점수 이상을 획득한 자에게 문교부장관 명의의 졸업장을 주고, 합격하지 못한 자에게는 수료증을 주도록 하는 제도였다. 대학의 학위 수여는 소정의 학점을 이수하면 대학의 재량으로 졸업 인정 조건이나 절차에 따라 학위를 수여하는 것으로 대학의 고유 권한이었다. 그러나 대학의 학위 수여 권한은 국가의 통제 앞에서 속수무책이었다. 이미 1950년대 말 제1공화국 시절에 학위 수여 권한의 제한을 경험했었다. 예를 들어, 서울대학교 법과대학 부교수 황산덕은 1956년 12월 「최근 자연과학의 발달이 법철학에 미친 영향」이라는 논문을 제출하여 법학 박사학위를 청구했다. 이 논문은 1957년 12월 학위심사위원회, 대학원위원회를 통과하고, 절차에 따라 문교부 장관의 승인을 요구했다. 그러나 아무런 해명없이 승인이 이루어지지 않아 결국 1958년 3월 학위 수여는 무산되었고, 1960년에야 학위를 받을 수 있었다.[14] 승인이 이루어지지 않은 이유를 "검토 중"이기 때문이라고 했으나 항간에서는 사회과학을 연구하는 입장에서 끊임없이 독재정권을 비판하던 특정 교수에게 내려진 보복조치로 받아들여졌다.[15] 이것이 국내 최초의 법학 박사학위 수여의 현실이었다.

13) 손인수, 『한국교육운동사 2』, 문음사, 1995, 335쪽.
14) 한기언, 『대학의 이념』, 한국학술정보, 2005, 227~228쪽.
15) 손인수, 『한국교육운동사 2』, 문음사, 1995, 181쪽.

학사자격고시령에 의거하여 학사자격고시는 1961년 12월 말 교양과목과 전공과목으로 구분하여, 교양과목은 120분, 전공과목은 180분의 객관식 시험으로 처음 시행되었다. 학사자격고시에 응시한 학생은 졸업예정자 2만 5천 7백 73명 중 72%인 1만 8천 3백 46명이었고, 28%의 대상 학생이 응시를 포기하였다. 그리고 합격자 수는 총 응시자의 84.7%인 1만 5천 2백 68명이었다. 시험 응시 포기와 탈락으로 인해 학사학위를 받지 못하게 된 학생 수는 전체 졸업 예정자의 41.7%에 달하는 1만 5백 5명이나 되었다.

낮은 통과율도 문제였지만 1) 학술적인 내용을 객관식 문제로 평가하는 것은 불합리하다, 2) 각 대학의 교육방침과 교수의 개인차에 따라 교육 내용이 다를 수밖에 없는 전공과목의 출제 및 채점을 획일적으로 처리함으로써 각 대학의 자율성과 특수성이 무시된다, 3) 학생들을 학문탐구보다는 시험위주의 학습태도로 전향시킴으로써 대학이 학사자격고시 준비기관으로 전락한다, 4) 학사자격고시를 위해서 막대한 인원과 국가예산이 소요된다는 등의 반대론이 만만치 않게 제기되었다.[16]

1962년도에는 교양과 전공 시험 날짜를 달리하고, 교양과목만을 객관식의 국가고시로 하고 전공과목은 고시 관리를 각 대학에 위임하되 객관식과 주관식을 혼용하도록 변경되어 시행되었다. 학생들은 1962년 10월 중순 "학사고시는 대학의 본질과 존엄성을 무시하고, 학문의 권위와 자유를 말살할 우려가 있다"는 이유로 학사자격고시에 대하여 강한 반발을 보였다. 정부는 학사고시제를 기피하는 학생들을 설득·경고·법적 조치의 단계를 거쳐서 처리하겠다는 방침을 세우고, 다른 한편으로 국영기업이나 공무원 시험에서 졸업자를 신규 채용할 때에는 학사학위 소지자에 한해서 응시자격을 부여하도록 공무원 임용령 등 관계 법령의 개정을 추진하였다.[17] 하지만 1962년도에도 학사학위를 받지 못한 학생은 응시 예정자의 15.4%인 4천 1백 67명에 달하였다.

---

16) 하지만 학사학위를 국가고시로 수여할 것을 제안한 교육학자도 있었다.(김경수, 「대학정비 방법의 구체안」, 『사상계』 1961년 4월호 158~163쪽)

17) 『조선일보』 1962년 10월 19일자.

약 1만 5천명의 학사고시 불합격자를 만들어 내고 학사고시는 마침내 1963년 폐지되었다.

국가가 학위 수여 권한을 가지는 것은 대학의 고유한 권한을 빼앗아 대학의 힘을 약화시키는 방법이기도 하지만, 대학교육 내용에 대해 사후적으로 평가하여 교육의 결과를 재는 것으로, 대학교육 내용을 획일화하여 학문의 자유를 심각하게 초래할 가능성이 있었다. 또 국가주도의 대학생의 학업성취 평가를 통해 학위수여 여부를 결정하고 불합격자를 양산하는 것은 대학생에 대한 통제를 강화하는 것이기도 하다. 결국 국가의 학사고시를 관리할 능력의 부재와 비용으로 인해 폐기되었으나 대학에 대한 국가 통제의 시도는 1965년 학사학위등록제로 이어졌다.

대학정비는 국공립대학과 사립대학으로 나뉘어 계획 추진되었다. 1961년 9월 15일 발표된 '국·공립대학정비안'에는 학생정원 조정에 대한 언급은 없고, 다만 현존 사범대학의 4개 학과(가정·체육·생물·사회)를 제외한 모든 사범계 학과를 폐지하고 3학년 이하 재학생들은 모두 문리과 대학으로 전학한다는 내용이었다.

이 정비안에 대하여 서울대학교 사범대학 학생 1천 7백 50명은 재고 건의문을 제출하기로 결의하고 집단적 움직임을 나타냈다. 이에 군사정부는 단호한 대처를 천명하며, 반대를 방조했다는 명목으로 윤태림(사범대학장), 정병조(학생과장), 정범모(교육학과 교수)를 파면하였다. 윤태림과 정범모는 대학교수로서 중앙정보부 부설 정책연구실 자문위원, 정보 판단관, 국가기획위원회 사회문화분과위원회 자문위원 등으로 군사정부의 교육 정비에 적극 참여하고 있던 사람들이었다. 군사정부에 참여한 대학교수들의 역할 한계를 보여주는 사건이면서 동시에 정책 결정 과정의 폐쇄성, 반대와 논의를 허용하지 않는 분위기를 보여준 상징적인 사건이었다.

사립대학 정비 방안은 1961년 11월 18일 발표되었는데, 주요내용은 서울 소재 정원 700명이하의 대학과 지방 소재 정원 600명 이하의 대학을 폐지하여 4년제 주간대학 수를 25개교로 줄이고, 사립대학의 정원은 5만

5천 40명에서 3만 5천명 선으로 감축하고, 야간대학은 4천명에서 5천명으로
증원하며, 2년제 대학의 정원은 대략 1만명 정도가 되도록 조정한다는
것이었다. 수차례 조정을 거쳐 최종 확정된 1962학년도의 4년제 대학
정원 조정 상황은 다음 <표 1>과 같다.

〈표 1〉 4년제 대학의 대학 정원 조정 계획[18]

구 분	1961년도 정원		1962학년도 정원		조정 내역		정원증감
	대학수	학생정원	대학수	학생정원	대학수	학생정원	비 율
국 립	9	29,400	8	17,340	-1	-12,100	-41
공 립	5	5,240	4	2,740	-1	-2,500	-48
사 립	42	54,320	28	40,250	-14	-14,070	-26
야 간	15	2,920	10	6,080	-5	+3,160	+108
계	71	91,920	50	66,410	-21	-25,510	-28

그러나 비판적인 여론에 밀려 1년 뒤 대학정비안을 수정하여 4년제
대학 수 47개교, 학생 정원 79,692명 수준으로 재조정되었다. 하지만
1964년도에는 학교 수와 학생 정원 모두가 늘어나 결국 대학정비 이전보다
늘어났다. 대학정비는 군사정부가 호언했음에도 불구하고 군사정부 교육
정책 중 최대의 실책이 되었다. 이후 학교 수와 학생 수를 통제하려는
국가의 시도는 1965년 「대학 학생 정원령」의 제정으로 나타났고, 정원
통제는 경제개발을 위한 이공계 인재 양성을 목적으로 문과계 비율을
줄이는 방향으로 시행되었다. 그 결과 과거제 시행 이후의 '문과' 국가에서
'이과' 국가로 변하였다[19]고 풍자되었다. 하지만 1960년대 이후 대학

---

18) 최긍렬, 「5·16 군사정부의 고등교육 통제에 관한 연구」, 교육출판기획실 엮음,
   『분단시대의 학교교육』, 푸른나무, 1989, 310쪽 참고.
19) 정원 통제는 이후 국가의 강력한 대학 통제책으로 자리잡았다. 그리고 정원
   통제 정책에 의해 1963년부터 1973년까지의 10년 동안 고등교육기관 졸업생의
   전공분야 비율은 문과계는 50.8%에서 35.1%로 감소하고, 이공계는 39.6%에서
   42.0%로 증가하였다. 4년제 대학의 경우는 1972년 재학자의 전공분야별 비율은
   인문·사회계 38.7%, 이공계 59.7%, 사범계 1.6%로, 이공계가 약 60%를 차지하였
   다.(馬越徹 지음, 한용진 역,『한국 근대 대학의 성립과 전개』, 교육과학사, 2001,
   224쪽)

인구는 양적으로 <표 2>와 같이 국공사립을 불문하고 기하급수적으로 팽창되었다.

〈표 2〉 고등교육기관 통계(1962~1979)[20]

연도	국공립			사립		
연도	학교수	학생수	교원수	학교수	학생수	교원수
1962	25	36,192(33,472)	1,500	60	90,276(82,038)	2,333
1963	32	36,400(31,545)	1,252	71	87,793(73,693)	2,624
1964	34	37,580(30,223)	2,074	89	98,578(82,739)	3,011
1965	39	36,610(25,964)	2,521	92	98,139(79,679)	3,979
1966	40	40,310(25,953)	2,873	88	126,730(5,401)	4,391
1967	42	43,665(26,893)	3,124	82	118,005(97,136)	4,324
1968	42	47,304(28,306)	3,432	80	113,734(95,353)	4,789
1969	46	53,978(32,265)	3,710	81	118,832(100,376)	5,286
1970	46	59,943(36,038)	4,000	81	127,008(110,376)	5,837
1971	46	64,755(39,721)	4,374	89	135,022(115,648)	6,073
1972	47	69,121(43,448)	4,649	94	144,422(120,484)	6,932
1973	62	75,753(47,812)	4,870	105	160,674(130,238)	7,366
1974	65	80,178(52,060)	4,973	120	177,432(140,248)	7,874
1975	59	84,070(56,830)	5,267	121	195,707(152,156)	8,329
1976	65	88,215(62,852)	5,030	129	219,480(166,959)	8,924
1977	67	94,348(69,966)	5,280	134	251,118(181,363)	9,879
1978	68	105,982(79,201)	5,438	139	291,057(198,582)	11,141
1979	77	144,395(94,714)	5,789	145	301,152(235,631)	13,043

정리하면 군사정부가 계획 추진한 대학정비안은 어느 하나 성공적으로 수행되지 못하여, 고등교육 정책의 실패라고 단정할 수 있다.[21] 그러나 여기서 주목해야 할 점은 정책의 실패에도 불구하고 대학에 대한 국가 개입의 제도화, 대학 통제를 통한 국가 발전 프로젝트 시행이 정당화되기 시작했다는 아이러니이다. 실패를 경험삼아 1963년 12월 등장한 제3공화국

---

20) 문교부, 「문교통계연보」(1962~1979). 통계는 대학원 및 각종학교를 제외한 고등교육기관(예 : 실업고등전문학교, 초급대학, 교육대학, 대학)의 수치이며, 괄호 안은 4년제 대학의 수치임.
21) 대학정비 정책 추진과정에서의 갈등 및 실패 원인에 대해서는 최긍렬의 논문에서 자세히 논의하고 있다.

은 1966년부터 경제개발을 위한 장기종합교육계획을 마련하기 시작하여 본격적으로 대학 통제에 나섰다.

사실 대학정비안 수립을 전후하여 대학에 대한 국가의 강력한 통제를 정당화하는 입론이 제기되고 있었다. "대학의 국가적 사명이 무거운 만큼, 또 현상이 그와는 너무나 먼 만큼, 대학으로 하여금 그 임무를 다하게 하기 위해서는 국가의 감독, 즉 후견적 역할은 더 강화되어야 할 것이다"[22] 라는 주장이 설득력을 얻고 있었다. 다만 정책 수립 과정의 폐쇄성이나 추진과정에서의 밀어붙이기 등이 문제로 지적되었을 뿐이다.[23] 통제자로서의 국가 역할에 대해 의문을 제시하거나 나아가 대학에 관한 국가의 바람직한 역할과 역할 수행 방식 등에 대한 논의는 전개되지 못했다.

한편 대학정비계획에 대하여 "실패에도 불구하고 이 계획을 포함하여 60년대에 시작되었던 변혁 시도는, 기존의 대학관을 타파하였다는 의미에서 큰 역할을 했다고 할 수 있다. 결국 이는 그때까지 개인적 영달의 수단이었던 엘리트적 대학관을 국가건설을 위한 인재를 계획적으로 만들어내는 국가주의적 대학관으로, 크게 전환하는 계기를 만들어주었다"[24] 라며 대학관의 변화를 성과로 평가하고 있다. 대학은 하나의 국가기구로, 조국 근대화 프로젝트 수행 도구로서 인식되고 있었다. 국가의 역할 변화, 대학관의 변화와 교수의 정체성이나 사회적 활동 및 임무에 대한 인식 변화도 시작되었다.

대학에서 국가건설에 필요한 인재를 계획적으로 만들어낸다는 국가주의적 대학관은 국가 주도 교육계획의 추진을 가능하게 하였다. 1962년 제1차

---

22) 김증한, 「국가이념과 대학의 목적」, 『사상계』 1961년 4월호.

23) 대학정비 계획의 실패에는 계획 자체와 추진의 문제도 있지만, 대학교육의 많은 문제점에도 불구하고, 당시 대학교육 기회 증가에 대한 사회적 시대적 요구를 무시하고, 양을 줄여 질을 보장하겠다는 발상에서 비롯된다는 점 역시 지적할 필요가 있다.(강명숙, 「해방이후 대학교육 개혁 논의의 흐름 : 1950~1970년대를 중심으로」, 『한국교육사학』 제27권 2호, 2005 참고)

24) 馬越徹 지음, 한용진 역, 『한국 근대 대학의 성립과 전개』, 교육과학사, 2001, 212쪽.

경제개발 5개년계획을 시작으로, 경제발전과 교육은 제3공화국 정부의 교육계 화두였다. 교육의 계획화는 1967년 제2차 경제개발 5개년 계획과 맞추어 본격화되었다. 경제발전, 조국근대화, 민족중흥을 실현하기 위한 정신적 기반을 의미하는 "제2경제론"에 입각하여 1968년 국민교육헌장이 제정되고, 1968년 장기종합교육계획심의회가 발족되어 교육계획 입안에 착수하였다. 1970년 「장기종합교육계획」이 작성되었는데, 고등교육 부분은 1971년을 기점으로 1985년까지의 정책과제가 제시되었다. 이 계획에 따라 1972년 4월 「고등교육개혁방안」이 수립되어 1970년대 실험대학 사업이 전개되었다.

그리고 또 하나의 대학 교육계획 수립으로 1968년 「서울대학교 종합화 10개년 계획」이 만들어졌다. 새 캠퍼스로의 통합 이전을 통해 실질적인 종합대학을 만들어 '민족 최고의 학부'를 만든다는 이 계획에 따라 1968년 7월 「서울대학교 시설확충 특별회계법」과 「서울대학교설치령」이 공포되었다. 1970년부터 그야말로 국가적 프로젝트로서 서울대학교 종합화 계획이 추진되었다. 대학 내부의 자율적 규율에 의해서가 아니라 국가적 필요라는 명분에 의해 대학 밖에서 하달되는 계획에 의해 대학이 좌우되었다. 이로써 대학에 대한 국가의 역할은 종전의 억압적 관리자 역할에다 기획자의 역할을 추가하였다.

III. 1970년대 실험대학과 제도화된 대학의 한계

1. 대학을 실험하다

「장기종합교육계획」의 추진체로서 1971년 9월 구성된 교육정책심의회 고등교육분과위원회에서는 1972년 6월 실험대학에 의한 개혁과 대학의 특성화를 핵심으로 하는 고등교육개혁방안을 발표했다. 실험대학에 의한 개혁은 개별 대학의 자율적인 참여에 의해 점진적인 학사개혁을 시도한다는 원칙 아래, 선도적인 실험대학을 선정하여 시범 적용한 뒤 그 성과를 확산하는 방식이다. 1973년에 10개의 실험대학 발족을 시작으로, 1976년도에 29개교로 증가되었다가 1979년도에는 39개교로 확산되었다. 실험의 주요 내용은 1) 졸업학점을 160학점에서 140학점으로 감축하여 세분화, 중복되는 교육내용을 정리 통합하고, 2) 학과별 정원제를 극복하기 위해 학과별 학생모집에서 계열별 학생모집으로 전환하고, 3) 능력에 따라 이수 가능하도록 부전공제, 복수전공제를 도입하고, 4) 이수의 편의를 위해 계절학기제 도입, 이수시간 기준단위 학점제 및 등록금제를 실시한다[25]는 것이었다.

주로 대학의 교육 기능 개선을 위한 학사 운영 개혁에 초점을 둔 내용이었지만 계열별 정원제 및 학생 모집은 학과제의 오랜 관행에 도전하는 것으로 세분화된 분과학문체제의 대학제도가 정착되어가던 추세와 부합하기 어려운 것이었다. 또 졸업학점 수의 감축, 계절학기제 도입은 추가적인 인적 물적 재원이나 투자 없이도 대학의 학생 수용능력을 최대화 시킬 수 있는 것으로, 교육의 질 제고보다는 대학생 수의 양적 팽창에 필요한 제도적 기반을 마련하는 것에 기여했다. 그리고 무엇보다 정치적 상황으로 인해 대학의 잦은 휴교와 휴업 등으로 정상적인 대학 운영이 어렵고, 학사운영의 전반에 걸쳐 국가의 일방적인 지시와 통제가 난무한 상황에서 대학을 실험하려는 사회적 시도는 애초부터 성립하기 어려운 맥락이었다.

대학특성화는 교육재정의 효율적 활용, 대학간의 역할 분담, 지방대학의 육성, 산학협동의 촉진, 중화학 공업의 촉진을 위한 고급 인력의 대량 양성을 명분으로 이공계열의 학과에 대하여 선별 집중 특별 지원을 하는 것이다. 선정된 특성화 학과에 대해서는 실험·실습비 대폭 지원, 교수 연구비의 중점 지원, 학생 장학금 지급, 교육차관의 우선 배정, 정원의

---

25) 이형행, 「실험대학의 운영과 고등교육의 질적 관리(1972~1979)」, 『대학교육』 52권, 1991, 59~60쪽.

증원 등 전방위적인 지원을 해주었다. 특성화 공과대학으로 선정된 지방의 6개 학과에는 1976년부터 1982년 사이에 502억의 재정투자가 이루어졌고, 학생 정원도 부산대 기계공학과 1000명, 경북대 전자공학과 800명, 전남대 화공과 660명, 충남대 공업교육과 800명, 전북대 금속기계공학과 600명, 충북대 건설공학과 500명으로 증원되었다. 이들 공과대학 학생에게는 실험 실습을 강조하면서 교양 학점을 50학점에서 14학점으로 대폭 줄여주는 특전을 주었다.[26] 대학특성화 사업은 필요한 산업 인력과 교육 및 투자의 미스매치, 실험대학 사업과의 부조화 등으로 소정의 성과를 얻지 못하고, 결과적으로 공업 계열 학생 정원의 증가에 기여했다.

실험대학 정책과 대학특성화 정책은 사립대학 중심으로 대학인을 전면에 내세워 추진하고, 지원을 받아 선별하여 시행하게 한 후 실적보고서를 평가하는 등 외관상으로는 자발적, 점진적인 대학개혁인 듯 했다. 그러나 실제로는 대학 구성원의 합의에 의해서 자율적으로 이루어지기보다 문교부의 임명 혹은 승인을 받은 총학장과 대학 보직자 주도에 의해 이루어졌고, 정권의 강력한 비호를 바탕으로 급진적으로 이루어진 개혁이었다. 즉 국가에 의해 인큐베이트 된 계획적 개혁이었고, 국가가 대학에 개입하는 방식의 다양화를 시도한 것이었다.

2. 대학, 정치사회화 기관이 되다

1970년 2월 문교부는 대학의 교양교육과정 모형을 확정하여 실시하도록 권고하였다. 1) 대학의 교과를 교양과 전공으로 구분하고 이를 다시 필수와 선택으로 나누며, 2)교양과목 배점을 총 160학점의 30%인 48학점으로 늘리되 필수 36학점, 선택 12학점 이상으로 하고, 3) 종래의 교양필수과목에서 자연과학을 빼는 대신 국민윤리 과목을 신설하고 교련을 강화하도록 하는 내용이었다.[27] 국민윤리 과목은 국가의 존립과 발전을 위한 국가

---

26) 손인수, 『한국교육운동사 3』, 문음사, 1995, 287~288쪽.

이데올로기 내면화를 목적으로 운영되는 과목으로 1974년에는 교육법 시행령을 통해 교양필수과목으로서의 법적 기반을 마련하였다. 이로써 1970년대 국민윤리 과목은 1953년 교양 필수로 정해진 체육과 1969년 추가된 교련, 한국사 과목과 함께 국책과목이 되었다. 그리고 1972년부터는 "새마을운동 참여를 촉진하기 위하여" 사범대학 학생들에게는 학교와 지역사회라는 과목을 필수 과목으로 부과하고 교육대학 학생들에게는 1~2주간의 농촌학교 실습을 의무화하였다.[28]

또 1971년 1월 「대학 교련 교육의 실시 요강」을 발표하여 교련교육을 강화하였다. 처음에는 대학 4년 내내 총 711시간의 군사교육을 실시하되, 일반교육 315시간, 집체교육 365시간으로 나누어 이수한다고 발표하였다. 그러나 학생들의 거센 반대에 부딪혀 문교부 장관이 교체되는 등의 우여곡절 끝에 일반교련과 ROTC를 구분하여 일반 교련 과목은 4학년을 제외한 3학년까지만 이수하되, 집체훈련 없이 현역교관에 의해 한 학년에 60시간씩 180시간 이수하도록 수정되었다.

1970년대 초에 이루어진 교양과목 특히 필수교양과목의 확대는 결국 국책과목의 강화로 귀결되었고, 실험대학에서 총 이수학점을 140학점으로 하향하는 등 총 이수학점이 줄어드는 상황에서도 오히려 국민윤리와 교련은 강화되었다. 국민윤리는 1976년 2학기부터 3학점 이상으로 배점하도록 강화되었다. 교련 역시 1975년 5월 「대학군사교육강화방안」을 발표하여 1975년 2학기부터 주당 4시간씩 교육하여 360시간으로 늘리고, 재학 중에 10일간의 병영집체 훈련을 하도록 하였다. 그리고 군사교육의 전 과정 이수를 졸업 요건으로 제시하였다.[29]

교련, 국민윤리와 같은 과목들이 교양필수과목으로 운영된 결과 어떠한

---

27) 교육부, 『교육50년사 : 1948~1997』, 1998, 324쪽.
28) 채성주, 「유신체제하의 고등교육 개혁에 관한 연구」, 『교육행정학연구』 21권 3호, 2003, 324쪽.
29) 손인수, 『한국교육운동사 3』, 문음사, 1995, 183~185쪽 참고. 당시 교련과목의 미이수로 제적당하는 학생들도 적지 않았다.

효과가 있었는지는 회의적이다. 교과를 도입한 소기의 목적이 의도대로 실현되었다는 증거는 찾기 어렵다. 오히려 반작용이 심하여 정권에 대한 불신과 국가의 대학 통제에 대하여 저항하는 계기가 되었을 뿐이다. 그리고 대학은 정치사회화기관이라는 인식을 강화시켰다.[30]

1975년 6월에는 학도호국단 설치령을 공포하여 전국대학에 학도호국단을 부활시켰다. 학도호국단의 부활 취지를 "고등교육기관의 체제를 국가안보의 차원으로 바꿔 교수와 학생들의 단결된 지혜와 힘으로 대학과 국가를 지키도록 하기" 위해서라고 서슴없이 고백하였다. 학도호국단은 "학생단체의 성격이 아니라 학원전체를 전시에 대비하는 체제로 만드는 것"으로, 교수와 학생 모두를 포괄하여 총장이 대장인 중앙집권적인 전시 대비 군사체제로 대학을 조직하였다.[31] 학교의 모든 활동이 학도호국단 편제 아래서 이루어지도록 하여, 학교호국단 조직을 기반으로 방학 중 농어촌 봉사활동을 전개하고 교련 훈련을 실시하는 등 학생 동원의 기제로 활용하였다.

서울대학교에서는 1976년부터 「생활기록누기제(生活記錄累記制)」를 운영하고 있었는데, 신 입학한 학생의 고등학교 생활기록부에 의거하여 학생마다 고교시절 과외활동이나 서클활동, 성품, 가정생활환경 등의 사항을 적은 카드를 작성, 학생들의 지도에 활용한다는 것이다. 이는 학원 사찰과는 별도로 1971년부터 시행된 학생지도교수 분담제[32]와 함께 실제

---

30) 한 조사 연구에 의하면, 우리 대학 현실에서 어떠한 대학관이 얼마나 강조되는가를 조사한 결과, 아주 강조된다는 응답 비율이 지위집단형성기관 19%, 사회정치화기관 17%, 철학적 관점에 입각한 학문의 전당 10%, 기업주의 대학관 8%의 순서로 나타났다.(한준상, 『한국대학교육의 희생』, 문음사, 1983, 85~86쪽)

31) 채성주, 「유신체제하의 고등교육 개혁에 관한 연구」, 『교육행정학연구』 21권 3호, 2003, 323~324쪽.

32) 1971년 10월 문교부의 <학칙보강 17개 항>의 지시사항에 따라 작성, 승인된 <서울대학교 학생 과외활동에 관한 세칙>에서 규정하고 있는 것으로, 교수 1인당 20명의 학생을 배분하여 학습과 과외활동, 학칙위반자 특별지도, 취업지도 등의 특별 지도를 하도록 하는 제도이다.

로는 학생 통제의 일환으로 악용되었고, 대학을 교수와 학생 상호 검열 및 감시체제로 만드는 데 일조하였다.

3. 대학인에 대한 불안정한 회유와 포섭

1960~70년대는 국가와 대학의 관계가 여러 면에서 아주 밀착되어 있었다. 대학교수들을 대거 국가사무에 동원시켜, 고등교육 뿐만 아니라 박정희 정부의 국가 근대화 및 경제개발 프로젝트에서 역할을 하도록 하였다. 1961년 5·16 군사 쿠데타 직후부터 중앙정보부 판단관으로 4명, 국가재건최고회의 의장 고문으로 6명, 국가재건최고회의 정책 산실 역할인 국가기획위원회 위원으로 470여 명의 교수를 동원하였다. 참여 교수들에게는 정도의 차이가 있지만 지프차 한 대씩을 배당하고, 평균 30만 환 정도의 보수가 지급되었다.[33] 교수들을 동원하여 헌법 개정을 위한 법적 뒷받침, 통화 개혁 및 교육 개혁을 위한 안을 정리하도록 하였다. 그러나 실질적인 권한은 군인들로 구성된 국가재건최고회의 분과위원회 최고위원들에게 있었고, 국공립대학 정비안의 추진과정에서 드러났듯이 적극 참여교수들도 이견을 보일 경우 파면 구속될 정도로 교수들의 참여는 불안정했다.

제3공화국 정부에서는 평가교수단[34]을 만들어 법적 뒷받침 아래 교수들을 체계적으로 동원하였다. 평가교수단은 1965년 7월 남덕우 서강대 교수 외 14명으로 발족하였는데, 임무는 경제계발 5개년 계획에 대한 종합평가 작업을 하는 것이었다. 1972년에는 대통령령으로 「정부의 기획 및 심사 분석에 관한 규정」을 공포하여 "국무총리는 정부의 기본운영계획의 집행결과를 종합평가함에 있어 이에 관한 전문지식이 있는 의견을 듣기 위해 사계의 권위자로 구성된 평가교수단을 둘 수 있다"고 하여 평가교수단에 대한 법적 근거를 마련하였다. 평가교수의 자격에 관한 규정은 없으나

---

33) 손인수, 『한국교육운동사 2』, 문음사, 1995, 286쪽.
34) 평가교수단의 명단 및 활동에 대해서는 손인수, 『한국교육운동사 3』, 문음사, 1995, 406~410쪽 참고.

대체로 4년제 대학의 조교수급 이상으로 위촉되었고, 전공분야의 전문지식 뿐만 아니라 정부에 대한 태도가 중요한 위촉기준의 되었다.[35] 평가교수는 1966년 30명으로 시작하여 1981년 해산될 때까지 약 200명의 교수가 참여하였고, 1970년에는 각 시도에 지역개발 평가교수단까지 설치되어 2백 15명의 교수가 참여하였다. 이들 평가교수들은 연 1회 평가보고서를 만들어 제출하였고, 매월 일정액의 수당과 때에 따라 특별 보너스도 지급받았다. 평가교수단의 활동에 대해 본격적인 평가가 필요하지만, 당시 출세를 위한 발판으로 활용한다는 비난도 있었고 "진짜 어용교수"라는 평가도 있다.

박정희 정부에서 대학교수들이 장관으로 임명되는 경우도 많았다. 또 1973년 이후에는 유정회 국회의원으로도 임명[36]되었다. 판단관, 평가교수, 유정회 교수들은 대표적인 어용교수, 유신교수로 사회적 비난의 대상이 되기도 했다. 대학교수들의 국가 사무 참여는 학문 연구와 교육보다는 "전화를 기다리는" 교수의 행태로 나타났고, 대학 교수에 대한 사회적 신뢰를 떨어뜨렸다.

4. 폭력적 통제와 배제의 기제

가) 강제 휴교와 휴업조치

대학교수들을 국가사무에 참여 동원시키고 파격적인 대우를 하는 한편, 대학에 대한 폭력적 통제와 대학인에 대한 사회적 배제 역시 전격적으로 이루어졌다. 박정희 정권에서 대학에 대한 가장 폭압적인 통제는 강제적 휴교 및 휴업조치일 것이다. 1965년 8월 27일 교육법시행령을 "학교장이 휴업 명령에도 불구하고 휴업을 하지 아니할 때에는 감독청은 휴교처분을

---

35) 박정희 대통령 자신이 일일이 평가교수 위촉 명단을 체크했다고 할 정도로 정부에 대한 태도를 중시했다.

36) 1973년 3월 7일 제1기 유정회 국회의원에는 11명, 76년 2월 2기에는 22명이, 78년 제3기에는 21명의 대학교수가 임명되었다.

할 수 있다"고 개정하여 행정 당국이 휴교를 강행할 수 있도록 했다. 이러한 개정은 1965년 한일협정 반대 시위가 격화되자 문교부가 대학에 휴교를 권고했으나 시행하지 않자 이루어진 것이다. 시행령 개정을 통해 결국 1965년 9월 연세대와 고려대에 휴업 조치가 내렸다. 시위를 이유로 이루어진 행정당국의 강제적 휴업 휴교 조치는 1971년 교련 반대 시위, 1972년 유신헌법 통과, 1974년 민청학련 사건 이후 등 1970년대에 셀 수없이 빈번하게 일어났다. 긴급조치 4호에서는 "학생의 출석거부, 수업 또는 시험의 거부, 학교 내외의 집회, 시위, 성토, 농성, 그 외의 모든 개별적 행위를 금지하고 이 조치를 위반한 학생은 퇴학, 정학처분을 받고 해당학교는 폐교처분을 받는다"고 하여 폐교까지 가능하도록 하였다. 1974년 10월에는 44개교가 휴강하고, 15개 대학이 휴업에 들어갔다.

또 1975년 4월에는 시위로 구속 제적된 교수 및 학생의 복교 및 복직을 추진한다는 이유로 사립대학에 대하여 특별 감사를 실시하고, 총장의 해임을 요구하는가[37] 하면, 행정당국이 학생들의 과격한 시위를 이유로 휴업 명령을 내리겠다고 경고했으나 휴업조치를 빨리하지 않자 고려대학교 한 학교만을 대상으로 긴급조치 7호를 발동하는 일까지 일어났다. 이런 상황을 1975년 김상진 열사는 "대학은 휴강의 노예가 되고, 교수들은 정부의 대변자가 되어간다"고 양심선언했던 것이다.

나) 승인 취소와 교수 파면, 검열과 감시

교수의 신분보장은 학문의 자유를 위해서는 필수적인 조건이다. 그러나 60~70년대 대학의 보직자들은 걸핏하면 국가로부터 임명 혹은 임명 승인 취소의 협박을 받았다. 교수들은 국공립대학의 경우 임용 및 승진, 총학장 등의 보직 임명시 최종적으로 문교부의 임명을 받아야 했고, 사립대학의 경우에도 사립학교법을 근거로 이사 및 총학장은 임명 승인을 받아야

---

37) 『경향신문』 1975년 4월 3일.

했기 때문에 임명 혹은 임명 승인 취소와 파면 및 파면 권고는 대학 통제의 강력한 수단으로 작용했다.

한일협정 체결을 둘러싸고 교수단 선언 등의 형태로 의견을 표현한 교수들을 이른바 정치교수라고 명명하고, 문교 당국은 파면해야 할 정치교수의 명단을 제시하면서 파면을 종용하였다.[38] 고려대의 경우 3명의 교수만 사직하는 형식으로 학교를 떠나게 했지만,[39] 정치교수로 지목된 교수들은 대부분 학교를 떠났다. 뿐만 아니라 한글전용을 반대한다고 교수를 파면하는가 하면, 국공립대 교수전보 방안에 대한 토론회에서 반대의견을 개진했다고 구속시키는 일이 일어났다.

또 1973년 7월에는 "교수들의 연구논문이 사전 검토없이 언론에 공개되어 국가이익을 해치고 있다"며 국가시책에 직결되는 연구 발표는 관계기관과 협의하도록 문교부 장관이 대학총학장에게 지시하여 검열을 관행화하였다.[40] 교수들이 각종 필화사건과 반공법 위반에 관련되는 경우가 하다하였고, 중첩적인 정보조직에 의해 교수와 학생들의 동태가 수시로 보고되어 "연구실에서 학생들과 개인적으로 한 이야기까지 새어 나갈"[41] 정도로 감시를 받았다.

이런 상황에서 학문의 자유는커녕 실험대학 제도를 통한 교육의 질 개선 노력이 어떤 의미가 있으며, 대학이라는 제도 안에서 연구와 교육이 가능했는지 의문이다. 어느 시인의 표현처럼 교수들은 "원체 말이 없었고", 대학의 "나무 의자 밑에는 버려진 책들이 가득하였다."[42] 대학이라는 틀 안에서 학술이 만약 가능했다면 "아카데미즘이란 이름 아래 순수 실증주

---

38) 손인수, 『한국교육운동사 2』, 문음사, 1995, 593쪽.

39) 고려대학교100년사 편찬위원회, 『고려대학교 100년사』 II, 고려대학교출판부 2008, 218쪽.

40) 이러한 지시는 부산수산대학 원종훈 교수의 논문 「식용 해조류에서 수은 카드뮴 검출」이 1972년 6월 13일자 한국일보에 보도된 것을 계기로 이루어졌다.(손인수, 『한국교육운동사 3』, 문음사, 1995, 348쪽)

41) 손인수, 『한국교육운동사 3』, 문음사, 1995, 342쪽.

42) 기형도, 「대학 시절」, 『입속의 검은 잎』, 문학과지성사, 1991.

의로 가려진 장벽 안으로 들어갈 수밖에 없는"43) 것이었다.

다) 교수재임용제 도입

교수들에 대한 직접 통제의 대표적인 사례는 교수재임용제도의 실시였다. 교수재임용제도는 고등교육의 질을 직접적으로 담지하고 있는 교수들의 교육자적·학자적 능력을 향상시킨다는 명목 아래 1975년 도입되었다. 1975년 7월 23일 교육공무원법을 개정하여 국공립대학의 교수와 부교수는 6~10년, 조교수와 전임강사는 2~3년, 조교는 1년을 계약기간으로 하여 임용하도록 하고, 사립대학은 정관에 따라 10년 범위내에서 기한 임용하도록 하는 계약임용제도를 실시하도록 하였다. 그리고 1975년 9월 15일자로 교수재임용심사위원회 규정을 제정 공포하여 최근 10년 동안의 연구실적 및 전문영역의 학회활동, 학생의 교수·연구 및 생활지도에 대한 능력과 실적, 교육관계법령의 준수 기타 교원으로서의 품위유지를 기준으로 심사하도록 하였다. 그리고 심사위원회는 15명 이내로 구성하되, 총장 혹은 학장을 위원장으로, 위원은 해당 대학에 재직하는 부교수 이상의 교원 중에서 총장 또는 학장의 제청으로 문교부장관이 임명하도록 하였다.

1976년 2학기부터 실제로 시행된 임용 심사에서 서울대학교는 평가항목을 6개 분야 20개 항목으로 나누고, 각각 A~E의 평점을 부여하여 집계한 다음, E가 20개 항목 중 1/3이상이면 탈락으로 판정하였다.44) 대부분의 대학에서 평가항목으로 '건전한 국가관', '불평 불만적 성격소유 여부', '대학발전을 위한 노력', '교수로서의 인격과 품위', '학내 인화관계', '학생지도의 자세와 실적 및 면학분위기 조성노력' 등의 항목이 포함되었다. 전남대의 경우 학원사태의 예방수습 및 학생선도에 공이 큰 자를 학생지도 능력 A로 평가하였고, 경북대의 경우 전국 단위의 새마을 강연, 안보강연을 했을 경우 평점 A를 주기도 했으며, 부산대는 평가교수나 중앙자문위원에

---

43) 강만길, 『역사가의 시간』, 창비, 2010, 2005쪽.
44) 『동아일보』 1976년 3월 23일.

높은 평점을 주고, 훈장 A, 대통령 표창 B, 국무총리 표창 C 등의 기준을
두기도 했다.45) 교수재임용 평가 기준을 보면 당시 교수에게 요구되는
중요한 자질과 능력이 무엇이라고 보았는지 시사해준다. 순치된 교수나
기능적 교수의 범주를 벗어나 지식인으로서 사회적 역할을 고민하는 교수
들은 대학이라는 제도화된 장에서 자기정체성이나 역할을 찾기 어려웠다.

또 총장 또는 학장의 제청으로 문교부 장관이 임명한 심사위원에 의해
다분히 추상적이고 주관적인 판단준거와 정치적 준거에 따라 이루어진
교수재임용 평가는 정치적으로 악용될 수밖에 없었다. 교수재임용심사제
도를 통해 탈락하거나 사임한 교수의 면면이나 통계 수치를 살펴보아도
이른바 정치교수들의 배제에 악용된 실례를 볼 수 있다. 1976년도 2월에
탈락하거나 사임한 교수의 수치는 다음 <표 3>과 같다.

〈표 3〉 1976년도 국공립대 교수재임용 탈락 및 사임 교수46)

대학설립별	탈락자			사임	계
	연구실적	지도능력	품위		
국공립대	44	11	22	91	168
사립대	55	24	25	144	248
총계	99	35	47	235	416

사임 탈락한 교수의 비율은 국공립대의 경우 심사 대상 전체 교수의
4.7%, 사립대학의 경우 4.5%에 달했고, 사립대학 탈락 교수 중 교수는
42명, 부교수 20명, 조교수 20명, 전임강사 22명이었다.47) 사임 탈락한
교수들 중에는 소위 정치교수 외에도 재단 측과의 불화로 희생된 교수들이
적지 않았다.48)

한편, 교수재임용제도가 교수 통제의 제도적 장치로 악용되었다면, 학생

---

45) 『동아일보』 1979년 12월 11일.
46) 『동아일보』 1979년 12월 11일.
47) 『동아일보』 1976년 3월 8일.
48) 『동아일보』 1979년 12월 11일.

통제의 제도적 장치로 악용된 것은 학사징계제도이다. 시위 참가 등 문제를 일으킨 학생에 대한 건별 징계에서 벗어나 사전 예방 및 차단의 차원에서 학사징계제라는 제도적 장치를 마련하고 악용하였다. 박정희 정권의 말기인 1979년에는 대학생 20명당 1명 꼴로 징계되었다.

교수와 학생의 5% 내외가 매년 대학이라는 제도 밖으로 밀려났다. 그들은 대학 제도 밖에서 도덕적 이념적 정당성을 추구하며 대학 아카데미즘을 넘어선 발언과 글쓰기, 사회적 실천을 모색하지 않으면 안되었다.

IV. 대학 아카데미즘 밖으로의 탈주

1960~70년대 제도화된 학술장으로서의 대학에 대한 국가의 관리 통제의 실상을 드러내려고 하였다. 4·19혁명 직후 대학의 자발적인 자정 노력과 민주적 대학 운영 원리를 모색하고자 하는 노력은 대학자치의 가능성과 정부의 직접적인 통제 가능성을 모두 불러올 수 있는 양면성을 보여주었다. 1961년 들어선 군사정부는 대학에 대한 대대적이고 총체적인 정비를 단행하겠다는 강력한 의지를 표명하고 신속하게 "대학정비"를 단행했다. 그러나 대학교육의 질을 확보한다는 명분아래 도입된 교수의 정년 단축, 연구실적 검사제도 도입, 학사자격고사 등은 시행 2~3년 만에 완화 폐기되거나 흐지부지 되어버렸다. 그리고 가장 중점적으로 계획 추진하고자 한 "부실대학"의 통폐합과 정원조정은 오히려 대학의 증가와 대학정원의 확대로 귀결되었다. 국가 주도의 대학정비 정책의 실패에도 불구하고, 대학에 대한 국가 통제의 필요성은 정당화되기 시작했다. 나아가 국가건설에 필요한 인재를 계획적으로 만들어내야 한다는 국가주의적 대학관이 확산되면서 「장기종합교육계획」, 「서울대학교 종합화 10개년 계획」 등, 이른바 국가주도의 교육계획 수립이 시도되었다. 고등교육에서도 관리자에서 적극적인 기획자로서의 국가 역할이 부각되었다.

1970년대 들어 "실험대학"에 의한 고등교육 개혁 및 특성화 방안이 추진되었다. 이는 대학의 자발적 점진적 개혁방안으로 소개되었으나 국가에 의해 인큐베이트된 개혁이었다. 1970년대 정치사회화 목적의 교과목 도입, 강제휴교와 휴업 사태, 교수와 학생에 대한 검열과 감시, 교수 해직과 학생 제적 등의 대학에 대한 국가의 폭력적 통제 및 배제 현실과는 이율배반적인 개혁 시도였다. 국가의 대학인에 대한 파격적인 대우, 회유 및 포섭과 억압적 통제와 배제라는 양날 정책은 한편으로는 국가의 대학 통제를 받아들이고, 다른 한편으로는 국가의 역할에 대한 반감과 거부로 연결되었다.

1960~70년대 대학이라는 제도화된 학술장은 국가 발전 기획에 발맞추어야한다는 국가주의 대학관의 만연과 국가의 대학 운영, 연구와 교육에 대한 폭압적인 간섭과 통제로 점차 국가기구로 안주하거나 국가 발전 기획을 수행하는 관변단체화 되어 외면 받았다. 대학 내의 자치 노력은 그 가능성에도 불구하고 힘을 발휘하지 못했고, 비판적 지성은 침묵하거나 배제되어 제도 밖으로 밀려났다. 그리하여 70년대 후반에는 제도 밖에서 대안적 지적 헤게모니를 형성하려는 노력이 가능한 여건이 조성되었고, 비판적 정신과 사회적 실천을 강조하는 경향은 제도 밖에 형성된 학술장의 몫이 되었다.

이 글에서는 대학정비, 실험대학 등의 대학이라는 학술장에 대한 정책을 살펴봄으로써 대학에 대한 국가의 간섭과 폭압적 통제가 대학의 운영과 학술 행위에 어떻게 영향을 미치는지 그 제도적 조건을 살펴보려고 하였다. 하지만 제도 밖의 학술장에서의 학술활동 실태나 그 성격에 대한 본격적 연구를 하지 못한 것은 한계이다. 앞으로 제도 밖의 학술장 형성이 제도화된 학문과 학술장을 벗어나 제도적 장의 한계를 넘어선 대안으로 나아갔는지, 아니면 제도화된 학술장이 담아내지 못하는 것을 보완하면서 대학 바깥으로 학술장을 공간적으로 확대한 것인지 등에 대한 논의가 필요하다. 대학과 국가, 대학과 자본의 관계에서 대학이라는 제도적 장과 제도화된 학문이

시험받는 요즈음 제도 안으로의 편입의 의미와 제도 밖으로의 탈주 가능성
을 모색하는 데 의미있는 일이 될 것이다.

1960년대 권력과 지식인 그리고 학술의 공공성
적극적 현실정치참여 지식인의 동향을 중심으로

이 봉 범

I. 1960년대 권력/지식인 관계의 다중성(多重性)과 다면성

우리는 서구 영어권과 달리 지식(인)과 지성(인)을 엄격히 구별하는 독특한 언어관습이 있다. 구별 짓기 뿐 아니라 부정/긍정의 양극적 가치평가 까지 수반하는 관습이다. 여러 이유가 작용했겠지만, 근현대사에서 대다수 지식인이 보인 부정적 행태에 대한 역사적 경험의 산물로 봐도 무방할 듯하다. 동시에 소수이나마 역사와 민족적 현실에 1인칭으로 대결하여 의미 있는 변화를 이끌어낸 지사적 지식인에 대한 외경과 사회적 기대의 반영이기도 할 것이다. 다소 모순적 경험에서 발원한 지식인에 대한 이 같은 통념으로 인해 지식인은 적어도 지배 권력을 견제·비판하면서 발전적 전망과 대안적 사회제도를 제시하거나 아니면 체제 내적인 차원의 정책과 비전을 제공함으로써 민주주의 정치체제를 견인해내는 사회집단이어야 한다는 기대수준이 일반화되기에 이른 것으로 볼 수 있다. 따라서 권력과 지식인이 밀월관계를 맺고 있다면, 그것은 결코 바람직한 상황이 아니며 그 이면에는 부자연스러운 왜곡이 깔려있다고 간주한다. 4·19혁명 직후

---

* 이 글은 「1960년대 권력과 지식인 그리고 학술의 공공성」, 『비교문학』 61집(2013)을 보완해 수록한 것이다.

어용교수(지식인)가 공론화된 후 1990년대 중반 '진보/보수'진영 가르기로 전환되기 전까지 어용교수가 공론적 시비 대상이 되었던 것도 이런 맥락에서다. 1980년대 유신체제에 참여했던 지식인들이 어용교수라면 몰라도 유신교수는 아니었다고 완강히 부정하는 희극을 연출했던 것도 마찬가지이다.[1] 언론(인)에 대한 인식 또한 식민지시기부터 보편화된 공공성/기업성(상업성)의 대립적 인식태도가 확대 재생산되는 가운데 언론(인)의 지사적 역할이 강조되었으며, 언론의 공공성이 침식·훼손되는 것에 상응해 그 같은 인식태도가 더욱 고착된 바 있다. 그러나 그 역학관계는 특정한 시대상황에서는 이처럼 간명하게 설명할 수 없는 지극히 복잡한 내용을 띤다. 권력의 속성 및 지식인의 정치·경제(자본)·종교 등으로부터의 자율성(전문성과 권위) 수준 나아가 양자의 관계를 매개하는 여러 조건들, 이를테면 역사적 배경, 국민심리, 경제사회적 발전단계, 사회 계급구조, 사회구조의 지적 활동에 대한 개방성, 아카데미즘의 수준 등에 따라 다르게 나타난다. 보편적 도식으로 설명해내기 어려울 만큼 실로 다양한 형태로 얽혀 나타나는데, 때로는 견제하고 때로는 화해하며, 어느 면에서는 적대관계마저 빚으나 또 다른 면에서는 서로 야합한다. 특히 지식의 사회적 공급과 유통이 외적 요인에 의해 제한·왜곡되고 지식인의 창조적·비판적 기능이 억압되는 폐쇄적인 사회에서는 지식인이 그러한 현상의 타개를 위한 비판과 그 비판적 실천이 가능할 수 있는 여건을 아울러 조성해야 하는 이중적 부담을 질 수밖에 없기 때문에 왜곡된 형태의 관계방식이 더 번성할 가능성이 높은 것도 사실이다.

아마도 본고가 주목하는 1960년대는 권력/지식인의 관계방식이 한국근대사에서 최초로 가장 다면적으로 나타난 신국면의 연대일 것이다. 격변의 역동성을 보인 시대 상황만큼이나 권력/지식인의 결합은 다양하고도 긍정/

---

1) 1985년 서울대 총장이던 박봉식은 야당이 과거 전력을 문제 삼자 "어용교수라 지칭하는 것은 감수할 수 있으나 유신교수라고 규정하는 것은 말도 안 된다."고 항변했던 것에서 확인할 수 있는 바다. 『동아일보』, 1985. 8. 30.

부정의 양면성을 내장한 채 동태적으로 전개되었다. 자본의 요소까지 개입되면서 그 다면성이 증폭된다. 명분이야 어떻든 지식인의 현실정치참여의 양태는 드러난 것만을 추려보더라도 1965년부터 박정희 정권이 종말을 맞이할 때까지 15년 간 평가교수단에 참여한 교수들, 지배이데올로기와 정책 홍보에 나선 언론인들, 국민교육헌장 작성을 주도한 철학자들 및 그 대중적 보급·침투에 앞장선 문학예술인들, 각종 시대역행적 입법을 기초한 법학자들, 승공 논리의 개발을 통해 냉전적 반공주의를 이론적으로 뒷받침하고 반공개발동원체제 구축에 앞장섰던 이론가들, 박정희의 영웅적 생애사를 집필한 문학자들, 정치인을 위한 조찬기도회를 주도한 종교인들, 국회(여당)에 진출해 현실정치에 적극적으로 가담한 지식인 일군, 대통령보좌관 및 행정부처의 정책자문위원으로 참여한 교수들 등 분야·경로도 다양하다. 비공식적인 차원까지 포함하면 지식인들의 현실참여는 자발적이든 동원된 것이든 자못 방대하다. 물론 그 배면의 또 다른 참여, 즉 저항적 지식인들 또한 존재했다. 지속적인 정치적 탄압에도 불구하고 비판적 지식인들의 저항운동, 예컨대 4·19혁명과 교수데모단 및 혁신세력, 한일협정반대운동에 적극적으로 나선 교수와 지식인들(언론인, 문학예술인), 반독재 민주주의 투쟁에 앞장섰던 일군의 대학생 등의 저항운동이 존재한 바 있다. 다만 그들의 터전은 대단히 취약했다. 1960년대 권위주의적 박정희체제는 노동·농민조합이나 진보적 정당의 존재를 인정하지 않았고, 그 같은 참여를 용공분자로 몰아갔기 때문에 혁신적 단체는 물론이고 개량적 운동 단체 및 학술단체를 결성해 정치적 의사를 표현하고 정치적 과정에 참여하기란 현실적으로 불가능했기 때문이다. 미디어적 실천에 의거한 담론투쟁이 저항운동의 주류를 형성한 것도 이 때문일 것이다. 따라서 사회현실에 대한 또는 시대적 중심 가치에 대한 지지적 참여와 소수적 저항이 병존하는 구도가 조성되었다고 볼 수 있다.

물론 가치중립적인 아카데미즘에 충실했던 지식인들이 더 광범하게 존재했을 것이다. 하지만 당대 지식인들(교수와 언론인) 대다수가 참여방식의 차이가 있을지언정 - '전공지식의 현실에의 최대 활용'(33.9%), '맡은 자기 분야에 대한 최선의 노력'(28.85%), '국민정신혁명에의 헌신'(9.70%), '국가발전을 위한 정책에의 참여'(8.38%), '비판적 입장에서의 정부시책의 감시'(8.05%) 등 - 시대적 의제였던 근대화과정에 참여하고자 하는 의욕이 컸다고 볼 수 있다.[2] 다만 사회참여를 가로막는 요소나 - 이를테면 교육공무원법상 국립대학교수들의 타직 겸무 금지와 같은 법적 제약 - 또 자신들이 원하는 여건이 조성되어 있지 않아 참여에 소극적이거나 방관·침묵하고 있었을 뿐이지 상당수는 상황이 개선된다면 참여에의 가능성을 잠재적으로 지니고 있었다고 봐야 한다. 그것이 어떻게 전개될 것인지는 추단하기 어려우나 적어도 아카데미즘과 사회현실의 결합의 밀도는 과거에 비해 높아졌다고 판단해도 무리가 없다. 대학교수의 사회참여가 불가결한 시대적 요청이며, 관학협동, 산학협동체제로 아카데미즘이 제도화되어야 한다는 주장이 비등했던 것[3]도 이와 무관하지 않다. 요약하건대 지지적 참여든, 소수적 저항이든, 잠재적 참여를 내포한 소극적 방관이든 이 모든 양상은 지식(학술)의 공적 기능이 확산되는(될 수 있는) 조건이었다고 할 수 있다.

주목할 것은 이 같은 권력/지식인의 다면적 결합이 시대적 결절에 대응해 동태적으로 변화한다는 점이다. 기존 연구에서 공통적으로 지적했던 바와 같이 1960년대에는 미국의 세계전략 및 동아시아 전략의 변화를 비롯한 국제적 수준과 4·19혁명과 5·16쿠데타, 한일협정과 월남파병, 3선 개헌파동 등의 국내정세 변화에 따라 그리고 더 구체적으로는 이러한 조건의 규정 속에서 빚어진 권력의 지식인정책에 의해 끊임없는 변동의 과정을 거친다. 후행적으로는 1970년대에도 지속·변형되는 과정을 보인다. 유신헌법을 기초한 헌법학자들, '유신정책심의회' 및 그 산하 각종 위원회의 조사연구위원으로 발탁돼 장기적인 미래 정책들을 연구·건의했던 수백 명의 대학교수들, 유신 대열에 헌신할 불퇴전의 결의를 천명한 학술원성명

---

2) 홍승직, 『지식인의 가치관연구』, 삼영사, 1972, 138~139쪽.
3) 「교수의 사회참여와 산학협동」(사설), 『경향신문』, 1969. 8. 1.

서 발표에 서명했던 학술원 소속의 원로학자들, '유신학술원'의 국민사상강좌를 통해 유신이념의 홍보에 앞장섰던 교수들, 새마을운동의 이데올로기적 기반을 제공한 여러 종류의 지식인들과 문학예술인들 등이 있는가 하면 자유언론실천을 주창한 언론인, 자유실천문인협회를 결성한 문인들, 대학자율화운동을 벌인 대학생들, 민주회복국민선언을 비롯해 민주화운동에 헌신했던 재야민주화운동세력, 긴급조치시기 민주화운동에 가담했다는 이유로 정치교수로 규정 당해 강단에서 해직되었던 수십 명의 교수들 등이 병존한 바 있다. 1960~70년대의 이 같은 병존은 권력/지식인의 관계가 지배/저항의 구도로 단순화되는 것과 대응해 점진적으로 참여/저항의 구도로 정렬화되는 특징을 보이는데, 지배/저항의 관계가 상호간의 극심한 대결 국면에서 각각 자신들의 정체성을 역설적으로 확보해나갔던 결과로 볼 수 있다.[4] 지식인집단의 입장에서 보자면 지식인사회가 근대화론과 민족주의론에 대한 입장 차이를 축으로 분화되면서 협력/비판(저항)의 양극적 구도로 재편되기 시작한 1960년대 중반 이후의 상황[5]이 좀 더 분명한 실체를 갖고 현실화된 것이기도 하다. 그 일련의 과정에는 지식인집단의 세대교체와 신지식인층의 대두(4·19세대, 6·3세대 등), 기성지식인의 발전적 갱신/퇴행적 전향 등 지식인집단 내부의 복잡한 변동이 수반되어 있다.

이와 관련해 본고는 1970년대 지식인사회가 참여(협력)/저항의 구도로 단순화되기 이전 단계, 즉 1960년대 지식인의 현실참여의 다면성을 중심으로 권력/지식인의 관계를 살펴보려 한다. 이와 관련된 연구는 상당히 축적되

---

4) 1980년대는 12·12쿠데타 직후 국가보위비상대책위원회 및 국가보위입법회의에 김상협, 윤근식, 김대환 등 20여 명의 교수들이 참여해 부실한 통치이념을 보완하거나 각종 자문위원회에 자문위원으로 참여해 정책입안에 적극적으로 기여한 '지식인의 사회참여'의 부정적·퇴행적 면모가 여전히 지속되었지만, 상대적으로 저항적 혹은 비판적 지식인층이 다면적으로 출현해 연대를 형성할 정도로 급성장하는 특징을 나타낸다. 1970년대 지식인집단의 협력/저항의 구도가 한층 증폭된 결과이다.

5) 박태순·김동춘, 『1960년대의 사회운동』, 까치, 1991, 제9장 참조.

어 있다.[6] 대체로 권력/지식인의 역학관계를 바탕으로 지식인, 특히 비판적 (저항적) 지식인의 분화와 재편에 초점을 맞춰 수행되었다. 구체적으로는 비판적 지식인들의 근대화 인식과 그 인식의 분화와 차이, 비판적 지식인집 단의 이데올로기 지형, 이데올로기상의 권력/지식인의 공유 지점과 분화의 지점, 비판적 지식인집단의 저항 논리, 『사상계』를 비롯한 저항적 미디어의 담론투쟁 양상 등이 다각적으로 분석·고찰되었다. 각 논의의 미묘한 차이를 감안하더라도 '6·3사태'를 계기로 권력/지식인의 유대가 파열되는 것과 동시에 지식인집단이 협력/저항의 양극적 진영으로 재편되었다는 것에는 대체로 의견을 같이하는 것 같다. 특히 위의 논의들이 공통적으로 주목하고 있는 1960년대 초반 권력과 지식인 관계의 다중성, 즉 권력의 성격도 다중적이고 지식인사회에서도 다양한 이념이 분화가 이루어졌으며, 지식 인들의 권력에 대한 인식도 다중적이었던 권력과 지식인의 복잡미묘한 관계에 대한 분석적 고찰은[7] 1960년대 권력/지식인 관계를 지배/저항의 이분법적 구도로 접근했던 기존의 협애한 시각을 넘어서 이 논제에 대한 새로운 차원의 논의 지평을 제공했다는 점에서 주목할 만하다. 이 같은 소중한 연구 성과와 변별될 수 있는 새로운 논의를 전개하기란 필자의 역량으로는 어려울 듯하다. 다만 기존의 논의가 주로 비판적 지식인들의 동향에 집중한 결과 1960년대 권력/지식인 간의 연대와 충돌의 복잡성을

---

6) 필자가 주의 깊게 살펴본 연구로는 김동춘, 「1960, 70년대 민주화운동세력의 대항이데올로기」, 『한국정치의 지배이데올로기와 대항이데올로기』, 역사비평사, 1994 ; 홍석률, 「1960년대 지성계의 동향」, 한국정신문화연구원 편, 『1960년대 사회변화연구』, 백산서당, 1999 ; 임대식, 「1960년대 초반 지식인들의 현실인식」, 『역사비평』 65, 2003 ; 정용욱, 「5·16쿠데타 이후 지식인의 분화와 재편」, 노영기 외, 『1960년대 한국의 근대화와 지식인』, 선인, 2004 ; 이상록, 「1960~70년대 비판적 지식인들의 근대화 인식」, 『역사문제연구』 18, 2007 ; 김건우, 「1964년의 담론 지형 – 반공주의·민족주의·민주주의·자유주의·성장주의」, 『대중서사연구』 22, 2009 ; 오제연, 「1960년대 전반 지식인들의 민족주의 모색 – '민족혁명론' 과 '민족적 민주주의' 사이에서」, 『역사문제연구』 25, 2011 ; 문지영, 『지배와 저항 – 한국 자유주의의 두 얼굴』, 후마니타스, 2011 등이다.

7) 임대식, 「1960년대 초반 지식인들의 현실인식」, 『역사비평』 65, 2003.

다소 단순화시키는 문제가 있다는 생각이 든다. 아울러 비판적 지식인 진영에 속하는 않는—그 경계 구획도 선명하지 않다—현실참여 지식인들의 내적 편차에 대한 충분한 고려가 이루어지기 불가능한 접근법이다. 그 반대편의 동향을 적극적으로 포함시켜 좀 더 종합적으로 검토할 필요가 있다. 6·3사태를 경과하면서 지식인집단의 양극화가 가시화된 것은 분명한 사실이나 1960년대 후반에도 여전히 참여/저항의 구도로 수렴되지 않는 또는 그 경계에서 침묵·관망하는 자세를 취한 지식인층이 다수로 존재했다. 그들 중 상당수는 권력의 근대화정책에 공명한 상태에서 현실(정치) 참여에의 의지를 지니고 있었음에도 불구하고 권력이 그 참여를 제약함으로써 오히려 권력과 불화하는 경우도 많았다. 현실참여의 다면성에 주목하는 것은 이 때문이다. 문단의 경우에도 5·16직후 이질적인 경향과 세대가 군사정부의 문화정책에 의해 타율적으로 봉합된 이래 6·3사태를 기점으로 그 이질성이 문학의 새로운 방향모색을 둘러싸고 갈등 양상으로 표출되었으나—제2의 순수·참여논쟁 및 불온시논쟁, 전후세대/4·19세대의 세대논쟁 등—권력과 유착도 불화도 아닌 불안한 동거상태가 유지되고 있었다.[8]

　　1960년대 정치적 현실참여에 적극적이었던 지식인그룹은 그 참여의 동기(사익/공익), 형태(자발적·주체적/동원), 방법(현실정치/학술), 경로(정치·행정/민간연구기관), 종류(대학교수/언론인/대학생), 학문분야(인문사회과학/자연과학) 등에 따라 다양한 내적 분포를 나타낸다. 참여의 수준을 기준으로 한 적극적/소극적 참여로 대별하기 곤란할 정도로 복잡하고 유동적이다. 또 이들 가운데 상당수는 1960년대 이전 및 이후와 서로 다른 행보를 보인 이들도 꽤 많다. 따라서 현실참여 지식인들의 동향을 총체적으로 재구성해내는 작업은 결코 만만치 않다. 어느 면에서는 문학작품을 통해 살펴보는 것이 유리할 수도 있다. 일례로 5·16쿠데타 후 10여 년 간 '참여적 비판'을 표방하고 부당한 권력에 포섭되거나 자발적으로

---

8) 고은, 「나의 산하, 나의 삶」, 『경향신문』, 1994. 6. 5. 고은은 이 상태를 박정희정권 하 문단이 마지막 행복을 누린 시기로 본다.

참여한 지식인 군상의 부정적·퇴행적 행적을 그린 최일남의 장편『하얀 손』(문학사상사, 1994) 같은 경우를 들 수 있다. 정치학 교수였다가 여당 몫 전국구 의원으로 진출한 최수달, 신문사부국장에서 선전부 차관으로 변신한 나동탁, 대학총장 출신으로 대통령의 부름을 받고 관변단체인 '도의실천협의회' 본부장으로 나가는 송원로 등을 중심에 두고 그 주변에 예비역 장성으로 국회 상임위원장인 현진로, 영관급 출신의 쿠데타 주체세력인 이필기, 야당 정치인이었다가 여당으로 돌아선 서길달, 반정부단체의 의장으로 간통혐의를 뒤집어쓰고 의장 사퇴 압력을 받는 정의장 등을 배치해 지식인과 권력의 야합을 다방면으로 파헤쳐 고발한 작품이다. 소설이라기보다는 논픽션에 가까울 정도로 등장인물들의 행태를 권력의 지식인 정책(포섭, 회유, 협박 등)의 교묘함과 결합시켜 당대 실존인물 누구인지를 떠올리게 만들 만큼 실감 있게 그려내고 있다. 작가의 의도는 철저히 이들에 대한 '윤리적' 단죄에 있다. 그 단죄가 궁극적으로 박정희 정권의 부당성과 비민주성을 겨냥하고 있음은 두말할 나위가 없다. 윤리적 단죄가 작품 전체를 과도하게 규율함으로써 적극적 현실참여지식인 군상의 동태적 존재방식을 리얼리즘적으로 재현해내는 데는 미흡할 수밖에 없었으나, 이들의 존재를 '어용'으로 일방화하는 논의가 포착할 수 없는 현실정치 참여의 다단한 맥락을 다면적으로 드러낸 점은 미덕이라 할 수 있다.

그 단죄보다 필자의 관심을 끈 것은, 비록 부차적으로 다루어졌으나, 첫 부분에 그려진 국회의원직을 수락하면서 망설이는 최수달의 미묘한 내적 갈등을 비롯해 작품 도처에 등장하는 제각각의 참여적 비판의 명분과 논리였다. 궤변으로 치부할 수만은 없는 그 명분과 논리를 당대적 차원에서 추적·평가해보는 것, 즉 변론(辯論)도 의미 있는 작업이 아닐까 한다. 난제이다. 필자가 소설을 쓸 수도 없는 노릇이다. 그렇지만 박정희 정권의 권위주의적 발전론이―적어도 제3공화국 시기만큼은―성공적인 조국근대화의 토대였으며 나아가 유신체제가 중화학 공업화의 중요한 기반이 되었다는 견해가 대두되는 상황에서 참여 동기를 떠나 그 과정에 지지적 참여를 했던 다수 지식인의 실상을 검토해보는 것은 나름의 시의성이 있을 것 같다. 『하얀 손』에서 최수달이 보여준 '망설임'의 역사성 검토라고 해두자. 혹은 양심적이고 정의감이 강한 법대교수 박진우가 어용교수, 유신교수로 전향해 유신체제의 불가피성과 의의를 강력하게 역설하다 고위층에 발탁되어 차관까지 지냈으나 죽음을 앞두고 결국 양심을 회복하고자 했던 참회에 대한 문제제기라고 하자.[9] 아니면 박정희 정권에 지속적인 현실정치참여를 했던 두 경제학자의 대비적 회고에 나타난 간극, 즉 이기준의 '드러냄'(자긍심)과 최호진의 '감춤'(의도적 은폐) 사이를 횡단하고 있는 학술적 사회참여의 정도(正道)에 대한 되새김질이라고 하자.[10]

---

9) 장용학의 중편 「何如歌行」(『현대문학』, 1987. 11)의 주인공 박진우를 말한다. 이 중편은 데모학생의 처벌문제로 학장과 언쟁을 벌인 끝에 사표를 제출한 S대 법대 박진우 교수가 삼류대학 시간강사로 전전하면서 생활고에 허덕이다 끈질긴 회유로 인해 유신교수로 재출발하고 권력에 기생했던 과정을 중심으로 지식인의 윤리의식의 훼절을 고발한 작품이다. 더불어 그의 훼절을 둘러싼 유신체제를 지탱해주었던 문제적 요인들, 예컨대 영원히 무너지지 않으리라고 확신하는 독재정권의 망상, 발전을 핑계 삼아 분배를 왜곡한 부도덕한 정책 추진, 국민의 상식을 초월한 공작정치, '근대화' '민족중흥'이라는 명분 아래 자행된 투기들, 부정부패 도덕적 타락 등 갖가지 부작용들을 한 지식인이 양심과 정의를 저버리는 과정과 결합시킴으로써 궁극적으로는 유신체제의 비민주성을 고발하고자 했다. 작가는 작품 말미에서, 박진우가 죽으면서 한 참회("나는 버린 몸이오.")를 그 한 마디로 그의 변절자로서의 많은 과거를 감당시키기는 어렵다고 보는 동시에 "새는 죽을 때 그 우는 소리가 슬프고, 사람은 죽을 때 그 하는 말이 선하다"라는 古言을 인용하며 그 참회의 최소한의 인간적 진실성만큼은 수긍하는, 다소 애매한 가치평가를 행하고 있다.

10) 4·19혁명 직후 어용교수로 낙인을 받아 서울대 상대 교수직에서 타의로 물러난 바 있는 이기준은 회고(『一學一生』, 일조각, 1990)에서 경제학의 특수성, 즉 현실참여라는 성격으로 인해 경제학도는 정부뿐만 아니라 민간기업에 참여해 사회에 공헌할 수 있다고 보며 이 부류의 지식인을 어용교수가 아닌 '民用教授'라고 칭하는 것이 마땅하다는 인식 아래 중앙정보부장 김종필의 직속기관이었던 '청파동연구실'에의 참여(1962. 2)를 시작으로 이후 정부시책평가위원(평가교수단) 참여(1965. 7), 한국경제개발위원회(KDA) 위원(1965. 7), 경제과학심의회의 상임위원(1971. 6~79. 2), 한국개발연구원(KDI) 이사(1971. 3~81. 3) 등의 참여 동기와 그 활동상을 자세히 기술하는 가운데 이 일련의 참여를 지행합일의 실천적 도정으로 자평한 바 있다. 반면 최호진은 헌법심의특별위원회 민간인전문위원(1962. 7), 정부시책평가위원(평가교수단, 1965. 7) 등 박정희 정권에서의 현실참여 경력을

II. 1960년대 지식인 현실참여의 배경과 지점

1. 1950년대 학술과 지식인 현실참여의 특징

1960년대 이전 제1공화국 시기에 지식인들의 정치적·사회적 현실참여는 저조했다. 진보적 지식인들뿐만 아니라 지배이데올로기에 동의한 체제옹호 지식인들도 예외는 아니었다. 전자의 경우 독립운동에 헌신했던 민족주의자 및 사회주의운동가들이 미군정, 단정수립, 한국전쟁을 거치면서 철저히 제거되었고 (월북하지 않은)남한에 잔류한 일부도 지속적인 감시·탄압 속에서 4·19혁명 전까지는 공적 활동 자체가 현실적으로 불가능했다고 봐도 과언이 아니다. 특히 자주적 통일국가 건설에 이바지하고자 했던 광범한 중도파 지식인들의 몰락은 남한지성계의 빈곤을 초래한 주된 원인이 되었다는 점에서 비극이었다. 학술, 문학예술, 언론 분야 등을 망라한 중도파 지식인들의 자주적 통일국가건설 운동, 예컨대 '108인 문화인성명'(1948. 4), '문화언론인 330명 선언문'(1948. 7)을 통해 극좌/극우의 정치노선 배제, 단독정부수립 기도 반대, 반외세(반미반소) 자주적 통일국가수립을 기치로 내걸고 단정수립 전야뿐 아니라 1949년 초까지 민족국가수립을 위해 분투했으나 결국 좌절된 바 있다. 그 좌절은 대다수 인사들이 곧바로 강제적인 전향을 해야 하는 것으로 이어졌고, 이후 잠재적 위협세력으로 규정당해 의혹과 통제의 대상이 됨으로써[11] 4·19혁명 이전까지 공적

자신의 회고(『강단 반세기, 나의 학문 나의 인생』, 매일경제신문사, 1991)에서 전혀 언급하지 않는다. 이에 비해 해방 직후 백남운이 주도했던 조선학술원과 민족문화연구소에 참여해 활동했던 경력과 국대안파동 와중에서 경제학과 신설 과정에의 기여 및 경제학 관련 학술서 편찬 등의 업적을 자신의 학문적 도정의 중심으로 강조했다. 그가 의도적으로 은폐했는지는 확증할 수 없으나, 1960~80년대의 학문적 활동을 연대기적으로 기술하고 있음에도 불구하고 그 경력을 빼고 당시 경제학자로서 제기한 한국경제상황에 대한 비판적 견해나 경제학계의 상황을 위주로 회고하고 있다는 점을 고려할 때 의도적 은폐의 혐의가 짙다. 이기준의 경우도 유신체제 하 유신정책심의회 산하 중화학위원회 연구위원으로 참여했던 (1973. 5) 경력은 거론하고 있지 않다.

11) 휴전 후 공안당국의 사찰·통제의 우선순위는 중도파(좌우합작파, 남북협상파,

활동이 위축될 수밖에 없었다. 중도파 문학예술인들 상당수는 게다가 한국전쟁기간 부역혐의에 연루됨으로써 창작활동의 제약뿐 아니라 특정한 경향의 예술 활동이 강제된 바 있다. 배성룡, 조동필, 최호진, 박동길, 고승제 등 해방직후 학술문화운동에 적극적으로 참여했던 민족주의적 중도파 학자들은 아카데미즘의 영역 안으로 침잠하거나 진보적 매체에 논설을 더러 발표하는 정도였다. 지식인집단의 주류를 형성했던 자발적 체제옹호 지식인들은 이와는 다른 차원, 즉 전문성을 구현할 수 있는 장이 제도적으로 부족했고 정치권력도 이들을 충원할 필요성이 크지 않았기에 현실정치에서 소외되었다. 일부가 논공행상의 이권 다툼을 거쳐서 관직에 등용되었을 뿐이고 대다수는 대학 붐의 흐름 속에 대학교수로 진출했다. 이들 중 상당수의 문학예술인들은 '만송족'이란 어용 곡필집단을 형성해 체제옹호의 곡필을 대가로 기득권을 확충하려는 왜곡된 형태의 참여에 나서 공분을 샀다.

물론 학술 분야의 전문성의 수준도 빈약했다. 이전에 비해 1950년대는 학술·예술이 진작될 수 있는 제도적 토대가 마련되기는 했다. 대표적으로 1954년 학·예술원의 창설이다. 많은 진통을 겪으며 출범한 학·예술원 그 자체는 국가가 공권력에 의거하여 문화와 관련된 공공문제를 해결하는 과정으로서 나름의 긍정적 의의를 지닌다. 1936년 중앙아카데미 구상 → 1945년 민립 조선학술원 → 1951년 민립 전시과학연구소 창설로 이어지는 지식인들의 오랜 숙원이었던 학술원 설립의 결실이었다는 점에서 더욱 그러하다. 또 문화와 언론출판, 학술과 예술의 제도적 분화를 촉진시키는 계기로 작용한 가운데 분야별 기능적 전문성을 제고할 수 있는 제도적 근거를 제공했다. 그러나 학·예술원 창설의 전반을 국가권력이 주도해

제3세력(자주노선))였다. 서울대학교 한국교육사고, 『한국정당사·사찰요람』, 1994, 1~6쪽. 중도파가 대부분이었던 전향문화인들에게는 "반공민주건설"에 동원·협력해야 하는 동시에 전향의 진정성을 "작품 활동을 통해 實證해야" 하는 과제가 부여되었다. 김삼규, 「전향문화인의 진로」, 『민족문화』 2호, 1950. 1, 128쪽.

태생부터 국가가 학·예술을 관장하는 제도적 시스템을 지니게 됨으로써 자율적인 권능이 제한될 수밖에 없었고, 학·예술단체를 산하에 포섭해 관장할 수 있는 권한이 제도적으로 보장되지도 않았다. 그 결과 학·예술에 관한 시의적절한 대응은 물론 학·예술관련 연구의 실질적 성과를 생산해내기 어려웠다.[12) 해방직후 학술계의 좌우합작을 통해 건국운동을 전개했던 조선학술원과는 전혀 다른 행보를 보인 바, 그 유명무실함으로 인해 5·16직후 폐지의 대상으로 거론된 바 있다. 오히려 전문성이 우선적으로 중시되면서 그동안 타의적으로 침묵하고 있던 학·예술관련 친일인사들의 복권을 제도적으로 승인해주는 결과를 초래한 점이 없지 않다.[13) 민족문제(민족/반민족)보다 이념문제(반공적 자유민주주의)가 압도하며 이루어졌던 1950년대 학술계 재편의 또 다른 일면이었다. 이렇듯 학·예술원이 법적·제도적으로는 중앙아카데미의 위상을 지녔으되 명실상부한 역할을 수행하지 못함으로써 1950년대 학·예술 활동은 각 분야의 전문 학회를 거점으로 한 분산된 형태로 그것도 대체로 각 학회의 주춧돌을 놓는 초보적 수준의 학술활동이 전개된다. 대체로 남한잔존 학자들을 중심으로 각 학술분야별 전국단위의 학회 창립과 교육·연구 활동의 활기를 바탕으로 한 토대 재건과 새 학풍의

---

12) 다른 한편으로 학·예술원 회원들의 정치적 성향도 작용했다고 봐야 한다. 학술원의 초대 회원은 인문과학부(6분과), 자연과학부(4분과) 등 10분과 총 51명으로 구성되었는데, 그 중 민립 조선학술원 출신 학자는 24명이었으며 대부분 보수우익성향의 학자들이었다. 백남운을 도와 조선학술원 창립을 주도하고 학술운동에 적극적이었던 서기장 김양하를 비롯한 마르크스주의자 및 중도좌파의 학자들은 월북한 상태였다. 그 24명 중 15명은 학문연구를 통해 남북전쟁 수행을 천명한 전시과학연구소에 참여했었다. 예술원은 문학, 미술, 음악. 음악, 연예 등 4류 총 25명으로 구성되었는데, 그 중 16명(64%)이 1949. 1 설치된 '예술위원회' 출신이었다. 예술위원회는 문교부 산하에 장관직속으로 설치된 기구로 총 68명의 우익예술가로 편성됐는데, 문학예술계의 좌파를 척결하는데 기여한 인사들을 위주로 한 논공행상의 인사로 당시에도 세간의 비판을 받은 바 있다. 그 같은 논공행상의 이권 다툼은 예술원회원 선거를 둘러싸고 빚어진 이른바 예술원파동을 통해 재연되었다.

13) 이봉범, 「8·15해방~1950년대 문화기구와 문학」,『현대문학의 연구』 44, 2011, 278~292쪽 참조.

수립 단계였다고 할 수 있다. 물론 그 새로운 학풍은 한국전쟁 이전 지배적이었던 마르크스주의 경제학에 대하여 경제학의 순수중립성을 강조하는 방향으로의 학풍 조성을 거쳤던 경제학의 경우처럼 탈이데올로기적 혹은 또 다른 이데올로기적 편향을 내포한 전환이었다.[14] 더욱이 1955년 한태연의 『헌법학』 판금조치, 대학교재 『문화세계의 창조』의 저자 조영식의 국가보안법위반 구속사건 등을 통해 확인할 수 있듯이 정치적인 중립화 이론이나 학설조차 금압되고 학문 자유의 암묵적 가이드라인이 설정되는 상황에서 학술적 연구, 저술, 교육 전반이 냉전적 반공주의의 자장 안에서만 가능할 수밖에 없었고 따라서 학술계의 기형적 재편이 불가피했다. 냉전적 금지구역 안에서 허용된 지식과 이론, 이것이 1950년대 학술의 존재영역이었던 것이다.

간과해선 안될 것은 제1공화국 시기 지식인이 처한 이 같은 주체적·객관적 조건 속에서 학문은 서구처럼 과학적·논리적 지식으로서 발달하지 못하고 일종의 '윤리학'으로 성장할 수밖에 없었다는 사실이다.[15] 즉 보편타당성을 본질로 하는 과학으로서의 학문보다는 선악의 이분법에 기초한

---

14) 고려대학교 민족문화연구소, 『한국현대문화사대계II ; 학술·사상·종교사』, 1976, 300~301쪽 참조. 경제학, 정치학, 법률학, 사회학, 교육학, 과학기술학, 문학 등 거의 대부분의 학문분야에서 나타나는 이 같은 현상은 다른 한편으로 몇 가지 중요한 진전을 내포한 변화이기도 했다. 즉 일본을 통한 서구 지식의 도입에서 벗어나는 등 일본 학계의 영향권에서 탈피하는 계기가 되었고, 연구 인구의 점증과 해외시찰, 교환교수와 같은 경로를 통한 학자들의 구미 각국 학계와의 교류 기회가 증대함으로써 연구경향의 다양성 및 학술적 전문성의 강화가 가능했으며, 특히 1950년대 말부터 도미 유학생이 귀국하기 시작해 학계에 진출하고 최신 미국 학문의 연구내용이 소개됨으로써 대학교육의 풍토 및 교육내용이 일신되기에 이른다. 이러한 긍정적 변화에 주목하여 대체로 1950년대 말을 해방 후 학술의 중대한 전환기로 평가하고 있다(259~265쪽, 301~305쪽, 344~355쪽, 368~374쪽, 461~465쪽 참조). 후술하겠지만 미국 학문의 편향적·적극적 수용을 핵심으로 한 학술계의 일대 전환은 수용상의 균형상실에도 불구하고 1960년대 각 학술분야의 비약적 성장을 가능케 한 토대였으며 또한 1960년대 학술적 지식인들의 적극적 현실정치참여를 추동하는 중요한 일 요인이었다는 점에서 주목할 필요가 있다.

15) 송건호, 「한국근대화론」, 『세대』, 1966. 4, 71~73쪽 참조.

그것도 냉전체제에 침윤된 이분법적 체계 속에서 학문의 정당성 및 효용을 구하는 풍토가 조성·만연된 것이다. 그런 상황에서 학문은 당대 한국사회에 대한 구조적이고 역사적인 연구로 전개될 수 없었고 이론적 체계의 축적도 불가능했다. 지배이데올로기(자유민주주의, 반공주의)에 결박된 (자유)민주/독재라는 이분법적 규범론으로 사회현실의 복잡성을 설명하기란 사실상 불가능에 가까웠다. 기실 이 시기 한국의 정치, 경제, 사회를 독자적인 분석의 대상으로 삼는 연구논문이나 비평은 거의 없었다. 지식인들이 사용한 개념, 지식, 이론, 가설 등도 대부분 일본이 남기고 간 것이 아니면 미국에서 수입한 것이었다. 1950년대 학술계에서 외국이론의 권위에 의존하는(새로운 학설의 경쟁적 수용) 학문적 사대주의와 맹목적인 학문적 쇼비니즘이 공서하는 가운데 분극적인 편향으로 치닫던 것은 이 같은 학문적 주체성의 결여에서 오는 필연적 결과였다. 그에 비해 정치, 경제, 사회 등에 관련된 공공의 의제를 윤리적 차원에서 판단하고 해결하려는 경향이 상대적으로 팽배하게 된다. 사실지가 결여된 윤리주의의 강조는 지식인의 행동양식 또는 현실참여방식을 규율하는 기제로도 작용한다. 1950년대 비판적 저널리즘을 거점으로 증식된 지식인담론에서 지식인의 역사적 사명으로 가장 강조된 것은 일체의 사회악에 저항하는 레지스탕스 정신이었다. 지식인들은 자유민주주의가 관주주의(官主主義)로 변질되면서 나타난 무능, 부정부패, 독선, 무책임, 무질서 등 불의의 정치사회적 악에 대해 절망, 무관심, 도피의 태도를 과감히 청산하고 정의와 양심의 이름으로 불의에 저항하고 민중을 계도하는 지도계급이 되어야 한다는 것이다.[16] 이는 관권/민권, 특권/인권, 비법/합법, 부패/혁신, 억압/자유 등의 기축으로 비교적 단일한 자유민주주의 전선이 형성됐던 당시의 정치적 역학구도에서는 충분한 타당성과 명분을 지닌 것이었다고 볼 수 있다. 그러나 무엇을, 어떻게 라는 구체성과 실행력을 결여한 것이었기에 다분히

---

16) 안병욱, 「지식인과 정치」, 『동아일보』 1955. 1. 26.

원칙적 명분주의, 그것도 대체로 '반공 승리의 가장 필수적인 조건'이라는 차원[17]의 선언으로 그치고 만다. 가령 당대 최고의 비판 잡지였던 『사상계』조차 민권수호투쟁의 기관임을 자임했음에도 불구하고 한국적 현실에 기초한 민권담론은 대단히 빈약했다. 민권옹호의 중요한 요소였던 여성문제에 대한 논의는 거의 없다고 해도 과언이 아니다. 지식인의 현실정치에의 참여가 봉쇄·제한되고 소극주의, 무사주의가 팽배한 가운데 일부 비판적 지식인들에 의해 주로 '논설을 통하여(담론투쟁의 차원)' 수행된 현실참여조차 윤리적 명분에 갇혀 있었던 것이 당대 지식인들의 현실참여의 수준이었다. 그것은 재래의 지사적 전통에다 지식인집단의 현실개혁을 실행할 계획과 능력의 부족, 이를 실증해낼 지도세력의 부재, 이승만 체제에 대한 진정한 대안의 부재, 권위주의 통치의 강화에 따른 현실의 벽 등에 의해 조성된 것으로 볼 수 있는데, 특히 현실의 벽 앞에서 부정과 불신이 생리화되고 자학적인 냉소 방관이 만연하면서 윤리주의가 더욱 경화되었다고 판단된다. 필자가 이렇게 1950년대 윤리주의에 경도된 지적 풍토와 지식인의 현실참여 태도를 문제 삼는 것은 그것이 당대에만 국한된 것이 아니기 때문이다. 4·19와 5·16을 계기로 지식인의 현실참여에 획기적인 전환이 이루어졌음에도 지식인의 강고한 윤리주의적 태도는 쉽게 극복되지 못한다.[18] 외적 제약과는 별도로 이 문제에 대한 지식인들의 자체 극복 여부가 지식인의 현실참여 내지 학술의 공공성의 지평을 좌우하는 일 요인이었다는 사실을 환기해두고자 한다.

---

17) 「국회·정당·지식인」(사설), 『동아일보』 1954. 12. 16.
18) 이상록은 1960년대 사상계 지식인들의 각종 비판적 제안이 매우 규범적이고 윤리적이었다고 평가한 바 있다. 이상록, 앞의 논문, 230쪽. 송건호 또한 "우리는 사상의 민족성을 강조하는 일부 지성인들의 이념 과잉으로 사실지를 결하고 있음을 본다. 그들의 학문은 유럽적인 객관지가 아니라 보다 더 관념지에 속한다. 엄격한 의미에서 학문이라기보다는 일종의 윤리에 속하고 있다."라며 소위 비판적 지식인들의 관념성, 윤리성에의 경도를 비판한 바 있다. 송건호, 「민족지성의 반성과 비판」, 『사상계』, 1963. 11, 241쪽.

2. 1960년대 권력/지식인의 결합·분화와 '파르티씨파숑'(participation)의 등장

　4·19혁명과 5·16쿠데타는 이전의 권력/지식인의 관계 구도를 일거에 바꾸어 놓았으며, 그 전환의 시공간은 지식인들에게 있어서는 새로운 기회이자 도전을 의미했다. 즉 전통적 소외자의 위치에서 근대적 참여자로 전위(轉位)할 수 있는 계기가 마련된 것이다. 4·19혁명이 최초의 아래로부터의 혁명이었고 더욱이 대학생, 교수와 같은 지식인계층이 혁명의 과정에서 중요한 일익을 담당했다는 점에서[19] 지식인층에 대한 사회적 기대가 고조되는 것과 동시에 지식인집단 또한 이제까지의 패배적, 수동적인 심리상태에서 벗어나 사회참여에 적극적으로 나서게 된다. 이에 상응해 학계의 발언권에까지도 활기를 띠게 되고 그 발언권의 확대는 실제사회의 참여에까지 진전되기에 이른다. 제2공화국 수립 전후 지적 해방의 분위기 속에서 정치체제, 경제체제, 경제정책 및 문화정책의 수립에 학자 및 학회의 소신들이 각종 건의, 공청회, 강연회, 좌담회, 토론회 등을 통해 다방면으로 피력되면서 8·15직후의 상황을 능가할 정도로 학술적 사회참여가 활발하게 이루어진 바 있다.[20] 지식인사회 또한 그동안 잠재되어 있던 갖가지 이념과 지향이 현실화될 수 있는 열린 시공간에서 근대의 지향성을 둘러싼 다양한 가능성과 방향을 놓고 각 지식인집단 사이에 경쟁적 질서가 구축된 가운데[21] 지식인의 사회참여가 과잉 폭발되기에 이른다. 이 같은 지식인의

---

19) 교수들의 혁명 참여는 250여 명이 동참한 교수단 데모를 통해 극적으로 현시되는데, 그 과정과 발표된 '시국선언문'을 살펴볼 때 교수들의 혁명에 대한 인식태도는 학원 및 학생보호의 수준을 크게 넘지 못한다. 적극적으로 학생들에게 사과하라는 주장과 적극적으로 학생의 의도를 관철시키자는 주장이 격론을 벌였고 결국 후자의 방향으로 시국선언문을 작성·공표했다 하는데, 14개의 선언 내용 중 4·19를 북한 및 남한 내 일부세력이 정치적으로 악이용한다는 것을 학생들에게 주지시키는 가운데 학생들은 흥분을 자제하고 학업의 본분으로 돌아가라고 권고한 바 있다. 이항녕, 「4·19와 교수단 데모」, 『신동아』, 1965. 8, 383~388쪽 참조.

20) 최호진, 「4·19 이후의 학계」, 앞의 책, 89쪽.

21) 이에 대해서는 정용욱, 「5·16쿠데타 이후 지식인의 분화와 재편」, 노영기 외,

사회참여는 언론의 적극적인 지지를 받기도 했다. 언론들은 대체로 4·19 후 가장 현저한 사회현상으로 지식인의 사회참여를 꼽는 가운데 4월 혁명의 성부(成否)를 지식인에게 걸고 싶다고까지 했다.[22] 4·19의 성패를 지식인의 능력에 기댄, 지식인의 사회참여에 걸고 무한한 신뢰를 보냈던 것이다. 그러나 그 같은 가능성과 사회적 기대는 또는 지식인들의 희망과 의지는 곧바로 실망·좌절로 바뀐다. 5·16으로 인해 민주화운동을 (민족)통일운동으로 승화시키고자 했던 진보적 운동이 금압되고 진보적 지식인 또한 제거되는 비운을 겪지만, 그 이전에도 이미 지식인들의 사회참여는 대중들에게 환멸을 가져다주기에 충분할 만큼 극심한 사회혼란을 초래했다. 언론계도 '제2공화국은 기자로 인해 망할' 것이라는 국민여론이 비등할 정도로 부정부패가 발호했다. 물론 사회혼란의 책임을 지식인에게만 전가할 수는 없다. 다양한 주의주장을 포용해 제도권으로 흡수할 만한 사회경제적 조건이 미성숙했고, 혼란과 불안의 악순환을 수습해 공공질서를 회복하고 국민이 염원하는 개혁과 건설을 실행할 능력을 가진 정치 지도세력도 없었으며, 보수지배정당을 지지한 지식인집단도 무능력과 부적합을 드러내고 있었다. 그렇지만 "지식인들의 대담한 사회비평의 시대(4·19혁명의 시공간)"[23]에 지식인들이 쏟아낸 수많은 발언은 미래전망에 대한 구체적인 제시보다는 기정사실에 대한 군중적인 벅찬 감정의 표현이 주류를 이루었으며 따라서 대중에 아부하는 곡학아세의 지식인들이 속출했던 것은 숨길 수 없는 사실이다. 이로부터 파생된 분노와 실망이 5·16쿠데타 및 그 주체세력인 군인(지식인)에 대한 또 다른, 더 큰 기대감을 증폭시켰다고 볼 수 있다. 5·16쿠데타 직후 당시 지식인들 상당수가 쿠데타에 대해 긍정적인 반응을 보였고, 서울시민들 또한 40%가 호의적, 20%가 호의적이거나 시기상조라고 생각한다는 반응을 나타낸 것은[24] 이와 무관하지 않을

『한국의 근대화와 지식인』, 선인, 2004, 167~169쪽 참조.
22) 「이제부터는 지식인이 일 할 때」(사설), 『경향신문』 1961. 1. 2.
23) 지명관, 「지식인의 굴절과 안주」, 『신동아』 1971. 5.

것이다.

5·16쿠데타는 권력과 지식인 관계의 새로운 국면을 창출해낸다. 그 변화된 관계는 권력과 지식인의 높은 관계 밀도의 형성으로 요약할 수 있다. 권력과 지식인의 이해가 상호 부합했기 때문이다. 지배권력, 즉 군사정부에는 무엇보다 국가재건프로젝트를 시급히 시행하는데 필요한 전문 인력이 요청되었다. 국정 수행에 필수적인 전문지식과 경험은 학계인사나 전문 행정 관료들에게 전적으로 의존할 수밖에 없었다. 박정희는 '민주주의 재건에 있어 펜의 힘이 무기보다 강하다'는 점을 강조하면서 지식인의 편달과 협조를 요망했으며 그것도 '철학적 뿌리'와 '이론적 뒷받침'이 필요하다고 공언한 바 있다. 근대화를 실제로 담당·추진시켜 나갈 기술적(실무형) 지식인은 물론이고 국정철학과 이론을 개발할 이데올로기적 지식인까지 두루 소용되었기에 지식인들을 광범하게 동원하는 정책을 구사할 수밖에 없었다. 지식인에게 있어서도 마찬가지여서 꼭 동원된 형태가 아니어도 군사정부의 지배이데올로기(반공주의, 개발주의)에 공명한 상태에서 지식 본래의 내면의 목표(지행합일)를 실행하고자 하는 욕망이 팽배해졌고 또 그 내발적 욕망을 적극적인 현실참여로 실천할 수 있는 유리한 여건이 조성되어 있었다. 로스토우의 근대화론에 영향을 받은 것도 있지만, 이 당시에는 "지도자 중심의 근대화 프로젝트를 통해 민주주의의 토대를 다져 나가야 한다는 인식이 지식인층에 광범위하게 공유"[25]되어 있었다. '지식인정부'[26]로 일컬어질 만큼 권력/지식인의 유기적 관계 조성은 이전과 다른 지식인의 현실참여 형태를 빚어낸다. 논설을 통하여 비판자

---

24) 홍석률, 「1960년대 지성계의 동향―사업화와 근대화론의 대두와 지식인사회의 변동」, 정신문화연구원 편, 『1960년대 사회변화 연구』, 백산서당, 1999, 197~198쪽.
25) 이상록, 앞의 논문, 227~228쪽.
26) 「지식인의 분발을 바란다」(사설), 『경향신문』 1962. 5. 19. 이 신문은 혁명정부를 군사정부라고 하기보다는 지식인정부라고 하는 것이 더 적절하다며 군사정부가 지식인들을 존중하는 것을 고맙게 생각하는 동시에 정부의 기대에 어긋나지 않도록 모든 지식인들의 분발을 촉구했다. 당시 쿠데타에 대한 언론의 호의적인 태도, 권력과 지식인의 유대에 대한 기대를 엿볼 수 있다.

로 혹은 문제해결의 제시자로 참여했던 종전과 달리 보다 직접적인 현실정책 참여가 활발하게 전개되었다. 또 이전의 지식인의 현실참여가 소신에 따른 개별적 차원에서 이루어진 것과 달리 집단적이고도 다면적인 현실참여가 주를 이루었다. 아울러 동원에 못지않게 자발적 현실정치 참여의 비중이 매우 컸다. 쿠데타 직후에 나타난 이 같은 권력/지식인의 결합은 경제개발이 본격적으로 추진되면서 가속화된다.

하지만 그 가속화는 갈등을 내장한 것이었다. 특히 6·3사태를 계기로 양측의 갈등은 최고조에 달하고 결국 파열되기에 이른다. 제3공화국 출범 직후 대일굴욕외교 반대운동이 전사회적으로 확산·고조된 가운데 권력은 비상계엄령을 선포하고 학원가에 위수령을 발동하는 한편 언론에 대한 사전검열제를 재시행하는 동시에 학원과 언론을 통제하기 위해 학원보호법과 언론윤리위원회법의 제정을 강행한다. 이는 언론의 무책임한 선동, 학생들의 불법적 행동, 정부의 지나친 관용 등을 6·3사태의 중요 원인으로 판단한 정치권력의 문제인식에서 비롯된 것이었다. '한일협정비준반대선언문'을 발표한 재경대학교수단 중 양주동, 김경탁 등 12명의 교수를 정치교수라고 매도하여 강제 해직시킨다.[27] 권력의 이 같은 공세에 대응해 지식인들의 권력 비판 또한 강경해진다. 비준반대선언에 참여했고 그로 인해 해직된 바 있는 김성식은 박정희의 '진해 발언'(학생데모는 애국적이 아니다, 언론은 무책임하다, 지식인은 옹졸하다)을 정면으로 반박하는데, 그는 극소수의 언론인과 지식인의 항변마저 틀어막는 정권의 정치적 빈곤을 한탄하며 오히려 '위정자들은 양심이 살아 있는지 자성해보라, 죄의식이 마비되었나를 살펴보라, 잘한 것이 많은가 못한 것이 많은가를 통계적으로

---

27) 해직된 12명의 교수는 양주동, 이헌구, 정범모, 김성준, 양호민, 김경탁, 김성식, 이항녕, 황산덕, 김기선, 서석순, 이극찬 등이었다. 이극찬은 숙청 기준을 이해할 수 없다며 강한 이의를 제기하는 가운데 정부비판적 태도를 보였던 소위 '동아(일보)교수' '사상계교수' 등을 제거하기 위한 조치로밖에 판단할 수 없다고 본다(『동아일보』 1965. 9. 28). 또 비준반대에 서명했다는 이유로 연대 의대 박사논문 4편이 승인 취소된 바 있다.

설명해보라'며 권력의 비정(秕政)을 질타한 가운데 지식인에 도전하는 우를 버리라고 강력 경고한다.[28] 이 갈등과 파열은 쿠데타 직후부터 조성된 박정희 정권에 대한 지식인집단의 기대가 완전히 불식되는 계기가 되었다. 또 발전주의의 패러독스, 즉 경제적 근대화와 정치사회적 근대화의 괴리가 극명하게 노정·인식되면서 '반공주의와 성장주의에 입각한 지배 권력과 민주주의, 진보적 민족주의에 입각한 (저항)지식인집단 사이에서 민족주의와 근대화론의 전유를 위해 치열한 담론투쟁'이 전개되고[29] 이 과정을 거치며 지배/저항의 구도가 형성되는 동시에 지식인집단 내부의 분화가 뚜렷하게 이루어지기 시작한다.

그리고 정치교수의 규정 및 탄압을 계기로 아카데미즘(학자)의 현실정치 참여의 수준이 논란된다. 정치권력이 한일협정을 반대하는 의사표시를 정치활동에 속하는 것으로 규정함으로써 아카데미즘의 현실참여 문제가 제기되었다. 대학교수가 국가사회의 중대한 사안에 대해 의견을 내는 것이 교수의 활동에 속하는 것인가 아니면 대학교수는 아카데미즘의 권역에서 지식만 전달하는 임무에만 충실해야 하는 것인가 하는 문제였다. 강제 해직조치는 이 문제에 대한 권력의 입장과 그 가이드라인을 분명하게 밝힌 것인데, 이로부터 아카데미즘의 각 분야마다 현실참여에 대한 논의가 촉발된다. 가령 정치학의 경우 제1회 정치학심포지엄(1966. 6. 4~6)에서 '학자가 이론을 위한 이론의 추구보다는 현실에 관련하여 정책결정에 영향을 미쳐야 한다는 것'에 대체로 공감하면서도 실제 '정치참여는 정치적이고 정책적인 차원에서 논의될 문제'라는 다소 애매한 결론을 내린다. 이는 학자들마다 아카데미즘의 현실참여에 대한 입장이 분분했다는 것을 말해주는 것으로, 실제 '학자가 현실에 참여할 때 그는 이미 학자가 아니다.'

---

28) 김성식, 「지식인에 도전하는 우를 버리라, 박대통령의 진해 발언을 박하다」, 『동아일보』 1965. 5. 6.

29) 김건우, 「1964년의 담론 지형 – 반공주의·민족주의·민주주의·자유주의·성장주의」, 『대중서사연구』 22, 2009, 74쪽.

(민병태), '오늘날 정치가 대중 속에 뿌리박지 못한 상태에서 대중 속으로 뛰어 들어가야 한다.'(구범모), '권력에 접근하면 편벽되기 쉬우므로 현실과 거리를 유지하면서 접촉하되 냉정하게 시시비비를 가려야 한다.'(차기벽), '어디까지나 의견을 학문적으로 내놓아야 한다.'(김상협) 등 가지각색이었고 그 스펙트럼이 매우 넓다는 것도 확인할 수 있다.[30]

정치학 분야만이 아니고 1960년대 중반에는 권력과 지식인집단 양측의 실체가 분명히 드러나는 것을 계기로 지식인들의 근대화 인식과 현실참여에 대한 태도가 다양하게 분기되는 가운데 권력/지식인의 관계가 조정되는 과정을 거친다. 양자 간의 관계가 적대, 견제, 화해, 야합 등 다양한 형태로 얽혀 나타나고 각기 구체적인 제도적 활동으로 그 면모가 나타나는 특징을 보인다. 예컨대 언론윤리위원회법 제정을 둘러싼 권력/지식인의 관계의 조정이 이를 잘 드러내준다. 정치권력이 6·3사태에 이르는 일련의 정치적 위기를 맞아 유연한 언론통제방식(언론, 출판, 예술, 학문 등의 자율성에 대한 부분적 인정)에서 강권적·공세적 통제로의 전면적 전환을 시도해 언론을 장악하고자 추진한 언론윤리위원회법 제정이 전사회적 반대 여론에 부딪혀 법 시행이 보류되었으나, 실제는 박정희와 언론계의 막후 협상에 의해 보류되었을 뿐 폐기되지 않은 상태에서 언론을 위협하는 잠재적 족쇄로 기능하게 된다. 제한된 자율성조차 인정하지 않겠다는 정치권력의 강력한 의지가 확인된 이상 법 시행에 따른 자율성의 완전 고사를 방어하기 위한 대응이 불가피했고, 그 대응으로 사회문화계가 모색한 것이 민간검열기구인 諸 윤리위원회의 발족이었다.[31] 권력 발동의 후환에 대비한 언론문

---

30) 「정치학자가 본 정치」, 『경향신문』 1966. 6. 8. 1965년 전국 대학의 정치·행정학교수 165명을 대상으로 한 설문조사 결과에 따르면, '정치학의 발전은 정치학자의 비학문적 활동 때문에 그 발전이 저해되고 있다'는 조항에 대한 찬성이 50%, 반대가 20%로 나타났는데, 압도적인 다수의 미국 정치학자가 비정치적 활동이 필요하다고 생각하고 있는 것과는 대조적이나 우리 학자들도 비정치적 활동, 특히 현실정치 참여에 대해 긍정적으로 생각하고 있다는 점은 고무적인 현상으로 평가된 바 있다. 김계수, 『한국정치학-현황과 경향』, 일조각, 1969, 129~130쪽.
31) 이에 대한 상세한 논의는 이봉범, 「1960년대 검열체재와 민간검열기구」, 『대동문화

화계의 고육지책이었던 셈인데, 중요한 것은 비록 각종 윤리위원회가 권력/지식인의 야합의 산물이고 권력의 의도가 우세적으로 관철된 산물이었지만 그 제도적 시행과정에서는 권력과의 마찰, 문화계 내부의 분열과 갈등을 끊임없이 동반하면서 박정희 정권이 종말을 고할 때까지 언론, 출판, 문학예술, 미디어의 사회적 존재방식이 규율되었다는 사실이다. 적대, 견제, 화해, 야합 등이 종횡으로 작동하고 있었던 것이다. 서론에서 제시한 현실정치 참여의 다양한 양태도 이 시점에서부터 본격적으로 등장한다. 대체로 권력/지식인의 관계가 지배/저항·협력의 구도로 재편되는 것과 동시에 지식인집단 내에서는 다수적 협력/소수적 저항/최다수적 침묵·방관으로 분화되는 중층성을 보인다. 그만큼 권력/지식인의 관계를 지배/저항의 구도로 단순화할 수 없는 복잡성을 띠게 되는 것이다. 이는 이데올로기적 대립(담론 투쟁)과 분화를 수반한 것이지만 이 차원만으로는 설명해내기 곤란한 지점들이 존재한다. 본고가 '평가교수단'의 동향에 주목한 것도 이런 맥락에서이다.

물론 이러한 구도는 권위주의 통치의 확대·강화와 맞물려 계속 변동된다. 특히 권력이 구사한 지식인정책의 변모에 따라 더욱 그러했다. 그 추세는 선별적 동원/배제의 강화이다. 그것은 여러 논자가 지적했듯이 박정희 정권의 개발동원체제가 연속적 위기를 겪으면서도 성장주의의 성과[32]에 자신감을 확보하면서 지식인들의 효용가치가 줄어들었기 때문이다. 또 제도적 영역에서는 지배체제의 안정적 재생산에 장애가 될 만한 요소들은 1960년대 후반에 이르면 이미 선제적으로 상당부분 제거한 상태였다. 박정희가 가상의 적으로 규정한 바 있는 언론은 '신동아필화사건'(1968. 12)을 계기로 비판적 일간저널의 마지막 보루였던 동아일보가 순치의

연구』 75, 2011, 422~474쪽 참조.

32) 경제성장률 지표 한 가지만 보더라도 1960년대는 연평균 8.6%의 고도성장을 구가했다. 이는 유엔이 60년대를 '개발의 연대'로 설정하여 성장 목표를 5%로 책정한 것을 훨씬 능가하는 수치였다. 1969년에는 15.9%라는 유례없는 성장을 기록한 바 있다.

과정을 밟으며 권력에 완전히 장악된다. 박정희는 지식인들의 헌신적인 참여와 기여가 절대적으로 필요하다는 입장을 지속적으로 피력하면서도 정권에 비판적인 지식인들을 배제·박멸할 것임을 아울러 공공연하게 언급했다. 그것은 1970년대에 접어들어 더욱 노골적으로 표명되는데, 국민교육헌장선포5주년 치사에서 '위대한 민족적 이상을 실현시키려는 것이 10월 유신이라고 규정한 뒤, 이 발전의 진운에 역행하는 활동을 한 지식인들은 새 역사 속에서 영원히 사라져버리고 말 것'이라고 언급했으며,[33] 언론인, 학자, 지식인 등이 정부에 협조, 이해하도록 유도해 나가라고 문공부에 지시하면서 '모든 문화사업 종사자들이 정부가 하는 일에 근본적으로 부정적, 비판적이며 저항적 자세를 취하는 것은 정부가 일하는데 정력과 시간을 낭비하게 할 뿐 아니라 역행하는 것'[34]이라고 강력히 경고한 바 있다. 이렇듯 1960년대 중반부터 강화되기 시작하는 동원/배제의 이원 전략, 구체적으로는 포섭·동원의 집중과 배제의 무차별적인 구사는—필화와 곡필이 동시에 증가되는 것에서 그 결과의 일단을 확인해볼 수 있다—지식인의 현실참여가 새로운 차원으로 전환되는데 지대한 영향을 끼치게 된다.

1967년 순수참여논쟁이 재현된 것에서 확인할 수 있듯이 이 시기 지식인의 현실참여 문제에 대한 논란이 재점화되었던 것도 이런 맥락에서이다. 지식인, 특히 저개발국가 지식인의 현실참여의 필요성 및 불가피성을 인정한다고 할 때(당시 지식인 대다수가 동조한), 어떤 참여의 방법이 유효적절한지 다시 말해 참여의 방법이 주 논점이었다. 홍석률은 이 논쟁의 성격을 '산업화와 근대화론의 확산 속에 실용주의·기능주의적 사고가 확산되자 지식의 전문성과 기능성을 강조하는 새로운 지식인관이 강력하게 대두되는 가운데 역사·사회발전의 총체적 방향 설정을 고민하는 지식을 강조하는 총체적 지식인관과 전문성과 기능성을 강조하는 지식인관이

---

33)『매일경제신문』1973. 12. 5.
34)「지식인은 건전비판을」,『경향신문』1974. 2. 1.

분화되고 양자 간에 갈등이 표출된 것'으로 파악한 바 있는데,[35] 당시 한국사회에 적합한 지식인상과 이로부터 서로 다른 현실참여론이 분화·갈등하는 양상을 집어낸 것은 타당하다고 판단된다. 필자는 서로 다른 현실참여론 가운데 앙가주망과 구별되는 '파르티씨파숑'(participation)에 주목하고자 한다. 이 현실참여방법(용어)은 1960년대 지식인론을 지속적으로 개진했고 또 이 논쟁의 중심에 있던 김붕구가 제기한 것이다. 파르티씨파숑은 '협동의 참여'를 의미하며 이는 고락을 같이 나누고 일을 서로 분담한다는 뜻의 참여로, 고발이나 반항을 특징으로 하는 앙가주망과 뚜렷이 구별되며, 아니 구별되어야 한다고 본다. 김붕구는 근대 프랑스의 지식인론과 마르크스주의 지식인론을 종합적으로 고찰한 가운데 산업사회, 기술사회로 이행하려는 단계에 처해 있는 한국사회에서 앙가주망보다는 파르티시파숑이 더욱 유효한 현실참여 방법이며 그것이 시급히 요청된다고 주장한다. 나아가 '자립의 자유', 즉 자유민주사회에서 성인에게 주어진 사회 내 사생활의 자유(소극적인 사회적 자유)와 '참여의 자유', 즉 파르티시파숑(적극적인 정치적 자유), 이 두 가지 면의 자유를 아울러 종합하려는 노력이 분단된 조국의 통일을 지향하는 지식인의 근본과제라고 강조한다.[36] 다소 프랑스적인 전통에 치중하고 있고 또 앙가주망을 마르크스주의와 직결시켜 불온시하는 레드콤플렉스가 침윤된 글이나, 그의 파르티씨파숑(협동의 참여)은 당시 상당수 지식인에 있어 새롭게 모색·제기되고 있던 현실참여방법의 특징적 양상을 살피는데 적절한 참조가 된다(실제 저항적 지식인층의

---

35) 홍석률, 앞의 책, 206~216쪽 참조.

36) 김붕구, 「한국의 지식인상」, 『신동아』 1967. 3, 70~85쪽. 그가 한국 근대지식인의 전형적인 유형을 이광수, 최남선, 임화, 김기림 등 4가지로 나누고 그 유형들의 특징과 해방 후 각각이 어떻게 변용되었는가를 검토한 부분은 음미해볼 만한 가치가 있다. 특히 '視覺型'(이광수의 유형), 즉 '역사의식에 의한 결단으로서의 신념이 아닌 그래서 회의와 추리와 모색 없는 단호한 신념은 명분(계몽과 민족)에 전적으로 기댄 일면의 지적인 맹목과도 통하며, 1960년대에도 이런 유형의 지식인이 많다'라는 지적은 1950~70년대 퇴행적 훼절(전향)로 비판받는 상당수 지식인의 내적 논리를 이해하는데 큰 시사가 되리라 본다.

규모는 매우 작았다). 특히 학술적 현실참여 문제 및 학술의 공공성 실현 문제와 관련해 시사하는 바가 매우 크다.

본고가 주목하는 학술의 현실정치 참여도 이런 거시적 흐름 속에서 대두·전개된다. 그런데 주목을 요하는 것은 학술적 지식인들의 현실참여가 주로 파르티시파숑으로 구현된 데에는 학술이 지닌 제도적 성격에서 비롯된 바가 크지만, 1960년대 지식인들의 근대화 인식과 아카데미시즘이 처해 있던 상황적 조건도 아울러 작용했다고 봐야 한다. 전자는 학자의 현실참여 그 자체를 아카데미즘의 본령에서 벗어난 일탈로 간주하는 소수의 경우를 제외한다면 대학교수들의 근대화 인식 및 그에 따른 현실참여의 방법적 선택에 따라 다양하게 나타날 수밖에 없다는 점에서, 후자는 개인적 신념에 의해 현실참여가 결정되나 아카데미즘 영역의 객관적 조건에 일정한 규정을 받을 수밖에 없었다는 점에서 당대적 어프로치를 통해 각각의 현황을 살펴볼 필요가 있다.

당대 지식인들의 근대화 인식과 이에 따른 현실참여를 어떻게 생각하고 있었는지는 홍승직의 조사연구를 통해서 대강이나마 파악해볼 수 있다.[37] 지식인들은 근대화의 가장 중요한 요소로 '공업화 내지 산업화'(29.24%), '국민생활수준의 향상'(22.91%), '중간계급의 성장 및 확대'(14.59%), '생활의 합리화'(12.61%)로 꼽은 것으로 볼 때 근대화를 주로 경제적 관점에서 접근·이해했다는 것을 알 수 있다. 근대화와 서구화의 관계에 대해서는, 양자가 '완전히 같다'(2.24%), '완전히 다르다'(9.57%)에 비해 '어느 정도 같다'(37.96%), '같지 않는 점이 많다'(46.87%)가 다수였다는 것을 볼 때 양자의 상호관련성을 부정하지는 않지만 그렇다고 동일시하고 있지는

---

37) 홍승직,『지식인의 가치관연구』, 삼영사, 1972. 이 책은 761명의 교수와 745명의 언론인, 당대 지식인 총 1,515명을 대상으로 1966. 10~11월에 실시한 '근대화과정에 대한 한국의 교수와 언론인들의 태도에 관한 종합보고서'이다. 규모와 조사내용의 구체성뿐만 아니라 당대 그것도 권력/지식인의 갈등이 고조되고 아울러 지식인 집단의 분화가 본격적으로 이루어진 시기의 조사라는 점에서 자료적 가치가 매우 높다고 하겠다.

않았다. 근대화의 전제조건으로는 '공업 및 과학기술의 발달'(17.16%), '장기적 경제계획'(11.22%), '산업의 근대화'(10.10%), '민족자본의 육성'(6.4%) 등 주로 경제적 요인을 강조하고 있으며, '남북통일'(12.28%), '정치적 안정'(11.02%) 등 전체응답자의 약 20%가 정치문제를 중요 조건으로 지적했다는 것도 눈여겨볼 필요가 있다. 지배 권력이 내세운 '강력한 지도자의 출현'(3.5%)은 강조되고 있지 않다. 근대화에 가장 유망한 자원은 인력 — '인력자원'(47.46%), '기술자원'(17.49%) — 이었고, '외자'(2.05%)에 대해선 비관적으로 보았다. 이와 관련해 한국의 근대화를 위해 가장 필요한 학문으로는 자연과학(33.27%), 공학(31.22%), 농학(5.08%) 등 소위 자연과학분야가 압도적인데 비해 인문과학분야는 순이론적인 것 — 역사학(1.91%), 심리학(2.31%) — 보다는 실제적으로 활용할 수 있는 경제학(8.05%), 경영학(4.36%), 사회학(4.09%) 등이 상대적으로 높은 평가를 받았다. 현재 진행 중인 근대화의 중요한 성취 지표로는 경제적 변화를 꼽았다. 즉 자립경제를 달성하고(20.78%) 국민소득이 국제수준에 도달하고(23.30%), 부의 균등한 분배가 이루어지며(8.91%), 실업자가 없어지고(8.58%), 공업화가 실현(5.28%)되었을 때 비로소 근대화가 되었다고 보는 것이다. 인권존중(7.33%), 평화적 정권교체(2.77%), 교육의 민주화(1.58%) 등 사회적 근대화의 지표는 낮은 편이었다. 그러나 지식인들은 과정 중인 근대화가 가져다주는 혜택을 국민이 공평하게 분배받지 못하고 있다고 판단하고 있었다. 일부 특권층, 즉 '재벌 및 대기업주'(51.35%), '집권층'(12.81%), '상류층'(12.08%) 등이 그 혜택을 독점하고 있는데 비해 농민(0.66%), 여성(0.86%), 중소기업층(0.92%), 봉급생활자(0.20%), 전문직종사자(1.52%) 등은 이로부터 소외되어 있다고 본다.

내적으로 대학교수와 언론인의 입장에 미묘한 차이가 있다는 점을 감안하더라도 당시 지식인들이 근대화를 주로 경제적 관점, 즉 산업화로 이해했다는 사실은 지배 권력의 경제제일주의와 지식인들의 태도가 상통했다는 것을 시사해준다. 쿠데타 직후뿐만 아니라 1960년대 중반에도 적어도

'근대화가 학계나 지식인들의 화두이면서 5·16세력으로 보자면 집권과 개발독재의 명분이 되고 그래서 두 개의 어떤 부분에서는 합치'(김병익)되는[38] 지점이 여전히 존재하고 있었던 것이다. 대학생들도 크게 다르지 않았다. 전국 14개 대학 4천 명을 대상으로 한 설문조사에서 대학생들은 '정치적 자유보다 좋은 직장, 넉넉한 경제생활이 중요하다'는 질문에 53%가 동의(33% 부정)했다는 것은 적어도 명분보다는 실리 위주로 의식상태가 변모한 가운데 경제적 근대화에 대한 기대가 높았다는 것을 추론해볼 수 있다.[39] 성장주의 전략에 대한 국민적 동의뿐만 아니라 지식인들의 이 같은 (잠정적)동의 기반은 성장주의의 강력한 추진의 바탕이 되는 가운데 권력/지식인이 근대화론을 매개로 결합할 수 있었던 요인으로 작용했다고 볼 수 있다. 권력의 입장에서 볼 때는 양날의 검이었다고 봐야 한다. 다만 그 경제적 근대화의 성취 지표 가운데 자립경제 및 부의 균등한 분배에 대한 중요시, 또 근대화 혜택의 지배계급의 독점화에 대한 부정적 입장은 권력의 잠재적 불안요소였으며 이 문제를 해결하지 않으면─더욱이 경제발전을 위해 정부가 통제해야 할 것으로 부정부패 일소(29.98%)와 재부(財富)의 편중 시정을 우선적으로 들었고, 경제발전을 위해 개인의 자유가 어느 정도 희생될 수 있다고 보는 것이 약 60%였다는 것을 감안하면─권력/지식인이 언제든지 불화·갈등할 수밖에 없었다는 것을 암시해준다 하겠다.

이 같은 지식인들의 근대화인식은 지식인의 현실참여를 촉진/제약하는 요소가 된다. 당시 지식인의 역할수행에 대한 자기 평가는 대다수가 가치 창조와 가치 전파의 활동에 소극적이거나(67.73%) 참여하지 않는다

---

38) 「4월혁명과 60년대를 다시 생각한다」(좌담), 최원식·임규찬 엮음, 『4월혁명과 한국문학』, 창작과비평사, 2002, 48쪽.

39) 「대학생의 의식상태」, 『경향신문』 1970. 3. 28. 기타 주목할 만한 조사결과로 '국민이 지지하는 소수의 강력한 리더가 필요하다'(61% 동의), 선의의 군주형 지도자도 필요하다고 인정(27%)했으며, 국가발전의 장애요인으로는 빈부의 차, 부정부패, 낭비성, 배금사상의 팽배, 불신의식, 가치관 혼란, 준법정신의 결여 등을 순차적으로 꼽았다.

(20.33%)고 생각하고 있었다. 당위적 차원 및 지식인에 대한 사회적 기대에 부응하지 못하고 있다는 것을 자인하고 있는 것이다. 그것은 '협동정신'(40.79%), '참여정신'(9.84%), '합리적 비판'(9.11%), '주체의식'(8.19%) 등의 결여가 근대화를 위해서 한국의 지식인에게 가장 부족한 요소로 본 것과 관련이 깊다. 지식인들 중 정부시책에 참여하는 사람들은 '개인적 명예욕 때문에'(26.01%), '물질적 혜택을 얻기 위해'(19.01%), '자기이념을 시책에 반영하기 위해'(17.29%), '시책에 공명하기 때문'(11.95%) 등 공익보다는 사적 이익이 동기가 되고 있다고 판단했다. 반면 정부시책에 직접 참여한 경험이 있는 지식인들은 '이념의 반영'(18.69%), '시책 공명'(13.98%) 등 공익적 동기에 의해 정부시책에 참여하고 있다고 믿는 경향이 강했다. 정부시책에 참여하지 않는 이유로는 '정치적 불신감 때문'(34.46%), '참여해도 효과가 없기 때문'(22.64%), '무관심하기 때문'(11.02%) 등으로 나타났는데, 지배적인 이유가 정치적 불신이라는 것은 그것이 해소되면 그리고 참여의 효과가 가능할 수 있다면 참여할 용의가 있다는 것을 함축한다는 점에서 당시 지식인들이 정치참여에 대해 적극적으로 부정의 태도를 보인 것은 아니라고 할 수 있다. '시책에 반대해서'(3.10%), '비판적 입장을 취하기 위해'(6.73%) 참여하지 않는다는 경우가 극히 소수라는 점도 이런 추정을 뒷받침해준다. 따라서 일정한 동기부여가 있다면 현실참여에 '주저'하거나 잠재적 차원의 자발적 참여의지를 지녔던 다수의 지식인들이 현실정치에 참여할 수 있는 여지는 컸다고 할 수 있다. 실제 정부가 주관하는 연구사업에 초대된다면 일정한 조건 하에—개인연구에 도움, 이용당하지 않는 범위 내에서, 아이디어의 제공자로서만 등—93%가 긍정적 관심도를 표시했다. '무조건 참여'(10.17%)를 표명한 지식인들을 전공분야별로 보면 자연과학(12.58%)과 사회과학(11.66%)이 인문과학(7.98%) 전공자보다 높게 나타났는데, 전자가 현실정치 참여에 좀 더 호의적이었다고 볼 수 있다. '가능한 한 참여하지 않는다'(4.62%), '단호히 거부한다'(0.73%) 등은 극소수였다. 그러면 지식인들이 근대화과정에 참여하는

최선의 방도는 무엇으로 판단하고 있었는가? '전공지식의 현실에의 최대 활용'(33.93%)이 압도적이었고, 교수들은 40.21%가 이 방법을 최선으로 보았다. '맡은 자기분야에 대한 최선의 노력'(28.85%), '국민정신혁명에의 헌신'(9.70%), '국가발전을 위한 정책에의 참여'(8.38%), '비판적 입장에서의 정부시책의 감시'(8.05%)[40] 등이 그 뒤를 이었다.

이상의 조사결과를 거칠게 종합하면 과거 전통적 소외자, 국외자, 냉소자였던 지식인들이 1960년대 근대화과정에서 지식인에 대한 사회적 기대수준에 부응하지 못한다는 자각 속에서 근대의 참여자로 전위하고자 하는 의욕이 상대적으로 고조되고 있었고 그것이, 비록 지식인 개개인의 개인적 자각과 도덕적 결단의 차원에서 이루어졌다 하더라도,[41] 현실참여에 대한 내발적 적극성으로 표출되는 가운데 실무적 참여든 비판자로의 참여든 구체적 실천의 행보로까지 진전되는 국면이 새롭게 조성되었다고 볼 수 있다. 더욱이 학술적 지식인들의 현실정치 참여에의 높은 기대와 잠재적

---

40) '비판적 입장에서의 정부시책의 감시' 응답에 있어 언론인(10.87%)이 교수(5.26%) 보다 그 비율이 높은 특징을 보인다. 이 부분 말고도 언론인과 교수의 입장은 여러 지점에서 미묘한 차이를 드러내고 있다. 근대초기부터 형성된 언론(인)의 지사적 전통이 당대에도 여전히 작동되는 가운데 특히 언론윤리위원법 제정을 강행하면서 노골화된 권력의 언론통제정책에 대항해 언론의 본질적 사명에 대한 인식이 고조되었던 사정이 반영된 것으로 판단된다. 한국지식인에게 부족한 특성으로 언론인은 '참여정신의 부족'(13.53%)을 두 번째로 본 반면 교수는 여섯 번째로(6.18%) 본 것에서도 확인할 수 있는 바다. 실제 1960년대 중반 이후 저널리즘과 아카데미즘의 사명 및 관계에 대한 논의가 족출하는데, 연세춘추사가 주최한 심포지엄에서 제기된 발언을 보면 대체로 본래의 기능과 사명은 다르되 권력·지배계급과의 대결이라는 차원에서는 공동의 목표를 지니고 있으므로 진실의 파악을 통한 진단과 처방으로서 양자는 서로 긍정적인 협조를 활발히 해야 한다는 것이 대체적인 결론이었다. 흥미로운 지적 가운데 하나는 '대학교수들이 저널리즘을 타락했다고 비난하면서도 신문, 잡지에 잡문이나 발표하는 다이제스트적 안이한 참여는 중지하는 것이 당연하다'(남재희)는 비판이다. 「아카데미시즘과 저널리즘」, 『동아일보』 1970. 6. 10.

41) 학문 활동이 조직적, 물질적 토대를 갖추고 사회운동의 차원으로 전환된 것은 1980년대 중반에 가서야 가능했다. 이에 대한 자세한 논의는 김동춘, 「한국사회에서의 지식인의 위상과 학술운동」, 『경제와 사회』, 1988. 12 ; 「학술운동의 현황과 전망」, 『현상과 인식』 12, 1989. 2 등을 참조.

참여의지를 보인 것은 특기할 만하다. 정치와 지식인은 별개라는(10.12%) 일종의 아카데미즘의 중립성을 고집하는 경우가 적었고, 정치적 불신감 및 참여 무효과가 제거된다면 정부시책에 협력할 수 있다는 조건적(잠재적) 이나마 자발적 참여의지가 높았다는 사실은 적어도 같은 이유로 현실정치 에 대해 부정·적대시가 만성화되었던 상태에서 벗어났다는 것을 일러준다 는 점에서 고무적인 현상으로 판단된다. 파르티씨파숑의 학술 내적(주체적) 지반이 마련되었던 것이다. 아울러 그것의 최선의 방도가 전공지식의 최대 활용이었다는 것은 그만큼 학술의 공공성이 현실정치와 결부돼 발휘 될 가능성이 높아졌다는 것을 암시해준다. 실제 대학교수의 연구가 직접적 으로 정치, 경제, 산업, 문화의 현장에서 적용되는 폭이 넓어졌고 그 기여의 긍정적 성과가 가시화된 가운데 대학교수의 사회참여는 불가결한 국가사회 의 요청으로 받아들여졌다.[42] 특히 미국의 실용적·경험론적 학풍에 영향을 받은 미국학위의 '아메리카형 학자'(1978년 기준 약 4천명)들의 권력지향적 (권력에의 등용), 부(富)지향적 성향은 높은 사회현실참여로 현시되면서 대학뿐만 아니라 정치, 경제, 사회, 과학 등 각 분야에 적극적으로 참여, 발전에 기여를 함으로써 이후 학자들의 사회참여를 더욱 촉진시키는 기폭 제가 된다.[43] 따라서 이 1960년대 중반 비등해진 지식인들의 현실정치 참여를 권력의 지식인 포섭전략에 굴복, 투항, 설득당한 것으로 평가하는 것은 권력의 압도적 규정력을 과도하게 절대화하거나 지식인집단의 이 같은 내발적 자발성을 간과한 재단에 불과하다.[44] 상당수의 대학교수들이

---

42) 「교수의 사회참여와 산학협동」, 『경향신문』 1969. 8. 1.

43) 「한국과 미국 '백년지교'를 넘어서 ; 아메리카형 학자」, 『동아일보』 1978. 12. 1.

44) 1960년대 사상계지식인들의 분열을 박정희 정권의 대규모 지식인 포섭전략에 설득, 포섭당한 결과로 보는, 다시 말해 권력의 압도적 규정력을 절대화한 이용성의 견해(「1960년대 비판적 지식인잡지 연구」, 『동아시아문화연구』 37, 2003)는 동의 하기 어렵다. 부분적으로는 맞지만 또한 틀리기 때문이다. 사상계집단 내에서 개인적 신념에 따라 자발적 현실정치 참여를 기도했던(상당수의 학술적 지식인 포함) 다수의 지식인들의 공과를 논의할 수 있는 여지를 원천적으로 봉쇄하기 때문이다. 1960년대 『사상계』를 평가할 때 이른바 사상계지식인들의 행보가

학자적 양심에 따라 한일협정비준반대 투쟁에 적극적으로 나섰던 것도 적어도 이 같은 맥락 위에서 전개된 또 다른 현실정치 참여의 형태였다.[45] 요컨대 1960년대 중반 지식인들의 근대화인식은 지식인의 현실정치 참여를 제약하기보다는 촉진시키는 원동력이 되었던 것이다.

한편, 파르티씨파숑의 대두·확대는 당시 아카데미즘의 처한 객관적 여건과도 밀접한 관련이 있다. '한국의 아카데미시즘' 기획시리즈(『동아일보』 1968. 7. 23~10. 22)[46]를 중심으로 살펴보자. 1950년대의 대학붐이 가속되면서 1960년대에도 대학주식회사라는 말이 떠돌 정도로 망국적(?) 대학진학 과열과 학사과잉에 따른 아카데미즘의 변질은 시급한 사회문제였다. 그 과잉된 학사의 44%만이 일자리를 얻었고(병역의무이행이 상당한 비중을 차지) 나머지 학사에다 누진적으로 과잉된 학사가 합쳐져 거대한 실업대군을 형성했다. 그것은 경제적 후진성, 즉 외국원조에 의존한 경제구조와 정부의 안목 없는 정책에서 비롯된 결과였다. 고등룸펜을 양산할 수밖에 없는 학사의 과잉 상태는 중대한 사회적 불안의 요소로 작용했으며 학생 및 교수들의 불만이 언제 터질지 모르는 지경이었다.[47] 대학 내 학과불균형도 심각한 문제였다. 1968년에는 대학생 12만 4천 명 중 사회과학계가 1/3수준인 3만 7천, 공학계 2만, 어문학계와 의약계가 각각 1만 수준이었고, 과별로는 상학과(8천 4백), 경제학과(6천 8백), 법률학과(6천 7백), 영문학·행정학·약학·기계공학·화학공학(3~4천) 순이었다. 즉 사회

하나의 유형으로 묶어내기 어려울 정도로 복잡다단하다는 점에서 집단적 차원에서 논급하는 것은 적절하지 않다고 본다. 종합/분할의 오류가 불가피하다.

45) 박두진, 「한일협정·대학·대학교수」, 『신동아』 1965. 8, 66~70쪽 참조.

46) 이 시리즈는 '학문의 총화는 그 나라 대학이'라는 전제 속에 사학 위주로 외형만 비대해진 한국 대학의 규모와 제도를 비판적으로 점검하고 개발도상국가에서의 학문의 의의를 살피고자 기획되었다. 참조는 날짜만 본문 속에 제시한다.

47) 「한국의 숙제② 학사군」, 『경향신문』 1964. 12. 5. 이 신문은 한국의 숙제, 즉 근대화의 진전을 가로막는 중요 장애로 판잣집(도시의 인구집중), 소년범죄, 外刊物 정책, 재벌과 결탁·조달되는 정치자금, 야간통금, 문화재 보존문제와 함께 과잉된 학사군을 들었다. 학사과잉 문제의 심각성에 대한 당대적 인식을 확인해볼 수 있겠다.

과학계열의 편중이 심각했다. 교육당국이 인문사회과학 : 자연과학의 비율을 47 : 53으로 조정해 자연과학계의 정원을 늘리려는 정책을 구사하기도 했는데, 전체적으로 국가발전을 위한 인력수급계획에 입각해 고등교육의 분야별 균형을 확보하는 과제가 대두되었으며 특히 인기 없는 한국학 분야의 장기적 육성과 아카데미의 기간을 이루는 인문계열에 고급두뇌를 유입하는 방안이 강조되었다(8월 6일). 그리고 대학이 대중화되어감에 따라 학문의 전당으로서 대학의 기능을 대학원이 떠맡게 되는데, 1948년 서울대에 대학원이 생긴 이후 50여 개의 대학원으로 확장되었으나 직장인을 위한 특수대학원이 대학원생의 절반을 차지하는 실정이었다. 그것도 일부 전공에 편중된, 즉 1964년 기준 49개 대학 5,900명의 석사재학생 중 특수대학원인 경영학과가 1,239명, 행정학과가 541명이었고 그 뒤를 의학과, 법학과가 이었다. 이 같은 결과를 초래한 주된 원인은 사학의 장삿속이었다. 그로 인해 '대학의 사생아'라는 오명에서 벗어나 대학원이 전문교육기관으로서의 위상에 걸맞은 학문풍토를 조성하는 것이 당대 아카데미즘의 시급한 과제로 부각된다(7월 23일). 이와 관련해 1960년대에는 박사학위란 대학교수가 필요한 것이 아니라 개업의가 필요한 것이라는 우스갯소리가 떠돌 정도로 그 권위를 인정받지 못했다. 1952~67년 국내에서 수여된 총 박사학위 1,346위 중 87%(1,165)가 의학박사학위였으며 그것도 서울대 의대박사가 64%를 차지했다. 여타부문 박사, 즉 문학(22명), 철학(8명), 경제학(13명), 법학(16명), 이학(52명), 약학(14명), 공학(38명), 농학(38명), 수의학(8명) 등을 모두 합쳐야 의학의 15%(180명)에 그치는 수준이었다(9월 17일).

아카데미의 연구 기능과 밀접하게 관련된 연구기관, 연구비, 연구풍토, 도서자료 등도 일천한 수준이었다. 각종 연구기관과 학술단체의 규모는 관련 자료가 부족해 정확한 파악은 어려우나 1968년 기준 대략 학술단체는 70여 개소, 연구기관은 정부산하연구단체 86개, 대학부설연구소 84개 정도였다. 연구기관 중 연 천만 원 이상 예산을 보유한 곳은 30개, 그 중 대학부설은 2곳밖에 없었고 나머지는 모두 국공립연구소였다. 정부산하연구기관은 타율적인 연구사업을 이행할 뿐 학문 발전에 별 도움이 안 되는 집행기관으로 고급공무원의 대기소 역할을 하는데 그쳤고, 대학부설연구소는 1년에 학회지 한 번 낼 수 있는 예산조차 가지지 못한 곳이 1/3, 최소한의 예산을 확보해 연구를 계속하고 있는 곳도 예산이 모두 외원(外援)에 의존하는 형편이었다. 외원에 의존한 관계로 연구의 자율성이 부족했고, 국학분야 연구를 외세에 의존해 해야 했기에 연구기능을 제대로 발휘할 수 없었다. 관(정부산하) : 민(대학 및 사설 연구기관)의 비율은 82 : 28이었으며 절반이 사회과학부문이 차지하고 있었다(10월 8일). 요컨대 예산 기근, 연구기관의 타율성, 관의 개입, 외원 의존의 상태에서 연구의 질적 발전을 기대하기란 불가능했으며 그나마 연구 활동의 지속성도 장담할 수 없었던 것이 1960년대 후반의 실정이었던 것이다. 대학교수들이 수혜 받은 연구비의 4/5는 대학당국이나 문교부를 통한 코스가 아닌 타기관, 특히 외원기관이나 외국재단으로부터 조달되었다. 따라서 연구주제 선택 및 그 방법론의 자유까지 제약을 받을 수밖에 없었다. 문교부 학술조성비가 1963년 707만 원에서 1968년 1억 2천만 원으로 증가했으나 1968년의 선정 수는 1,400건 신청 중에 337건이 선정되는 것에 불과했다(7월 30일).

가장 이상적인 연구풍토는 연구자 자신의 자연발생적인 착상에서 연구된 창조활동이라 할 수 있겠으나 외부(정부, 외국원조기관 등)의 필요에 따라 이루어지다보니 어용학자, 매스컴교수, 부업교수가 범람하고 대학생 99%가 존경하는 교수가 한 명도 없다는 대학생의 설문조사가 알려주듯이 대학은 학문부재, 인간관계 부재의 풍토가 만연된 실정이었다. 게다가 이데올로기적 제한과 도서자료의 구입이 부자유한 상황으로 인해 연구가 위축될 수밖에 없었고 학풍이 비학문성에로 전락하기에 이른다(9월 3일). 당시 국학을 제외한 모든 부문의 학문은 몇 안 되는 외서(外書)수입상에 전적으로 의존할 수밖에 없는 데다 실수요자의 주문이 불가능한 것이 당시 한국의 외서였다. 전공서적을 비롯한 외서를 구입할 수 있는 채널은 유네스코쿠폰을 사거나, IMG(정보매개물협정) 달러를 이용하거나, 정부달러를 쓰는 경우인데(『경향신문』1965. 1. 27), 어떤 경로를 통하든 정부의 쇄국적인 외국간행물정책으로 인해 특히 몇 단계의 유통과정과 그 과정마다 검열을 거쳐야 했기 때문에 주문을 한 지 8~12개월 후에나 얻어 볼 수 있는 상태였다. 국내간행 자료는 다량이나 산재해 있고 대부분이 해방전 간행물, 서울대 중앙도서관의 경우 총 64만여 권 가운데 해방전 간행물이 56만 권이었으며, 규장각 도서 13만 8천 권 중 5만 8천 권의 고문서와 경제문고가 아직 목록조차 정리가 안 된 상태였다. 따라서 한국의 학문은 지역학의 테두리를 벗어날 수 없었으며 그래서 범람하는 것이 수필교수였다(9월 10일). 1960년대 중반 민족사의 주체적인 움직임으로 한국학붐이 일어났으나, 국학연구의 재원은 모두 외원뿐이었으며 분산되어 있는 국학자료를 통합해 활용할 방안도 없었고 연구할 기관과 해당전문가도 턱없이 부족한 형편이었다(10월 22일). 그래서 한국학은 도서관학의 단계에도 들어서지 못했고, 관련학자들조차 '학(science)'으로서의 한국학의 성립 여부에 대해서 부정적인 의견이 다수였다.[48]

아카데미즘의 양적 비대에도 불구하고 교육, 연구 등에서 아카데미즘이 처한 여건은 대단히 열악했다는 것을 확인할 수 있다. '연구는 고사하고 먹고사는 일조차 힘겹다'는 당시 대학교수들의 비명이 결코 과장이 아니었을 듯싶다. 더욱이 대학은 외부의 압력, 특히 정치권력의 간섭·통제에 무기력한 상태에 놓여 있었다. 대학이 자율성조차 지켜내기 버거운 형편은 아카데미즘의 위기를 더욱 심화시키게 된다. 당시 대학은 대학의 자율성 확보와 아카데미즘의 수호·신장이라는 이중의 과제를 안고 있었던 것이다.[49] 필자가 아카데미즘의 현황을 장황하게 살핀 이유는 대학 및 대학교수

---

48) 「한국학의 문제점」,『동아일보』1968. 10. 19.
49) 이러한 과제를 해결하기 위한 일환으로 제시된 것이 서울대 교수들의 '대학자주화 선언'이다(1971. 8). 대학의 자율성 보장, 대학시설의 확충, 교수처우개선 등을 골자로 한 이 선언은 대학의 자유와 아카데미즘을 보호하기 위한 최후적 방어의 수단이었다. 하지만 이 과제는 대학구성원들로만 가능한 것이 아니라 전 사회적인

의 역할이 교육, 연구에 더해 사회참여가 하나의 사명으로 대두된 상황50)에서 아카데미즘의 당대적 조건이 대학교수들의 근대화인식과 결합되어 대학(학문)과 정치·사회의 관계를 직결시키는 방향으로 확장·추동했다는 판단에서다. 특히 연구와 관련된 악조건은 대학 자체로 해결이 불가능한 사회구조적인 문제였고 결국 정부 및 산업계와의 협조적 관계를 통해 인프라를 구축할 수밖에 없었다. 관학협동, 산학협동체제의 제도화 문제가 공론화된 것은 이런 맥락에서다. 아폴로계획의 성공은 이 문제의 시급함을 더욱 부각시켰다. 당시 70%이상의 대학교수들이 정부가 지식인의 개인적 자유를 제약한다고 판단했음에도 불구하고 90%이상이 정부의 연구사업에 참여하겠다는 적극성을 보인 것은 이 같은 아카데미즘의 상황적 조건이 작용한 결과로 보인다. 권력의 의도와는 별도로 아카데미즘의 주체적·객관적 조건 전반에서 파르티씨파숑의 필요와 가능성이 진작된 1960년대 중후반이었다.

III. 학술적 파르티씨파숑의 특징과 공과
―평가교수단의 활동을 중심으로

　본고가 '평가교수단'을 주목한 데에는 몇 가지 이유가 있다. 첫째, 1960년대 중반 학술의 파르티시파숑의 가장 전형적인 형태라는 점이다. 평가교수단은 1965년 7월 국무총리실의 기획조정실장의 추천으로 각 학계의 전문교수 14명을 정부시책평가위원으로 위촉한 것에서 시작되어 곧바로 평가교수단으로 개칭된 가운데 박정희 정권이 무너질 때까지 유지되었다. 또 여기에 참여한 대학교수도 초기에는 20여 명 안팎이었다가 1970년대에 들어서는

제도의 모순을 시정했을 때에만 가능한 난제였다. 「대학의 자율화와 아카데미즘」, 『기독교사상』 15, 1971. 11, 142~144쪽.
50) 「교수의 사회참여와 산학협동」, 『경향신문』 1969. 8. 1.

90여 명 수준으로 확대되었고, 중앙 차원에서뿐만 아니라 지방자치단체에
도 평가교수단을 두어 중앙과 지방 도합 300여 명 규모의 평가교수단이
구성되었다. 중앙의 경우 해마다 10명 내외를 교체했다는 것을 감안하더라
도 총량적으로 볼 때 15년 간 평가교수단에 참여한 대학교수의 수는 엄청난
규모였다고 할 수 있다. 물론 그 규모의 확대가 평가교수단의 기능이
확대·강화되는 것과 연동된 결과이었음은 두말할 나위가 없다. 아마도
박정희체제 전 기간에 걸쳐 이 같은 규모와 지속성을 지닌 제도적 차원에서
의 학술적 지식인의 현실정치 참여 사례는 없었다고 할 수 있다. 5·16쿠데타
직후 최고회의 산하 각종 위원회에 자문위원 혹은 전문위원으로의 참여,
국민운동재건본부에의 참여, 국민교육헌장의 기초, 유신헌법의 기초에의
참여 등은 일부 특정 전문가에 의해 그것도 단기간의 활동에 그친 바
있다.

둘째, 박정희 정권이 구사한 지식인정책의 특징과 운영을 대변해준다는
점이다. 다시 말해 모든 정부정책들을 전문가들로부터 수집, 집약하는
이른바 '지식동원체계'[51]의 제도적 산물이었다. 박정희체제 하에서 지식동
원체계의 핵심은 평가교수단과 '유신정책심의회'(1973)이다.[52] 평가교수
단은 정부시책 및 경제개발계획에 대한 과거지향적 평가와 건의를 하는
것이 주 기능이었다면, 유신정책심의회는 중화학공업 등 주로 유신정책에
대한 자문 및 건의를 하는 미래지향적 기구라는 점에서 다소의 차이는

---

51) 「국정에 두뇌 총동원」, 『경향신문』 1973. 5. 9.
52) 한 가지 주의할 것은 이 유신정책심의회와 '한국유신학술원'은 별개의 단체라는
점이다. 후자는 1973. 7. 19 유신사업의 선양을 목표로 발족된 민간단체로 1979년까
지 유신이념의 연구 발표와 정책 건의, 학술강연회, 세미나 등을 개최하고 출판활동
을 꾸준히 전개했다. 특히 학계의 저명한 교수들을 동원한 국민정치사상강좌를
통해 유신이념의 보급과 국민생활화에 주력했다. 그 성과의 일환으로 발간한
것이 『유신의 참뜻』(1977. 1)이다. 4차례의 강좌 교안 42개를 종합적으로 정리·체계
화해낸 이 책자의 필자로는 이항녕, 김대환, 김두헌, 이규호, 한태연, 이정식,
한승조, 박봉식, 민병천, 고영복, 신상초, 남광우, 이선근, 조영식 등 모두 대학에
재직하고 있던 학자였다. 그 내용에 대해서는 곡필의 관점에서 비판적으로 분석한
김삼웅, 『유신시대의 곡필』, 신학문사, 1990, 174~192쪽 참조.

있지만 정부시책에 대한 평가, 자문, 건의하는 기능을 담당한다는 것은 공통적이었다. 따라서 이 두 기구를 당시에도 박정희 정권의 "두 개의 브레인트러스트"로 간주했다.[53] 유신정책심의회의 규모는 60~70명의 대학교수로 구성되었으며 이 또한 평가교수단과 마찬가지로 점차 증원되는 추세였고 부분적 인원교체도 있었다. 1980년대에 일명 '유신교수'라 칭했던 지식인들은 바로 이 유신정책심의회 출신을 일컫는 말이었다. 1976년 기준으로(중앙) 평가교수단 89명, 유신정책심의회 67명 등 총 156명의 대학교수가 한 해 정부정책의 입안·평가에 참여하고 있었던 셈이다. 평가교수단의 기능적 권역은 경제 분야에만 할당된 것은 아니었다. 이는 물론이고 정치, 사회, 문화, 교육, 학술, 문학예술 등 정부의 모든 행정 분야를 포함했다는 점에 유의할 필요가 있다. 당연히 평가교수단에 참여한 대학교수들의 전공 분야도 모든 학문분과를 아우른다. 평가교수단을 지식동원체계라 할 때, 이에 대한 검토는 권력의 지식인 정책과 아카데미즘(대학교수들)이 결합해 어떻게 제도적으로 성립·작동되었는가를 살피는데 유력한 전거가 될 수 있다.

셋째, 위의 연장에서 평가교수단이 관학협동체제(부분적으로는 산학협동체제)로 학술의 제도화의 시원이 된다는 점이다. 미국 케네디 대통령이 취임 후 하버드대 교수를 대상으로 정부프로젝트를 맡겨 연구시킨 후 이를 정부시책에 반영시켰던 사례를 벤치마킹한 것으로 알려져 있다. 평가교수단은 국무총리 하 내각기획조정실 소속의 기구이다. 유신정책심의회도 마찬가지의 위상을 지녔다. 외형적 위상을 근거로 유명무실한 관변기구로 성급하게 단정 짓는 것은 우견이다. 정부의 입김이 개입될 여지가 없지 않았으나 관변기구라는 점이 오히려 학술의 전문성을 사회적으로 실현하는데 유리했다고도 볼 수 있다. 행정적 권한 보장에다 최고통수권자의 든든한 후원도 있었다. 부여된 권능도 컸고 활동 범위도 비제도적

---

53) 「엇갈린 평가교수단의 평가」, 『동아일보』 1974. 6. 15.

기구, 이를테면 민간 학회, 대학, 단체 등과 합동 심포지엄을 개최하는 등 정부-학계의 교량 역할도 담당했다. 참여교수 개개인에게는 물질적 보수뿐만 아니라 신분 보장, 관 또는 국회로 진출할 수 있는 지위향상의 기반이 되었기에 참여를 위한 치열한 경쟁이 속출해 문제가 된 적이 많았다. 관학협동체제로서의 평가교수단의 공과를 살펴보는 것은 1960~70년대 학술이 공공성의 성과와 한계를 가늠해볼 수 있는 잣대가 될 것이다. 특히 유신체제로 전환되기 이전 단계와 그 이후의 실제 활동에 차이가 있다는 사실을 충분히 감안할 것이며 또 말 그대로 유신과업의 수행을 위한 목적에서 설치·운영된 유신정책심의회와 구별해 다룰 것이다. 유신체제 이후의 지식동원체계는 학술(학자)의 전문성이 유신이념의 적극적으로 옹호하는 편향을 노골적으로 드러낸다는 점에서 조심스럽게 다룰 필요가 있다. 다만 이 시기를 근거로 평가교수단의 활동을 어용으로 일방화하는 것은 경계할 필요도 있다. 평가교수단은 1981년에 공식적으로 해체되었고, 제5공화국 하에서는 정책자문위원회의 형식으로 변형되어 지속되었다.[54)]

넷째, 파르티시파숑을 검토할 수 있는 희귀한 자료이다. 따라서 그 실체에 대한 객관적 검토가 필수적이다. 지금이야 이 같은 학술의 참여방식에 거부감을 갖거나 윤리적 단죄를 서슴지 않는 관행이 사라졌지만 어용으로 단죄했던 과거의 평가가 지속되는 면도 없지 않다. 당시에도 평가교수단에 대한 평가는 극명하게 엇갈렸다. 아카데미즘 내부에서는 '지식을 조국의 발전에 바친다'(참여파)/'연구의 태만, 학생지도에 차질을 빚는다'(비판파)로 나뉘었고, 사회적으로도 사회발전에 기여/평가를 위한 평가의 유명무실함과 같은 엇갈린 평가가 있었다. 여러 부작용을 야기하기도 했으나 평가교수단의 건의가 행정 각 부처에서 시행되는 반영도가 80%로 나타났다는 결과를 볼 때(『동아일보』 1972. 11. 11), 어용으로 치부할 수만은 없다고 본다. 더욱이 서구는 물론이고 당시 가까운 일본에서도 290개의 각종

---

54) 「평가교수단 해체, 정책자문위 설치」, 『경향신문』 1981. 2. 6. 자문위원회의 첫 구성은 학계인사 84명, 연구기관 등 민간인사 18명 등 총 102명으로 구성되었다.

정책자문기구에 자문위원으로 대학교수들이 50%이상 차지하고 있다는 보고를 감안하면 권력/학술의 공고한 결합에 기반한 평가교수단(관학협동체제)을 지식인의 현실참여의 한 가능성으로 취급해볼 여지는 충분하다.

평가교수단과 관련한 중요 지점들을 짚어 보았다. 활동을 부연하면서 1960년대 학술적 지식인의 현실참여의 특징적 면모와 가능성을 평가해본다. 15년간에 걸쳐 존속했기에 많은 활동을 전개했을 것으로 예측되나 그 내역을 확인할 수 있는 자료는 잘 알려져 있지 않다. 아마도 공개되지 않은 것이 많았을 것으로 추정된다(필자가 확보한 자료들도 대부분 비매품이었다). 앞서 언급했듯이 평가교수단은 주로 정부시책과 경제개발5개년계획에 대해 연차 및 분기별로 평가보고서를 작성해 대통령에게 보고하고 때로는 정치 외적으로 대통령과 국무총리에게 정부정책에 대한 의견을 제시하는 역할을 했다. 선임은 대학별, 전공별로 부교수급 이상의 교수 가운데 국무총리기획실장이 제청하거나 각 대학 총장이 추천해 국무총리가 임명했으며, 최신 학문을 연구한 학자들이 임명되는 경우가 많았다. 분야별 구성분포는 초기에는 경제학, 경영학, 공학, 농학 등 경제분야가 큰 비중을 차지하다가,[55] 90명으로 확대된 1970년부터는 경제분야가 여전히 비중이 크지만(30%) 정치(15%), 사회문화(20%), 이공(20%) 등의 비중도 점차 확대된다. 처음에는 제2차 경제개발5개년계획을 수립하는데 충실한 자료를 동원하기 위한 방편으로 대통령령으로 구성되었으나 그 규모와 기능이 확대되면서 '정부기획과 심의분석에 관한 규정'(1972)과 같은 법적 근거까지 마련되면서 활동이 더욱 활발해질 수 있었다.

---

55) 1기 구성은 1차 산업부문(박진환 : 농업경제학, 조동필 : 경제학, 표현구 : 농학), 2차 산업부문(유진순 : 경제학, 윤동석 : 공학, 이기준 : 경제학, 장석윤 : 공학, 최호진 : 경제학), 3차 산업부문(김상겸 : 경제학, 남덕우 : 경제학, 이석륜 : 경제학, 이창렬 : 경제학, 조래훈 : 경영학, 최영박 : 공학) 등 총 14명의 교수로 편성되었다. 1966년부터는 30명으로 확대되어 기존 멤버에다 김윤환, 성창환, 변형윤, 황병우, 박희범, 육지수, 안림, 박진환(경제학), 박동길(광공업) 등이 새로 선임된 바 있다. 총괄은 조동필, 이창렬, 최응상, 변형윤, 박희범이 맡았다.

평가교수단의 위상과 역할은 동시기 비슷한 성격을 지녔던 '경제과학심의회'(1964. 2~1979. 2), '한국경제개발협회'(1965~1971)와 비교해보면 좀 더 뚜렷해진다. 전문학자와 민간인사(공무원, 실업계 등)로 구성된 경제과학심의회는 일종의 자문기구로 오랜 기간 가동되었고 정책보고 및 건의도 많았으나 그것이 직접 정부시책에 반영되는 경우는 적었다. 특히 '민간주도형 경제논쟁'(1971), 즉 민간주도형 경제를 건의한 것을 계기로 박정희 정권의 정부주도형 경제정책과 불화를 겪게 됨으로써 그 기능이 약화되었다고 한다.[56] 한국경제개발협회는 한국경제개발을 위한 장기계획 정책수립에 관한 연구를 위해 설립된 재단법인으로 주로 정부 각 부처와 USOM으로부터 학술용역을 받아 그 연구결과를 총괄하는 기능을 했다. 학술용역을 위주로 했기에 연구성과가 적지 않았으나 그것이 실제 정책에 반영되었다고 확증하기 어렵다. 더욱이 한국개발연구원(KDI)이 설립되면서(1971. 3) 용역 규모도 대폭 축소될 수밖에 없었다. 이에 비해 평가교수단의 활동영역은 매우 넓었다. 정부시책 및 경제개발계획 추진에 대한 단계별, 연차별 평가를 기본으로 하되 거의 모든 분야를 망라한 정책에 대한 자문, 건의까지 포함하였고, 그 기능 수행의 구체성과 체계성을 위해 부문별로 적임의 평가교수를 배치해 전문성을 제고하는 동시에 월례회의를 정기화해 토론의 과정을 거쳤고, 매년 심포지엄을 개최해 민간의 관련의견을 광범위하게 청취·수렴해내 정책에 반영시키고자 했으며, 매년 국내외 주요 산업시설을 직접 시찰해 평가의 적합성 제고를 기도하기도 했다. 실제 평가교수단의 정책 평가보고서를 일별해보면 정부정책의 문제점과 보완(건의) 사항이 매우 구체적이고 학문적 전문성을 띠고 있다는 것을 어렵지 않게 발견할 수 있다. 가령 1966년 제2차경제개발계획안 및 과학기술진흥계획안에 대한 평가교수단의 평가를 보면 8개 항목 총 60항의 세목의 평가가 이루어지고 있으며, 종합평가도 장기 추세에 의하지 않고 1962~65년의 단기 추세에

---

56) 이기준, 앞의 책, 48~54쪽 참조. 경제과학심의회의 심의보고 목록은 이 책 부록 (239~250쪽)에 수록되어 있다.

기준을 둔 7%의 성장률 설정은 비현실적이며 양보다 실질적 정책수단을 강구할 것을 촉구하는 등 정부와 마찰을 빚을 가능성이 높은 지적도 낱낱이 제기하고 있다.[57] 물론 이러한 평가교수단의 평가와 건의가 실제 정책에 얼마만큼 반영됐는지는 실증하기는 어렵다. 다만 평가교수단의 평가, 건의의 반영도가 80%에 달했다는 저널의 평가, 집권 여당에서 평가교수단이 야당보다 못할 게 없다며 불만을 토로한 것 등에서 평가교수단이 단순히 정부정책을 이론적(학술적)으로 옹호·선전하는 기구가 아니었다는 것만큼은 충분히 인정할 수 있다. 이렇듯 평가교수단은 특히 학술적 지식인의 현실참여의 기회를 확대했을 뿐만 아니라 학술이 당대 시대정신이던 근대화과정에 참여·기여─대학교수들이 근대화과정에 참여하는 최선의 방도로 '전공지식의 현실에의 최대 활용'(40.21%), '국가발전을 위한 정책에의 참여'(7.36%), '비판적 입장에서의 정부시책의 감시'(5.26%) 등을 꼽았다는 사실과 관련지을 때─할 수 있는 유력한 중요 통로였다는 점에서 관학협동의 긍정적 가능성을 시현한 사례로 볼 수 있다.

평가교수단의 학문적 전문성은 평가교수들의 활동 보고 및 이와 밀접한 연관이 있는 관련 연구논문들을 묶어낸 『한국경제발전의 이론과 현실』(전9권, 1969~70)에 잘 나타나 있다. 1차분 3권을 보면, I권(이론·정책 편 34편의 논문), II권(성장·발전 편 17편), III권(자립·공업화 편 21편) 등 총72편의 보고·연구논문이 수록되어 있다.[58] 당시 한국경제의 이론, 정책,

---

57) 「제2차5개년계획 및 기술개발계획에 대한 평가교수단의 종합 보고」, 『매일경제신문』 1966. 7. 27~28. 평가교수단의 산업시찰소감에서도 비판적·전문적 의견 제시가 많았다. 일례로 25명의 평가교수가 참여한 1970년의 경우 조순은 시설이나 기술도 중요하지만 경영이 합리화될 수 있도록 기업의 소유권 운영방식을 개선해 자립할 수 있도록 해야 한다고 강조한 바 있다. 내각기획조정실 편, 『약진하는 조국의 이모저모』, 1970. 10, 88~89쪽.

58) 대강의 내용 영역을 확인해보기 위한 차원에서 각 권의 장별 주제와 필자를 밝히면 다음과 같다. I권은 후진국개발이론과 한국경제(3편 ; 유진순, 변형윤, 이만갑), 한국경제의 발전과 그 개발요인 및 접근방향(3편 ; 이창렬, 이기준), 국제경제환경과 한국경제(3편 ; 성창환, 민병구, 황병준), 한국경제의 제문제(4편 ; 이창렬, 변형윤, 박진환, 한기춘), 한국경제와 조국근대화(4편 ; 박진환, 유진순, 안림,

현황, 발전방향 등을 모색, 평가, 전망 제시 등을 아우르는 평가보고서로의 종합적·체계적 면모를 갖추고 있다. 그 내용도 경제문제를 중심으로 하되 경제개발에 필요한 경제외적 요인, 이를테면 교육, 과학, 기술, 통신, 인구, 복지, 인재양성, 이데올로기, 국민심리 등의 문제를 포함한 1960년대 근대화에 대한 총체적인 평가보고서로서 손색이 없다.59) 특히 평가교수단의 제반 평가보고서, 즉 <제1차경제개발계획5개년계획, 1962~1966>(1967)과 같은 단계별 평가보고서 및 <제2차경제개발5개년계획 제1차년도평가보고서>(1967)와 같은 각 연차별 평가보고서들을 수렴한 것이기에 전문성·구체성·체계성이 한층 정제되어 있다. 아울러 1960년대 근대화 추진과정에서 제기된 지식인집단의 비판적 담론, 예컨대 내포적 공업화론, 중산층론(중산층육성론, 중소기업육성론), 민족주의론(제3세계근대화론, 민족자본론), 한국사회구조론 등을 둘러싼 치열한 논쟁의 성과를 충실히 반영해내고

한기춘), II권은 한국경제의 성장과 그 구조(9편 ; 이기준, 한기춘, 조익순, 변형윤, 이창렬, 최영박), 제1차산업의 성장구조(4편 ; 박진환, 최응상, 심종섭, 표현구), 제2차산업의 성장구조(11편 ; 이상만, 김창식, 전풍진, 장석윤, 신윤경, 정선모, 한만춘, 임익순, 홍윤명, 황병준), 제3차산업의 성장구조(8편 ; 한만춘, 안림, 민병구, 최영박, 이창렬, 이상만, 이만갑), 자립화의 전망(유진순, 남덕우), III권은 경제자립화와 개발전략(3편 ; 남덕우, 한기춘, 변형윤), 경제자립화와 국제수지(이창렬, 한기춘, 남덕우), 재정·금융정책의 과제와 문제의식(5편 ; 성창환, 이창렬, 임익순, 유진순, 변형윤), 농업정책의 과제와 전망(6편 ; 박진환, 최응상, 조동필), 공업화과정의 제단계(이기준, 민병구), 경영합리화의 제문제(황병준, 조익순, 이기준) 등으로 짜여 있다. 나머지 4~9권도 비슷한 체재와 주제로 되어 있다.

59) 이와 관련해 정부가 1962년부터 매년 발간한 '행정백서'도 눈여겨볼 필요가 있다. 대체로 정치(외교, 국방, 행정, 법제·사법), 경제(종합경제개발계획, 국토건설, 재정금융, 농업 및 수산, 상공, 운수, 통신), 사회(사회질서, 보건위생, 공공복지, 노동, 부녀 및 아동복리, 주택, 원호), 문화(교육, 과학, 체육, 종교, 문화예술, 공보) 등의 체재와 광대한 규모를 지닌 백서는 발행주체가 백서발간위원회(1962~65년)였다가 1966년부터는 내각기획조정실로 변경된 후 1979년까지 지속된다. 그 변경 시점이 평가교수단이 출범한 것과 같은 시기이며 또 발간주체가 평가교수단이 소속된 내각기획조정실이었다는 점에서 평가교수단의 활동(성과)과 행정백서의 밀접한 관련성을 예상해볼 수 있다. 적어도 평가교수단의 분기별, 연차별 평가보고서가 행정백서의 내용에 영향을 끼쳤다고 봐도 전혀 억측은 아닐 것이다.

있기도 하다. 책을 관통하는 평가의 태도도 정부측에서는 경제개발계획 및 조국근대화의 치적을 홍보하기 위한 기획이었겠지만, 학문적 전문성에 입각한 비판적 접근의 태도를 견지하고 있으며 이에 근거한 바른 개선책이 개진되어 있다. 가령 정부가 천명한 지속적인 고도성장을 위해서는 민족자본의 형성이 절대적으로 필요하며(I권 4장1절), 1~2차 경제개발계획이 사회개발(사회적 근대화)과 절연되어 있음을 비판하고 시급히 지역적 격차, 계층적 격차를 해소하고 사회복지를 강화하는 정책 추진을 권고한다(II권 4장8절). 평가교수단의 전문성이 강조되어야 하는 이유는 참여 동기가 사익적이든 공익적이든, 전공지식의 현실에의 최대 활용, 국가발전을 위한 정책에의 참여, 비판적 입장에서의 정부시책의 감시 등 당시 대학교수들이 꼽은 근대화과정에의 최선의 참여가 나름의 학술적 전문성을 갖추고 이루어졌다는 점 때문이다. 더욱이 공익적 동기, 즉 '자기이념을 시책에 반영하기 위해'(17.29%), '시책에 공명하기 때문'(11.95%)에 현실정치 참여에 적극적으로 나섰던 일군의 교수들의 정치참여 또한 적어도 마찬가지의 성격을 지니고 있었다는 사실을 이 종합보고서를 통해 엿볼 수 있기 때문이다.

물론 전문성을 지녔으되 평가교수들의 정치참여가 왜곡된 형태로 나타난 경우도 있었다. 대표적으로 『민족의 등불』(내각기획조정실 편, 1971. 1)이다. '박정희 대통령의 치적'(조국근대화를 위한 10년), '박정희 대통령의 지도이념과 지도자상', '70년대 조국의 미래상과 우리의 사명', '70년대의 내외정세와 국가의 안전보장', '국민정신의 근대화와 우리의 각성' 등 5개 항목으로 편집되어 있는데, 전체내용의 기조는 한마디로 박정희에 대한 영웅화 작업이다. 5·16쿠데타의 미화는 물론이고 박정희를 '일찍이 역사상에 보기 드문 철학자요 사상가요 예언가'로 치켜세우며 1970년대 제2경제와 민족중흥을 이끌 지도자는 박정희밖에 없다는 것이다. 발간 시점으로 보아 제7대 대통령선거를 앞두고 박정희를 홍보하는데 평가교수들을 동원해 집필케 한 것으로 보인다. 집필자는 평가교수단 소속 교수들이다. 김명회(연대), 김점곤(경희대), 민병기(고대), 박준규(서울대), 여석기(고대), 유형진(건대), 이정식(동대) 등이 공동집필했다. 그렇기 때문인지 내용이 대단히 논리적·체계적이다. 또 간결하고 해설적인 서술로 대중들이 쉽게 이해할 수 있도록 노력한 흔적이 역력하다. 집필자 중에는 이후 공화당(및 유정회)에 진출한 인사도 있었다. 이유야 어쨌든 결과적으로 이들의 행위는 학술을 매관(買官)의 수단으로 사용한 어용지식인이었다는 혐의에서 자유로울 수 없다.[60] 그것은 유신체제 성립 후 더욱 두드러진다. 평가교수들 개인의 신념의 문제였지만, 평가교수단 전체의 차원으로는 유신체제를 이론적·실천적으로 옹호하는 활동이 빈번해진다. 예컨대 '새마을운동 심포지엄'에서 200여 명의 평가교수단이 '범국민적 새마을운동과 이를 모체로 하는 10월유신의 성취에 그 중추적 역할을 할 것'을 결의하거나(『동아일보』 1972. 11. 11), '유신정신의 국민침투가 미흡하다며 유신정신의 진의를 밝히고 보완의 필요성이 절실하다'고 건의(『경향신문』 1975. 3. 15)하는 등의 부정적 행태가 계속된 바 있다. 비록 정부시책에 대한 비판적 태도를 표명했다 하더라도-후자의 경우에는 분배의 공정화·균등화, 부정공무원 숙정, 재벌의 횡포에 대한 가차없는 조치 등을 건의-기본적으로 유신체제의 승인·정착을 전제한 것이기에 그 과오가 면제되는 것은 아니다. 다만 유신체제 이전의 평가교수단의 활동은 옥석을 가려 평가할 필요가

---

60) 평가교수단 출신 대학교수가 국회(여당), 고위관료에 등용된 경우는 매우 많았다. 유정회(구범모, 이범준, 서영희, 김명회, 오주환 등), 공화당(민병기, 박준규 등 다수), 행정부에는 남덕우(재무장관), 박진환(청와대 특별보좌관), 박희범(문교차관), 윤동석(원자력 청장) 등 많은 교수가 고위 관료로 진출했으며 경제과학심의회 (비)상임이사(고승제, 박희범, 이창렬, 이기준, 조동필, 성창환 등)와 같은 정부 산하 각종 국책연구기관의 고위직에 진출한 인사도 상당수였다. 그로 인해 평가교수단에 들어가려는 교수들의 경쟁이 치열해지기도 했고, 국회에서는 평가교수단이 정치적으로 어용화되고 있다는 비판이 야당에 의해 끊임없이 제기된 바 있다(『동아일보』 1971. 11. 13). 이 같은 유신체제 하 지식인들의 왜곡된 행태에 대한 비판적 소설화 작업으로 주목해볼 만한 작품으로는 현길언의 장편 『불임시대』(전예원, 1987 ; 유신정권을 위해 역사를 왜곡시키는 역사학자의 행태), 최일남의 「틈입자」(심지, 1987 ; 저항적 지식인들조차 정권에 투항할 수밖에 없게 만든 공포정치의 실상) 등이 있다.

있다. 일부의 행태, 특히 정책비판자라기보다 정책대변자로 평가 작업을 수행한 1970년대의 활동을 과잉일반화해 학술의 부정적 속화(俗化)현상 나아가 반동적 어용으로만 치부하는 우를 범하는 것은 역사적 객관을 방기하는 행위가 될 수 있다. 앙가주망과는 또 다른 차원에서 평가교수단은 학술의 공공성의 제도적 실현의 가능성을 넓힌 파르티씨파숑이었기 때문이다. 요약하건대 박정희 정권의 핵심적인 지식동원체계와 아카데미즘의 역할에 대한 시대적·전사회적 요청 및 학술적 지식인들의 근대화과정에의 참여 의욕이 결합한 파르티씨파숑의 유력한 형태인 평가교수단은 1960년대 지식인의 현실정치 참여의 대표적인 사례로서의 위상을 지닌다. 또 그 활동은 학술의 공공성 실현의 모순적 양면성을 압축적으로 보여준다 하겠다. 추후 평가교수단과 더불어 유신정책심의회를 종합적으로 살펴 박정희체제의 지식동원체계를 좀 더 섬세하게 고찰하는 글에서 미진했던 부분을 보완해보려 한다.

IV. 권력/지식인 관계에 대한 시각의 유연성

파르티씨파숑이 대세인 오늘날에도 파르티씨파숑의 지식인을 바라보는 시선은 곱지 않다. 당사자들 대다수도 자체적으로 윤리적 검열을 행한다. 그것이 불가피한 면이 있고 어쩌면 학술의 가치를 제도적·사회적으로 구현하는 유력한 방편이며 동시에 나름의 긍정성이 존재한다는 것이 검증되고 있음에도 불구하고 그 시선을 쉽게 거두지 못한다. 필자 또한 예외가 아니다. 파르티씨파숑보다는 앙가주망이 지식인의 역사적 책무이며 지식인이 지향해야 할 정도라는 인식의 소산이며 다른 한편으로는 그 정도가 그 어느 때보다도 사회적 필요성과 의의가 더욱 부각되는 시대적 요청이 반영된 결과일는지 모른다. 물론 파르티씨파숑의 부정적 역할에 대해서는 엄격한 비판은 필요하다. 그러나 이 부분에 대해서도 과잉일반화는 시정될 필요가 있다. 지식인의 사회참여라는 명분하에 명백히 권력과 양심을 바꾼 일부의 지식인의 사례를 근대화추진에 강한 열망을 갖고 현실정치에 참여해 한국의 근대화에 기여한 경우와 구별할 필요가 있다. 정신문화연구원의 해방30년의 지식인 해부('국가발전과 한국지식인의 의식구조', 1983)의 결과에 따르면, 해방30년 동안 식민청산과 근대화의 이중 과제를 수행한 지도세력은 지식인이었으며, 그 가운데서도 비판적 지식인보다 제도화된 기능적 지식인의 역할이 실질적이었다고 평가한 바 있다.[61] 그러면서 이 과제를 주도한 김영모는 "국가발전계획에 대한 비판적인 검토 없이 맹목적으로 기여하는 지식인이나 우리 역사적 상황에 대한 이해 없이 이상론만 펴는 일부 지식인의 태도도 반성의 여지가 있다"며 '바른 정치방향과 추진력을 제공할 수 있는 보존가적 지식인의 창조적 역할이 더 요청'된다고 지적했다. 대학, 학문, 지식이 공권력 및 자본에 의해 포획된 이즈음 아카데미즘의 현황을 감안할 때 지식인의 역할과 파르티씨파숑에 대한 유연한 시각이 필요하리라 본다.

본고는 이러한 문제의식 속에서 지식인의 파르티씨파숑이 본격적으로 등장·대두된 맥락을 1960년대 권력/지식인의 관계를 중심으로 살펴보았다. 그리고 당시 파르티씨파숑의 대표적 형태였던 평가교수단의 현실정치 참여를 학술의 공공성의 차원에서 검토해보았다. 논의의 요점을 간추려보면 첫째, 1960년대 권력/지식인의 관계는 각각의 다중성이 중첩되는 가운데 다면적인 결합관계를 갖는 것이 특징적이었다. 둘째, 학문이 윤리학으로 성장하고 체제옹호/저항지식인을 막론하고 윤리주의에 경도된 1950년대 지식인의 현실참여 태도가 1960년대에도 관통했으며 이의 극복이 지식인의 현실참여 및 학술의 공공성의 지평을 좌우하는 관건적 요소였다. 셋째 5·16을 계기로 권력/지식인의 높은 관계 밀도가 형성되나 그 구도가 권위주의통치의 강화에 따라 특히 선별적 동원/배제의 지식인정책에 의해 파열되

---

61) 이에 대한 자세한 분석결과는 「과거 권력지식층 서구편향적」, 『경향신문』 1983. 2. 21 참조.

는 가운데 지식인의 현실참여의 다면성이 본격화되고, 그 가운데 파르티씨파숑이 유력한 현실참여방법으로 대두되었다. 넷째, 파르티씨파숑이 학술적 지식인들의 주류적 참여방법으로 모색·선택된 데에는 당대 지식인들의 근대화인식과 아카데미즘이 처한 여건이 복합적으로 작용하면서 추동된 것이다. 다섯째, 평가교수단은 학술의 파르티씨파숑의 전형적 형태로 관학협동체제의 제도적 시원이라는 의의를 지니는데, 그들의 활동은 1960년대 학술의 공공성 실현의 모순적 양면성을 압축적으로 보여준다.

기존 논의와는 다른 각도에서 1960년대 권력/지식인 관계를 적극적 현실정치 참여를 기도한 지식인들의 동향에 초점을 맞춰 당대적으로 접근하다보니 당대 권력/지식인의 복잡다단한 관계를 총체적으로 고찰하는 데는 다소 미흡했다. 다만 앙가주망에 못지않은 현실참여의 주류적 형태로 등장했던 내발적·자발적 파르티씨파숑의 제도화에 대해 관심을 기울일 필요가 있다는 점이 환기될 수 있다면 족하다. 지식인의 현실참여, 특히 파르티씨파숑은 지식(인)과 권력 및 근대화와 관련한 복잡한 관계사를 집약하고 있다는 점에서 실증적·분석적 차원에서 여전히 밝혀야 할 과제가 많다. 박정희 정권의 지식동원체계와 이와 관련된 파르티씨파숑의 다양한 형태에 대한 고찰, 특히 한태연, 신상초, 최석채와 같이 유신체제를 적극적으로 옹호했던 진보적(?) 지식인 일군의 퇴행적 현실참여행보에 개재된 논리적 일관성을 묻는 글에서 본고의 미진했던 부분을 보완하고자 한다.

1960년대 후반 비판 담론에서 '자유'의 인식론적·정치적 전망
『창작과비평』을 중심으로

김 현 주

I. 한국 현대사에서 '자유'라는 의제의 복합적 의미망

최근 한국에서 자유주의라는 의제는 실천적 요구와 이론적 성찰, 정치의 장과 학술의 장을 대면, 연결시키고 있다. 철학 분야에서는 자유주의 자체의 진보적 함축을 옹호하거나 그것을 급진적/비판적으로 재구성하려는 움직임이 보인다.[1] 최장집을 비롯하여[2] 정치학계에서도 자유주의에 대해 진지

---

[1] 윤평중,『급진자유주의 정치철학』, 아카넷, 2009 참조. 자유주의를 급진적으로 재구성하거나 민주적-공화주의적으로 재구성할 방안에 대한 토론은 <사회와 철학 연구회>의 2012년 동계 심포지엄 "자유주의와 진보-한국 자유주의의 재검토"(2012년 2월 25일) 참조.

[2] 2002년『민주화 이후의 민주주의』에서 자유주의의 의의에 주목했던 최장집은 2010년에 개정2판을 내면서 그 입장을 유보했다. 개정2판에서 그는 초판에서 자유주의를 일종의 해독제로서 불러들였었노라고 해명했다. 민주화운동을 뒷받침했던 민족주의와 민중주의 이념에 수반된 낭만적, 이상적, 추상적 경향과 정조가 고전적 자유주의가 함축하는 가치들을 통해 정제되기를 바랐다는 것이다. 개정2판에서 그는 이러한 기대를 철회했는데, 한국이 신자유주의사회, 곧 소유적 개인주의를 담지하고 실천하는 개인들의 사회가 되어버린 상황에서 고전적 자유주의가 효과적인 처방이 될 수 없다는 생각에 이르렀기 때문이었다. 하지만

* 이 글은 「1960년대 후반 '자유'의 인식론적, 정치적 전망-『창작과비평』을 중심으로」, 『현대문학의 연구』48, 한국문학연구학회(2012. 10. 31.)를 수정 보완한 것이다.

하게 토론할 필요성에 공감하는 학자들의 집합적 작업이 진행되고 있는 듯하다.[3] 이러한 노력들은 궁극적으로 자유주의가 현재 한국사회가 안고 있는 여러 문제들을 개선하는 데 의미 있는 자원이 될 수 있을지를 평가하기 위한 것이라고 할 수 있다. 아울러 지금 한국에서 '자유'는 현실정치와 역사 해석을 조우시키는 의제이기도 하다. 2011년 교육과학기술부는 역사 관련 교육과정의 내용을 수정 고시한 바 있다. 현재의 역사교과서는 대한민국의 국가이념을 '민주주의'로 규정하고 있는데, 수정안의 핵심 내용은 그것을 '자유민주주의로 되돌려야한다'는 것이었다. 이에 대응해 성명서를 발표하고 토론회를 개최하는 등 역사학계의 반대가 뜨거웠는데, 여기서 '자유'는 한국 현대사에 대한 해석 및 평가를 둘러싼 투쟁의 목표물이 된다.

그런데 자유주의의 역사적 전개를 검토한 글에서 공통적으로 지적하는 것은, 한국에서는 민주주의에 대해 일반적으로 호의적이었던 데 반해, 자유주의에 대해서는 유보적이거나 비판적인 평가가 적지 않았다는 점이다. 그 이유로는 대개 '자유(주의)'에 부정적 관념을 각인시킨 1950년대와 1980년대의 영향을 든다. 해방후 극심한 이념적 갈등 속에서 분단국가가 건설된 이후 1950년대까지 남한에서 '자유'는, 냉전 반공주의와 권위주의 체제와 직접 연결되거나 이 체제를 뒷받침했던 '자유민주주의' 안에 결박되어 있었다. 이때 자유민주주의는 독재권력이나 보수 세력에 의해 반공주의와 권위주의를 정당화하는 담론이자 이데올로기로 활용되었다. 자유주의

이후 최장집은 자유주의에 대한 이론적 검토를 심화시키고 있다. 그는 한림국제대학원대학교 정치경영연구소의 대안담론포럼과 한국정치학회의 연례학술대회 등에서 제시한 의견을 2011년에 「민주주의와 자유주의 사이에서」라는 제목의 글로 발표했다. 이 글에서 그는 오늘날 한국 민주주의가 안고 있는 여러 결핍된 조건들을 이해하고 개선해 나가는 데 자유주의 정치철학에 대한 숙고가 매우 큰 의미가 있다고 주장했다.(최장집, 『민주화 이후의 민주주의』, 후마니타스, 2010, 283~284쪽(개정 2판) ; 최장집, 「민주주의와 자유주의 사이에서」, 『자유주의는 진보적일 수 있는가』, 최태욱 엮음, 폴리테이아, 2011, 68쪽.)
3) 최태욱 엮음, 『자유주의는 진보적일 수 있는가』, 폴리테이아, 2011 참조.

에 대한 부정적 관념이 널리 퍼지게 된 또 다른 계기는 1980년대 마르크스주의의 수용이었다. 급진적 변혁을 주장하는 세력이 민주화운동 진영에 진출하면서 자유주의는 부르주아계급의 이념으로서 비판과 극복의 대상으로 인식되었다.4)

그렇다면 위의 두 시기 사이, 그러니까 1960~70년대 한국사회에서 자유(주의)는 어떤 기능을 했을까? 사회과학계의 일반론은 4월 항쟁기의 잠깐 동안을 제외하면 '자유'가 정치적 투쟁의 목표로 부상한 적이 없었다는 것이다. 최장집에 의하면, 개인의 자유와 권리를 핵심으로 하는, 존재론적으로나 윤리적으로 개인을 사회 구성의 핵심으로 놓는 자유주의가 한국의 정치적, 사회적 실천 속에 존재했다고 할 수 없다. 자유주의의 핵심 요소인, 권력의 전제화에 대한 완강한 부정과 저항은 정치적 실천의 중심에 있었지만, 한국사회에서 권위주의와 독재 권력에 대한 부정은 자유주의가 아니라 민주주의의 이념과 가치로 내면화되었고 실천되었다는 것이다. 민주주의야말로 한국의 정치 전통에서 가장 확실한 집합적 경험으로 자리 잡았다.5) 1970년대 저항운동의 정체성 정치가 민족·민주·민중의 정체성, 곧 소위 '삼민이념'의 프레임으로 일관했다는 사실도 최장집의 판단을 뒷받침하는 듯하다.6)

그런데 최근에는 1960~70년대 민주화운동에서 자유주의의 역할을 검토한 연구가 제출되고 있다. 정치학자인 문지영은 『지배와 저항─한국 자유주

---

4) 최장집, 앞의 글, 66~69쪽. 물론 한국에서 자유(주의)의 역사는 이보다 더 길고 복잡한 맥락을 형성해왔다고 해야 할 것이다. 자유 개념은 윤치호 등 서구적 근대화를 지향한 지식인들에 의해 19세기 말에 수용되어 점차 확산되었다. 식민지기에, 특히 3·1운동기에는 '자유'가 '정의', '인도'와 함께 중요한 정치적 목표가 되었으며, 1920년대 이후 민족주의나 사회주의와 결합/길항하면서 자유(주의)에는 매우 다양한 이미지들이 덮어씌워졌다. 따라서 대한민국 수립 후 자유주의의 전개를 추적하는 연구의 주요 과제 중 하나는 식민지기 역사와의 연속/단절을 섬세하게 고려하는 일일 것이다.

5) 최장집, 앞의 책, 283쪽.

6) 신진욱, 「한국 사회에서 저항의 고조기의 정체성 정치의 특성─1970-80년대 저항 정체성 담론과 광주항쟁」, 『경제와 사회』 90, 비판사회학회, 2011 참조.

의의 두 얼굴』을 통해 한국에서 자유주의가 지배이념으로서 뿐만 아니라 저항이념으로서도 기능해왔다고 주장했다. 문지영은 자유주의의 저항적, 진보적 기능에 접근하기 위해 민주화운동에 헌신했던 장준하, 함석헌, 리영희, 한완상의 이념적 기반과 지향을 분석했다. 아울러 학생운동권 및 재야, 사회단체의 시국선언문, 성명서, 결의문 등과『사상계』,『씨알의 소리』등 주요 잡지의 담론을 분석했다.7) 1960~70년대 자유주의의 전개와 의미를 분석한 역사학계의 최근 성과로는 이상록의 「『사상계』에 나타난 자유민주주의론 연구」를 들 수 있다. 그는 군정기 미국의 헤게모니적 지배 장치로 이식된 자유민주주의가 전쟁 후 지식인들에 의해 '탈후진'의 과제를 추진하기 위한, 그리고 이승만 정권의 부패와 비합리성을 비판하기 위한 이념으로 동원되었는데, 1950년대 후반 근대화론이 도입되면서 분화되고 그 논리가 변화했다고 보았다. 이상록은 장준하, 함석헌, 신상초, 양호민, 차기벽 등『사상계』를 대표한 지식인들의 자유민주주의론을, 자유민주주의가 자본주의체제 발전론인 근대화론과 어떤 관계를 맺었는가를 기준으로 하여 자유민주주의·산업화 병행론, 산업화 우선의 신생국 민주주의론, 근대화론 비판·민중 중심의 민주주의론으로 구분하여 분석했다.8)

국문학계에서도 1950년대에서 4·19를 거쳐 1960년대까지 '자유'의 의미망의 복합성을 강조하거나 그 개념의 수행성을 분석한 연구들이 제출되었는데, 권보드래의 연구가 대표적이다. 최근 논문들, 즉「실존, 자유부인, 프래그머티즘」(2008),「4·19와 5·16, 자유와 빵의 토포스」(2010),「4월의

---

7) 문지영,『지배와 저항-한국 자유주의의 두 얼굴』, 후마니타스, 2011 참조.
8) 이상록의 연구 목표는 민주주의론을 역사화하는 것이었으며, 따라서 '자유'는 상대적으로 중요한 분석 범주가 아니었다. 결론에서 이상록은『사상계』를 주도한 지식인들이 평등주의적 지향이 강했고 개인주의를 결여하고 있었다고 평가했다. 그에 따르면,『사상계』의 지식인들은 개인의 자유와 개성 추구의 권리를 전체 집단의 이해와 목표에 종속시켰다. 집단주의적 인식론을 박정희와 공유하고 있었기 때문에 이들은 박정희의 국가주의와 민족주의를 철저하게 비판하지 못했다. 이상록,「『사상계』에 나타난 자유민주주의론 연구」, 한양대 박사논문, 2010 참조.

문학혁명, 근대화론과의 대결」(2010)을 이끌고 있는 중요한 질문은, 4월 항쟁에서 정치적 수행성을 획득한 '자유'는 1950년대에 어떻게 준비되었고 5·16 이후에 어떤 행로를 밟아갔느냐는 것이다. 권보드래는 1950년대 후반은 『사상계』의 철학, 사회과학 담론과 장용학, 오상원, 선우휘의 소설을 중심으로, 그리고 4·19와 5·16 사이에는 '4월 혁명'의 에이전트로 부상한 대학생과 지식인 집단의 담론을 중심으로, 그리고 그 이후 1960년대 후반까지는 『산문시대』와 『창작과비평』 주변의 작가들, 곧 김승옥, 이청준, 방영웅의 소설을 중심으로 자유의 의미망의 구성과 그 변화 양상을 추적했다. 권보드래는 "1950년대에 개화했고 4월 항쟁으로 정치적 존재증명을 통과했으나 이후 소외되고 주변화된 '자유'는 (1960년대 후반에 : 인용자) 문학 속에서 그 거처를 발견했다"는 소결을 내놓았다.[9] 자유(주의)의 계보에 대한 정치학계, 역사학계의 연구가 민주화운동의 담론 및 그 운동에 참여한 지식인들의 의식에 집중해 온 상황에서, 권보드래의 연구는 관점과 자료를 확장함으로써 '자유(주의)'의 계보학을 진전시킨 의의가 있다.

아울러 '자유'와 반/근대화론의 관계에 대한 권보드래의·논의는 '자유'의 정치성에 대한 후속 논의를 자극하고 있다. 특히 '1960년대 후반에 문학은 5·16이 4월 항쟁을 계승했다는 서사에 동의하지 않고 4월 항쟁에 기반해 개발독재를 부정했다'는 맥락, 또는 '문학은 자유에 의거해 근대화주의에 저항했다'는 주장을 좀 더 섬세하게 논증할 필요가 있을 것이다. 김건우와 나종석에 의하면, 1950년대 후반에 자유 개념을 뒷받침한 지식은 근대 지향적인 것이었다. 미국 사회과학에 바탕을 둔 정치사회적 자유 개념은

---

9) 권보드래, 「실존, 자유부인, 프래그머티즘」, 『한국문학연구』 35, 동국대 한국문학연구소, 2008 ; 「4·19와 5·16, 자유와 빵의 토포스」, 『상허학보』 30, 상허학회, 2010 ; 「4월의 문학혁명, 근대화론과의 대결─이청준과 방영웅 『산문시대』에서 『창작과비평』까지」, 『한국문학연구』 39, 동국대 한국문학연구소, 2010. 반공주의에 대한 연구도 자유 개념에 대한 연구를 포함하는데, 예컨대 1950년대 이승만 정권의 자유(주의)에 대한 이중적 대응/활용에 대한 연구로는 김진기, 「반공에 전유된 자유, 혹은 자유주의」, 『상허학보』 15, 상허학회, 2005가 있다.

물론이고, 실존주의에 바탕을 둔 문화적 자유 개념도 근대를 욕구했다. 1950년대 후반에 자유, 민주주의, 그리고 실존주의는 모두 근대화 기획의 일종이었고 근대화에의 참여의지였다.[10] 그렇다면 4월 항쟁 기간과 그 이후에 자유의 의미망이 어떻게 변화했기에 그에 의거해 근대화주의를 비판할 수 있었는가? 이는 반근대화론의 이념적 토대가 민족이나 민주가 아니라 자유였다는 사실이 의미하는 바가 무엇인가라는 매우 근본적인 질문과 연결된다. 또 세부적으로는 그러한 자유의 거소로 문학을 발견하는 시선은 어떻게 형성되었는가, 자유를 활성화시킬 수 있을 것으로 기대된 또 다른 지식 형식은 없었는가 같은 질문들로도 확장된다. 1960년대 후반의 지식 장 및 지식문화의 성격과 관련된 이와 같은 논제들은 '자유'의 인식론적 ·정치적 전망에 대한 본격적인 토론을 자극하고 요청한다.

이 글의 목적은 1960년대 후반 자유의 의미망의 변화와 그 지식문화적 의의를 초창기의 『창작과비평』을 통해 살펴보는 것이다.[11] 창간사 「새로운 창작과 비평의 자세」에서 백낙청은 한국의 문학(인)이 감당해야 할 역사적 과제로 자유화, 민족통일, 근대화를 들었는데, 맨 앞에 가장 비중 있게 언급한 것이 다름 아닌 '자유화'였다. 1963년 대통령 선거 당시 박정희와 공화당은 '민족적 민주주의'를 주장하면서 '자유민주주의'를 '가식적인 것'으로 비난했다. 심지어 자유와 민주를 사대적, 시대착오적 이념으로까지 격하했다.[12] 한편 당시에 반정부 세력의 주요 역량으로 성장해가던 대학생과 지식인 집단이 집중적으로 옹호한 것은 '자유'가 아니라 '민족'이었다.

---

10) 김건우는 1950년대 자유민주주의와 실존주의 담론을 생산한 『사상계』의 지식인들을 근대화 인텔리겐차로 규정한 바 있다. 실존주의가 근대화 담론으로 수용된 데 대해서는 김건우, 『사상계와 1950년대 문학』, 소명출판, 2003, 127쪽 참조. 『사상계』가 실존주의를 자유민주주의의 구체화라는 근대화 기획과 결부시켜 받아들인 한편, 전통사상과도 결합시켰다는 데 대해서는 나종석, 「교양으로서의 실존주의」, 『한국 인문학의 형성』, 한길사, 2011, 263~274쪽 참조.

11) 이하에서는 간단히 『창비』로 줄여 표기하며, 이 글에서 초창기란 대략 10호까지를 가리킨다.

12) 권보드래, 「4·19와 5·16, 자유와 빵의 토포스」, 앞의 책, 114쪽.

한일협정 정국까지 박정희 정부와 그 반대 세력은 '민족(주의)'의 대표권한을 두고 치열하게 경쟁해 왔다고 할 수 있는데,[13] 이때 『창비』는 민족주의로부터 일정하게 거리를 취하면서,[14] 그리고 자유를 의제화하면서 등장했던 것이다. 2절에서는 우선 『창비』 창간 당시 백낙청의 상황인식과 문제의식을 1960년대 지식-권력의 재구조화라는 맥락 속에 배치하여 검토하겠다.

II. 지식-권력의 재구조화와 문학·학술의 새로운 지위 구상

백낙청이 공론장에서 발언하기 시작한 것은 1960년대 중반인데,[15] 이때 그는 한일회담 정국에서 연이어 일어나고 있던 필화사건들과 언론 및 문화 활동에 대한 정치적 폭력을 주시하고 있었다. 1965년 6월에 『청맥』에 실은 「궁핍한 시대와 문학정신-문명의 위기와 문학인의 입장」에서 그는 문학 활동이 '극단적으로 타율적인 상황'에 처했다고 진단했다. 문학과 예술, 지성의 활동이 그저 불리한 정도가 아니라 '순교의 문제를 실감하게' 된 상황, 곧 휠덜린의 표현을 빌려 '궁핍한 시대'에 봉착해 있다는 것이다.[16] 7월에는 『분지』의 작가 남정현의 구속에 대해 항의하는 글을 쓴 바 있다.[17]

---

13) 한일협정반대투쟁은 식민지 경험에서 비롯한 대중들의 반일감정, 즉 대중적 민족주의의 지지를 받았다. 박명림, 「박정희시대 재야의 저항에 관한 연구 1961-79 : 저항의제의 등장과 확산을 중심으로」, 『한국정치외교사논총』 30, 한국정치외교사학회, 2008 참조.

14) 한영인, 「1970년대 『창작과비평』 민족문학론 연구」, 연세대 석사논문, 2012, 25~30쪽 참조.

15) 백낙청(1938~현재) : 1955년 미국 브라운대학교에 입학하여 독문학과 영문학을 공부함. 괴테와 매슈 아놀드 연구로 졸업논문을 제출하고 1959년에 하버드대학교 대학원 석사과정에 입학함. 1960년에 박사과정 입학 후 귀국, 입대하여 1년 동안 사병으로 복무함. 1962년 3월에 다시 미국으로 건너가 복학하여 1년 동안 수학했으며 1963년에 서울대 문리대 영문과 교수로 부임함. 백낙청·하정일, 「민족문학운동의 역사와 미래」(대담), 강진호·이상갑·채호석 편, 『증언으로서의 문학사』, 깊은샘, 2003, 448~452쪽 참조.

16) 백낙청, 「궁핍한 시대와 문학정신」, 『청맥』 1965. 6.

그런데 이와 같은 글들을 통해 백낙청이 공론화하려 한 것은 정권의 폭력성만은 아니었다.

백낙청은 『창비』 창간 직전인 1965년 12월 19일 『조선일보』의 '작단시평 (作壇時評)' 란에 「문단의 한 해, 문학의 한 해」라는 글을 발표했다. 작단시평이란 말 그대로 해당 기간 동안 발표된 문학작품을 해설, 평가하는 지면이다. '작품을 통해 본 문단/문학의 한 해'라는 취지에 걸맞게 그해에 발표된 이호철, 서기원, 강신재, 김승옥 등의 소설을 간략하게 평가해가던 백낙청은 갑자기 화제를 바꾸었다.

> 이런 식의 몇 마디로 연평(年評)을 삼으련다면 방자하기 이를 데 없는 짓일 게다. 연평 월평은 여기서 보류하기로 하자. 몇몇 문학 독자가 아닌 대중을 상대로 한 신문지면을 빌려 쓸 때, 자상한 작품 평으로 일관한다는 것도 어떤 의미로 빗나간 인상을 줄 수 있다.
>
> 즉 우리 사회에서 문단활동이 갖는 비중을 과장하며 문학계의 큰 사건에 기성문단이 활발히 참여하지 못하고 있다는 사실을 은폐하기 쉬운 것이다. 예컨대 한일회담반대서명 작가의 구속, 노벨수상작의 번역 금지 등은 지난 한 해 동안 어느 작품의 출현에 못지않게 중대한 사건이 아니었는가.
>
> 그때마다 그것은 각개인의 일로 끝나버리고 문단 전체로서의 행동은 물론 충분한 토의조자 없지 않았는가. 그리고 그 사건들의 불가피성이야 어찌 되었든 간 결과적으로 문학인의 자유에 직접간접으로 영향을 끼친 것이 사실 아닌가.[18]

제목 자체가 '문단'의 세계와 '문학'의 세계를 구분하려는 의도를 드러내고 있는, 위의 글의 일차 표적은 '문단'이었다. 백낙청은, 문학 활동이 문단의 활동으로 축소되고 문단 활동은 좁은 의미의 작품 활동에 국한됨으

---

17) 백낙청, 「저항문학의 전망」, 『조선일보』 1965. 7. 13. 이 글로 인해 백낙청은 중앙정보부에 연행되었고 가택수색을 당했다고 한다. 백낙청·하정일, 앞의 글, 452쪽.

18) 백낙청, 「문단의 한 해, 문학의 한 해」, 『조선일보』 1965. 12. 19.

로써 문학의 발전이 오히려 제약되고 있다고 불만을 토로했다. 이로써 매스컴과 인간관계가 문학계의 권위를 좌우하고 대중과 다른 지식인들로부터 문학이 소외되는 결과가 초래될 수 있다는 것이다.[19] 백낙청은 문학 장에 대중매체와 파벌의 힘이 강하게 개입하고 전체 사회와 지식 장에서 문학이 왜소해진 원인을 보수적인 문단, 곧 '문협체제'에 돌렸다.

그런데 이러한 상황은 실은 5·16 이후 박정희 정부 주도 하에 추진되고 있던 언론·문화 영역의 광범위한 재편의 일부이자 그 결과였다. 언론·문화계에 대한 박정희 정부의 정책 기조는 법적·제도적 규제와 재정적 지원을 병행함으로써 동원과 협조를 이끌어내는 것이었다. 국가의 규제-지원 대상에 포함되느냐, 배제되느냐에 따라, 그리고 어느 정도 포함-배제되느냐에 따라 언론·방송·영화, 문인 단체를 비롯한 문화·예술계 단체들의 명운이 크게 좌우되었다. 예컨대 정부의 지원-규제 하에 중앙 일간지들은 자본을 증액하고 사업 분야를 넓혀 월간지, 주간지 시장에 진출함으로써 대형화되었다. 신문 기업의 대중 접촉면이 비약적으로 확장되었으며 이에 따라 당연히 여론 주도 능력도 커졌다. 신문의 영향력 확대는 정부의 규제 필요성을 강화했으므로 지원에는 언제나 검열 등의 통제가 수반되었다. 한편 물적 지원과 규제를 병행하는 정부의 전략은 자본의존도가 높은 방송 매체와 영화, 연극계 등 예술 부문 단체의 협력을 얻는 데 특히 효과적이었다. 이에 반해 오로지 고립화의 대상이었던 『청맥』, 『사상계』와 같은 반정부적 정론 잡지들은 자본력의 부족과 정부의 직·간접적 탄압에 직면해 쇠락, 철폐의 길을 걷게 되었다.[20]

1960년대 중반에 국가권력이 비대해지고 시장논리가 강화됨에 따라

---

19) 백낙청, 위의 글.
20) 1960년대 중반 매체환경과 대학의 변화, 검열체제와 문화 정책, 문화단체와 문단기구의 움직임 및 필화사건에 대해서는 이봉범, 「1960년대 검열체제와 민간검열기구」; 임경순, 「1960년대 검열과 문학, 문학제도의 재구조화」; 김건우, 「1960년대 담론 환경의 변화와 지식인 통제의 조건에 대하여」, 『대동문화연구』 74, 성균관대 대동문화연구원, 2011 참조.

언론·문화의 장이 재구조화되고 있었던 것인데, 이 과정에서 문학계는 급속히 위축되고 왜소화되었다. 자유당 정권을 등에 업고 권력을 행사하던 문단기구는 5·16이후 강제적으로 해체, 통합되었는데, 새로 구성된 문단기구는 '이중의 소외' 상태에 처했다. 즉 박정희 정부는 국가기구에 대학교수와 언론인을 주축으로 한 전문가 집단을 활용했으므로 문단이 끼어들 자리가 없었으며, 문단은 지원금의 배분에서도 뒤로 밀렸다. 국가로부터의 문단기구의 소외와 더불어, 시장과 공론장에서의 문학의 소외도 가시화되고 있었다. 앞서 말한 것처럼 정권의 유도와 근대화의 본격적인 진행으로 언론이 기업화의 궤도에 오르고 잡지가 분화되면서, 문인들의 발언 영역은 '문학' 잡지 혹은 신문의 '문예'란으로 한정되었다. 라디오와 TV, 영화 등 대중문화도 기왕의 문학 독자를 잠식하기 시작했다.21)

앞선 제시문에 나타난 백낙청의 문단 비판은 시민사회와 공론의 영역에서 문학(인)이 새로운 지위를 얻어야 한다는 판단에서 발화된 것이었다. 앞의 인용문에서 거론된 '한일회담반대 서명 작가'는, 1965년 7월 9일에 '한일조약의 즉각 파기와 국회비준 거부'를 요구하는 성명서를 발표한 문학인 82명을 가리킨다. 성명서 발표는 분단 이후 처음으로 문인들이 집단적으로 사회적 문제에 발언한 사건으로서, 임경순은 문인들의 집단행동을 국가와 시장, 공론장에서 소외된 문학이 자신의 위상을 새롭게 정립하기 위해 움직이기 시작한 것으로 해석한 바 있다.22) 백낙청의 문제의식도 이 지점에 닿아있었다.

우리 문학은 신문학 초기의 항일계몽작업 이래 이렇다 할 사회적 기능을 발휘하지 못해 왔다. 육당·춘원 때의 문학 활동은 문단에 국한되지 않은 넓은 지지와 관심을 얻었으나, 그 이후로 해방과 6·25를 거쳐 오늘에

---

21) 임경순, 위의 글, 129쪽 ; 김건우, 위의 글, 137~142쪽 ; 도진순, 노영기, 「군부엘리트의 등장과 지배양식의 변화」, 『1960년대 한국의 근대화와 지식인』, 선인, 2004, 84~86쪽 참조. '이중의 소외'는 임경순의 용어이다.
22) 임경순, 위의 글 참조.

이르기까지 문학은 그러한 기반을 되찾지 못하고 있다.(중략)

　이러한 상황에서 어떻게 계몽기와 같은 넓은 기반을 얻는가가 우리 문학의 당면 과제이다.[23]

　위 글은 남정현의 구속 사건에 대한 논평 「저항문학의 전망」의 일부인데, 계몽기를 문학이 널리 사회적 지지와 관심을 얻었던 시기로 회고하면서 백낙청은 그 시대에 멈췄던 작업을 새로 시작해야 한다고 주장했다. 그는, 이광수·최남선의 시대와는 달리 "소박한 계몽주의로서 감당하기에는 너무 복잡한" 현재 시점에서 문학이 그때와 같이 넓은 기반을 얻을 두 가지 방도를 제시했다. 첫째, 문학은 대중들의 저항을 대변해야 한다. 남정현의 소설이 많은 독자를 확보하고 있다는 사실은 "한국과 같은 후진사회에서 문학이 넓은 기반을 가지고 성장할 수 있는 유일한 길은 대중의 저항을 대변하는 일을 맡는 것"임을 보여준다. 둘째, 문학은 지식인의 지식이 되어야 한다.

　지금 우리는 문학의 발전을 위해 '문학적인 것'에 대한 종래의 통념을 벗어난 창작활동과 비평행위가 필요함은 물론, 모든 면의 지식인들이 우리 시대 우리 사회 작가들의 증언을 전혀 감안 않고는 자기 분야의 맡은 일조차 충실히 해낼 수 없는 복잡한 세계에 살고 있는 것이다.[24]

　「문단의 한 해, 문학의 한 해」의 맨 마지막 문장이다. '문학의 발전을 위해 새로운 창작과 비평의 자세가 필요하다'는 주장은 바로 『창비』의 창간사로 이어지는 것이며, '복잡한 세계에서 지식인들은 문학의 증언을 듣지 않고는 자기 분야의 일을 충실히 수행할 수 없다'는 주장은 문학의 가치에 대한 새로운 표명이었다. 여기서 문학은 지식인에게 꼭 필요한

---

23) 백낙청, 「저항문학의 전망」, 『조선일보』 1965. 7. 13.
24) 백낙청, 「문단의 한 해 문학의 한 해」, 『조선일보』 1965. 12. 19.

지식으로 지위가 상승한다. 백낙청의 주장을 요약하면, 문학이 대중의 저항을 대변하고 지식인의 지식이 됨으로써 문학인은 '사회의 엘리트', 곧 '지식인'의 자리에 '복귀'할 수 있다는 것이다.[25]

그런데 초창기 『창비』에서 지식인의 지식으로 선택된 것이 문학만은 아니었다. 백낙청은 지식인들이 '책임 있는 현실 감각'을 갖추고 '사태에 대한 정확한 파악'을 하려면 앞서 거론한 '작가들의 증언' 이외에 비평의 정신, 발전한 자연과학과 사회과학, 그리고 외국문학 연구에서도 도움을 얻어야할 거라고 보았다.[26] 백낙청은 '문학'과 함께 몇몇 분야의 '학술'이 지식인사회와 공론장에서 새로운 지위를 얻어야 한다고 주장했던 것이다.

물론 백낙청의 이 같은 주장은 개발 국가의 억압과 담론 환경 전체의 변화에 강제된 측면이 적지 않다.[27] 박정희 정부는 성장과 부흥이라는 목표 하에 정치·경제·사회·문화 분야의 엘리트들을 포섭, 동원함으로써 국가 기구를 체계화했으며, 이 기구들을 작동시켜 사회 전체를 개발을 위한 체제로 재편성하고자 했다. 즉 국가는 자본이 본격적인 성장을 위한 축적 체제를 갖추도록 지원했다. 앞서 살펴본 것처럼 언론·문화의 영역 역시 그러한 목표를 향해 스스로를 변화시키고 또 움직이도록 강제/유도했다. 물적 생산(경제) 영역과 이데올로기 생산(언론·문화) 영역을 개발체제 안에 편입시켜 연동하게 하는 일은 개발국가의 형성에 필수적인 작업이었다. 이러한 국가의 형성을 뒷받침하는 권력-지식의 구축에 필수적인 또 하나의 영역은 물적 생산과 이데올로기 생산 분야에 투입될 엘리트를 생산하는 '대학'이었다. 박정희 정부는 집권 초기부터 대학에 대한 규제-지원을 체계화했는데, 이는 성장과 개발이라는 목표에 맞춰 기능하도록

---

25) 백낙청, 「새로운 창작과 비평의 자세」, 『창비』 1, 1966년 겨울, 37쪽.
26) 백낙청, 「궁핍한 시대와 문학정신-문명의 위기와 문학인의 입장」, 『청맥』 9, 1965. 6, 141쪽.
27) 김건우는 1960년대에 지식인 통제의 시스템이 중층결정되었다고 보았다. 그에 따르면 지식인은 반공규율 개발독재 권력의 금압에 의해, 또 한국사회 전반의 담론 환경의 변화에 의해 통제되고 있었다. 김건우, 앞의 글, 145~150쪽 참조.

대학을 강제/유도하는 과정이었다. '공부하는 학생, 연구하는 교수'라는
슬로건은 대학의 체제내화를 강제/유도하는 언술이었다.[28] 아울러 정부는
대학과 언론·문화 영역 및 정치적 공론장과의 연결 고리를 끊어야 했다.
4월 항쟁 이후 정치적 지위가 상승한 대학생·대학교수가 언론·문화의
영역과 상호 작용하면서 공론장의 정치화를 주도, 조장하고 있었기 때문이
다.[29] 정부는, 새로 할당된 '정상화된' 위치와 역할을 벗어나 '과도하게
정치화된' 학생과 교수를 대학에서 추방하는 한편 국민으로부터도 분리,
소외시키려 했다. 한일협정 국면에서 많은 대학생들이 구속되거나 퇴학을
당했으며, 협정을 비준한 직후인 1965년 9월에는 '정치교수'라는 명목으로
총 21명의 교수들이 해임, 파면되었다. '정치교수' 중에는 『사상계』 전/현
편집위원과 특히 <조국수호국민협의회>의 의장단 및 교수단/문인계 실행
위원 등이 다수 포함되었다.[30] 교수들의 해임, 파면은 대학과 정치적 공론장

---

28) 1960년대에 대학은 분과학문의 체계화, 전임 교수제의 정착 등 제도적으로 안정화
되기 시작했다. 김건우, 앞의 글, 146~147쪽 참조.

29) 4월 항쟁 이후 시민사회의 대표로 '임명된' 집단은 대학생, 언론인, 대학교수였다.
여론주도층이라는 의미의 '지식인'에 대학생을 포함시키는 데 폭넓은 합의가 있었을
정도로, 대학생의 사회적 위상이 높았다. 언론인과 대학교수는 전문성과 여론
주도력으로 시민사회에서 중요한 지위를 점했다. 이들은 1964년 한일협정 국면에
들어서면서 급속하게 정치화되었으며 이들의 연합에 의해 공론장도 정치화되었다.
1965년 7월에 들어서 한일회담 반대운동은 시민사회의 여러 분야로 확대되었다.
문학인, 기독교계, 역사학계, 4월혁명 동지회, 천도교계, 대학교수, 예비역 장성단,
대한변호사협회 등의 저항이 이어졌다. 7월 31일에는 시민사회 각 집단을 망라하는
<조국수호국민협회의회>가 발족되었다. 이 협의회는 한국전쟁 이후 최초로 결성된
전국 단위의 정치조직이었다. 임대식, 「1960년대 지식인과 이념의 분화」, 『지식
변동의 사회사』, 문학과지성사, 2003 ; 김미란, 「'청년세대'의 4월 혁명과 저항의례의
문화정치학」, 『사이間SAI』 9, 2010 ; 권보드래, 「4·19와 5·16, 자유와 빵의 토포스」,
앞의 책 참조.

30) 1964년 한일협정 반대데모가 전국적으로 확산되자 6월 3일 박정희 정부는 서울
일원에 비상계엄령을 선포하고 학생 1백 68명과 정치인과 언론인 등 민간인
1백 80명 등 모두 3백 48명을 구속했다. 1965년 박정희는 언론인, 대학교수,
대학생을 무책임한 집단, 용기 없는 옹졸한 집단, 비애국적인 철부지들로 규정하고
'국민'으로부터 고립시키려 했다.(1965. 5. 2 진해 제4비료공장기공식에서 행한
박정희의 연설 『조선일보』 1965. 5. 4.) 1965년 8월에 한일협정이 비준되었고
9월에 바로 서울대의 황성모, 양호민, 연세대의 서석순, 이극찬, 정석해, 권오돈,

과의 연합 관계를 해체하는 결정적인 쐐기였다. '지식인들이 자기 분야에서 맡은 일을 충실히 수행하기 위한 현실 감각과 사태 판단에 문학과 학술이 중요하다'는 백낙청의 주장은 실은 교수들이 정치 영역으로부터 추방되어 대학 안으로 들어간 상황, 즉 시민사회의 위축, 공론장의 폐쇄와 함께 대학-언론의 체제내화라는 상황을 배경으로 하고 있었다.[31]

하지만 '문학'과 '학술'이 순전히 수동적이고 도피적인 선택이었던 것만은 아니다. 『창비』가 지식인들에게 정치권력에 대한 직접적인 비판이나 정책 제안/비판을 제공하는 대신 문학(창작과 비평)과 학술(외국문학연구, 사회과학, 자연과학)을 제공하겠다고 했을 때, 이것이 정치권력 비판의 우회로 같은 것만은 아니었다. 문학과 학술은, 백낙청의 말을 빌리면 '인간과 사회에 대해 새로운 꿈을 꿀 수 있게 하는' 인식론적·정치적 능력, 즉 '자유'를 내장하고 그것을 활성화함으로써 정치성을 획득할 수 있는 것이었다. 초창기 『창비』의 목표는 '자유'에 새로운 인식론적·정치적 전망을 부여하고 그러한 자유를 활성화하기 위해서 문학과 학문이 어떻게 갱신되어야 하는지를 제안하는 것이었다. 이는 '자유'와 '문학'·'학술' 모두를 동시에 비판적으로 재구성하는 작업이었다.

III. '자유'의 재구성과 비판적 사회(과)학의 약속

초창기 『창비』는 앞서 백낙청이 제시한 네 가지의 지식, 즉 창작과

고려대의 김성식, 김경탁, 조동필, 조지훈, 이항녕, 건국대의 정범석, 동국대의 양주동, 한양대의 김윤경, 이화여대의 이헌구, 김성준, 숙명여대의 김삼수, 한국신학대의 전경연, 대구대의 박삼세, 청구대의 조윤제, 김경광이 해임되었고 서울대의 황산덕, 김기선이 '정치교수'라는 명목으로 파면되었다.

31) 이혜령은 교수 집단에 대한 정치적 탄압이 매체의 변화와 지식인의 존재 방식의 변화를 강제했다고 보았다. 이혜령, 「자본의 시간, 민족의 시간―4·19 이후 지식인 매체의 변동과 역사-비평의 시간의식」, 『지식의 현장 담론의 풍경』, 한길사, 2012 참조.

비평, 외국문학 연구, 그리고 사회-자연과학을 대체로 구비하고 있었다. 그런데 문학의 '창작'과 '비평' 이외의 지식들은 대개가 미국과 유럽에서 생산된 것이었다. 비평도 그 방법론과 전거들을 한국문학이 아니라 서구문학의 전통에 의존하고 있었다. 백낙청 자신을 포함하여 초창기 『창비』에 등장하는 김우창, 유종호, 정명환, 염무웅, 김현, 김주연 등의 비평에서 지배적인 레퍼런스는 미국과 유럽의 문학사와 문학이론이었다. 문학이론과 문학사 담론 이외에도 『창비』에는 당대 서구의 철학, 사회비판, 문화비평, 사회과학 방법론 비판 등 인문사회과학 분야의 텍스트들이 많이 번역, 소개되었고 중요한 위치를 점하고 있었다.

주요 텍스트들을 간추리면 다음과 같다. C. W. 밀즈, 「문화와 정치」(백낙청 역, 1호) ; J. P. 사르트르, 「현대의 상황과 지성(『현대』지 창간사」(정명환 역, 1호) ; H. 마르쿠제, 「부정적 사고능력」(박상시 역, 2호) ; 백낙청, 「문명비평의 문제점」(L. 멈포드 『예술과 공업기술』에 대한 서평, 2호) ; 윤근식, 「미국사회학의 자기반성」(호로윗츠 편, 『새로운 사회학』에 대한 서평, 3호) ; R. 윌리엄스, 「로오렌스와 산업주의」(백낙청 역, 3호) ; J. P. 사르트르, 「미국의 개인주의와 획일주의」(정명환 역, 3호) ; H. J. 모겐소, 「진리와 권력–존슨 행정부와 지식인」(리영희 역, 5호) ; R. 윌리엄스, 「리얼리즘과 현대소설」(백낙청 역, 7호) ; 커너위원회, 「흑인폭동의 원인과 대책」(리영희 역, 10호) ; C. W. 밀즈, 「사회학적 상상력」(김경동 역, 10호).[32]

위의 목록에서 두드러진 것은, 사르트르, 밀즈, 윌리엄스의 교차 등장이 보여주는 후기 마르크스주의 내지 신좌파 사상의 수용이다.[33] 이들 텍스트

---

32) 초창기 『창비』에는 현대 자연과학의 성과에 대한 본격적인 검토는 없었다. 하지만 사르트르의 「현대의 상황과 지성」에는 근대 과학철학에 대한 비판이 포함되어 있었으며, 이는 백낙청이 순수문학을 뒷받침한 이데올로기를 비판하는 근거로 원용되기도 했다.

33) 보통 후기의 사르트르는 실존철학에 마르크스주의를 접맥한 사상가로, 윌리엄스는 포스트 마르크스주의자로서 유물론적 문화비평을 개척한 비평가로, 그리고 밀즈는 미국 신좌파에 이론적 토대를 제공한 비판적 사회과학자로 분류된다. 『일차원적 인간(One-Dimensional Man)』(1964)이 미국 신좌파운동과 공명한 저서로 평가되고

의 내용을 하나로 규정하기는 어렵지만 다음과 같은 공통 지향을 추출할 수 있다. 『창비』에서 사르트르, 밀즈, 윌리엄스의 텍스트는 서구의 모더니티에 대한 입체적 통찰 및 비판의 흐름과 연결되어 있었다. 그리고 마르크스주의와 자유주의라는 양대 냉전 이데올로기의 현재적 유효성에 대해 회의적이었다. 특히 자유주의(개인주의)의 이념이 서구적 모더니티의 핵심을 이루고 있다는 전제에서 출발하여 자유주의에 대한 성찰을 자본주의체제에 대한 거시적 사회비판 또는 문화비평으로 발전시켰다. 나아가 주관성과 상호주관성, 자아(개인성)와 공동체(집단성), 개인의 삶의 차원과 역사 창조의 차원을 통합적으로 인식, 실현하는 새로운 지식 형식들을 제안하고 있었다.

창간호에 실린 사르트르의 『현대』 창간사 「현대의 상황과 지성」에 따르면, 현대인은 개인주의=자유주의와 집단주의 사이에서 이율배반의 상황에 처해있다. 개인의 존엄성과 자유, 권리를 옹호하는 사람은 자본주의적 자유주의의 편을 들 수밖에 없게 되었고, 인간이 집단 속에 뿌리박고 있다고 믿는 사람들은 전체주의적 독재주의를 요구하는 판국에 이르렀다는 것이다.34) 윌리엄스는 「리얼리즘과 현대소설」에서 개인소설과 사회소설

있는 점을 고려하면, 마르쿠제도 신좌파 사상가에 포함시킬 수 있다. 김동춘은 『창비』 초창기에 등장한 사르트르, 밀즈, 마르쿠제를 '신좌파', '급진적 자유주의자'로 명명했다. 김동춘, 「한국사회과학과 창비30년」, 『창비』 91, 1996년 봄 참조. 조지 카치아피카스는 '신좌파'를 "세계의 자원과 권력이 유례없이 거대하게 집중되었던 시기에 이를 탈집중화시키고 재분배하고자 했던 전세계적 운동"으로 정의했고, 1968년 무렵에는 베트남, 쿠바, 라틴아메리카, 아프리카, 심지어 미국과 유럽의 사회운동에서 이러한 지향이 형성되었다고 했다. 그는 신좌파의 기본적 특징으로 다음과 같은 것을 들었다. 1) 경제적 착취뿐만 아니라 인종적, 정치적, 가부장적 착취에 반대하기, 2) 물질적 빈곤으로부터의 자유뿐만 아니라 새로운 인간을 창조할 자유를 요구하기, 3) 민주주의의 과정과 개인의 권리를 확대하기, 4) 정태적 계급투쟁의 모델을 뛰어넘어 자유의 범위를 확장하기, 5) 직접행동에 대한 강조. 조지 카치아피카스, 『신좌파의 상상력』, 이재원 옮김, 2009, 70, 74~82쪽 참조. 1960년대 말 신좌파운동에서 '자유'는 급진적으로 재구성되고 있었는데, 초창기 『창비』의 지향을 신좌파 내지 급진적 자유주의 운동의 세계적 연쇄와 연관하여 이해, 논의할 수 있을 것이다.
34) J. P. 사르트르, 「현대의 상황과 지성」, 정명환 옮김, 『창비』 1, 1966년 겨울.

로 양분된 20세기 소설에서 위와 같은 의식의 분열을 발견했다. "우리 시대는 개인과 사회를 각기 절대시하고 분리시켰다."[35] 「문화와 정치」의 밀즈에 따르면, '자유'와 '이성'을 개인의 삶(문화)과 역사의 창조(정치) 각각의 절대적 사실로 내세워온 자유주의와 마르크스주의는 현재 자본주의 체제와 사회주의체제의 자기 방어와 은폐를 위한 수사학적 방편이 되어버렸다.[36] 『창비』에서 사르트르, 밀즈, 윌리엄스는 개인과 집단(사회), 개인의 삶(문화)의 차원과 역사 창조(정치)의 차원의 분열, 그리고 그러한 이원적 이데올로기 위에 구축된 미·소 양극의 냉전체제를 비판했다.

이원적 인식론 및 그것에 근거한/을 생산한 냉전체제에 대한 비판이 겨냥한 것은 '외부'의 적(소비에트연방)이라기보다 '내부'(미국을 비롯한 현대 서구의 자본주의 체제와 이데올로기)였다. 「현대의 상황과 지성」에서 문학의 사회적 기능에 대한 사르트르의 입론은 부르주아 정치체제(민주주의)와 예술을 뒷받침한 '개인주의=자유주의'에 대한 역사철학적 비판에 기초해 있다. 사르트르에 따르면, '분석'은 부르주아계급의 정신의 특징이다. 전체를 원자들로 환원시키는 근대 과학·철학의 방법(분석정신)이 사회관을 규정하면서 사회는 개인들로 환원되었다. 부르주아 민주주의, 즉 '만인은 평등하고 형제이며 자유롭다'는 '인권선언'은 이러한 원자론적 개인관에 기반해 있으며 문학의 자율성이라는 신화도 바로 여기에 기원을 두고 있다. 부르주아 작가들은 추상화된 '보편적 인간'을 선전해왔으며, 이러한 '보편적 인간'이 오늘날에는 '계급'을 무시하는 이데올로기로 작동

이 글은 사르트르가 종전 후 창간한 『Le Temp Modern』의 창간사이다.

35) R. 윌리엄스, 「리얼리즘과 현대소설」, 백낙청 옮김, 『창비』 7, 1967년 가을. 이 글은 R. Williams, "Realism and the Contemporary Novel", Long Revolution, London : Chatto & Windus, 1961을 번역한 것이다.

36) C. W. 밀즈, 「문화와 정치」, 백낙청 옮김, 『창비』 1, 1966년 겨울. 이 글의 출처는 C. Wright Mills, *Culture and Politics*, 1959로 표시되어 있다. 원 출처는 The Listener, The British Broadcasting Company, 1959. 3. 12인데, Irving Louis Horowitz가 편집한 밀즈의 대표논문 선집인 *Power, Politics and People*(New York : oxford University, 1963)에 재수록되었다.

하고 있다는 것이다. 사르트르의 인식은 서구 자본주의체제의 역사와 구조에 대한 마르크스주의적 분석에 많이 기대고 있는 바, 『창비』에서 사르트르는 마르크시즘(공산주의) 비판이 아니라 자유주의(자본주의) 비판의 맥락에서 수용되었다는 데 특징이 있다.[37]

초창기 『창비』에서 자본주의체제의 정치와 문화에 대한 비판 담론들 가운데 특히 두드러진 경향은 미국 비판이었다. 그 주조는 미국에서 개인의 도덕적 자율성과 이성적 자기 결정권, 도덕적 감수성, 역사창조의 가능성에 대한 기대, 시민적 권리와 자유, 민주주의적 정의 등 고전적-진보적 자유주의의 정치적·문화적 가치들이 쇠퇴하거나 위기에 처했다는 것이었는데,[38] 그 원인으로 지목된 것들을 정리하면 대략 아래와 같다.

첫째, 미국에서는 국가주의와 개인주의의 역설적 유착에 의해 개인과 시민사회의 자율성이 위기에 처했다. 사르트르가 1945년 미국 방문 시에

---

37) 1950년대 후반 한국에서 사르트르는 실존주의 철학자로 수용되었다. 1960년대 초반에도 한국 문학계에서는 사르트르의 이론 중 마르크시즘을 비판하는 논리만을 추출하여 수용하거나 그가 마르크스주의를 버리지 않았다는 점을 비판하는 논의가 진행되었다. 4·19 직후 사르트르가 마르크스주의에 공명했다는 점이 잠시 드러났지만, 그때에도 사르트르가 마르크스주의의 난국을 실존주의로 타개하려 했던 면모가 강조되었다. 박지영, 「번역된 냉전, 그리고 혁명 : 사르트르, 마르크시즘, 실존과 혁명」, 『서강인문논총』 31, 80~135쪽 참조. 1950년대 후반 철학계의 사르트르 수용과 『사상계』의 사르트르 수용을 철학자인 박종홍과 조가경의 논의를 중심으로 분석한 내용은 나종석, 앞의 글 참조.

38) 고전적 자유주의가 함축하는 개인 중심의 정치적 가치들로는 도덕적 자율성과 이성적 자기 결정, 공적이고 집단적인 가치를 수용하기 이전의 개인주의적 기초의 중요성, 개인주의적 관점에서의 권위주의에 대한 비판의식, 개인의 행복 추구, 냉정한 분석적 이성 등이 있다. 이 목록은 최장집, 『민주화 이후의 민주주의』(개정 2판), 후마니타스, 2010, 283쪽에서 가져왔다. 한편 19~20세기에 등장한 사회적 자유주의 또는 진보적 자유주의는 자본주의시대에 개인의 자유를 실제로 증진시킬 수 있는, 즉 실질적 자유를 위한 새로운 사회조직을 모색하려는 지향으로 요약할 수 있다. 특권층의 권력 제어와 민주주의 원칙의 확대를 위한 정치개혁, 그리고 대기업 규제 및 복지 확대를 위한 경제개혁을 주장했으며, 개인과 사회의 대립을 지양하고 사회적으로 조직된 지성에 기초한 민주적 실험주의를 중요시했다. 장은주, 「한국 진보적 자유주의 전통의 민주적-공화주의적 재구성」, 『사회와 철학』 123, 사회와 철학 연구회, 2012, 255~261쪽 참조.

발견한 미국인의 생활구조의 특징은 "보편적인 이성과 자기들의 특수한 국민성에 대한 동일한 신앙에 기초를 둔 동질화"였다. 사르트르는, 유럽에서는 개인주의가 '사회에 대한, 특히 국가에 대한 개인의 투쟁'이라는 형태를 취해왔는데, 미국인들은 국가라는 테두리 안에서 자아의식과 개인의 자율성을 회복한다고 꼬집었다. 또 그는 국가주의가 강압적으로 규제하고 동원하는 방식이 아니라 시민의 자발적 애국심을 고무하는 방식으로 실현되는 양태에 주목했는데, 미국인들은 시민사회의 자율적 단체들, 곧 직업적인 조직체와 도덕적인 교화나 교육을 목적으로 하는 조직체들을 통해서 국가 안에 편입된다는 것이다.[39] 사르트르는 자유주의(개인주의)와 국가주의가 '야릇하게' 결합해 있는 미국인들의 생활구조를 희화화했다.[40]

둘째, 미국에서 개인, 자유, 이성의 가치를 위기로 몰아넣은 또 다른 요인은 과잉 개발과 소비였다. 1945년 사르트르에게 미국은 생존경쟁에서의 승리=경제적 성공만을 추구하는 사회로 보였다. '자유로운 개인'은 생존경쟁에서의 승리를 통해서만 형성될 수 있다는 점에서, 미국에서 '개인'과 '자유'는 획일주의를 전제로 한 것이었다.[41] 미국에서 이러한 경향이 가속화되어 20년 후에 어떤 형태로 전화되었는지를 밀즈의 글이 보여준다. 그에 따르면, 미국은 과잉개발과 과잉소비의 사회, 즉 경제의 초점이 생산에서 상품판매로 옮겨져 사회 전체는 전시적(展示的) 생산을 계속함으로써, 그리고 개인들은 물신(상품)을 열광적으로 추구함으로써

---

39) J. P. 사르트르, 「미국의 개인주의와 획일주의」, 정명환 옮김, 『창비』 3, 1966년 여름. 이 글은 1945년 미국 방문시의 감상을 적은 글인데, 번역자인 정명환은 '후기(後記)'에서 20년이 지난 시점에서 이 글을 다시 읽는 이유는 사르트르가 관찰한 것이 "오늘날 역시 미국을 지배하고 있는 야릇하고도 본질적인 생활구조"이기 때문이라고 했다.

40) 미국은 개인주의적 자유주의가 일찍이 정착한 한편 '계급' 이전에 '미국인(국민)'이라는 정체성이 우선되는 사회였다. 20세기 이후 국제관계에 본격적으로 개입하면서, 그리고 냉전기에 국가주의가 더욱 강화되었다. 이창희, 「미국의 신좌파와 자유주의」, 『한국정치학회보』 42집, 한국정치학회, 2008, 81쪽 참조.

41) J. P. 사르트르, 앞의 글.

유지되는, 거대한 판매장, 장사거래망이 되었다. 밀즈는 20세기 중반 미국에서 소비사회의 징후를 포착하고 거기서 비능률과 낭비, 인간의 부자유와 소외를 발견했다.[42]

셋째, 미국에서는 양차 세계대전과 냉전기에 형성된 군산복합체와 중앙집권적 거대 관료제 하에서 시민적 자유와 권리가 침해되고 있었다. 밀즈에 따르면 미국의 경제체제는 대기업과 군부의 이해의 일치 위에 성립되었으며 이 체제를 지배하는 것은 거대 주식회사들이다. 한편 그는 현대사회의 근본적인 경향을 합리적으로 조직화된 사회체제, 즉 관료주의로 정의한다. 관료주의체제에서는 대기업, 정치 지도자, 군부의 엘리트가 강력한 관계망을 형성하고 중요한 사회적 문제를 독점적으로 결정하면서 배타적 이익을 향유한다. 이에 의해 개인과 대중을 국가와 연결시켜주는 자발적 단체들이 소외되었으며, 정당과 대중에 영향을 주며 중요한 역사적 결정에 참여할 수 있는 지식층도 찾아볼 수 없게 되었다.[43]

미국의 국가주의-개인주의, 과잉 개발/소비 사회, 군산복합의 관료주의 체제에 대한 분석이 보여주듯이,『창비』의 사회 분석/비평 담론의 특징은 첫째, 경제적 착취, 물질적 빈곤이라는 모순에 바탕을 둔 계급 갈등이 아니라 정치적 지배의 문제, 학문과 문화의 보수화, 민주주의적 제도들의 쇠퇴, 인종차별을 비롯한 인권상황 등을 중요시 했다는 점이다.[44] 둘째, 제3세계 민족주의의 관점도 그다지 부각시키지 않았다. 백낙청은 L. 멈포드의『예술과 공업기술』을 리뷰하면서 미국 지식인들의 인식적 한계를 지적했는데, 베트남전쟁 등 미국의 호전적 대외 정책에 대한 무관심보다는 미국 내부의 정치체제 및 권력구조에 대한 무관심 및 무비판성, 문화적 보수화의 문제에 더 초점을 두고 있었다.[45]

---

42) C. W. 밀즈, 앞의 글.
43) C. W. 밀즈, 앞의 글.
44) H. J. 모겐소의「진리와 권력-존슨 행정부와 지식인」(리영희 옮김,『창비』5, 1967년 봄) ; 커너위원회의「흑인폭동의 원인과 대책」(리영희 옮김,『창비』10, 1968년 여름) 참조.

이 두 가지 특징은 밀즈 수용의 맥락에 함께 반영되어 있다. 뒤에서 좀 더 자세히 살펴보겠지만, 밀즈는 고전적 사회분석가로서 마르크스의 문제의식을 계승하여 자본주의체제에 대한 거시적인 분석의 중요성을 강조했지만 역사 이론을 정립하려는 경향에 대해서는 비판적이었다. '문화와 정치'라는 제목이 보여주는 것처럼, 밀즈는 정치적 지배와 문화적 문제의 분석을 중요시했다. 그래서 그는 미국의 마르크스주의 사회과학자들로부터 계급 분석이 명확하지 않다는 비판을 받고 있었다. 『창비』의 밀즈는 당시 한국의 지식인들 사이에서 형성된 밀즈에 대한 일반적 이미지와도 약간 맥을 달리한 것이었다. 4·19와 5·16 사이에 밀즈는 미국이 제3세계 국가들의 주권과 자유를 침해하는 것을 비판하면서 제3세계 혁명에 지지를 보내는 양심적인 지식인으로 소개되었는데,[46] 『창비』에서 밀즈는 진보적 자유주의가 함축하는 정치적 가치와 문화를 옹호하는 지식인으로서의 면모가 더 부각되었다.

---

45) 백낙청, 「문명비평의 문제점」, 『창비』 2, 1966년 봄. 이 글은 *Lewis Mumford, Art and Technics*, New York : Columbia University Press, 1952에 대한 리뷰이다. 백낙청은 유학 시절 미국 사회와 대학의 분위기에 답답함을 느꼈다고 회고한 바 있다. 백낙청·하정일(대담), 앞의 글, 451쪽.

46) 『화이트 칼라-미국의 중간계급』(1951), 『파워 엘리트』(1956)가 전공 학자들 사이에서는 어느 정도 읽히고 있었다고 하지만, 한국 지식인 사회에 밀즈가 널리 알려진 계기는 1961년 4월 『들어라, 양키들아』가 번역되면서였다. 이 책은 1960년 8월에 밀즈가 쿠바에서 행한 반란전사, 지식인, 관리, 기자, 교수들과의 토론, 인터뷰를 8회에 걸쳐 편지 형식으로 재구성한 것으로서 미국에서 큰 반향을 일으켜 발간 당시 40만부가 팔렸다고 한다. 맨 뒤의 「독자를 위한 노트 2」는 쿠바혁명에 대한 분석적 논평인데, 여기서 밀즈는 미국의 쿠바 정책을 "무지하고 히스테리적인 반공주의"라고 비판하고 '중남미'는 미국과 소련의 두 개의 극단을 넘어설 때 경제적 역경에서 헤어날 수 있다는 방향을 제시해준다며 쿠바혁명을 지지했다. 중남미에서 서방세계, 특히 미국이 하고 있는 역할에 대한 신랄한 비판을 담고 있는 이 책을, 신일철은 역자 후기에서 "오늘날 미국은 전 세계의 '굶주린 민족 블록'의 소리에 귀를 기울여야 한다는 양심적인 미국인 교수의 저서가 나왔다."는 말로 소개했다. 『들어라, 양키들아』는 초판 발간(1961. 4) 3개월 후 재판을 찍을 정도로 한국에서 호응이 높았는데, 1961년 6월호 『사상계』에 김수영이 서평을 쓰기도 했다. C. 라이트 밀스, 『들어라, 양키들아-큐바의 혁명』, 신일철 옮김, 정향사, 1961 ; 이창희, 앞의 글, 89쪽 참조.

『창비』가 미국의 정치와 문화 상황에 대한 위와 같은 비판적 분석을 게재한 것은 미군정기와 전쟁기를 거치면서 한국에 자리 잡은 냉전 자유주의를 돌파하기 위한 노력으로 보인다. 냉전기 미국에서는 자유주의가 공산권과 같은 외부의 적을 부정, 제압하는 데 존재의의를 두었다. 자신의 적과 반대되는 속성을 '미국' 그리고 '미국의 자유'를 구성하는 내용으로 규정해왔던 것이다.[47] 그 영향 하에 있던 한국에서는 지배이념은 물론이고 저항이념으로서의 자유(민주)주의도 미국 : 소련, 자유(민주)주의 : 공산주의(전체주의)라는, 미국식 냉전 자유주의의 자장 안에 있었다. 『창비』는 미국의 정치, 문화 상황에 대한 비판적 분석을 통해서 '자유'를 재정의했다고 볼 수 있는데, 이때 '자유'에 투입된 것은 진보적 자유주의가 함축하는 정치적 가치들이었다. '자유'에는 이성적 자기결정, 도덕적 자율성과 감수성, 참여, 역사창조의 가능성, 개조, 해방 같은 새로운 인식론적·정치적 전망이 부여되었다.

'자유'에 이와 같은 인식론적·정치적 전망을 투입, 활성화시킬 수 있는 지식 제도/장치로서 '문학'과 '비판적 사회(과)학'이 주목되었다. 문학의 문제는 4절에서 논의하기로 하고 우선 비판적 사회과학에 초점을 맞추면, 『창비』에서 비판적 사회과학의 인식론적, 정치적 의의에 대한 이해는 무엇보다도 밀즈의 사회학에 의해 형성되었다고 할 수 있다. 백낙청이 창간호에 밀즈의 글 「문화와 정치」를 직접 번역한 것을 비롯하여, 이후에도 서평과 번역을 통해 밀즈 사회학의 이념과 연구 방법론이 열성적으로 소개되었다. 밀즈는 자유와 이성을 신뢰하고 옹호한 고전적 사회(과)학을 계승하면서 거시적이고 체제비판적인 사회(과)학을 주장, 실천한 학자로 이미지화되었다.

「사회학적 상상력」에서 밀즈는 사회학의 지적인 기약과 사회학적 상상력의 용도, 그리고 비판적 사회학이 지니는 정치적 의의를 기술했다. 그에

---

47) 이창희, 앞의 글, 85쪽.

따르면, 사회학의 과제=기약은 "우리들로 하여금 역사와 개인의 일생, 그리고 그 양자 간의 관계를 사회라는 테두리 속에서 이해할 수 있도록" 해주는 것으로서, 이러한 사회학의 과제=기약을 이해했던 것은 허버트 스펜서, E. A. 로스, 콩트, 뒤르켐, 마르크스, 베블린, 슘페터, 베버, 렉키 등 '고전적 사회분석가'들이었다. 밀즈는 고전적 사회분석의 본질적인 특성을 '역사적인 사회구조에 대한 관심과 공공적 쟁점 및 인간적 고민에 직접 관련된 문제에 관련된 문제를 탐구한 것'으로 보고 그 전통의 계승을 주장했다. 밀즈 사회학의 3요소는 역사, 구조, 그리고 인간이었다. 한편 밀즈는 왜곡되거나 편향될 가능성을 지닌 사회학적 경향으로 1) 역사이론을 지향하는 경향-마르크스주의, 2) 인간성과 사회의 본질에 관한 체계적 이론을 지향하는 경향-구조기능주의, 3) 당대의 사회적 사실과 문제들에 대한 경험적 연구의 경향-경험주의를 들고, 특히 세 번째는 자유주의적 실용주의로 변형되었다고 비판했다.[48] 「미국 사회과학의 자기반성」은 어빙 호로비츠가 밀즈의 이와 같은 문제의식을 바탕으로 미국 사회과학의 한계와 문제점을 성찰한 글들을 편집한 저서를 검토한 것이다. 서평자인 윤근식에 따르면, 호로비츠는 미국의 행태주의 사회과학이 방법적 개인주의에 입각하여 사회과학을 심리학화하고 사회구조적인 문제를 등한시한다는 점을 비판하면서 밀즈가 제안하고 실천한 사회학, 즉 거시적이며 체제비판적인 사회학의 계승을 주장했다.[49]

---

48) C. W. 밀즈, 「사회학적 상상력」, 김경동 옮김, 『창비』 10, 1968년 여름 참조. 이 글은 C. W. Mills, "Promise", *The Sociological Imagination*, New York : Oxford University Press, 1959를 번역한 것이다.

49) 윤근식, 「미국 사회과학의 자기반성」, 『창비』 3, 1966년 여름. 이 글은 Irving Louis Horowitz eds., *The New Sociology : essays in social science and social theory*, New York : Oxford University Press, 1964에 대한 리뷰인데, 이 책은 밀즈 사회학의 방법과 의의를 정리한 것으로서 1962년에 사망한 밀즈에게 헌정된 책이었다. 현재 윤근식은 한국 정치학계에서 '사회비판적 정치학'을 계몽한 1세대 학자로 평가받고 있다. 전재호·이광일·윤근식 대담, 「한국의 정치학자 1 윤근식」, 『정치비평』, 2002 하반기, 85~101쪽 참조.

『창비』에서 밀즈 사회학의 번역, 소개는 궁극적으로 한국 사회과학에 대한 비판적 개입을 목표로 한 것이었다. 1960년대 한국에서 정치학은 행태주의 방법론이, 사회학은 탈콧트 파슨스로 대표되는 구조기능주의가 지배적 이론으로 되었다. 계량화, 통계화를 중심으로 한 미국의 경험주의 방법론도 큰 영향을 미치고 있었다.[50] 윤근식은 호로비츠의 저서를 평한 글에 '미국 사회과학의 자기반성'이라는 제목을 붙였는데, 이는 실은 미국 사회과학의 압도적 영향 하에 있는 한국 사회과학에 반성을 촉구한 것이었다. 그는 한국의 사회과학계에 낙관주의, 체제무비판성, 그로부터 유래하는 체제사명의식을 특질로 하는 미국 행태과학이 풍미하고 있다고 진단했다.[51] 임종철, 이정식 등 소장 학자들은 각각 경제학, 정치학의 연구 경향을 점검했는데, 이들은 한국 사회과학의 미국 의존성, 정치·경제 권력 및 체제에 대한 무비판성 등을 비판했다.[52] 사회과학에 대한 이와 같은 비판은, 이정식의 용어를 빌린다면, 사회과학이 '통치의 학문'이 아니라 '비판의 과학'으로 존재 전환해야 한다는 요청이었다.

지금까지 『창비』가 사르트르, 밀즈의 담론을 자원으로 하여 냉전자유주

---

50) 김진균·조희연, 「해방 이후 인문사회과학의 비판적 재검토」, 『한국사회론』, 한울, 1990, 281~282쪽 참조.

51) 윤근식, 앞의 글. 백낙청은 루이스 멈포드의 문명비평의 문제점이자 미국 지식인들의 공통적 한계로 체제무비판성과 낙관주의를 지적했다. 백낙청, 「문명비평의 문제점」, 앞의 책 참조.

52) 「경제이론의 시녀성과 객관성」(임종철, 『창비』 2, 1966년 봄)은 경제이론이 보편타당성을 가진 일반이론이라기보다 현질서의 유지에 봉사하는, 계급적 성격을 가진 것이라는 점을 인정해야 한다고 전제한 후, 경제 권력에 봉사하려는 한국 경제학의 노예성을 비판한 글이다. 「한국정치학의 표와 리」(이정식, 『창비』 2, 1966년 봄)는 한국 정치학을 반성하는 글이다. 그는 한국 정치학이 미국 정치학에 의존하게 된 이유를 마르크시즘적 정치학의 금지와 정치권력의 미국 의존성을 방패막이로 삼은 점을 들고 있다. 예컨대 미국의 정책 수행을 위한 보조학문으로 출발한 비교정치론이 한국에 수용되어 크게 환영받으면서 발전하고 궁극에서 정치권력을 이론적으로 뒷받침하는 역할을 하고 있다고 비판했다. 그는 정치학에는 이론과 실천, 현실과 이상, 통치의 학문과 비판의 과학 사이의 조화와 균형이 필요하다고 주장했다.

의에서 '자유'를 구출해서 그것의 진보적 함축을 활성화시키는 과정을 살펴보았다. 좀 더 폭넓은 검토가 필요하지만, 1950년대 후반에서 1960년대 중반까지 지식 장에서 중요한 역할을 했던『사상계』의 자유 담론과 비교했을 때, 사르트르와 밀즈의 사유는 각각 프랑스 실존주의와 미국 사회과학의 비판적 지양이라는 의의가 있었다. 즉『창비』는 실존주의의 자유와 사회과학의 자유 모두를 제한하고 있던 냉전적 맥락을 해체하고 자유에 새로운 인식론적·정치적 전망을 부여했던 것이다. 자유화는 개인의 자유, 자율성, 이성 등을 활성화하는 일인 동시에 그것을 사회와 접합시킴으로써 능동적인 역사창조의 방향을 밀고나가야 하는 것이어야 했다. 밀즈의 표현을 빌리면, '자유'의 인식론적·정치적 전망을 보존하고 활성화하는 일이야말로 비판적 사회(과)학의 과제이자 기약(Promise)이었다. 4절에서는 자유화의 과제 또는 기약이 문학론에서 어떻게 구체화되었는지를 살펴보겠다.

IV. '자유'와 문학, 그리고 리얼리즘

「새로운 창작과 비평의 자세」에서 백낙청은 한국의 '근대화'를 '이중 작업'으로 규정했다. 유럽이 몇 세기에 걸쳐 자본의 축적과 기업의 합리화를 이루고 이어서 초기 산업사회의 모순을 수정자본주의 또는 사회주의를 통해 극복하려한 것과 달리, 후진국에서는 그 두 과정이 한데 겹쳐진, 전혀 다른 경험으로 경제적 근대화를 겪어야 한다는 것이다. 한국의 근대화가 이중적 작업으로 추진되어야 한다는 판단은 서구적 모더니티에 대한 비판적 이해에 의해 뒷받침되고 있었으며, 이러한 이해는 앞 절에서 살핀 사르트르와 밀즈 등의 비판적 철학, 문화비평과 사회학 등에 의해 충전된 것이었다. 이중 작업으로서의 근대화론은 모더니티의 복합성에 대한 인식을 바탕으로 하고 있었다.

이중 작업으로서의 근대화론에 입각하여 백낙청은 한국문학의 근대화도 이중적 작업이 되어야 한다고 주장했다. 문학의 근대화도 선진사회에서는 어느 정도 구별되었던 단계들이 후진국에서는 불가분하게 뒤섞이게 된다는 것이다. 한국문학이 수행해야 할 과제인 '자유화' 역시 이중 작업으로 추진해야 할 것이었다.

> 무엇보다 먼저 작가는 언론의 자유를 위한 싸움이 자기 싸움임을 알아야 한다. 사상의 자유, 학문 예술의 자유를 물론 포함해서다. (중략) 가능한 모든 거점을 이용하고 주어진 여건 하에 최선의 투쟁을 함으로써만 문학의 명맥을 유지할 수 있을 것이며 문단 자체도 좀 더 몸 둘만한 곳이 될 것이다. 더욱이 언론의 자유란 작품 활동의 전제조건일 뿐 아니라 자유화와 근대화를 위한 다음 단계 모든 작업의 교두보임을 생각할 때 이에 대한 구체적인 성의는 바로 우리가 요구하는 문학적 재능의 징표로 볼 수 있다.
> 18세기 프랑스 작가들의 경우를 다시금 회상하게 된다. 그들 자신의 직업적 자유를 옹호하는 것만으로 시민계급─더 나아가서는 전 인류─의 해방에 기여하고 있었(다.) (중략) 그러나 한국의 작가는 양단된 국토에서 아직도 준전시상태라는 눈 위에 서리 맞은 악조건으로 출발하면서, 19세기 식의 민권론 같은 편리한 원칙에 기대는 것조차 허용되지 않았다. 기대어 선다더라도 형식논리학과 자연법사상의 기초가 빈약한 국민들이 알아줄 리도 없지만, 2백년의 역사적 경험을 더하고 난 오늘의 관점에서 볼 때 18세기 프랑스 자유주의 역시 허다한 문제들을 회피하고 있었음이 뚜렷하기 때문이다. 따라서 오늘의 작가는 구체적 자유에 대한 구체적 투쟁을 벌이는 수밖에 없다. 단순히 작가 자신이나 어느 특정 계층의 특권으로서 자유를 요구하든가, 아니면 폭넓은 자유가 실현되는 사회에 대한 구체적인 이상과 포부를 갖고 그 실현의 일부로서 자신의 자유를 주장하고 쟁취하든가.[53]

위 인용문에서 사상·학문·예술의 자유를 포함한 언론의 자유를 위한

---

53) 백낙청, 「새로운 창작과 비평의 자세」, 『창비』 1, 1966년 겨울, 26~27쪽.

싸움은 '자유화를 위한 다음 단계 작업의 교두보'로 설정되었다. 즉 한국 작가들이 지금 주장하고 쟁취해야 할 '자유'는 근대 서구의 작가들이 회피했던 문제들까지 포함한, '폭넓은 자유가 실현되는 사회에 대한 이상과 포부를 갖고 그 실현의 일부로서 추진해야 할' 과제였다. 이와 같은 생각은, 한국의 작가는 '자신의 자유와 함께 사회구조의 모순에 의해 소외되어 있는 대다수 시민들의 자유─물론 실질적 자유─를 위해 투쟁해야 한다.'거 나 '자유의 수호와 사회 정의의 실현을 위해 모험을 해야 한다.'는 등의 표현으로 되풀이 강조되었다. 이로써 '자유화'와 경제적 근대화, 곧 '산업화' 와의 관계는 산업화를 자유화와 병행시키거나 심지어 우선시키는 방식으로 는 설정될 수 없었다. 또 하나 주목할 점은 민주(주의)에의 요구를 자유의 과제로 '번역'하여 제기하고 있었다는 점이다. '더 폭넓은 자유'나 '대다수 시민의 실질적 자유' 등 민주주의의 과제를 포용하여 자유주의를 재구성하 는 표현은 백낙청이 미국의 급진적/진보적 자유주의로부터 영향을 받고 있었음을 보여준다.54)

　　한국문학이 추구해야 할 자유화의 성격을 규정하기 위해 백낙청은 먼저 서구의 '순수예술'과 '자유주의'를 '역사화'했다. "문학이 역사적 현실과 이데오로기를 초월한 그 자신만의 영역을 지켜야 한다는 주장", 즉 순수정신 및 순수예술의 이념은 "특정한 시대 특정한 이데올로기의 산물이며 삶에 대한 특정한 태도를 나타낸 것"으로서 "현대 과학 및 철학의 증언에도 어긋"난다. 백낙청은 순수예술의 이념이 주체와 객체, 인식과 행위, 정신과 물질을 분리하는 소박한 과학주의와 표리일체를 이루는 것이라고 비판했 다. 문학의 순수성을 옹호하는 철학적 근거와 그 역사적 배경에 대한

---

54) 장은주에 따르면, 20세기에 유럽에서 사회민주주의자들이 추구했던 과제들이 미국에서는 혁신운동(progressive movement)으로 추진되었다. 이를 뒷받침한 이데 올로기는 급진적/진보적으로 재구성된 자유주의였다. 존 듀이의 자유주의의 혁신 적 재구성이 이에 속한다. 장은주, 앞의 글, 255~261쪽 참조. 백낙청의 글에 등장하는 '실질적 자유'는 존 듀이가 고전적-경제적 자유주의를 재구성하기 위해 사용한 개념이다.

검토는 트로츠키와 로렌스도 참조, 인용하고 있지만 역시 사르트르에 많이 빚지고 있었다. 문학의 사회적 기능이라는 용어 자체가 사르트르의 『현대』지 창간사에서 가져온 것이었으며 '순수문학' 비판은 사르트르가 '자유주의'의 핵심으로 본 '분석정신' 비판에 기대어 있었다.

'순수예술'과 '자유주의'를 서구의 맥락에서 역사화한 후, 백낙청은 한국에서 '순수문학'과 '자유주의'의 역사성을 따로 분석했다.

> 우리 문단에서 이른바 순수문학과 경향문학의 대립이 일제시대부터 있었고 (중략) 특히 6·25사변 이래 정치적 군사적 반공태세를 강화하는 가운데 개방적인 문학토론에 힘을 기울일 겨를이 없었다. 한동안 <순수문학>은 <자유기업>과 더불어 한국 민주주의의 철칙처럼 되어 어떤 이탈행위도 용납되기 어려웠다.
>
> (중략)
>
> 오늘날 한국에서 순수주의를 고집하는 입장은 서구예술가들의 경우와도 또 다르다. 건실한 중산계급의 발전을 본 일 없는 한국사회에 유럽 부르조아지 시대의 예술신조가 뿌리박았을 리 없다. 그런데도 불구하고 문학의 순수성을 금과옥조인양 내세우는 것은, 제대로 정리 안 된 전근대적 자세를 제대로 소화 못한 근대서구예술의 이론을 빌려 옹호하려는 노력으로 보인다. 이것은 정치 경제면에서, 유럽 중산층의 정치 경제이념을 핑계로 한국의 후진적 사회구조를 견지하려는 것과 정확히 대응하는 현상이다.[55]

위 인용문에서 백낙청은 '순수문학'을 경제적 자유주의('자유기업')와 결합시키는 한편, 그 두 가지가 모두 한국에서는 현실적 기반이 없다고 비판하고 있다. 서구에서 순수문학과 자유기업은 봉건세력에 대한 부르주아지(중산층)의 투쟁을 통해 정립된 것이었지만, 한국에서 그것은 "산업화 이전의 전통적 농경사회에서 애초부터 권위주의와 비생산성 그리고 매사에

---

55) 백낙청, 앞의 글, 5~8쪽.

아마추어 정신을 생명으로 하는 신분층", 즉 양반계급이 자신의 생활태도와 정신을 옹호하기 위해 빌려온 구호에 불과하다는 것이다. 위 인용문에 따르면, 순수문학과 자유기업을 함께 옹호한, 반공주의체제 하의 "한국 민주주의" 역시 허구적인 것이었다. 백낙청의 주장은, '순수문학'을 한국의 "후진적", "변칙적 사회경제구조의 일환으로 파악하는 동시에 인간에 대한 어떤 궁극적인 이상의 차원에서 비판하고 또 변화시켜야 되겠다."는 것이 다. 즉 백낙청이 문학이 스스로의 가치와 자율성을 주장할 수 있는 근거를 '인간의 자유'와 '문학적 가치'의 불가분성에서 찾았을 때, 여기서 '문학'과 '자유'는 어떤 궁극적인 이상의 견지에서 비판적으로 재구성되어야 했다.

> 우리 시대에서 참으로 창조적인 노력은 좀 더 건전하고 통합적인 인간관 계를 위한 투쟁이다. 이는 개인적인 동시에 사회적인 작업이다. (중략) 문학에서는 이러한 작업을 리얼리즘을 통해 수행할 수 있다. (중략)
> 소설에 있어서 리얼리즘의 전통을 생각할 때 나는 개개 인간들의 가치를 중심으로 하나의 전체적인 생활양식의 가치를 창조하고 판단하는 그러한 종류의 소설을 생각하게 된다. 이러한 업적에 수반되는 균형이야말로 아마도 그 업적에 관한 가장 중요한 사실일 것이다. (중략) 이러한 계열 작품들의 뛰어난 점은 어떤 전체적 생활양식, 즉 사회를 구성하는 어느 개인 개인보다 전체 사회 그 자체를 중시하는 동시에, 그 사회에 속해 있고 그 사회에 의해 규정되며 그 사회의 생활양식을 형성하는 데 일조하면 서도 또 그들 자신은 제 나름으로 하나의 절대적 목적을 이루는 인간의 창조를 중시하고 있다는 사실이다.[56]

위 인용문은 레이몬드 윌리엄스의 「리얼리즘과 현대소설」의 일부인데, 윌리엄스는 리얼리즘 문학의 의의를 '전체적 생활양식(사회)의 가치의 창조'와 '제 나름으로 하나의 절대적 목적을 이루는 인간(개인)의 창조' 사이의 '균형'에서 찾았다. 개인과 사회에 대한 전체적 개념을 얻어야

---

56) R. 윌리엄스, 「리얼리즘과 현대소설」, 앞의 책.

한다는 것은 앞서 살핀 것처럼 사르트르의 핵심적 주장이었다. 사르트르는 분석정신과 종합정신으로의 분열을 지양하고 현실과 인간에 대한 종합적, 전체적 개념을 확보해야 한다고 보았으며, 인간의 전체적인 해방을 추구하는 종합적 인간학으로서 문학이 가진 해방적 능력을 강조했다. "우리시대의 미래를 마련하는", "우리를 둘러싸고 있는 사회적 조건과 인간이 스스로에 대해 가지고 있는 개념을 동시에 개조코자 하는" 작가의 책임은 종합적 인간학을 구축함으로써 인간의 전체적 해방을 추구하는 것이다.57) 레이몬드 윌리엄스의 리얼리즘론은 종합적 인간학으로서의 문학이라는 사르트르의 이념을 구체화한 것이었다.

윌리엄스의 리얼리즘론은 그의 「로오렌스와 산업주의」와 긴밀히 연관되어 있다. 이 글에서 R. 윌리엄스의 D. H. 로렌스 해석의 핵심은 '자아'와 '공동체'의 관계에 있었다. 윌리엄스에 따르면, 로렌스는 '자아', 곧 생동하는 중추가 개체의 기초라고 보았다. "한 인간의 자아는 그것 자체가 하나의 절대적 존재"이며 생명 있는 자아에게는 단 한 가지 목표, 그 자체의 충만한 존재에 도달하는 일이 있을 뿐이다. 인간이 "참된 자기가 되는 데 있어 의지할 수 있는 것은 그의 욕망과 충동"뿐이라는 것이다. 이 '자아'와 함께 윌리엄스가 강조한 것은 '공동체'였다. 윌리엄스는 로렌스가 낭만적인 반항아나 '자유로운 개인'의 전형으로 속되게 알려졌지만, 그의 사회사상의 핵심은 '공동체에 대한 것'이었다고 보았다. 그가 산업사회를

---

57) J. P. 사르트르, 「현대의 상황과 지성」, 앞의 책. J. P. 사르트르의 이와 같은 지향을 이해하는 데, 바로 그를 모델로 하여 찰스 테일러가 분석한 진정성(眞正性 authenticity)의 윤리가 도움이 된다. 진정성의 윤리에 대한 윤평중의 해설을 인용하여 표현하면, 『창비』에 소개된 사르트르는 "윤리적 견지에 있어서는 공리주의적이고, 사회철학적 측면에서는 원자론적이며, 인간 과학의 차원에서는 분석적인 철학이었던" 계몽주의에 대항해서 인간과 공동체, 인간과 문화, 인간과 자연 사이의 "표현적 통일"을 지향한 철학자이자 비평가였다. 종합적 인간학을 수립함으로써 인간의 전체적 해방을 추구한다는 사르트르의 지향은 '근대 개인주의의 유산을 적극적으로 받아들이면서도, 개인주의에 대해 비판적이었던 낭만주의의 반성을 함께 수용함으로써 형성되었다'고 볼 수 있다. 윤평중, 앞의 책 참조.

공격한 것은 산업주의가 공동체생활을 좌절시켰기 때문이라는 것이다. 로렌스의 사상에서 핵심적인 것은 "공동체의 본능(instinct of community)"이 었다.[58]

한편 '민주주의'와 '평등'에 대한 로렌스의 사유에 대한 윌리엄스의 분석은 개인, 자아, 그리고 자유를 섬세하게 옹호, 보존하는 것이었다. 윌리엄스에 따르면, 로렌스의 민주주의론은 공리주의파가 말하는 것과는 거리가 있는데, 그는 민주주의의 첫 번째 중대목표를 "만인은 자연스럽게 자기 자신이어야 한다는 것 (중략) 아무도 다른 사람의 존재를 규정하려 하지 말 것"으로 들었다. 소유에 대한 로렌스의 사상은 사회주의자와 유사하며, 그는 평등의 문제에서 물질적 불평등을 수호하려는 어떤 입장에 도 반대하는 동시에 평등이라는 개념에서 느껴지는 기계적 추상성의 요소 를 제거했다. 그는 상호관계를 중시하고 '앞에 있는 다른 것(present otherness)', 즉 타자를 인정하고 수락할 것을 강조했다.[59] 윌리엄스에 의해 해석된 로렌스의 민주주의론·평등론은 '생명 있는 자아, 즉 그 자체로 충만한 자아와 그러한 자아들에 의해 형성된, 서로 다른 사람을 규정하지 않는 자유롭고 온전한 관계에 대한 추구'로 요약할 수 있다.

윌리엄스와, 윌리엄스가 가리킨 길을 좇아가서 백낙청이 찾은 로렌스의 형상은 '자유주의적 공동체주의자'에 가깝다. 백낙청은 「새로운 창작과 비평의 자세」에서 마르크스주의와 전혀 다른 전제에서 출발한 로렌스의 순수주의 비판이 트로츠키, 사르트르의 진단과 대체로 일치한다고 하면서, 그가 관념론과 기계적 유물론을 모두 배격하고 그 둘의 대립에 근거한 사회질서와 윤리를 부정했다고 했다. 로렌스는 "육체 속에 생동하는 인간의 체험에서 출발하여 참된 자유공동체의 건설을 꿈꾸었다." 개인의 발견과

---

58) R. 윌리엄스, 「로오렌스와 산업주의」, 『창비』 3, 1966년 여름. 이 글의 출처는 Raymond Williams, "D. H. Lawrence", *Culture and Society 1780-1950*, London : Chatto & Windus, 1958이다.

59) R. 윌리엄스, 같은 글.

공동체의 건설, 자아의 실현과 역사(사회)에의 참여를 접합시켜야 한다는 요구는 앞서 살펴본 것처럼 로렌스의 문학론뿐만 아니라 사르트르와 윌리엄스의 문화/문학비평에서도 근본적인 것이었다.

사르트르와 윌리엄스, 그리고 로렌스의 문학론에서 백낙청은 공통적으로 다음과 같은 두 가지 차원의 종합을 이끌어내고 있다. 하나의 차원은 '주관성'이 강조되는 차원으로서 창조·건설·발견, 독창성, 사회적 규칙이나 도덕이라고 인지된 것들에 대한 저항이다. 다른 하나의 차원은 '상호주관적 차원'이라고 할 수 있는 의미지평에의 개방성, 대화 속에서 정의되는 자아이다. 이 두 가지 차원의 역동적 접합으로 형성되는 정치철학이 자유주의적 공동체주의이다. 즉 그것은 내면의 목소리에 대한 헌신성·자율적 자유·자아실현을 강조하는 '주관적 차원의 자유'와, 이런 주관적 진실성과 자율성이 건강하게 발현되기 위해 반드시 필요한 대화성(dialogicality)·역사적 의미지평에의 동참이라는 '상호주관적 차원의 자유' 사이의 역동적 접합이라는 형태로 창출되는 정치철학이다.[60]

『창비』에서 '자유'의 주관적 차원과 상호주관적 차원을 통합할 수 있는 제도, 장치로 제시된 것은 비판적인 역사적 사회과학과 리얼리즘 문학이었다. 앞 절에서 살핀 것처럼, 밀즈로 대표된 비판적 사회(과)학이 기약하는 '자유화'는 개인의 자유, 자율성, 이성 등을 활성화하는 일인 동시에 그것을 사회와 접합시킴으로써 능동적인 역사창조의 방향을 밀고나가는 일이었다. '자유'에 이와 같은 새로운 인식론적·정치적 전망을 투입, 활성화시킬 수 있는 지식 형식으로 비판적인 역사적 사회(과)학과 함께 문학이 선택되었

---

60) 자유주의적 공동체주의는 윤평중이 찰스 테일러의 진정성의 윤리의 정치철학으로 제시한 것이다. 그에 따르면, 테일러는 모더니티의 실천적 호소력을 근대적 자아정체성의 핵심을 구성하는 진정성의 윤리에서 발견한다. 18세기 말에 본격화된 진정성의 윤리는 "인간의 자율성이라는 기획을 포기하지 않으면서도, 그 기획이 공동의 의미지평과 공동체에의 참여, 집합적 역사의식에 의해 구체화되지 않을 경우 공허하고 왜곡된 결과를 낳을 수 있다는 반성"을 함께 수용했다. 윤평중, 앞의 책 참조.

다고 했을 때, 그것은 곧 리얼리즘 문학이었다.[61]

V. 자유화의 목표, 주체성, 그리고 장치/제도의 검토를 위하여

이 글은 한국 민주주의의 이념과 가치를 역사적으로 분석, 성찰하는 작업에서 '자유'를 중요한 분석 범주로 고려한 일련의 연구들을 이어받고 있다. '민주주의'에 대한 역사적 성찰은 그것이 민족, 민중, 시민, 지식인, 대중 등 주체성의 차원, 근대화(산업화), 통일, 자유 등 이념 또는 가치의 차원, 그리고 정당, 사회운동, 교육 등 제도/장치의 차원과 어떤 관계를 맺어왔는지를 검토하는 방향으로 나아가고 있는 듯하다. 박정희 시대에 초점을 두고 본다면, 이러한 연구들은 기왕의 독재 : 민주주의의 분석틀을 복합화하려는 시도이다. 서론에서 살펴본, 민주화 운동/담론에서 '자유'의 기능을 분석한 역사학, 정치학 연구도 이러한 시도의 일부이다. 이 글은 『창비』를 대상으로 하여 정치적 운동-담론의 장이 폐쇄되어 가던 1960년대 후반에 문학/학술 담론의 장에서 발아한 '자유'의 성격과 의의를 분석했다.

분석 내용을 요약하면 다음과 같다. 첫째, 초창기의 『창비』는 자신이 대결하여 극복해야 할 상대를 '순수문학론'으로 판단했으며 그것을 뒷받침한 이데올로기를 '자유주의'로 보았다. 따라서 순수문학 비판은, 정치철학의 측면에서는, 자유주의 비판으로 연결되었다. 둘째, 이와 같은 자유주의 비판은 1950년대에 유럽 실존주의의 영향 하에 형성된 철학·문화계의 '자유'와 미국의 철학·사회과학의 영향 하에 형성된 정치적 '자유' 모두를

---

61) 한영인은 초창기 『창비』에 자유주의와 공동체주의가 '공존'하고 있었다는 분석을 제시한 바 있다. 그는 김주연과 김우창의 문학의 자율성 주장을 뒷받침한 정치철학은 근대적 개인주의에 기반한 '자유주의'로, 백낙청이 레이몬드 윌리엄스를 경유하여 얻은 리얼리즘의 정치철학은 D. H. 로렌스에게서 빌려온 '유기적 공동체주의'로 분석했다. 한영인은 백낙청의 문학론의 사회관과 공동체관에 주목했다. 한영인, 앞의 글, 35~41쪽 참조.

규정하고 있던 냉전 자유주의(반공 자유주의)를 비판적으로 극복함으로써 자유의 의미를 재정식화하는 작업으로 연결되었다. 셋째, 자유의 의미를 재구성하는 데 자원이 된 것은 제2차 세계대전 이후 유럽과 미국에서 등장한, 자유주의(개인주의)와 마르크스주의의 유기적 접합을 시도한 포스트 마르크스주의 또는 신좌파의 철학·문학비평/이론 및 사회비평/이론이었다. J. P. 사르트르와 R. 윌리엄스, C. W. 밀즈의 담론을 통해서『창비』는 '자유'에 이성적 자기결정, 도덕적 자율성과 감수성, 참여, 역사창조의 가능성, 개조, 해방 같은 새로운 인식론적·정치적 전망을 투입했다. 넷째, 자유의 인식론적·정치적 전망을 활성화시킬 수 있는 지식으로 제안된 것은 리얼리즘 문학과 비판적인 역사적 사회과학이었다. 이것들은 "내면적 진실성과 사회적 책임을 공존케 하는", "성찰적이면서 참여적인 주체"를 구성하는 장치/제도였다.[62]

『창비』에서 자유화의 목표, 주체, 그리고 장치/제도에 대한 위와 같은 구상은 1969년의 「시민문학론」 이후에 '토착화'된 것으로 보인다. 토착화란 위와 같은 구상이 한국의 역사와 현실 속에서 구체적인 '형식'을 발견했다는 의미이다. 본격적인 논의를 전개할 수는 없으므로 여기서는 연구의 과제만을 개략적으로 제시한다.

첫째, '자유'가 민주화, 근대화, 통일 등의 목표와 어떤 관계를 재/설정하면서 전개되었는지를 분석할 필요가 있다. 이혜령은 백낙청이『분례기』의 세계에 근대화의 실상이 이접되어 있다는 점을 읽어낸 유일한 비평가였다고 했는데,[63] 백낙청은『분례기』분석에서 윌리엄스의 로렌스 분석에 등장한 산업사회 비판의 틀과 용어를 많이 활용했다. 자아의 건강한 생명력의 파괴, 농촌 공동체의 파괴, 도시와 시골의 유기적 유대의 결여 등이

---

62) 김홍중은 가라타니 고진의 근대문학 종언론을 비평하면서, 근대문학을 성찰적·참여적 주체화의 장치인 '진정성'과 관련하여 논의했다. 또 그는 사회학·철학·인문학 같은 비판적 지식체계 역시 진정성의 장치/제도에 포함시켰다. 김홍중,『마음의 사회학』, 문학동네, 2009 참조.
63) 이혜령, 앞의 글 참조.

그것이다.64) 자유주의적 공동체주의가 산업화 비판의 동력 또는 자원으로
작용하고 있었다고 할 수 있는데, 이와 같은 태도가 통일, 민주화 등의
목표와는 어떤 관계를 맺고 있었는지, 그리고 그 관계가 「시민문학론」
이후에 어떻게 변화하게 되는지는 자유의 정치성을 논의하는 데 꼭 필요한
작업일 것이다.

둘째, 자유화의 수행 주체에 대한 논의를 분석할 필요가 있다. 「시민문학
론」에서 백낙청은 윌리엄스의 「로오렌스와 산업주의」에 인용된 로렌스의
문장들 가운데 "그것(산업사회 : 인용자)은 우리가 시골사람 아닌 시민의
큼직한 제스츄어로서 자존심과 긍지를 갖고 단결할 수 있게 해주는 공동체
의 본능을 좌절시켰다."65) "인간은 생생하고 유기적이고 믿음을 가진
공동체의 일원이 되어, 채 실현 안 된, 어쩌면 채 인식되지조차 않은 어떤
목적을 실현하려고 활동하고 있을 때 자유로운 것이다."를 인용했다.66)
백낙청은 두 번째 인용문에 뒤이어 자신이 말하는 '시민의식'이 로렌스의
문장에 있는 '자유'의 동의어라고 말했다. 이로써 백낙청은 로렌스의 문학을
'시민문학의 전통' 안에 위치시켰는데, 흥미로운 것은 위의 문장들은 윌리엄
스의 로렌스론에서 '자아'가 아니라 '공동체'에 대한 사유를 펼치고 있는
부분이라는 점이다. '자유=시민의식'은, 자유주의적 공동체주의를 공화주
의적으로 재구성함으로써 얻어진 통찰로 보이는데,67) 정치철학적 변화의
자원 및 그 배경에 대한 검토가 필요할 것이다.

셋째, 자유화의 장치/제도로『창비』가 중시했던 비판적인 역사적 사회
(과)학과 리얼리즘 문학론이 어떻게 토착화되어 갔는지를 추적할 필요가

---

64) 백낙청, 「『창작과비평』 2년 반」, 『창작과비평』 10, 1968년 여름.
65) 백낙청, 「시민문학론」, 『창비』 14, 1969년 여름, 479쪽. 출처가 "Nottingham and
the Mining Country", Selected Essays, pp.121~122로 표시되어 있으나 R. 윌리엄스가
「로오렌스와 산업주의」, 347쪽에 인용했던 문장이다.
66) 백낙청, 같은 글, 480쪽. 출처가 『미국고전문학연구』 제1장으로 표시되어 있으나
R. 윌리엄스가 「로오렌스와 산업주의」, 354쪽에 인용했던 문장이다.
67) 「시민문학론」의 정치철학을 '공화주의'로 해석한 연구로는 한영인, 앞의 논문,
42-53쪽 참조.

있다. 창간 당시 『창비』는 한국학의 성과에 대해서는 거의 무관심했는데, 백낙청은 "국문학은 빈곤하고 한학은 쇠퇴했으며 유교체제는 노쇠하고 현대감각에서 낙후되었다"고 평가하고 있었다.[68] 하지만 1967년 여름부터 『창비』는 실학의 고전을 연재하기 시작했으며 1968년 여름에는 한국사와 한국사상의 재발견을 위한 논문 시리즈를 계획하고 첫 논문으로 이기백의 「원광」을 게재했다.[69] 1969년 「시민문학론」에서 백낙청은 자신의 전통단절론적 태도를 반성했으며, 1972년에 『창비』는 사회경제사·사상사·민중운동사·문학사의 학제적 구조물로서 한국 근대사를 체계화했다.[70] 초창기부터 강조해 온 비판적인 역사적 사회과학은 역사학, 특히 사회경제사 중심의 근대사 연구로 토착화되었던 것인데, 이와 같은 토착화 과정에서 자유의 인식론적·정치적 전망이 어떻게 구체화되었는지를 추적할 필요가 있을 것이다. 같은 이유에서 리얼리즘론의 토착화 역시 주목해야 한다.

---

68) 백낙청, 「궁핍한 시대와 문학정신」, 『청맥』 9, 1965. 6 참조. 한국의 전통에 대한 무지 또는 멸시는 『창비』가 1950년대 후반 이후 『사상계』를 선두로 한 지성계의 동향이나 4·19 이후의 공론장, 한국학계의 동향과 동떨어져 있었음을 보여준다. 물론 외국문학 전공 비평가들 가운데 김현 같은 이는 박종홍, 양주동, 이태극, 김사엽, 김동욱, 백철 등 역사학과 고전/근대문학, 철학 부문의 저서를 두루 읽고 있었는데, 그의 결론은 '전통은 단절되었다'는 것이었다. 김현, 「한국문학의 양식화에 대한 고찰」, 『창비』 6, 1967년 여름.
69) 『창비』는 창간호부터 매호 1/2~1/3 정도씩 번역 논문 및 외국저서에 대한 서평을 싣다가 1968년 여름(10호)부터 비중을 줄였다. 1968년 가을(11호)에는 연재하던 A. 하우저의 글 이외에는 번역논문을 싣지 않고, 이우성, 한영국, 김영호의 한국사 연구를 실었다. 제15호부터 다시 번역 논문이 게재되지만 제41호까지 7년 동안 15편만이 실렸다. 제42-56호에는 매호 2-3편 외국저서에 대한 서평이 실렸다.
70) 『창비』 버전 한국근대사의 구조와 내용에 대해서는 김현주, 「『창작과비평』의 근대사 담론 : 후발 자본주의사회의 역사적 사회과학」, 『상허학보』 36, 상허학회, 2012 참조 바람.

한국여성학 제도화 과정과 지식생산의 동학
장소·사람·프로젝트

김영선

I. 한국여성학 제도화의 전사기(前史期), 어떻게 접근할 것인가?

서구 근대 사회의 발전 과정에서 대학은 계몽과 발명의 추동력을 간직해 온 가장 중요한 제도적 장소였다. 지식과 기술은 시민사회의 진보에 있어 필수적 자원이었으며, 대학은 이를 제공하는 유일한 독자적 기관으로 자리 잡았다. 미국의 연구중심대학은 인문주의 전통을 강조하는 영국의 칼리지와 대학원 중심의 전문교육을 강조하는 독일 모델을 흡수하여 만들어졌으며, 고도로 전문화되고 분화된 학문영역들의 단순 복합체로서 이루어져 있다. 이러한 미국식 연구중심대학 모델은 한국의 종합대학 설치 모델의 중요한 준거가 되었다.[1]

대학을 기반으로 한 지식생산에 있어 개별 '학과'(department)의 설치와 이의 운영은 특정 학문의 학적 정체성을 구조화하는데 있어 중요한 변곡점이었다. '학과' 제도를 통해, 담당 (전임) 교수와 학생이라는 주체 집단이 만들어지며, 학부와 대학원의 교과과정 및 교재 개발을 통해 지식의 표준화

---

* 이 글은 「한국여성학 제도화의 전사기(1960~70년대) 지식생산의 동학 : 장소·사람· 프로젝트」, 『현상과 인식』 제37권 3호(2013)를 보완한 글이다.

1) 김남두 외, 『현대의 학문체계와 대학 교육−현대사회와 대학』, 서울 : 민음사, 1998.

가 이루어졌기 때문이다. 학위제도를 통해 배출된 전문가 집단은 연구소의 핵심적 인적 자원이 되며 학회가 조직되어 연구자 집단(들)의 네트워킹과 지식의 교환이 일어남으로써 지식 생산의 유기적 순환구조가 만들어졌다.

분과학문의 폐쇄성을 넘어 다수의 학제간 결합 형태로서 처음 출발한 여성학(women's studies)의 경우, 이는 여성해방운동의 역사적 성취라고 평가되고 있다.[2] 미국여성학은 68혁명의 신좌파 및 유색인종 인권운동 등의 사회변혁 운동과 맞물리면서, 진보적인 시민운동과 학생운동에 참여한 많은 여학생들과 지식인들이 대학 내에서 여성연구를 요구함으로써 시작되었다.[3] 대학에 '학과'로, 또, '프로그램'으로 설치된 서구의 여성학과 이의 학문적 파장은 각 분과 학문에 여성주의 시각과 방법론을 적용한 새로운 세부 연구 영역들을 탄생시켰다.[4]

제도 학문으로서의 한국여성학 형성의 중요 기점들을 살펴보자면, 1977년 2학기 이화여자대학교에 최초로 여성학 교양강좌가 개설되었으며, 1982년 대학원에 석사과정이 설치되었다. 뒤이어 1984년에 10월에 창립된 한국여성학회와 1985년부터 발간되기 시작한 학회지, 『한국여성학』은 여성주의 인식론이 확산되는 데 있어 중요한 매개체의 역할을 담당했다.[5] 현재, 한국여성학 제도화의 역사가 30년이 이르면서 타 학문분과에 대한 여성학의 파급력 및 관계맺음에 대하여 여성학회 및 젠더 관련 학회에서 자체 평가가 이루어지고 있다. 나아가 여성주의 담론 생산의 주요 내용과 사회적 의미, 자기 학문과 소속 학회/학과의 전망에 대한 현실 진단과

---

2) 정세화, 「이화여자대학교 여성학강좌의 교과과정 실시현황 및 평가」, 『여성학논집』, 1집, 1984.

3) Richardson, Diane(eds.), *Introducing Women's Studies : feminist theory and practice*, Basingstoke : Macmillan, 1993.

4) 김승경 외, 「학제간 학문으로서의 여성학 : 여성학(과)의 정체성 및 제도화의 문제를 중심으로」, 『한국여성학』 22권 1호, 2006.

5) 김영선, 「한국여성학의 제도화의 궤적과 과제」, 『현상과 인식』 34권 3호, 2010 ; 이나영, 「한국 '여성학'의 위치성 : 미완의 제도화와 기회구조의 변화」, 『한국여성학』 27권 4호, 2011.

함께 대안 모색이 근래 활발히 일어나고 있다.[6]

한국여성학에 대한 제도사 관련 기존 논문들은 시기상 크게 두 갈래로 분류해볼 수 있겠다. 제도화 초기 단계인 1980년대에는 한국여성학의 학적 정립을 위한 여성학 이론 및 방법론과 관련한 논의가 축적되었으나, 2000년대 이후의 연구 경향은 제도화된 여성학(과)의 위기 징후를 포착하면서 이의 인과관계에 대해 역사적으로, 또 성찰적으로 분석함과 동시에, 현재의 여러 비판학문들이 직면하고 있는 사회적 맥락과 교차하여 이 상황을 극복할 수 있는 방향에 대해서 탐색하고 있다.[7]

그러나, 기존 논문들은 지금과 같은 한국여성학의 학적 모델―방법론과 핵심주제, 제도화―구성에 있어, 1960년대와 1970년대 다양한 장소들에서 이루어졌던 여성문제에 대한 실태조사 및 연구, 그리고 여성교육이 그 이후 대학의 제도권 학문으로써, 특히, 학과와 대학 연구소를 매개로 확장되는 데 있어, 어떠한 토대와 고리가 되었는지를 연속성의 관점에서 살펴보는 역사적 연구는 결락되어 있다.

이 연구는 1960~70년대를 한국여성학 제도화의 전사기(前史期)로 규정한다. 장소, 사람, 프로젝트의 세 가지 키워드를 통해, 어떠한 여성 운동/학술

---

6) 지난 2012년 9월 22일, 서울대학교 규장각 강당에서 '한국여성연구학회협의회'의 창립 심포지엄이 열렸다. '각 학문 영역에서의 여성주의 연구의 도전과 과제'라는 주제로 15개 학회가 참여했다. 소속된 학회와 학회지를 매개한 여성주의 지식생산 과정을 개별 분과학문에 기반하여 분석한 당시 발표 원고들은 다음의 저서로 출간되었다. 한국여성연구학회협회의(편), 『여성주의 연구의 도전과 과제 : 각 학문영역에서 이뤄온 여성연구의 과거·현재·미래』, 한울, 2013. 학과를 중심으로 한 제도화 과정에 대한 역사화 및 자기 성찰에 대한 자료로서, 2013년 2월 16일 이화여자대학교 LG 컨벤션센터서 개최되었던 이화여대 여성학과 30주년 기념 학술대회의 자료집, 『여성학과 30주년 기념 학술마당 : 여성학, 돌(아)보다』를 참조할 것.

7) 이에 대한 관련 연구물로서 이재경, 「한국여성학 교과과정의 현황과 과제」, 『여성학논집』 16집, 1999 ; 이영자, 「대안적 패러다임으로서의 페미니즘, 가능성과 딜레마」, 『한국여성학』 16권 1호, 2000 ; 조주현, 「한국여성학의 지식생산구조와 향방 : 한국여성학을 중심으로」, 『한국여성학』 16권 2호, 2000 ; 변혜정 외, 「여성학 전공자의 재생산과 그 가능성 : 여성학 제도화의 경계에서」, 한국여성학회 제27차 추계 학술대회 발표문, 2011 등을 참조할 것.

집단이 어떠한 기획을 통해 병렬적으로, 그리고 또 서로를 삼투해가면서, 대학에서의 여성학(과) 제도화와 이론-실천의 학적 정체성을 구축해 나갔는 지에 대하여 국내와 국제적 차원에서의 여성을 둘러싼 글로벌 정치의 변화들과 이를 교차하여 살펴보려 한다. 나아가, 다층적이고 중층적 차원에 서 진행되었던 여성(주의)의 실천을 역사화함으로써 1960~70년대의 한국 여성 학술운동-한국여성학 제도화 이전의 제도화 과정-이 배태한 당대의 공공성의 특징과 내용은 무엇이었는지, 현재의 시점에서 이를 재해석해보 려 한다.

II. 한국 여성주의 지식생산의 장소들과 기획들

1. '여성문제연구회'와 여성문제 실태조사

1980년대는 대학을 중심으로 한 여성학의 제도적 구축과 더불어, 1960~70년대 여성운동단체들의 구심력과 원심력의 역할을 했던 여성단체 협의회(이하, '여협')가 정치적 지향에 따라 여성단체연합(이하, '여연')과 분화되면서 각각의 노선과 정체성을 만들어나가던 역동적 시기였다.[8] '여협'은 비정치적 초종교적 성격의 순수 여성운동을 지향하는 8개 단체가 모여 1959년 12월에 발족되었다.

'여협'의 조직구성 이전 시기에 활동했던 여성단체들의 하나로서 한국전 쟁의 와중인 1952년 11월 11일에 창립된 '여성문제연구회'(초대원장 황신

---

8) 1959년 12월 26일 '여협' 발족 당시의 8개 여성 관련 단체는 '대학여학사협회', '대한어머니회', '대한 YWCA연합회', '부녀보호사업전국연합회', '여성문제연구 회', '대한부인회', '한양여성클럽', '학생문제상담소'였으며, 1962년 10월 1일, '대한조산원협회' 등의 10개 단체가 추가로 가입하였다가, 1962년 10월 29일, '한양여성클럽' 등 7개 단체가 탈퇴하였다. 1963년 12월 3일, '부인전도회' 등의 9개 단체가 잇달아 탈퇴하는 등 1960년대와 1970년대에 여성단체들의 '여협' 가입과 탈퇴가 주기적으로 반복된 바 있다. 한국여성단체협의회, 『한국여성단체 협의회 30년사』, 1993, 340쪽.

덕)의 제1기 주요 구성원은 이태영(연구실장), 이희호(상임간사), 박순천(운영위원회 고문)이었다. 발족 당시의 명칭은 '여성문제연구원'이었으며, 회원은 여자대학 재학 이상의 자격요건을 내규로 규정하였다. 이 단체가 결성되게 된 결정적 계기는 신민법의 기초입법 과정에서 드러난 여성의 법적 지위 확보의 문제였다. 1952년 말, 간통죄 규정에 있어 남녀 쌍벌제도를 부산 임기국회에서 통과시키는 데 힘을 모을 필요를 느꼈던 여성운동계의 지도자들이 급박하게 모였고, 이들은 내부 토론을 통해, 가부장적인 법개정을 성공시키기 위해서는 먼저 연구를 통해 정확한 실태를 밝힐 필요가 있음을 깨닫게 되었다. 연구회 초대 회장인 황신덕의 창립총회 개회사에 단체의 목적과 지향 목표가 뚜렷하게 담겨 있다.

> 우리는 새로운 각오 하에 근본적인 여성문제를 과학적으로 연구하여 바른 이론체계를 세우는 데 노력할 것과 젊은 지식층의 여성들에게 연구생활을 후원하여 더욱 깊은 연구로서 외국여성에 지지 않는 새로운 한국여성운동 발전에 힘써 여성 자체의 향상과 아울러 이 나라를 위하여 크게 공헌할 수 있는 여성단체로 출발함에 있어 처음 단계로는 학술기관으로 연구를 통한 발표와 모든 여성에 대한 자료수집에 힘써 문제를 규명하고 해결하여 이 나라 여성운동의 원동력이 되도록 한다.[9]

당시 다른 여성 단체들과는 차별화되어 학술기관과 연구를 지향하였던 '여성문제연구회'는 조직도에 있어, 회장이 아닌 연구원장으로 직책을 만들었으며, 조사부, 독서부, 출판부로 이루어진 연구실을 운영했다. 동시에 여성의 법적 지위 향상, 경제적 자립, 소비자운동을 효시로 시대 상황에 따라 발생하는 제반 여성문제의 해결을 조직의 연구와 운동의 핵심으로 잡았다. 한국 여성문제가 가부장제로부터 발현한다는 것을 깨닫고, 이에 대한 과학적 연구와 조사를 바탕으로, 법적 논리와 법 개정을 통해 여성의

---

9) 여성문제연구회, 『여성문제연구회 50년사』, 2002, 115쪽.

법적 지위 향상과 더불어 경제적 사회적 지위를 동반 상승시키자는 것을 목적으로 출발하였기에, '여성문제연구회'는 남녀평등권의 법률상 보장을 가장 당면한 과제로 삼았다. 이와 같은 움직임들은 1956년 연구회 부설로 설립되어 활동을 개시했던 '여성무료법률상담소'가 1961년에 독립해 '한국가정법률상담소'로 독자적인 활동을 펼치는 것으로 구체화되었다.

1958년 11월 11일 간부회의에서 '여성문제연구회'로 회칙 개정에 관한 초안이 통과된 '여성문제연구원'의 발족 당시, 여성문제들에 대한 실태조사는 1964년부터 1970년까지 해마다 다른 주제를 잡아 지속적으로 연구되었다. 연구보고서는 "조사대상을 1. 노동기준법의 적용대상이 되는 직업여성 2. 공무원법의 적용 대상이 되는 직업여성 3. 노동기준법 및 공무원법의 적용을 받지 못하는 직업여성으로 구분"하였으며, 조사방법은 설문지를 우편으로 배포 또는 직접 면담하여 작성하고 이를 통계자료로 분석하는 방법으로 수행되었다. 이것은 1968년, 1969년, 1970년 세 차례의 직업여성 세미나를 개최하는 데 있어 중요한 기초자료가 되었으며, 직업여성실태조사의 결과 나타난 문제점을 집결하여 사회에 담론화하고 여성이 당면하고 있는 문제들을 정부정책에 반영시키기 위해 짜여진 전략이었다.[10]

1977년 창립 25주년을 기념하기 위해 「여성단체활동에 관한 연구」가 진행되었다. 이 프로젝트는 각 여성단체의 역사적 고찰, 활동현황, 조직, 회원들의 참여형태, 그리고 일반여성들이 보는 여성단체와 단체를 통해 그들의 요구사항이 무엇인가를 파악함으로써 여성단체 간의 정보교환을 활성화시키고 역할분담의 효율을 높이기 위한 목적을 가졌다. 1978년 창립 26주년 사업으로 「대졸출신 여성의 취업구조와 실태」를 발행하였다. 이는 "취업여성의 지위를 근본적인 차원에서 신속하게 개선하고 향상시킬 수 있기 위한 기초 작업으로 취업여성의 실태와 취업구조, 그들의 의식과 취업관 등을 파악 분석하는 연구지 발간이 필요하다"는 자각에서 비롯되었

---

10) 여성문제연구회, 위의 책, 142~143쪽.

다. 이처럼, 사회구성과 의식에 대한 실태조사 등의 연구활동이 1970년대에 꾸준히 이어졌다.[11]

가족법개정의 문제로 시작하여, 여성노동의 결혼퇴직제, 성별에 따른 임금과 승진 차별의 문제에 대하여 연구조사와 압력단체로서의 핵심 역할의 수행 외에도 '여성문제연구회'는 여성 대중을 대상으로 한 교육 활동을 벌였다. 1979년 9월부터 1984년 7월까지 여성학 강좌를 시작하였다. 대학의 교수 및 강사들이 강의자로 초빙되었으며, 회수는 봄과 가을 두 번에 걸쳐 일주일에 한 번씩 총 12회, 각각 2시간 동안 진행되었다. 구성은 각 분과 학문에서 활동하는 교수들이 한 강좌씩 맡는 시스템으로 이루어졌다.[12]

여성학 강좌 개강사에서 박정자 회장은 "여성에 대한 고정된 사회관념과 성(性) 간의 고정적 역할 분담은 여성이 인간으로서 삶을 이끌어나가고 책임을 지는 데에 절대적인 장애가 되어왔다"며, "우리 여성들이 문제의식을 바로 가지고 그 문제를 해결할 수 있는 힘을 얻어 각자의 능력과 적성에 맞는 자아발견을 하여 여성 자원으로서 사회에 기여할 수 있도록 여성학 강좌를 개강"한다고 밝혔다. 이 강좌는 수강생의 자격을 여성으로 제한하지 않고 남성에게도 개방하였으며, 대학 영역 밖에서 이루어진 최초의 여성학 시민교육이었다. 또한 강의구성도 일방적인 지식 주입이 아니라 수강생들과 강사의 자유로운 토론을 통하여 스스로 문제를 인식하고 응용하도록 구성되었다는 점이 특징적이었다.[13]

---

11) 여성문제연구회, 위의 책, 220쪽.
12) 1979년 첫 해 총 11회의 강좌는 다음과 같이 기획되었다. 여성학강좌의 필요성 : 인간해방운동과 여성해방운동(김영정 이대 한국여성연구소), 남성과 여성의 생리적 차이(이근후 이대병원 정신과), 여성심리(정세화 이대교육학과), 여성과 법률 : 한국여성의 법적 지위(김용한 건국대 법과), 여성과 직업(문은희 연세대 상담부), 여성과 가정 : 여자팔자의 허구성(박인덕 숙대 가정과), 가부장적 문화권에 대한 비판(박영신 연세대 사회학과), 여성과 교육 : 선택의 자유와 기회의 확장으로서의 교육(이인호 서울대 서양사학과), 여성과 아동교육(주영숙 덕성여대 교육학과), 한국여성운동의 현황 및 비판(최옥자 YMCA 출판위), 여성문제 해결을 위한 방향모색 및 그 필요성(조형 이대 사회과학부 강사). 여성문제연구회, 위의 책, 225쪽.

한국여성의 법적 지위의 향상에 있어, 이에 대한 '과학적인' 실태조사와 연구에 대한 체계적 수행은 대학 제도권 영역 밖에서, 이미 '여성문제연구회'에 의해 1950년대부터 발화되었다. 1970년대, 출판과 교육 프로그램을 통해서, 여성의 법적, 경제적 지위에 대한 문제를 공적 담론화하였던 이 연구회는 당대의 한국 여성문제를 문제화하고 정책적 제안을 담당하는 중요한 지식생산의 장소였다. 실태조사와 연구, 교육, 압력단체로서의 여성단체의 복합적인 활동은 1980년대 여성운동단체와 대학연구소, 정부출연기관 설립으로 정책 및 지식생산, 운동 실천이라는 일종의 역할 분담 관계가 뚜렷해지기 이전 시기, 여성운동단체가 수행했던 통합적 역할이기도 했다.

2. '크리스챤 아카데미'와 여성사회교육

1959년 강원용은 정치, 경제, 사회, 문화, 종교 분야에 걸친 인문/사회과학자 및 신학자들을 모아 '기독교사회문제연구소'를 창설하였다. 한국 경제개발에 대한 기독자의 역할에 대해서 숙고하며 경제적 현실을 바르게 직시하고 빈곤의 원인을 규명함으로써 올바른 재건을 목표로 삼았다. 이는 1965년 아카데미 운동형의 대화 프로그램을 구축할 '한국기독교학술원'을 창립하는 것으로 이어졌다. 연구소에는 종교문제·정치문제·경제문제·사회문제·문화문제·교육문제·청년학생문제·평신도문제 등, 총 8개의 연구회위원회가 구성되었다. 여기에 이사로 참여했던 김활란은 위의 학술원이라는 이름이 "고답적 지식인들의 모임이라는 인상으로 인해 중산층의 격리감 파생과 더불어 학술원이라는 동명의 기관이 있음을 지적"하였으며, 내부 토론을 거쳐, '한국 크리스챤 아카데미'로 단체의 이름이 변경되었다.14)

---

13) 여성문제연구회, 위의 책, 224쪽.
14) 크리스챤 아카데미(편), 『대화의 역사』, 서울 : 삼성출판사, 1975, 86쪽.

여성문제는 아카데미의 발족, 즉 초기 단계부터 운동의 중요한 이슈로 다뤄졌다. 1965년 5월 28~29일, 아카데미는 '한국 근대화와 여성의 역할'이라는 협의회를 개최하였다. 대화의 폭을 넓히기 위해서 '여성문제연구회' 및 YWCA와 사전 연락을 가졌을 뿐만 아니라, 초청 강사나 대상자들도 분야와 세대의 차이를 확대시켜 전 주제를 망라하도록 치밀한 계획을 세워 진행했다. 발제 강연은 주요한이 경제생활에 대해서, 이태영은 법률정치생활 주제를, 가정생활 및 사회생활 부분을 김재희가 맡았다. 토론을 통해 참여자들은 여성단체들이나 교육기관들이 종래와 같이 각각 분산된 활동방식만으로는 역량이 부족하다는 점을 서로 확인하였다. 이의 후속작업으로 서로의 횡적인 유대를 강화하여 각 부문별로 전문적인 연구와 조사 실험들을 통해 시대성에 맞는 여성운동의 길을 구축하자는 것을 이 회의에서 결의하였다.[15]

1968년 '크리스챤 아카데미'는 운동 프로그램을 3대 단원(대화 – 연구조사 – 교육훈련)으로 구성했다. 아카데미의 연구는 "다른 학술 연구소나 대학 연구소와는 달리, 아카데미 운동이 목표로 하는 새로운 사회 건설과 새로운 역사 창조에 관련된 현실적이고 구체적인 사회문제들에 대한 해결책과 대안을 찾는 것을 중심 과제로 삼고자"했으며, "정기적인 연구 발표와 사회 조사, 케이스 스터디 등 다양한 방법을 통해서 각 분야별로 문제를 분석, 이해하고 잘못된 원인을 사회병리학적으로 진단하며 가능한 요법과 처방을 모색"하기로 결정하였다.[16] 이를 바탕으로 하여, 1969년 6월 아카데미에서는 다시 '여성자원 개발을 위한 협의회'를 대규모로 개최하였으며, 그 결과물은『대화』13호(1969년 9월호)에 실렸다. 1960년대 여성문제에 대한 '크리스챤 아카데미'의 시각과 접근을 관통하는 주제는 개발, 근대화, 경제성장을 당면 과제로 삼은 한국에서의 여성 인적자원 개발이었다.

'크리스챤 아카데미'의 1970년대 대화 주제는 '인간화'(humanization)였는

---

15) 크리스챤 아카데미(편), 위의 책, 92~93쪽.
16) 크리스챤 아카데미(편), 위의 책, 159쪽.

데, 목적 없는 발전이 왜곡한 인간 욕망에 대한 비판과 더불어 새로운 공공적 인간상에 대한 탐색을 목표로 삼았다.

> 아카데미가 그 출범 당시 내걸었던 근대화나 개발의 대화는 한국의 근대화에 대한 정부나 국민의 보편적인 비전과 욕망에 함께 타고 가는 의도로서 진행되고 있다. 물량적이고 가시적 발전의 일반적인 추구를 보면서 누구를 위한 발전이냐 하는 의문에 부딪치게 되었다. 이 모든 것의 궁극적 목적인 인간, 그것에 직면하게 되었으며, 공업화나 산업화가 아니라 현재 우리 사회에서의 인간이 과연 어떻게 변화되어가고 있는가라는 본원적인 문제이다.[17]

새로운 실천적 인간상을 구성하고자 한 아카데미의 기획은 크게 정치적인 것과 경제적인 것들의 구조 변화가 서로 맞물리고 충돌하는 가운데 생성되었다. 사실, 1960년대에 아카데미는 '근대화'와 연결시켜 '여성의 역할', '근대화와 문학의 역할', '근대화와 종교의 역할'과 같은 용어들을 빈번히 사용했다. 그러나, 1962년 박정희 대통령이 '근대화'를 들고 나온 후부터 이 단어가 정치적으로 쓰이게 되었기에 그 이후, 아카데미는 '대화'라는 말을 사용하기 시작하였다. 김종필이 1967년 선거 국면에서 '대화'라는 말을 쓰기 시작했고, 이에 대안적으로 등장한 개념이 '인간화'이다. '인간화'의 문제를 고민하게 된 맥락은 공업화, 도시화가 진행되면서 생활구조와 함께 노동시장이 변화되어 여성취업의 문제와 더불어 고용관계에서의 차별의 문제가 당대의 핵심 사회문제로 떠올랐기 때문이라고 강원용은 증언한 바 있다.[18]

'인간화'에 있어, 중요 격발 지점이 '여성의 인간화'라는 성찰적 인식이 아카데미 내부에 있었다. 1971년 '모자복지사업문제', 1972년 '여성고등교

---

17) 크리스챤 아카데미(편), 위의 책, 197쪽.
18) 이인호, 고범서 외(편), 『강원용과의 대화 : 한국사회 한국교회』, 서울 : 평민사, 1987, 78쪽.

육문제', 1973년 '가족법개정문제' 등의 여성 이슈들이 모두 아카데미 운동의 일환으로 추진되었다. 여성문제의 해결을 위한 여성교육의 문제 또한 아카데미 내부에서 본격적으로 다루어지기 시작하였다. 1974년 중간집단[19] 훈련의 실험적 단계로서 의식화 교육을 위해 위원회가 아카데미에 조직되었다. 중간집단 연구위원회에는 강문규, 고범서, 이문영, 정원식, 정의숙, 한완상이 위원으로 있었으며, 여성교육위원회에는 강기원, 김재희, 박영숙, 윤순덕(윤후정)[20], 이종경, 정의숙이 포함되었다.

교육의 대상자들은 기성 여성단체의 지도자도 아니고 여대생도 아닌, 중간에 위치한 '젊은 여성들'이었다. 1974년 한해 실시된 중간집단 교육을 살펴보았을 때, 총 18회 중 6회가 여성에 대한 교육이라는 점에서 중간집단으로서의 여성에 대한 관심과 그 중요성을 가늠해 볼 수 있을 것이다. 이에 대하여, 아카데미는 'UN세계여성의 해' 바로 전년도(1974년)라는 시기성과 함께 여성자원의 개발이 사회의 민주화나 여권 신장을 위한 동원에 직결될 수 있다는 전망을 가졌었으며, 여성의 조직적 활동이 유신체제의 한계상황에서 가장 가능한 운동의 형식이었다고 기록한 바 있다.[21]

'여성자원의 개발' 이슈는 'UN세계여성의 해와 한국여성의 해'라는 주제로 열린 1974년 8월 31일부터 9월 4일까지 열렸던 여성지도자협의회에서 중요하게 다루어졌다. 협의회 발제 강연으로 윤순덕(윤후정)의 '세계여성의 해 선언과 한국 여성운동의 과제', 강원용의 '바람직한 여성운동의 방향'이 발표되었고, 세계교회협의회(WCC) 주최의 국제회의(Sexism in the 1970s)에 다녀온 김현자와 정희경의 참가보고 등이 있었다.

---

19) '중간집단'이라는 범주는 비인간화를 초래하는 양극화 현상에 대한 대응책을 모색하는 가운데 나왔다. 자발적으로 조직되어 일정한 압력을 행사할 수 있는 중간집단이 사회 각 부문에 파고 들어가 지속적으로 활동을 해나감으로써 점진적이고 온건한 민주화가 이루어지고 양극화 현상을 극복할 수 있으리라는 전망에서 나온 사회교육 전략이었다. 강원용, 『역사의 언덕에서』, 한길사, 2003, 324쪽.

20) 윤순덕은 전 이화여대 총장, 윤후정의 개명 전 이름임.

21) 크리스챤 아카데미(편), 앞의 책, 273쪽.

1975년 1월 24일~25일, 아카데미는 'UN세계여성의 해'를 맞아 한국 여성운동의 이념과 방향을 모색하는 한국 여성 지도자 세미나를 가졌으며, 윤순덕(윤후정)이 발제를 한 이 모임에서는 50여 명의 여성단체 대표, 학자 및 법률가 등이 참석하여 여성운동의 이념을 설정하고 구체적인 활동과제를 논의했다. 여기에서 발표된 주요 원고들은 한국 아카데미총서 제7권 『여성문제의 도전』으로 발간되었으며, 윤순덕(윤후정)의 「한국 여성 운동의 이념과 향방」은 이 책의 1부 첫 글로 수록되었다.22)

'크리스챤 아카데미'는 1960년대에서 70년대로 넘어오면서 운동의 지향에 있어 근대화와 자원 개발에서 인간화로 인식 틀을 변화시키면서 동시에 여성사회교육을 통한 여성의 의식화를 중요 문제로 설정하였다. 1970년대 총 60여 회에 걸쳐 1,500여 명을 교육했으며, 1980년대까지도 지속되어, 초반 3년 동안 약 500여 명을 교육했다. 한국 기독교 계열 지식인 여성들, 특히 김활란, 정의숙, 윤후정, 신인령의 역대 이화여대 총장들은 아카데미와 1974년부터 시작된 중간집단교육과 여성사회교육에 핵심적으로 참여한 멤버였으며, 이 중에서 신인령은 1979년의 크리스챤 아카데미 사건에서 이우재(농촌사회 간사), 김세균(산업사회 간사), 장상환, 한명숙(여성사회 간사), 황한식 등의 아카데미 중간집단 교육 담당자들과 정창렬(한양대 교수), 중간집단교육 이수자들인 임낙경, 이건우 등의 농민들과 여성노동조합 지부장(최순영 YH지부장) 등과 함께 기소된 바 있다.23)

1970년대 중·후반 지속적으로 이루어진 여성사회교육 프로그램의 강의자, 전문간사, 교육대상자로 연결된 여성(지식인)들24)은 이후, 1980년대

---

22) 윤순덕(윤후정)의 발표는 당시까지의 여성지위 향상론을 지양하고, 가부장제 문화의 변혁을 통해 남녀 상호 책임의 인격적, 평등적 모색의 차원에서 여성운동이 전개돼야 한다는 진화된 '새로운' 시각을 담고 있다. 윤순덕(윤후정), 「한국 여성주의의 이념과 향방」, 크리스챤 아카데미(편), 『여성문제의 도전』, 서울 : 삼성출판사, 1975, 274쪽.

23) 박인혜, 「1980년대 한국의 '새로운' 여성운동의 주체 형성 요인 연구」, 『한국여성학』 25권 4호, 2009, 155~162쪽.

24) '크리스챤 아카데미'의 여성사회교육 프로그램에 참여했던 중간집단 여성들로

여성학과 및 한국여성개발원을 중심으로 한 정부출연기관의 연구진, 그리고, 여성운동에 있어 핵심적 인적 자원으로 활동했으며, 위의 중간집단 여성사회 교육 프로그램을 조직화한 이화여대출신 교수들은 모교에 최초로 여성학 프로그램을 교양강좌로 만들고, 또, 대학원의 학과로 설치하는 데 있어 주도적인 역할을 담당하였다.[25]

3. 대학 여성연구소와 여성학(과)의 제도화

1982년 여성학과의 학과 설치 이전 시기, 대학연구소는 여성학을 대학의 학제로서 제도화하기 위해 준비하는 것과 동시에, 한국의 여성문제를 이론적으로 연구하기 위한 조사연구 프로젝트의 핵심 장소였으며, 여기에는 '여자대학 중심성'이 있다. 1960~70년대 여성연구소들의 설립이라는 대학 제도화 문제와 관련하여 주목해야 할 중요한 사실은 '여성'을 하나의 연구 범주로 전면에 내세운 학술지들의 발간이다. 여성연구소로서는 숙명여대 아세아여성연구소가 한국 최초로 1960년에 설립되었으며, 사회과학 중심(법학, 사회학, 경제학, 교육학)과 아시아 여성들에 대한 비교연구를 지향하는 학제간 학술지로서 『아세아여성연구』가 1962년부터, 1971년부터는 대구 효성여대 사회과학연구소에서도 『여성문제연구』가 연간지로 발간되기 시작했다.[26]

이화여대는 1977년 '여성연구소'가 설립되었으며, 1984년부터 학술지 『여성학논집』을 발간했다. '한국여성연구소'는 기존의 '한국여성사연구

1976년에 구성된 '여성사회연구회'는 분야별 여성문제를 새로운 관점에서 연구했으며, 초대 회장은 윤순덕(윤후정)이었다.

25) '크리스챤 아카데미'의 교육을 매개해 네트워킹된 인물군에 대해서는 강원용과 크리스챤 아카데미와의 관계를 회고하는 39인의 글들을 참조할 것. 김남조 외, 『강원용과의 만남 그리고 여성운동』, 서울 : 여성신문사, 1998.

26) 효성여대 한국여성문제연구소는 1999년 11월, 대구 가톨릭대학 산업경영연구소 (경상대), 사회과학연구소(사회대), 법정연구소(법정대)와 발전적으로 통폐합되어 만들어진 사회과학연구소에 흡수되었으며, 『사회과학 논총』이 발간되면서, 『여성문제연구』도 제24집을 끝으로 종간되었다.

소'와 1970년에 이효재가 설립한 '여성자원개발연구소'를 해체하고 두 연구소를 통합 및 강화하는 형태로 개소되었다. 1972년 이래, '한국여성사연구소'는 한국여성사 전반에 관한 연구 및 자료 수집, 그리고『이화 100년사』편찬을 위한 기초자료 수집 등의 업무를 수행해왔다. '여성자원개발연구소'는 문리대학 부설 연구소로 1970년 4월 1일에 발족되었다. 한국사회의 여성 생활 전반에 관한 종합적인 연구를 목적으로 출범했으며 이효재 사회학과 교수가 소장을 맡았다. '여성자원개발연구소'는 여성의 사회적 역할과 사회 참여를 위한 능력개발을 목적으로 이론적인 방안을 모색하는 데 힘을 써왔다. 이론적인 측면은 후자에서, 여성관계 사료 발굴은 전자가 담당했다. 두 연구소는 발전적으로 통폐합되었으나, 진행되던 프로그램들은 '한국여성연구소'로 그대로 이양되어 연속성을 유지해나갔다.

지식생산의 토대와 궤적에서 학과(department) 만들기의 작업과 관련하여, 위의 세 여자대학들 중, 이화여대의 경우, 여성학이라는 신생 학문을 제일 처음 '학과'(department)로 제도화를 했었기에, '이화여성학'은 이후 1980년대부터 이어진 여성학과 또는 협동과정 및 연계과정으로서의 여성학의 제도화에 있어 하나의 모형이 되었다.27) 한국여성학의 학적 제도화의 시작은 1977년 '한국여성연구소' 설립(초대소장 김영정)의 궤적과 밀접하게 연동되며, 연구소를 매개로 한 프로젝트의 수행과도 연결되어 있다.

이화여대 '한국문화연구원'에서 발간하는『논총』의 1976년 3월호에 정의숙, 현영학, 정세화, 이남덕, 이효재 등이 참여한, 「여성 능력 개발을 위한 여성학과정 설치의 제안」이라는 논문이 여성학 제도화 관련 프로젝트의 결과물로서 제출되었다.28) 1976년부터 '한국문화연구원'에 의해 연구사업으로 시작되었다가29) 1977년 '여성연구소'로 이양되어 총 3년간 진행된

27) '이화여성학'의 중심 거점은 현재 아시아여성학센터, 한국여성연구원(과거, 한국 여성연구소, 1994년 12월 연구원으로 승격), 여성학과이다.
28) 한국여성연구소,『여성과 발전 연구사업 보고서 : 여성학 교과과정 개설을 중심으로』, 서울 : 이화여자대학교 한국여성연구소, 1979.
29) 현영학 외, 「여성 능력 개발을 위한 여성학과정 설치의 제안」,『논총』28집,

「여성과 발전 연구사업보고서-여성학 교과과정 개설을 중심으로」가 연이어 출판되었다. 이 프로젝트의 기획의원은 김영정(사학과), 서광선(철학과), 윤순영(전임연구원), 이효재(사회학과)였다.

김영정은 보고서 머리말에서 이 연구사업의 두 가지 목적에 대해서 "여성지도력 개발을 위한 여성의 의식화 교육이 보다 학문적으로 연구되어, 대학의 정식 교과목으로 개설되었으면 하는 요청의 절감"과 더불어 "여성만의 대학으로서 사회의 다른 여성집단 특히 저소득 여성집단에 대한 관심과 일체감의 문제도 항상 우리의 과제로 인식되어 왔다"고 기술하였다.[30]

이 프로젝트는 대학 교육과정으로 여성학 강좌를 개설하는 것과 동시에 '이화여성학'을 아시아지역 여러 대학들에게도 하나의 모형으로 제시하려는 것이었다. 이를 위한 기초 자료조사를 사회조사방법으로 수행하였으며, 여성문제에 대한 이화여대 학생들의 의식조사 설문지와 함께 여성학 수업 평가 설문지 자료 분석(1977년 2학기와 1978년 1/2학기, 1979년 1학기까지)이 여성학 강의안 준비와 교재개발에 있어 중요한 평가의 지표가 되었다. 당시 교육 대상자인 즉, 수요자의 필요와 기대를 적극적으로 내용에 반영하려 했다는 점과 동시에 대학 및 일반 여성의 의식화를 모두 염두에 둔 (교양) 여성학 교과과정 모형을 만들려고 했다는 점, 그리고 농촌과 도시의 저소득 여성의 지도력 개발을 위한 교육실시가 포함되었다는 점 등이 특징적이다. 1970년대 후반, 여성학의 학적 정체성과 관련한 주제로서, 한국사회의 양극화와 계층문제, 그리고 여성의 의식화 문제가 대학의 제도화된 여성학의 학적 내용 구성에 있어 포착되었으며, 여성학은 문제를 문제화하는 이론뿐만 아니라 교육을 통해 구성된 새로운 여성 주체를 통해 문제의 해결이라는 실천까지를 학문의 지평 안에 두었음을 위의 자료로부터 추출해 볼 수 있다.

1976.

30) 한국여성연구소, 『여성과 발전 연구사업 보고서 : 여성학 교과과정 개설을 중심으로』, 서울 : 이화여자대학교 한국여성연구소, 1979, 2쪽.

또한 중요하게 살펴볼 지점은 당대 한국여성문제의 중층적 문제를 해결하기 위해서는 여성문제가 단일학문의 학적 체계 안에서 포함될 수 없으므로, 개별 학문의 교수들이 전공을 횡단하여 연구위원회에 포함되었다는 점이다. 여성학을 대학 내부에 제도화하는 문제와 관련하여, 교과과정의 개발과 더불어 위의 여성학연구위원회의 주요사업은 여성학 교재개발이었다. 위원회는 한국 최초의 여성학 책이 될 것이므로, 입문서의 형태를 생각하였다. 서구 여성학의 이론들을 지도화(mapping)하는 것과 더불어 여성의 역사적, 사회적 역할에 대한 고찰 등에 대해서 필요한 경우에는 해외학자의 논문을 번역해서 게재할 것을 논의하였다. 이를 바탕으로 나온 것이 『여성학신론』이었으며, 이를 추가, 보충하여 이화여대 출판부에서 교재의 성격을 띤 『여성학』이 1977년 최초로 출간되었으며, 외국 학자들의 논문 선집은 『여성사회철학』으로 따로 발간되었다.

제도권 대학에서의 '여성학(과) 만들기' 프로젝트에서는-특히, 이화여대에 최초로 여성학 과정이 만들어진 과정을 중심으로 접근해보았을 때-다음과 같은 특징들이 도출된다. 첫째, 1952년 여성문제연구회의 여성문제에 대한 '과학적' 연구와 실태조사 및 교육활동이 1970년대 대학연구소에서 사회조사연구방법으로써 이어졌다는 점. 둘째, 여성의 자원개발과 여성의 의식화, 근대화 프로젝트와의 상호연관성 속에서 계층과 지역이 여성문제의 문제화에서 중요하게 다루어졌다는 점. 셋째, 크리스챤 아카데미의 중간집단 여성사회교육에서 의식화 교육과 세미나 방식 등이 (교양) 여성학 강좌의 초기 수업구축에 있어 영향력을 끼쳤다는 점. 넷째, 이화여대 '여성연구소'는 문과대 역사학 영역에서 시도된 여성에 대한 연구와 이효재가 이끌었던 자원개발연구소의 사회과학 특히, 사회학의 두 흐름이 통합적 형태로써 구축되었다는 점이다. 이는 이후 1980년대 초반, 가부장제에 대한 분석과제에 있어, 문학과 역사학, 종교학 등의 전공자들과 더불어 사회과학 쪽의 연구자들이 이에 대한 적극적 해결모색을 도모하는 일종의 다학문적이면서 다학제간 연구모델과 유사하다.

이화여대에서의 여성학(과)제도화의 궤적에서 윤후정은 '크리스챤 아카데미'의 여성문제를 문제화하는데 있어서도 핵심적 역할을 담당했다. 법학자로서 초대와 제2대 한국여성학회장을 역임한 그는 이후, 1998년 대통령 직속 여성특별위원회 초대 위원장(장관급)으로 활동했다. 교과과정 개발과 교재개발에 있어 여성연구위원회의 논의 방향에 따라 이를 추진한 것은 '한국여성개발연구원'(현 '한국여성정책연구원')의 초대 원장으로 재직하였던 김영정(사학과)이었으며, 여성문제를 지역과 개발, 계층을 통해 분석하고, 한국의 가부장 가족제도에 대한 여성학의 내용 구성에서는 이효재(사회학)의 역할과 위치가 두드러진다.[31] 이들은 모두 '크리스챤 아카데미'와 그리고 당대 여성운동단체들과 밀접한 관계를 맺었으며, 여성학의 학문화와 제도적 재생산의 토대로서의 학과 만들기와 여성연구소를 통한 상호 연구-교육을 정교화하는 선순환 모델의 주요 기획자였다.

III. 한국여성학 제도화의 외재적 동학 ─ 국제기금과 UN국제기구

장소, 인적 네트워크, 프로젝트를 중심 키워드로 삼아, 여성학의 제도화 이전 시기에, 어떤 문제의식 하에 어떠한 조사연구과 여성 교육이 진행되었는지에 대하여 '여성문제연구회'와 '크리스챤 아카데미', 그리고 이화여자대학교의 '한국여성연구소'의 궤적과 이의 교차를 중심으로 살펴보았다. 당대 한국여성문제를 추출하고, 또, 이를 예각화하기 위한 일련의 프로젝트들을 구상하고 수행하는 데 있어 필요한 자원은 '자본'이며, 이는 단체와 연구소 조직의 움직임을 안정화시키면서 동시에 확장할 수 있는, 그리고

---

31) 이효재가 여성자원개발연구소 소장으로 재직 당시 수행했던 교육자료 개발과 연구보고서로서는 다음을 참조. 이효재, 『여성은 지역사회의 주인이다 ─ 지역사회 발전과 여성의 역할』, 서울 : 이화여자대학교 여성자원개발연구소, 1973 ; 이효재 외, 『도시빈민 가족문제 및 가족계획에 관한 연구』, 서울 : 이화여자대학교 여성자원개발연구소, 1972.

지속가능하도록 하는 데 있어 핵심적 요소였다. 활동에 필요한 공간과 물적 자원의 확보를 어떻게 할 것인가의 문제는 운동단체와 연구소가 태동할 때부터 공통적으로 고민하던 문제이기도 했다.

여성운동단체이면서도 당시의 다른 조직들과는 다르게 연구 모델을 창립 당시부터 지향했던 '여성문제연구회'의 경우, 운영자원의 확보 문제를 개인회원들의 연회비와 입회비를 정함으로써 재정적 기반을 세우려고 하였다.32) '크리스챤 아카데미'의 경우, 강원용이라는 개인이 가졌던 해외 네트워크, 그 중에서도 독일 아카데미와 WCC에서의 지원이 아카데미 조직 운동을 시작하는 데 있어 결정적이었다. '크리스챤 아카데미' 활동의 기반이 되었던 수유리의 하우스 건립(1966년) 외에도 중간집단 육성모델이 세계적 협력 사업으로 채택되고 또 나아가 그 모델이 아시아 지역 기독교 사회교육의 시범 프로젝트로 실행되도록 설득함으로써, 강원용은 실천과 정에서 난관에 봉착했던 중간집단 육성문제의 돌파구를 찾았다. 아카데미 측은 중간집단 육성 프로젝트를 위한 구체적인 계획안을 작성하여, 1973년 WCC의 인준과 독일교회들의 지원을 받는데 성공하였고, 바로 다음해부터 중간집단 교육을 실시하게 되었다.33)

이화여대에서의 여성학 교양강좌와 이를 기반으로 한 여성학과의 대학원 설치 과정까지의 연구개발비의 확보에도 해외 연구기금이 중요한 기여를 했다.34) 여성학 교과과정 개발을 위해 '여성학연구위원회'가 조직되었고, 여기에서 여성학 교과서 집필 등의 업무를 수행하도록 했는데, 이 프로젝트는 미국 국제개발처(United States Agency for International Development : USAID)의 연구비와 더불어, 아세아기금과 교내 연구비 수혜를 통해 진행되었다. 매학기 여성학 강좌의 개설과 여성학연구를 지속적으로 수행하기 위해서는 여성학 전문연구소를 설립할 필요가 있었기에,

---

32) 여성문제연구회, 앞의 책, 2002, 107쪽.
33) 강원용, 앞의 책, 2003, 324~325쪽.
34) 한국여성연구소, 앞의 책, 1979, 3쪽.

1977년 3월 1일자로 '한국여성연구소'가 출범하게 되었다.[35] '한국여성연구소'의 설립은 위의 여성학 교과과정 개발 프로젝트가 진행되어가면서 그 결과물을 책임지고 낼 수 있는 책임 연구소 조직이 따로 필요하였기에, 문과대 소속의 두 연구소가 통합되어 새롭게 출범한 경우였다.

'한국여성연구소'의 전신인 이효재 소장이 이끌던 이화여대 '여성자원개발연구소'는 EZE(독일교회중앙발전후원회)로부터의 지원을 받아 인적 자원 개발 대상을 대학생뿐만 아니라 농촌과 도시 저소득층 여성들까지로 확대한 바 있다.[36] 이를 이어받은 '한국여성연구소'의 지역사회 여성교육은 여성지도력 훈련교육(Leadership Training Courses : LTC)을 목표로 대학과 지역사회를 연결해서 상호간의 이해와 연대감을 증진시키고자 했으며, 여성학연구위원회의 기획위원들 중에서 김영정 교수와 이효재 교수가 지역사회 여성교육을 준비하기 위한 전문위원으로 위촉되었다. 여기에서 작업한 자료와 교육 모델을 통해, 1979년 12월에 제2차 교육, 1980년 2월에 제3차 교육을 실시했다. 이외에도 여성연구소 단위의 프로젝트로서 1978년 3월부터 1979년 10월까지 조형(사회학과)을 책임자로 '유엔인구활동기금'(United Nation Fund for Population Activities : UNFPA)의 지원을 받은 "여성의 역할과 가족계획사업 간의 관계에 관한 연구"가 진행된 바 있다.[37] 위와 같은 해외에서의 여러 갈래의 연구비 지원은 여성연구소의 설립 및 여성학 교과과정의 개발과 교재출판, 교육의 시범사업을 가능케 함으로써, 대학의 여성학 제도화에 있어 시발점이자 토대가 되었다. 이러한 여성(연구/학) 관련 프로젝트에 대한 해외에서의 지원금의 특징은 미국

---

35) 한국여성연구원, 앞의 책, 2008, 21쪽.
36) 한국여성연구원, 위의 책, 23~25쪽.
37) 도시빈민지역 여성교육은 1979년 2월에 처음 실시되었으며, 장소는 이화여대 인터내셔널 하우스 홀에서 열렸다. 서울 변두리 지역인 시흥, 사당동, 난곡, 신천리 등 4군데 지역에 거주하는 여성들이 교육에 참여했다. 이 프로그램의 특징은 어떤 한 지역을 선정해서 그 지역을 방문하여 실시한 것이 아니라, 여러 지역의 여성들을 대학으로 초청했다는 점에서 차별화된다. 한국여성연구원, 위의 책, 60~61쪽.

정부 개발기금과 독일 진보계열 교회와 '세계교회협의회'의 제 3세계 사회운동에 대한 지원 기금라는 공통점이 있다.

이러한 국제 재단의 기금 지원 외에도, 여성 지위의 향상을 촉진하기 위해 UN국제기구에 의해 전 세계적으로 파급된 글로벌 정책들은 1970년대 한국 여성운동단체와 아카데미 운동, 여성연구소가 각각의 여성 프로젝트를 추진하면서도 결집토록 하는데 있어 또 다른 중요한 외재적 동력으로 작동했다. 1975년 'UN세계여성의 해'를 계기로 하여, 멕시코시티에서 제1차 세계여성대회가 열렸다. 여기에서 채택된 '세계여성행동강령'은 각 국가들의 여성 관련 공공정책의 기능과 역할의 변화에 있어 중요한 변화를 가져왔다. 여성정책을 국제적 수준으로 발전시키도록 각국에게 이행보고서를 UN위원회 측에 제출할 것을 요구하였기 때문이다.[38]

여성문제에 대한 글로벌 담론과 국가를 단위로 기획된 구체적 행동강령은 한국여성계 - '여협'산하 여성단체들 및 '크리스챤 아카데미'와 같은 사회운동계의 활동가들, 대학과 같은 제도권 기관에 속한 연구자 - 에 큰 영향을 미쳤다. 이들은 UN국제기구에서 논의된 '기준'(standard)을 한국여성의 법적 지위와 양성평등의 권리를 확보하려는 집합적 활동들을 일으키는 데 있어 전략적으로 중요한 전거이자 실천의 계기로 삼았다.[39]

---

38) 1975년 멕시코시티에서 열린 UN여성대회에서는 향후 10년, 즉 1985년까지의 기간을 'UN여성 10년'으로 정하고 경제, 사회, 교육, 보건 등의 분야에서 모든 종류의 남녀차별의 문제를 시정하는 작업을 공동으로 진행할 것을 구체화하고, 이를 결의했다. 김영선, 「1960~70년대 여성운동의 국제화와 한국여성단체협의회」,『현상과 인식』36권 4호, 2012, 176쪽.

39) 제1차 UN여성대회는 '발전에서의 여성'(WID, Women-in-Development)이라는 여성을 미활용 자원으로 보는 관점을 통해, 여성이 발전에 기여하고 이익을 공유함으로써 사회의 발전을 목표로 하는 접근을 채택했다. 1970년에서 코펜하겐에서 열린 제2차 대회를 거쳐 1985년 나이로비에서 개최된 제3차 유엔세계여성대회는 '여성과 발전'(GAD, Gender-and-Development) 접근법이 제시되었으며, 여성과 남성 모두의 젠더 역할 변화를 통해서 권력관계를 재편하고 여성의 지위를 향상시키기 위한 전략적 요구에 중점을 두었다. 이어 유엔은 1995년 베이징에서 개최된 제4차 세계여성대회에서 이러한 GAD접근법이 모든 영역에서 가능하도록 하기 위해서, 행동강령에서의 성 주류화(Gender Mainstreaming)를 규정했다. 최희경,

'여협'은 1974년 9월에 개최된 제12회 전국여성대회의 핵심 의제로 "세계여성의 해와 한국여성의 현실-가족법 개정" 문제를 제시했다. 또한 멕시코시티에서 열렸던 세계여성대회를 마친 후, 1975년 12월 26일 '세계여성의 해 행동강령추진위원회'를 '여협' 내부에 조직했으며, 1977년 8월 '여성행동강령추진위원회' 명의로 '여성부설치건의문'을 박정희 정부에 제출했다.[40]

대학 안과 밖의 여러 장소들에서 이루어진 여성 담론의 구성과 실천에 있어 '여성자원의 개발'을 통한 근대화 문제는 1970년대 국내, 국제적 차원에서 공통적으로 다루어진 이슈였다. 대학 여성연구소에서는 여성자원 개발과 여성지위 향상의 문제를 여성학연구와 강의, 지역사회 여성교육을 제도화함으로써 풀어가려 하였으며, '여협'을 비롯한 여성단체에서는 정부기구에 여성부 설치안에 대한 압력을 행사함과 동시에 이를 사회적으로 공적 담론화하려 했으며, '크리스챤 아카데미'에서는 여성 사회교육 모델을 강화함으로써 의식화된 중간집단을 창출하여 새로운 변혁의 주체로 이들이 자율적으로 활동케 함으로써 양극화와 인간화의 문제를 풀어나가려 시도했다.

IV. 한국 여성학의 지식생산과 정책적 공공성

1960~70년대의 여성학 제도화의 전사기, 여성학술운동은 1980년대와 연결에서 살펴볼 때 더욱 고유의 시대성이 드러난다. 여성학 제도화의 궤적은 당대 한국사회가 소구하였던 '발전'의 지향에 있어, 여성문제의

「성 주류화 정책과 여성리더십」, 한국여성연구원(엮음), 『지구화 시대의 현장 여성주의』, 서울 : 이화여자대학교출판부, 2007, 402~403쪽.

40) UN의 글로벌 여성의제의 대두에 대한 '여협'의 대응은 다음의 논문을 참조할 것. 김영선, 앞의 논문, 2012, 174~179쪽.

해결이 핵심이라는 사실을 인지하고, 이를 어떻게 공적 담론화할 것인가를 논쟁하고, 또, 공적 기구를 통해서-특히 국가기구를 통해서- 다른 사회문제와 연동하여 이를 어떻게 주체적으로 해결할 것인가를 대학 안팎에서 도모하였던 통시적, 공시적 과정이자 결과물이었다. 여성문제의 공적 담론화와 실천의 흐름을 살펴볼 때, '국가'는 중요한 통로, 도구이면서 또한 협상의 대상이 되었다.

한국 여성주의의 전개에 있어 중요한 특징으로 '국가 페미니즘'적 성격이 제시되고 있다.[41] '국가 페미니즘'이란 여성운동의 의제가 국가기구와 제도를 통해 제도화된다는 의미이며, '국가 페미니즘'은 국가라는 제도화된 공간을 통해 여성 의제를 발전시키고, 국가 정책에 여성주의 시각을 투영한다는 측면을 함의하고 있다.[42]

'여협'을 중심으로 1975년 이후 국내 여성계의 전략적·집단적 대응은 이후, 전두환 정부시기, '한국여성개발원'과 '여성정책심의위원회'를 설립하고(1983), 여성발전기본계획(1985)을 수립하는 것으로 이어진다.[43] 여성학과 비판적 사회과학이 서로 절합(切合)하던 이 시기에 등장한 여성연구 생산의 새로운 제도적 장소가 정부출연연구기관, '한국여성개발원'이다. 행위자로서의 국책연구기관은 대학(및 대학연구소)과는 지식장에서 다른 위치성과 자기 (재)생산 시스템을 가진다. 여성정책이라는 연구영역 및 주제 확보, 그리고 '연구보고서'를 통한 사회적 효과와 관련하여, 대학과 정부출연연구기관은 서로 경합 또는 협업 및 분업화의 양상을 띠게 된다.

---

41) '국가 페미니즘'(state feminism)은 국가사회주의자들이 페미니즘을 지칭하는 공식 용어로 사용되다가, 국가 내부에서 여성정책을 통해 기회와 영향력을 획득하려는 여성운동의 전략과 이를 위해 설립된 정부기구나 정책을 이후 포괄적으로 지칭하는 개념으로 재구성되었다. 김은경, 『한국 진보 여성운동의 국가참여 형태에 관한 연구-페모크라트의 등장과 여성운동의 제도화를 중심으로』, 연세대학교 정치외교학과 박사학위논문, 2005, 29쪽.

42) 김은경, 위의 박사학위논문, 2005, 26~31쪽.

43) 변화순 외, 『사회발전을 향한 여성통합 30년의 성과와 전망(1)』, 서울 : 한국여성정책연구원, 2011.

여성발전기본계획의 여러 프로그램이 현실화되기 시작한 것은 노태우 정부 이후였으며, 노태우 정부는 여성관련 행정기구인 '정무장관(제2실)'을 발족하면서 본격적인 여성정책을 입안, 실행하였으며, 김대중 정부는 여성정책의 수립과 집행을 총괄하는 여성부 설치의 대선공약을 2001년에 이행했다.

여성운동단체들과 관련해서는 1987년의 민주화 이후, 1990년대 후반 이후부터 '여연' 관련 진보 여성단체들이 제도권 정치세력과의 적극적 제휴를 통해 국가기구 및 정책에 참여했던 양상들에 대해서 살펴볼 때, '여협'과 '여연'의 경우는 여성과 국가와의 상호개입의 문제에 있어 근본적인 관점의 차이가 존재한다기보다는 여성 이슈를 공공화, 제도화하기 위한 전략적 측면에서 서로 유사성이 있는 듯하다.

유엔에서 채택된 '여성지위향상을 위한 행동강령'을 여성부라는 국가기구 설치를 통해서 실천하고자했던 '여협'의 1970년대의 시도로부터 1990년대 후반부터 본격화되는 페모크라시(femocracy)의 형성을 통한 한국의 '국가 페미니즘'의 구성 궤적을 살펴볼 때, 여성문제의 공공정책화에 있어, 한국의 여성운동단체 모두 개별 정권에 있어 각각 상호의존적, 친화적 측면이 있다. 나아가, 1990년대 후반부터 2000년대 초반, 학위과정으로서의 여성학(또는 젠더 관련) 전공자들이 여성전문가의 자격으로, 즉 페모크라트(femocrat)로서 여성정책 프로그램의 구상과 실행에 진입·참여하는 방식은 여성운동의 제도화 과정의 중요한 변화이며, 제도권 대학의 여성학 커리큘럼 구성에 있어 '여성정책' 과목의 배치와 학위의 세부 전공화는 위와 같은 흐름과 복합적으로 연결되어 있다.

1960~70년대 여성문제를 문제화함으로써, 즉 공적 영역의 담론의 장에 끌어내어, 법제도를 통해서 여성주의 실천의 기획들을 완성시키려고 했던 '여성문제연구회'로부터 시작된 일련의 역사적 시도들은 1980년대 초기 여성학이 가진 현장기반 운동성의 역사적 토대의 중요한 요소들의 하나였으며,44) 1982년 이화여대 여성학과, 1983년 여성학회와 '한국여성개발원'

의 설립은 여성학의 지식생산자와 운동주체와의 상호보완성, 나아가 국가를 매개로 한 여성학연구자와 여성운동진영과의 관계맺음에 있어, 새로운 역할분담 및 역학관계를 만들어냈다.

현재와 같은 여성주의 지식생산과 실천에 있어 역할 분담(여성정책연구원－학계－여성운동단체) 구조는 바로 1970년대 중후반에 그 커다란 밑그림이 그려졌다고 할 수 있겠다. 1975년을 전후하여 여성자원의 개발과 여성인권이라는 보편적 이슈를 각 국가별로 의제화하려는 유엔의 글로벌전략은 여성 범주를 주변에서 중심으로 이동케 하는 사회적 실천의 변곡점으로, 또 여성문제의 해결을 공공정책으로 실천케 하는 데 있어, 중요한 외재적(external) 동력으로 작동하였다. 당시 한국여성계는 '여협'을 중심으로, 이후 '여연'과 더불어 적극적으로 여성부설치안 등의 요구를 통해 이의 실현을 적극적으로 추동한 바 있다. 이것은 여성운동 활동가와 여성학(및 젠더)전공자의 페모크라트화에 있어 제도적 기반의 기원이 되지 않았을까 생각해본다.

---

44) 여성학의 이론과 실천의 합일 부분은 한국여성학회 제1회 학술발표회의 종합토론에서 중요하게 다루어졌다. 참여자들의 구체적 발언 내용은 다음을 참조. 「한국여성학의 보편성과 특수성 I」, 『한국여성학』, 1984. 1980년대의 여성학과 사회변혁운동과의 연계에 대한 사회적 맥락에 대한 분석 논문으로는 강남식 외, 「한국여성학의 발달과 서구(미국) 페미니즘」, 학술단체협의회(편), 『우리학문 속의 미국 : 미국적 학문 패러다임 이식에 대한 비판적 성찰』, 서울 : 한울 아카데미, 2002 참조.

1970~80년대 재야 지식 장의
예술관 변화와 공공적 실천성
문화운동·문예운동·예술운동의 명명과 그 의미

이 영 미

I. 그 많던 '문화'는 어디로 갔을까?

1990년대는 흔히 문화연구의 시대라고 일컬어진다. 괄목할 만한 연구 결과들이 쏟아져 나옴으로써 새로운 지배적 경향으로 자리잡는 2000년 전후의 시기에 이르기까지, 1990년대는 다양한 문화연구의 이론들이 수입 되면서 1980년대까지의 리얼리즘론과 사상성 중심의 문학론들을 무너뜨렸 다. 이 흐름은 '예술에서 문화로'란 말로 요약 가능할 정도이다. 그런데 이러한 문화연구가 있기 이전인 1970~80년대에 문화 분야에서 수많은 운동이 이루어졌고, 그런 점에서 이 시대야말로 '문화'라는 말이 새롭게 부상하는 '문화의 시대'였다고도 말할 수 있다. 그런데도 1990년대에 또 다시 새롭게 문화의 시대임을 천명하는 것은 다소 새삼스럽기까지 하다. 도대체, 1970~80년대의 그 많던 '문화'는 어디로 갔을까?

실제로 1970~80년대는, 예술문화운동[1])이라 불리는 활동을 통해 예술과

---

* 이 글은 「1970년대, 1980년대 진보적 예술운동의 다양한 명칭과 그 의미」, 『기억과 전망』 29호(2013)를 수정하여 수록한 것이다.
1) 문학, 연극, 미술, 음악, 영화 등 예술 분야의 진보적 문화운동을 지칭하는 용어로,

문화를 둘러싼 적잖은 사유의 변화가 자생적으로 싹트고, 다양한 예술관·문화관이 20년의 긴 기간 동안 실천 속에서 경합하던 시기였다. 당시 이러한 운동적 실천은 '문화운동', '문예운동', '문화예술운동', '문학예술운동', '예술운동' 등 다양한 명칭으로 불렸는데, 그 명칭 간의 미묘한 어감의 차이가 있었음은 이러한 경합의 단적인 증거이다. 이 글은, 이러한 명칭의 차이를 중심으로 하여 1970~80년대의 예술문화운동 내의 예술관에 대해, 예술의 공공성에 대한 이해와 실천의 변화에 초점을 맞추어 생각해 보고자 하는 글이다.

이 글에서 다루는 대상은, '학계', '예술계' 등으로 불리는 공식화된 주류 지식 장의 것이 아니라, 소위 '재야'라 불리는 진보적 사회운동 영역에 존재하는 것이다. 일반적으로 '재야'는 '군부권위주의체제 하에서 민주화운동을 전개하던 직업적 운동가그룹, 종교지도자, 지식인, 청년-학생을 지칭하는 포괄적인 비제도적 반체제세력'을, '좁게는 직업적인 반체제 민주화운동 그룹과 지도부'를 지칭하며, 1960년대 중반 한일협정반대투쟁을 계기로 등장하여 1970년대에 뚜렷한 모습을 드러내고 1993년 김영삼 정부의 출범 즈음까지 이어졌다.[2] 이 글에서 다루고자 하는 1970~80년대 예술문화운동은 이 재야라 지칭되었던 영역 안의 예술문화 부문이라 할 수 있다. 예술문화운동은 기성의 학계·예술계의 바깥에서 독자적인 지식을

이 글에서는 '예술문화운동'(축약해서 '예술운동')이라는 말을 쓰고자 한다. 이 운동이 활발히 이루어졌던 1970, 80년대에 '예술문화운동'이라는 용어는 '문화운동', '문화예술운동', '문예운동' 등의 말에 비해 그다지 많이 쓰이지 않았던 것이 사실이다. 그럼에도 불구하고 이 용어를 쓰고자 하는 것은 가장 객관적이고 보편타당한 용어라고 판단했기 때문이다. 이 글이, 용어를 무엇으로 쓰느냐에 초점이 맞추어져 있고 논의의 많은 부분이 '문화운동', '문예운동'이라는 상용화된 말을 중심으로 이루어질 것이므로, 상대적으로 덜 대중적인 '예술문화운동', '예술운동'이라는 용어가 논의를 전개하기에 유리한 측면이 있다는 판단도 이 선택에 한 몫을 했다.

2) 박명림, 「박정희 시대 재야의 저항에 관한 연구, 1961~1979 : 저항의제의 등장과 확산을 중심으로」, 『한국정치외교사논총』 30집 1호, 한국정치외교학회, 2008. 8, 31~32쪽.

창출하고 유통·소비해왔고, 그것은 기성의 학계·예술계와 영향을 주고받으며 1990년대 이후까지 영향력을 발휘하였다. 따라서 이 논문에서 다루는 지식들이 거론되는 글의 대부분이 1970~80년대 예술문화운동의 젊은 활동가들에 의해 만들어지고 유통된 것이라서, 객관적이고 개념적 언어로 기록되는 학술장의 글들과 달리 이론적으로 정련되지 않았으며, 쓰이는 언어들은 어감, 효용, 통념, 일반적 쓰임새 등에 의해 크게 좌우되는 경향이 있다. 이렇게 이들이 창출한 지식들이 전형적인 학술적 성격을 띠고 있지는 않을지라도, 이들 지식은 그들의 실제 활동과 연계된 실천적 지식으로서의 힘을 가지고 있을 뿐 아니라, 재야의 지식 장에서 유통되며 한국사회의 학술장과 예술문화계에 영향을 주었다. 특히 이 글에서 초점을 맞추고 있는 예술관의 문제는 예술문화운동의 실천을 통해 빠르고 널리 재야의 지식인·대학생에게 확산되었을 뿐 아니라, 예술문화의 사회적 효용성과 공공성에 대한 새로운 시각을 담고 있다는 점에서 주목할 만하고, 기존의 지식 장에서 형성된 예술관과 경합·충돌하고 교섭하는 양상을 보였다는 점도 흥미롭다. 1990·2000년대에 크게 약진한 학계의 다양한 문화연구와 정부의 예술문화정책 등의 변화는, 이러한 재야 지식 장 안에서 생겨나고 기존 예술관과 경합·교섭하는 과정을 통해 형성·발전된 새로운 예술관·문화관과 연계되어 있다. 그리고 이 글에서는 예술/문화/문예운동이라는 용어의 세밀한 변화가 현실 속 예술문화운동 실천들과 예술관을 드러내는 징후라는 점에 주목하고자 하는 것이다.

자신들의 운동을 어떤 명칭으로 부르는가 하는 문제는, 운동의 정체성 문제와 직결되어 있다. 그러나 예술/문화/문예운동의 명칭을 오락가락하며 찾아가고 있던 이들의 정체성 문제가 '문화 분야의 운동이냐 예술 분야의 운동이냐' 식으로 분야의 정체성을 찾는 단순한 문제라고는 볼 수 없다. 왜냐하면, 이때의 문화 개념이 '문화인' 같은 용례에서와 같은 '교양으로서의 문화' 개념이 아니며, 인간의 생활양식과 상징체계 전체를 포괄하는 사회학적 개념의 문화에 가까웠고, 따라서 예술은 그 하위 범주에 속해있기 때문이다. 그러므로 1970~80년대의 예술문화운동은 어떤 명칭으로 불렸건 간에, 예술이라는 분야에서 이루어진 문화운동이었다. 따라서 이 시기 예술문화운동의 명명에서 드러나는 차이는, '분야'의 문제라기보다는, 다소 미묘하고 섬세한 '예술관'의 문제라는 것이 나의 생각이다. 이 글이 단도직입적으로 정체성 문제를 이야기하지 않고, 명칭의 변화에서 징후적으로 읽히는 지점을 중심으로 이야기를 전개하려는 것은 바로 이러한 이유에서이다.

이 글은 1970년대에 예술문화운동에서 '문화운동'이라는 말이 쓰이기 시작했던 시기로부터, 1980년대 예술문화운동의 활력이 최고조에 달했던 1990년대 초를 거쳐, 1990년대 말 예술문화운동 담당자들이 개입한 문화정책과 관련한 활동에 이르기까지, 시대 순으로 예술/문화/문예운동의 명칭이 변화하는 과정을 추적하고 이와 연동된 예술문화운동의 실천적 변화를 기술하고자 한다. 이러한 변화는 예술관의 변화와, 이를 포함한 더 넓은 문화 영역에 대한 관심이라는, 일종의 관점의 변화와 무관하지 않음을 설명하고자 하는 것이다.

1970~80년대 예술문화운동은, 문학운동을 제외하고는, 이제야 비로소 학술적 연구의 대상이 되기 시작했다. 20년 이상의 시간적 거리가 역사적 객관화를 가능하게 해주었을 터이다. 그러나 아직 이 시기 예술문화운동의 명명에 주목한 연구는 존재하지 않는다. 아마도 내가 먼저 이 연구를 시작할 수 있는 것은, 1980년대 공연예술 분야 예술문화운동 안에서 활동하면서 시종 연구자·평론가의 역할(정책가 역할이 아닌)만을 해온 사람으로서 아직도 연구 활동을 계속하고 있는 독특한 이력 때문일 것이라 생각한다. 따라서 이 시기의 문헌으로 남겨지지 않은 많은 부분이 경험과 기억의 재구성으로 메워질 것이고 그만큼 연구대상과의 객관적 거리 두기의 어려움이 있을 것인바, 넓은 마음으로 혜량해주시기를 기대한다.

II. 탈춤·마당극운동에 붙여진 '문화운동'이라는 이름

1. '예술'이라는 말의 기피 심리와 그 이유

주지하다시피, 20세기 후반의 진보적 예술문화운동은, 1960년대 중반에 문학에서의 순수참여논쟁과 공연예술에서 서울대 문리대 집회에서 모습을 보인 마당극 <원귀 마당쇠>와 공연의 성격이 섞인 시위 《민족적 민주주의 장례식》 등으로 맹아적 모습을 보이다가, 1970년대 전반에 본격화되었다. 운동의 요건이 역사적 목표와 조직성, 지속성 등임을 고려할 때에 1974년은 한국의 예술문화운동의 시발에서 가장 중요한 해가 될 것이다. 긴급조치 4호의 발효로 민청학련 사건이 일어난 1974년, 백낙청은 민족문학 개념으로 문학운동의 이념을 세우고[3] 그해 11월에 고은, 신경림, 백낙청, 염무웅, 조태일, 이문구, 황석영, 박태순 등이 유신체제에 반대하는 「문학인 시국선언문」을 발표하고 가두시위를 전개함으로써 자유실천문인협의회 결성이 공식화되었다. 한편 1971년 서울대에서 탈춤반이 결성된 이후, 서울대 문리대 연극반의 진보적 멤버들을 모아 김지하가 만든 본격적 마당극의 첫 작품 <진오귀굿>(1973)에 탈춤반의 채희완이 참여하고, 1974년 이들이 중심이 된 <소리굿 아구> 공연을 계기로 학교 바깥에 존재하는 모임인 한두레로 결속함으로써, 공연예술 분야 예술문화운동이 본격화된다. 이렇게 1970년대의 예술문화운동은 문학과 공연예술(탈춤·마당극)의 두 분야가 존재하며, 1980년대에 이르러서야 비로소 미술, 노래, 풍물, 춤, 영화, 굿 등 다양한 분야의 예술문화운동이 만개하여 이른바 '문화운동의 시대'를 구가하기에 이르렀다.

문화운동이라는 말이 문화패 내부에서 거론되기 시작하는 것은 1970년 대 중반부터였고, 그 말이 시작된 곳은 탈춤·마당극 등으로 진보적인 공연예술 활동을 하는 집단에서였다.[4] 그러나 아직 문화운동이라는 말은

---

3) 백낙청, 「민족문학 이념의 신전개」, 『월간중앙』 1974년 7월.

널리 쓰이지 않은 상태였다. 그러다 1980년대에 들어서서 탈춤·마당극운동5)의 활동이 다양해지고 그 외에 민요, 노래, 춤, 풍물 등의 분야에서 운동적 활동이 본격화되면서, 문화운동은 좁게는 공연예술 분야의 운동, 넓게는 문학과 미술까지를 포함한 예술문화운동, 좀 더 넓게는 언론·출판·종교·교육 등 예술 이외 분야의 운동까지를 포함한 개념으로 쓰였다. 즉 문화운동이라는 말의 출발은 마당극운동의 흐름에서부터였지만, 1980년대에 들어서서 공연예술의 여러 분야의 운동이 생겨나면서 문화운동이라는 용어 역시 본격화되었다.

마당극운동 제1세대의 대표자로 꼽히는 임진택의 다음 글은, 문화운동이라는 용어가 실제로 자리 잡을 때까지 상당한 시간이 걸렸음을 말해주고 있다.

다소 사적인 발언으로 느껴질 수 있겠으나 필자는 이 방면의 후배들에게 '민중문화운동 1세대'라 불리는 연배에 속한다. 그러한 호칭을 필자는 매우 과분하게 여기고 있다. 왜냐하면 우리 세대는 그 호칭에 담긴 하나하나의 의미를 어느 것 하나 충족시키지 못했기 때문이다. 우리의 활동은 민중지향적이긴 했으나 진정 민중적인 데까지는 이르지 못하였고, 삶을 규정하는 문화 전반을 다루었다기보다는 예술부문 그중에서도 연행예술 부분만을 담당했던 것이고, 조직적 운동이라기보다는 개별적 공연행위에 그치는 경우가 대부분이었다. 따라서 뒤집어 말하면 80년대 10년 동안 많이 변화했구나 하는 느낌은 바로 우리 연배가 하지 못했던 그 '민중'

---

4) 박인배, 「문화패 문화운동의 성립과 그 향방」, 박현채·정창렬 편, 『한국민족주의론 III』, 창작과비평사, 1985, 421쪽.
5) 탈춤운동과 마당극운동은 상당히 일치하면서 완전히 일치하지 않는 측면이 있다. 그것은 마당극의 탄생이 한편으로는 탈춤부흥운동의 흐름과 리얼리즘 정신을 갖춘 창작극을 중시하는 흐름이 합쳐지면서 생긴 것이고, 1980년대가 되어 대학 탈춤반에서 창작 작품의 공연이 본격화되기 이전까지는 탈춤운동이 반드시 마당극운동이라고 이야기할 수 없기 때문이다. 이후, 이 글에서는 탈춤운동의 흐름까지를 포괄하여 마당극운동이라고 통칭하고자 하며, 창작된 마당극이 아닌 탈춤에만 간여된 활동일 경우에만 국한하여 특별히 '탈춤운동'이라고 지칭하고자 한다.

'문화' '운동'이 점차 심화되고 확장되어 나왔음을 뜻하는 것이기도 하다.[6]

　임진택은 1973년 김지하 작 <진오귀굿>에서부터 마당극을 시작하여 1970년대 후반에 <돼지꿈>, <노비문서> 등 마당극이 아닌 희곡을 바탕으로 하여 마당극으로 개작·연출하는 작업을 함으로써 마당극을 양식적으로 정돈하는 데에 큰 기여를 한 연극인으로,[7] 1970년대 그의 작품은 대부분 대학이나 지식인들의 공간에서 공연되었다. 임진택의 발언으로 미루어 보자면, 기층민중 대상의 활동이 성장하고 다양한 공연예술 장르의 활동이 어우러져 '삶을 규정하는 문화 전반'에 간여하는 활동으로 확산되어 조직적이고 지속적인 사회운동의 성격을 강하게 띠게 되는 1980년대에 이르러서야, 비로소 문화운동 특히 '민중문화운동'이라는 말이 정착되었음을 알 수 있다.

　흥미로운 것은 위의 인용문에 등장하는 '연행예술'이라는 용어이다. 연행예술(演行藝術)은 공연예술과 같은 뜻으로 흔히 전근대시대의 공연예술을 지칭할 때에 많이 써온 용어이다. 마당극운동을 하던 이들은 자신의 활동을 문화운동이나 연행예술운동이라고는 불러왔지만 '예술운동', '공연예술운동'이란 말은 쓰지 않았다. 가끔 '연극운동'이라는 말을 쓰기도 했지만 이는 탈춤운동의 맥락에 있는 사람들은 적극 기피하는 용어였다. 연행예술보다는 공연예술이라는 말이 더 일반적으로 쓰였던 말임을 생각하면, 구태여 낯선 연행예술이라는 말을 쓰고 있는 것에서는 공연예술이라는 말에 대한 기피의 심리도 엿보인다. 이와 함께 예술운동 혹은 예술문화운동처럼, '예술'을 앞세우는 말도 일반적이지 않았다는 점 역시 주목할 만하다. '예술'이란 말이 '운동'과 결합될 때에는, 오로지 '연행'이나 '연희'란 말을 앞세워 '연행예술운동', '연희예술운동'이라고만 쓰고 있기 때문이다. 이런

---

6) 임진택, 「80년대 연희예술운동의 전개－마당극·마당굿·민족극을 중심으로」, 『민중연희의 창조』, 창작과비평사, 1990, 126~127쪽.

7) 이영미, 『마당극 양식의 원리와 특성』, 시공사, 2001, 50쪽.

경향으로 미루어 볼 때 1970·80년대의 문화운동이라는 용어는 '예술운동' 혹은 '공연예술운동'이라는 말을 기피하는 심리와 관련 있음을 짐작할 수 있다. 요컨대, 이 시기 문화운동이라는 용어는 자신들의 활동을 '문화' 분야의 '운동'이라고 인식하는 경향과 함께, 예술운동이라는 용어 사용을 기피하고자 하는 경향이 결합하여 나타나는 것이라 할 수 있다.

예술운동·공연예술운동이라는 말의 기피 심리는, 낯익은 용어에 묻어있는 통념으로부터 벗어나고 싶었기 때문에 생겼을 것이다. 자신들의 활동이 분류상 예술 혹은 공연예술이 아니라는 생각보다는, 기존의 예술·공연예술과 동류의 것으로, 기존 예술계나 공연예술계 내의 활동으로 받아들여지면 안 된다는 생각인 것이다. 즉 자신들의 활동이 당대 한국사회의 예술·공연예술에 대한 반성의 소산임은 분명하지만, 예술계·공연예술계라 불리는 영역 내에서 새로운 흐름을 만들고자 하는 것과는 차원이 다른, 아예 그 계를 벗어나는 활동이라고 생각하고 있는 것이다. 한국의 예술·공연예술이 지식인과 상류층·지식인 중심의 활동을 해왔고 일반 서민대중들에게 이해되지 않을 뿐 아니라 접근조차 쉽지 않는 현실에서, 이를 극복하고자 하는 자신들의 운동은 기존 예술계·공연예술계 내에서 작품의 경향만을 바꾸는 것에 머물지 않고, 아예 그 예술계·공연예술계를 벗어나서 이들과는 다른 존재방식을 지닌 활동이어야 한다는 생각의 소산인 것이다.

이는 문학 분야의 운동이 첫 시작부터 1990년대까지 줄곧 문학운동 혹은 민족문학운동으로 불렸던 것과 대비된다. 문학운동은 활동의 대부분이, 기존의 문학들과 마찬가지로 합법적 출판물의 시장 유통을 중심으로 이루어져 있다. 문학지나 단행본을 통해 작품을 발표하고 그 출판물이 합법적 출판시장에서 유통된다는 점에서는 여타의 문학들과 동일한 것이다. 그에 비해 마당극운동, 노래운동, 영화운동 등은 각각 연극계와 상설공연장을 중심으로 한 연극시장, 대중가요계와 LP 중심의 음반시장, 충무로로 지칭되는 영화계와 상설영화관을 중심으로 한 영화시장에서의 활동에서 크게 벗어나 있으며, 그와 조응하여 주 활용 매체까지도 차이를 보이는 경우가 많다. 미술은 전시장과 기존 미술시장 중심으로 활동하는 축과 그 바깥의 활동에 주력하는 이른바 '현장미술' 축으로 나뉘어 있는 양상이었다.[8] 이렇게 기존 연극계·공연예술계의 바깥에서 상설 공연장이 아닌 곳에서 주로 활동을 전개했던 마당극운동은, 아예 존재방식이 다른 자신들의 활동을 확연히 다른 용어로 구분 짓고자 했다. 이들이 '연행예술'이라는 말을 소환해낸 것도, 마당극운동의 한 뿌리에 탈춤이 존재해서만이 아니라, 전근대시대 공연예술을 주로 지칭하는 이 용어가 당대의 예술계·공연예술계를 연상시키지 않기 때문이었을 것이다.

2. 전통'문화'로 인식된 탈춤의 소환

그러나 '예술'이라는 말의 기피로 시작한 새로운 명칭 찾기가 '문화'이란 말에 귀착한 것은, 이것 외에 다른 몇 가지 요인이 있다고 보인다. 그 첫 이유로 들 수 있는 것은, 마당극운동을 구성한 하나의 뿌리인 탈춤의 존재이다.

마당극운동이 시작되던 당시 탈춤의 학술적 명칭은 '가면극'이었다. 1957년 이화여고에서 양주별산대놀이가 해방 후 처음으로 공연되고 이를 계기로 학자들이 구성한 단체 이름이 '한국가면극보존회'였고, 탈춤 연구에 획을 그은 조동일의 첫 저서의 제목도 『한국 가면극의 미학』(한국일보사, 1975)이며, 서울대 탈춤반의 공식 명칭도 '민속가면극연구회'였다. 탈춤은 '극'으로 명명되었고, 연구 역시 많은 부분 국문학자들에 의해 전근대시대의 민속극의 일종으로 연구되었다. 뿐만 아니라, 서울대 문리대 연극반의 진보적 흐름이 서울대 탈춤반의 탈춤부흥운동의 흐름과 결합하여 형성된 마당극운동은, 그 이름에서부터 '극'의 정체성을 지니고 있다. 반면 탈춤운동 쪽에서는 연극운동이라는 용어를 쓰지 않는다. 즉 탈춤운동의 주체들은,

---

8) 이영미, 「카세트테이프, 비디오테이프, 구전, 마당 – 1970, 80년대 예술문화운동의 매체들과 그 의미」, 『서강인문논총』 35집, 서강대 인문과학연구소, 2012. 12.

탈춤의 학술적 명칭이 가면극임은 인정하지만 그것을 연극이라는 장르명으로는 부르고 싶어 하지 않았던 것이다.

용어 선택에서, 탈춤·마당극운동을 구성하는 다양한 가닥 중 어느 흐름에 가까운가에 따른 차이는 분명히 존재한다. 임진택이 명확히 서술했듯이, 1971년 서울대에서 탈춤반이 만들어지고 서울대 문리대 캠퍼스 내에서 자주 마주치며 심지어 함께 활동하는 멤버들조차 있었음에도 불구하고 "한동안 이들에게 연극과 탈춤은 전연 별개의 것이라는 생각이 자리 잡고 있었다." 연극반은 서구 근현대연극의 어법으로 번역극이 아닌 창작극으로, 한국 민중의 삶과 사회현실에 대해 진보적 시각으로 접근하는 연극을 시도하고 있었고, 갓 태어난 탈춤반은 원형의 습득과 보급이라는 일차적인 활동만 하고 있었기 때문이다. 마찬가지로 탈춤반 멤버들도 자신의 활동이 연극 활동이라고는 생각지 않았을 것으로 보인다. 그러다 1973년 김지하 작 <진오귀굿>을 경험하고 나서야 양자의 흐름이 합쳐지게 된다. "마당극은 연극패 일부가 탈판으로부터 미학적 원리와 역동성의 단서를 잡아내면서 탈춤패의 일부와 합작함으로써 이루어낸 의외의 성과였"다.[9]

이후 이들은 한두레라는 모임을 중심으로 함께 혹은 각자 따로 활동을 전개하며 마당극운동을 해나갔는데, 그러면서도 연극과 탈춤 중 어느 쪽에 더 정체성을 지니고 있는가에 따라 자신의 활동을 지칭하는 명칭의 경향을 다소 다르게 표현하고 있는 것을 발견할 수 있다. 연극반 출신으로 1970년대 마당극 성립에 핵심적으로 기여한 임진택은, 마당극을 연극양식의 명칭이자 한국의 진보적 연극운동의 중심적 양식으로 선포한 첫 글 「새로운 연극을 위하여」[10]에서 단 한 번도 '문화운동'이라는 용어를 쓰지 않는다. 물론 이 글에서는 '운동' 혹은 '연극운동'이라는 말을 쓰고 있지

---

9) 임진택, 「80년대 연희예술운동의 전개」, 『민중연희의 창조』, 창작과비평사, 1990, 131~133쪽.

10) 이 글은 박정희 정권이 무너진 이후 도래한 이른바 '민주화의 봄'에 발표된 글로 『창작과비평』 1980년 봄호에 수록되었다.

않으며 '마당극'이라는 새로운 연극 탄생의 의의와 그간의 성과에 대해 소개하는 데에 초점을 맞추고 있기 때문인 측면도 없지 않다. 그러나 마당극이 종종 "극'으로서의 한계를 벗어나 '굿'으로 확장'[11]됨(이에 대해서는 뒤에서 상론하겠다)을 밝히고 있음에도 불구하고 이 글은 시종 연극의 범주 내에서 마당극을 설명하며 탈춤 역시 '민속극'이라 지칭하고 있다. 그에 비해 서울대 탈춤반을 만들고 탈춤부흥운동의 시조가 된 채희완의 첫 글(석사학위논문을 제외한)은 「70년대의 문화운동」으로, 이 글에서는 대학 탈춤반의 활동을 '민속극(부흥)운동', '탈춤(부흥)운동', '문화운동'의 한 부분이라고 지칭하고 있을 뿐 '연극운동'이라는 언급은 어디에도 없다. 한편 이들 글보다 몇 년 이른 시기인 1977년 초에, 서울대 총연극회[12] 멤버로 연극운동의 정체성을 지니고 있으면서도, 임진택에 비해 이른 나이에 탈춤과 마당극을 경험한 류인렬(1980년대에는 류해정이라는 필명을 썼다)[13] 대학 2학년 때 쓴 글을 보면, 자신의 활동을 '연극운동'인 동시에 '문화운동'으로 인식하고 있음을 알 수 있다.[14] 즉 탈춤에 가까울수록 문화운동이라는 말에 친근하며, (서구 근현대연극 어법에 의거한) 연극에 가까울수록 '극' 혹은 '연극'이라는 말을 쓰는 데에 거리낌 없음이 발견된다. 마당극이라는 용어 역시 이러한 차이에 따라 친근감의 정도가 달랐다고 보인다. 예컨대 탈춤의 틀을 변용하여 현대적 내용을 담은 창작 작품을 넓은 의미의 마당극이라 지칭할 수 있음에도 불구하고, 탈춤운동의 정체성

---

11) 임진택, 「새로운 연극을 위하여」, 『민중연희의 창조』, 창작과비평사, 1990, 34쪽.
12) 서울대는 1974년까지 단과대별로 캠퍼스가 나뉘어 있었고 따라서 연극반도 단과대별로 조직되어 있었다. 그러다 1975년 관악 캠퍼스 시대가 열리면서 단과대 연극반들이 통합하여 '총연극회'를 결성하게 된다. 국문과 75학번 류인렬은 이를 주도한 인물이다.
13) 류인렬은 최근 구술에서, 대학 다니던 시절 한두레에 들락거리면서 채희완 등 탈춤반 선배들과 친하게 어울렸다고 말했다. 그 시절은, 탈춤반 학생들은 임진택 선배와, 연극반 학생들은 채희완 선배와 '놀던' 때였다는 것이다. 이영미·류인렬, 「류인렬 구술채록문」, 이영미 편저, 『구술로 만나는 마당극 3』, 고려대학교 민족문화연구원, 2011, 292~294쪽.
14) 류인렬, 「민중문화운동으로서의 연극」, 『대화』 1977. 2.

을 많이 갖고 있는 사람들은 자신들이 활동을 '마당극'이라는 특정 연극양식을 유포하는 활동으로 치부되는 것을 꺼렸다.[15] 임진택과 채희완이 함께 쓴 「마당극에서 마당굿으로」[16]도, 임진택이 1980년 봄에 단독으로 발표한 「새로운 연극을 위하여」에서 공동의 논의를 사유화하여 지나치게 '극' 중심으로 몰고 간 것에 대한 반발이자 수습의 의미를 지니고 있었다고 보인다.[17]

이렇게 마당극운동이 문화운동이라 불린 것은, 확실히 탈춤의 소환이라는 맥락과 무관하지 않다. 우선 탈춤은, 학술적으로 가면극·민속극이라 지칭되었지만, 그것은 연극의 한 형태로서라기보다는 이미 생명력이 거의 끊긴 전근대시대의 문화로서 주목받은 것이었다. 박정희 정권의 민정시대가 본격화된 1964년부터 무형문화재 제도를 통한 전근대시대 공연예술과 기능의 원형보존 정책이 시작되었고, 그것들은 예술과 비예술 모두 동일하게 민족문화, 전통문화, 문화재로 명명되었다. 박정희 집권기의 이른바 전통문화의 소환은, 한편으로는 정권이 내세웠던 민족주의를 국민에 과시하는 효과를 드러내며 국민단결을 위한 지배이데올로기로 기능하며 전체주의 강화에 기여했다. 그러나 다른 한편으로는 그것은 4·19와 한일수교 반대운동 이후 진보적 지식인들의 식민사관 극복, 내재적 발전론, 민중사관 등 진보적 민족주의의 여러 실천과 관련되어 있는 것이기도 했다. 민족주의, 민족문화, 전통문화는 정권과 진보적 지식인의 치열한 담론 경합의 장이었던 셈이었고,[18] 탈춤의 소환이 지니는 의의는 탈춤이라는 개개 예술작품의 작품 내적인 차원에서 설명되기 힘든, 사회·역사적 맥락

---

15) 이영미·채희완, 「채희완 구술채록문」, 이영미 편저, 『구술로 만나는 마당극 1』, 고려대학교 민족문화연구원, 2011, 194~195쪽.

16) 채희완·임진택, 「마당극에서 마당굿으로」, 김윤수·백낙청·염무웅 편, 『한국문학의 현단계』, 창작과비평사, 1982.

17) 이영미·채희완, 「채희완 구술채록문」, 이영미 편저, 『구술로 만나는 마당극 1』, 고려대학교 민족문화연구원, 2011, 261~264쪽 ; 임진택, 「80년대 연희예술운동의 전개」, 『민중연희의 창조』, 창작과비평사, 1990, 138~140쪽.

18) 이영미, 「총론」, 『한국현대예술사대계 IV-1970년대』, 시공사, 2004, 21~23쪽.

전체에 간여된 것이었다. 이는 민족문학운동에서, 민족문학 주창의 당위를 자생적 근대화가 외세에 의해 좌절당해 식민지로 전락하고 그 결과 분단에까지 이르게 되며 급기야 민주주의의 기초까지 흔들리게 되는 절체절명의 위기 상황에서 찾고 있음에도 불구하고 역사적·사회적 상황과 연계된 문학의 논의는 작품 속에 담긴 현실인식에 국한하여 진행되었던 것[19]과는 대조적이다. 즉 탈춤은 문화의 여러 분야 중 예술문화임이 분명하지만, 민족문화·전통문화로 뭉뚱그려져 인식되었고, 그럼으로써 그 예술의 문화로서의 의미가 훨씬 더 크게 부각되었다고 할 수 있다.

3. 축제와 사회운동, 그리고 '문화' 개념의 정착

마당극운동이 문화운동으로 지칭되었던 두 번째 이유는, 탈춤이 서구 근대의 예술형태 분류로 잘 나뉘지 않는 예술이었기 때문이라고 보인다. 그것은 연극이면서 춤이었고, 게다가 노래의 비중이 적지 않다는 점에서 음악극의 성격을 강하게 갖고 있기도 했다. <하회별신굿> 같은 농촌탈춤은 명칭에서부터 굿, 즉 의례·축제임을 드러내고 있다. 탈춤을 몸으로 배우는 과정에서도 연극을 배운다기보다는 춤을 중심으로 배우게 되었으니, 이들에게는 탈춤을 연극보다 춤으로 이해되는 경향이 강했다. 명칭에서도 가면극이라는 학술적 명칭 대신 황해도 가면극의 명칭인 '탈춤'이란 말을 가면극 전체를 지칭하는 말로 쓰고, 대학 탈춤반 역시 '00대학교 민속가면극연구회' 등의 공식 명칭과 함께 '00대학교 탈춤반'이라는 범칭을 더 선호한 것에는, '탈춤'이라는 명칭에 담긴 '춤'이라는 말의 매력이 한몫했다.

이들은 탈춤뿐 아니라, 풍물(농악), 무굿 등 다양한 전통공연예술들로 관심이 넓어지면서 점점 서구 근대의 예술장르 구분법에 얽매이지 않게 되었고 연극이라는 명칭과 멀어졌다. 풍물과 무굿은 탈춤보다도 연극적

---

19) 백낙청, 「민족문학의 현단계」, 『창작과비평』 1975년 봄.

요소의 비중이 더 적으며 음악·춤·연극 등 예술의 여러 장르의 요소뿐
아니라 놀이·의례 등 예술 외적 측면을 지니고 있기 때문에, 예술 범주
안에서만 고려할 수 없었던 것이다. 예술과 그 외의 측면을 모두 포괄하려면
'문화'라는 좀 더 넓은 범주를 상정하지 않을 수 없었을 것이다.

셋째로, 탈춤·마당극운동이 출발에서부터 사회운동과 긴밀한 관계를
맺어왔다는 점도 '문화운동'이라는 명명에 영향을 주었을 것으로 보인다.
1960년대 중반의 마당극 <원귀 마당쇠>와 공연적 요소를 지닌 시위
≪민족적 민주주의 장례식≫ 등은, 이후 지속성을 띠지 않아 본격적 마당극
운동의 출발이라 보기는 힘들지만, 1970년대의 본격적인 마당극운동의
출발점을 만들어준 김지하와 오랫동안 탈춤운동의 교과서였던『탈춤의
역사와 원리』의 저자 조동일이 간여해 있었다는 점에서 마당극운동의
맹아로 기록된다. 그런데 <원귀 마당쇠>나 ≪민족적 민주주의 장례식≫
모두 한일수교 반대운동의 한복판에 존재했던 것으로, 마당극은 출발에서
부터 사회운동의 흐름 속에 놓여있었다. 1973년 <진오귀굿>이 원주 가톨
릭농민회 회원들을 위한 교육적 목적의 연극이었고, 이렇게 명확한 관중
대상 설정과 공연이 놓인 사회운동적 실천의 맥락이, 마당극이라는 독특한
연극양식을 탄생시킨 중요한 힘이었다고 할 수 있다.[20] 이후 마당극들도
(모두 그러한 것은 아니지만) 사회운동과 결합되는 경우가 빈번했다. 1975년
<진동아굿>은 서울대 관악 캠퍼스에서 동아일보 광고해약 사태를 규탄하
고 동아자유언론수호투쟁위원회를 지지하는 집회의 성격을 띠어 공연
직후 시위로 이어졌고, 1977년 <농촌마을 탈춤>은 대학생들의 여름 농촌
활동 지역들을 돌며 공연되었으며, 1978년 <동일방직 문제를 해결하라!>
는 동일방직 해고 노동자를 위한 기도회 자리에서 공연되어 예기치 않은
시위로 번졌고, 1978년 <함평 고구마>는 이른바 '함평 고구마 사건'이라
불리던 농협 비리에 대항한 농민들의 투쟁이 승리로 끝난 후의 보고대회

---

20) 이영미, 「민족극의 발전과 민중극으로서의 전망」,『민족예술운동의 역사와 이론』,
한길사, 1991, 16~17쪽.

자리에서 공연되었다.[21] 심지어 그저 대학 마당에서 이루어진 대학 연극반이나 탈춤반의 정기공연조차, 대학 내 합법적 집회가 완전히 불가능했던 유신말기와 제5공화국 전반기의 상황에서는 일종의 대리집회로서의 성격을 지니는 경우가 많았다.

이렇게 공연행위가 사회운동의 일환으로 이루어지고 받아들여지면서, 이들의 활동은 자연스럽게 정치적 투쟁이나 경제투쟁 등의 영역과 구별되는 문화적 투쟁으로의 위상을 지니게 되었다. 예컨대 '정치', '경제' 등의 영역과 나란히 거론될 수 있는 동일 반열의 용어로는 당연히 '예술'이 아니라 '문화'일 수밖에 없었다. 또한 활동의 주체들도 자신들의 공연이 교육적 효용성 같은 여타 문화의 영역에 간여되어 있음을 인식했을 것이라 보인다.

이렇게 1970년대 중후반 스스로의 활동에 대해 문화운동이라 생각하던 이들은, 1980년대 초 대중문화 현실에 대한 비판적 인식과 결합하여 이르러 좀 더 구체적이고 확고하게 이를 굳히는 모습을 보여주었다. 황선진·박인배·김성기의 「대중문화에 대한 비판적 고찰과 실천적 대안」은 그 대표적인 글인데, 이 글에서는 문화를 '한 사회 구성원들의 생활에 뿌리를 박은 의식의 총체적 표현이며, 그 사회의 정치적·경제적 구조와 밀접한 연관'되어 있다는 사회학적 의미로 규정하고, 점점 강력해져가는 대중문화의 문제점을 분석한 후, 이것의 극복을 위한 문화운동의 필요성과 노동자 대상의 활동에서 얻어진 성과들을 정리하였다. 이외에도 채희완의 「70년대의 문화운동」이 수록된 책의 제목이 『문화와 통치』이며, 그 첫 글이 유재천의 「민중문화와 대중문화」인 것도 흥미롭다. 여러 논의들이 균질하지 않다 하더라도, 1977년 류인렬, 1980년 임진택의 글이 연극으로부터 이야기를 출발하고 있는 것과 달리, 1982~83년의 글들에서는 '대중문화 대 민중문화'

---

21) 박인배, 「문화패 문화운동의 성립과 그 향방」, 박현채·정창렬 편, 『한국민족주의론 III』, 창작과비평사, 1985, 431~449쪽 ; 이영미 편저, 『구술로 만나는 마당극』 1~5, 고려대 민족문화연구원, 2010.

라는 새로운 대립구도가 설득력을 얻으며 확산되기 시작했음이 확인된다. 이로써 자신들의 운동이, 사람들의 가치체계, 감정·신념·행동양식을 변화시키고, 이로써 그 사회의 제도와 구조를 변혁하는 실천이라는 생각으로 나아가는 것이다.[22] 1980년대로 들어서면서 마당극운동은 연극운동·예술운동이라기보다는 문화운동이라는 인식과 태도가 점점 확고해져갔고, 1983년부터 각 대학에서 동아리나 학과 학부생들의 학술대회, 혹은 학보나 교지의 특집 등을 통해 문화운동에 대해 소개하고 정리하는 글들이 쏟아져 나옴으로써,[23] 공연예술 분야를 중심으로 문학과 미술까지를 포함한 예술운동을 문화운동으로 지칭하는 경향이 굳어졌다.

이렇게 마당극운동에서 시작된 문화운동이라는 명칭은, 처음에는 기존의 연극 영역으로 포괄되지 않는 탈춤의 특성에서 비롯된 측면이 크지만, 점차 1970년대 말로 갈수록 민주·민중운동에서의 문화 영역에 대한 존재감이 생겨나고, 활동 주체들이 문화 전반에 대한 관심이 커지면서 자리를 잡는 양상을 보여주었다. 마당극운동 등의 예술문화운동이, 정치적 투쟁과는 다른 방식으로 사회운동에서 자리를 잡을 수 있고, 그 활동이 인간의 삶의 태도, 생활방식, 감성 등의 광범위한 변화를 수반하여 궁극적으로 사회 전체의 변화로 이어질 수 있다는 생각을 갖게 된 것이다. 그럼으로써 이들은 '예술', '공연예술'이라는 이름이 그동안 지녀왔던 협애화된 예술효능에 대한 고정관념을 벗어나, 문화의 일부분으로서의 예술이 지닌 존재감과 효용성과 공공성에 대해 새롭게 눈뜨게 되었다고 할 수 있다. '문화운동'이라는 명칭은, 바로 이러한 예술관의 변화와 조응하는 것이었으며, 이 명칭이 보편화되는 1980년대에 이들은 실천으로 예술관의 변화를 보여주었다.

---

22) 박인배, 「문화패 문화운동의 성립과 그 향방」, 박현채·정창렬 편, 『한국민족주의론 III』, 창작과비평사, 1985, 423쪽.
23) 1982년에는 서울대 문학연구회, 1983년 고려대 문학연구회, 1985년 서울대 국사학과에서 학생들의 공동연구로 문화운동 관련 글들을 발표했다. 박인배, 앞의 글, 426쪽.

III. '문화운동'이라는 이름값과 실천

1. 축제·의례와 교육, 생활문화까지

1970년대에 시작된 '문화운동'이라는 명명은 1980년대의 예술문화운동의 실천의 방향과 조응하는 양상을 보였다. 기존의 본격예술 분야에서 여태껏 그다지 관심을 가져오지 않았던 영역에 대해 이들은 적극적인 관심을 표명했고, 자신들의 활동 영역을 확산하기에 이르렀다.

가장 먼저 들 수 있는 것이 예술작품이 놓이는 콘텍스트에 대한 인식이었고, 이를 통해 생활문화에 대한 인식으로 나아갔다.

1980년 3월, 아직 제5공화국 정권이 시작되기 이전인 이른바 '민주화의 봄'에 발표된 임진택의 「새로운 연극을 위하여」와 드라마센터 무대에서 화려하게 공연된 연우무대의 마당극 <장산곶매>(황석영 원작, 공동창작 극본, 이상우 연출, 채희완 안무, 김영동 음악)는 '마당극'이라는 새로운 연극양식의 이름과 존재를 기존 예술계에 널리 알리고 공식화시킨 가장 중요한 두 사건이었다. 그러나 이로 인해 마당극과 마당극운동이 지닌 예술문화운동적 특성이 이해되기보다는 기성연극계 내의 새로운 형상화 방식에 제기 정도로 협소하게 받아들여지는 부작용이 생겼다. 이후 1980년대 전반의 글들에는 이 부작용을 교정하고 새로운 방향을 모색하고자 하는 지향이 강하게 드러난다. 임진택의 「새로운 연극을 위하여」가 기성 연극계 바깥에서의 활동을 강조했음에도 불구하고 연극양식의 측면에서의 설명 또한 강했던 것에 비해, 1980년대 초의 글들은 마당극의 존재방식을 통해서 본 마당극의 축제적 특질, 마당극운동에서 성취한 교육적 효용성을 지닌 연극활동 등, 주로 작품 외적 측면을 포함한 설명이 주를 이루었다. 앞서 언급했던 1982년 채희완·임진택의 「마당극에서 마당굿으로」와 류해 정의 「우리 시대의 탈놀이」,24) 이듬해에 발표된 김성진의 「삶과 노동의

---

24) 류해정, 「우리 시대의 탈놀이」, 『실천문학』 3호, 1982.

놀이」25)와 류해정의 「새로운 대동놀이를 위하여」26)가 대표적이다.27)

「마당극에서 마당굿으로」는 마당극에 대한 논의와 관심이, 연희자와 관중과의 관계나 공연장소 등 표현방식에 국한되어 있는 것은 마당극의 전모를 제대로 이해하지 못하도록 한다고 전제하며, 마당극은 "기존 연극권의 일부로 편입된 개별 양식의 하나에 불과한 것이 아니라 기존 연극권, 나아가서는 기존 문화권 전반을 일단 부정해야 할 낡은 질서로 파악하고 이를 개선하려는 데서, 민중 속에서 자연발생적으로 분출된 커다란 해일 같은 것"28)이라 함으로써 마당극이 '문화운동 나아가 사회운동의 선두'29)에 서 있다는 사회적 맥락과 가치개념으로서의 의미로 이해할 것을 주장한 것이다. 오히려 마당극의 독특한 연극양식적 특성은 이러한 활동 과정의 산물이라는 것이다.

마당극에 대한 연극양식 중심의 사고를 뒤집어줄 것에 대한 이 글의 강력한 요구는 '극에서 굿으로의 회귀'라는 역설을 도발적으로 제시하는 데에까지 이른다. 중세의 연극에서 근대극으로의 이행은, 축제와 의례의 일부로 존재했던 극성(劇性)을 강화하며 독립하는 것, 즉 '굿에서 극으로의 발전'이라고 설명된다. 그러나 이 글은 "'굿에서 극으로의 발전'이라는 일방적 도식을 거부하고 '극에서 굿으로의 회귀'라는 역설적 명제를 제시" 한다. 이때의 '굿'은 일정한 형태를 지닌 무굿·풍물굿의 의미가 아니라, 축제·의례의 의미로 받아들이는 것이 타당하다. 즉 마당극은 그 본질이

---

25) 김성진, 「우리 시대의 탈놀이」, 고은 외, 『문학과 예술의 실천논리』, 실천문학사, 1983. 이 글은 김봉준, 연성수, 황선진이 공동집필한 것으로, 필자 이름인 '김성진' 은 세 사람의 이름을 합성한 가명이다. 셋은 모두 대학 탈춤반 출신으로 각각 75·73·72학번으로 흔히 문화운동 제2세대로 불린다.

26) 류해정, 「새로운 대동놀이를 위하여」, 백낙청·염무웅 편, 『한국문학의 현단계 II』, 창작과비평사, 1983.

27) 이 글들의 마당극운동론사적 특성은, 이영미, 『마당극·리얼리즘·민족극』(현대미학사, 1997)의 제II, III장에서 상론하였다.

28) 채희완·임진택, 앞의 글, 192~193쪽.

29) 같은 글, 195쪽.

축제·의례의 일부로서의 연극이며, 근대의 연극이 축제·의례로서의 성격을 상실하여 생활인의 삶의 맥락으로부터 유리된 현상을 극복하기 위해서는 전근대시대의 연극이 지녀온 굿의 성격을 회복해야 한다고 주장하는 것이다. 따라서 이 글에서 제기한 새로운 용어인 '마당굿'은 마당극의 중요한 본질을 드러내는 말인 동시에, 극이 없이 춤, 노래, 풍물, 영화 등 다른 예술들로 채워진 축제·의례까지를 포괄하는 말이 된다.

한편 「마당극에서 마당굿으로」가 마당극의 축제적 성격을 강조하는 것에 비해, 「우리 시대의 탈놀이」와 「삶과 노동의 놀이」는 비전문인들이 만든 짧고 소박한 놀이적 연극 도막들이 지니는 마당극운동에서의 중요성을 설명한다. 촌극, 극놀이, 탈놀이 등으로 지칭되는 이것들은 아직 독립적인 공연이 되기는 힘든 소박한 연극 도막들에 불과하지만, 이러한 소박한 연극 만들기는 비전문인의 마당극 창작의 기초인 동시에 비전문인들의 생활체험과 인식을 객관화하는 교육으로서의 의미를 주장하고 있다. 또한 「삶과 노동의 놀이」와 「새로운 대동놀이를 위하여」는 실제로 축제와 의례를 변화시킨 실제 사례와 실천적 제안을 담고 있는데, 그 축제·의례들은 비전문인의 자기표현 교육의 성과를 바탕으로 하고 있다. 「마당극에서 마당굿으로」에서 거론한 사례가 <소리굿 아구>, <돼지풀이>, <함평 고구마>, <녹두꽃> 등 비교적 독립적 공연으로 성립된 연극 작품임에 비해, 류해정과 김성진의 글에서 거론한 사례의 상당수는 독자적 연극 공연으로 성립되기 힘든 다양한 공연예술 활동들임은 주목할 만하다.

실제로 이 시대의 마당극운동은, 노동조합이나 야학에서 연극교육이나, 농촌 마을에서의 풍물 교육 등을 해왔으며 이들의 공연은 흔히 조합이나 마을의 축제로서의 성격을 보여 왔다. 심지어 이들은 기독교의 예배 같은 기존의 의례에 민요나 무굿, 연극의 요소를 섞은 변형을 시도한 사례를 소개하고 있다.[30] 특히 류해정의 「새로운 대동놀이를 위하여」에서 제시한 축제의 구상은,

---

30) 김성진, 앞의 글, 115~162쪽.

1983년 5월의 고려대 봄 축제를 《안암 대동놀이》라는 이름의 새로운 형태의 축제로 이끄는 결실을 맺었다.[31] 이후 각 대학이 이 방식을 받아들여, 1990년대 초까지 대학의 축제는, 1970년대의 연예인 초청 쇼와 쌍쌍파티 중심의 방식을 벗어나, 학생들의 촌극 발표, 민속놀이, 대규모의 줄다리기 등으로 이어지는 '대동놀이' 방식으로 이루어졌다. 또한 1987년 이한열 장례식과 1991년 강경대 장례식 등 1980년대 중반 이후 민주화운동 맥락에 있는 장례식들이 노래·춤과 풍물패의 행진 등 연출된 공연으로서의 성격을 띠게 된 것, 예식장에서 이루어지는 서양식 결혼식 대신 초례청에서의 맞절과 공연이 곁들여지는 방식으로 구성된 새로운 혼례가 유행한 것[32] 등도 같은 맥락에서 이해할 수 있다. 1980년대에 생긴 이러한 변화는, 일반 비전문인들에 의해 자연발생적으로 이루어진 것이 아니라, 마당극운동 속에서 다분히 전문적인 구상과 기획, 연출에 의해 실험되고 다듬어지면서 전국적으로 확산된 것이었다.

조형예술 분야의 예술운동에서도 양상은 비슷했다. 마당극운동이 대부분 예술계 바깥에서의 활동과 생활문화 분야로의 확산에 적극적이었던 것에 비해, 미술운동은 예술계 안과 밖에서 활동하는 그룹이 나뉘어 있는 양상을 보였다. 1980년에 진보적 미술운동을 처음 시작한 동인 '현실과발언'과 1982년에 출발한 동인 '임술년'이 비록 주류 미술계의 외곽에 위치하기는 했을지언정 주류 미술계와 마찬가지로 전시장 중심의 활동을 했던 것에 비해, 1979년 9월 홍성담이 주축이 되어 결성된 '광주자유미술협의회'

---

31) 이영미·우수홍, 「우수홍 구술채록문」, 이영미 편저, 『구술로 만나는 마당극 5』, 고려대 민족문화연구원, 2010.

32) 고미석(기자), 「결혼풍조 이대로 좋은가 (13) 전통혼례 늘고 있다」, 『동아일보』 1987. 5. 4. 이 기사는 놀이마당에서 하객과 어울리는 결혼, 마당밟이 풍물을 앞세우고 청색과 홍색 두루마기를 입은 신랑 신부가 초례상에서 맞절을 하고, 밀양백중놀이의 오북춤이 축무(祝舞)로 공연된 결혼식, 일률적인 바그너 <결혼행진곡> 연주가 아닌 삼현육각이나 풍물 반주를 쓰고 축가로 판소리 중의 <사랑가>를 부르는 결혼식 등을 소개하면서, "이 같은 현상은 70년대부터 대학가에 자리잡은 탈춤 등 우리 민속 연구에 대한 관심의 연장으로도 풀이된다"고 설명하고 있다.

와 1982년 김봉준이 주축이 되어 발족한 동인 '두렁'은 전시장으로 대표되는 기존의 미술 유통구조의 바깥의 활동에 치중했다. 이들은 시민미술학교를 통한 비전문인 교육을 개최하고 다량 생산으로 값싼 공급이 가능한 판화 등을 유행시켰다. 또한 마당극 공연에 쓰이는 탈과 깃발, 탱화를 원용한 대형 걸개그림과 벽화 등 많은 사람들이 볼 수 있는 야외용 작품, 타 분야 예술과 결합한 대중적 그림인 만화 등을 주로 창작하여, 기존의 미술계 내부의 관행과 전혀 다른 방식의 활동을 전개했다. 마당극운동이 '무대극'과 '마당극'이라는 새로운 용어를 만들어낸 것과 마찬가지로, 이들은 기존의 전시장 중심의 미술과 구별되는 자신들의 작품 활동을 지칭하는 말로 '현장미술'이라는 말을 썼다.

흥미로운 것은, 이 현장미술을 시도한 두 그룹이 모두 마당극운동과 긴밀히 연관되어 있다는 점이다. 광주자유미술협의회는 1980년 5월의 광주항쟁을 통해 광주 지역의 마당극운동과 결합하여 함께 활동하였고, 두렁은 홍익대 탈춤반 멤버이면서 미술대학 학생이었던 사람들이 주축을 이루고 있다. 이들의 작품이, 기존 미술계의 작품 경향과 달리, 탱화와 굿그림, 민화, 전통연희의 여러 소품 조형물 등, 전근대시대 조형예술의 형상화 방식과 민속연희의 미감을 적극 계승한 것, 전문인들의 대형 집단창작이 많고 비전문인 창작에 적극적이었던 점 등을 한 것은, 바로 마당극운동의 활동방식과 궤를 함께하며 발전했기 때문에 가능한 일이었다.

주목할 만한 점은, 이들의 작업이 전시장 밖의 그림, 벽화 같은 공공미술 등을 넘어서서, 연극과 집회에 필요한 탈과 깃발, 만장 등의 다양한 소품과, 옷이나 달력, 손수건 같은 생활소품으로까지 나아갔다는 것이다. 특히 두렁 멤버였던 이기연이 주도한 1984년 민족생활문화연구소 내의 우리옷 사업단(이후 '질경이우리옷'으로 발전함)은,[33] 옷의 디자인과 새로운 문양 개발로 시작하여 본격적인 개량한복의 제작으로 나아갔고, 1980년대 말

---

33) (주)질경이 홈페이지 참조. http : //www.jilkyungyee.co.kr/

이 흐름이 급격히 확산되어 생활한복 붐으로 이어져 지금에 이르고 있다. 1990년대 이후 전시장 바깥으로 나간 미술운동의 흐름은 훨씬 다양한 파급력을 보였는데, 1980년대 미술운동의 막내들은 출판계의 일러스트 일을 적극적인 자신의 일로 받아들였고 1990년대 이후 일어난 어린이 책 붐을 맞아 본격적인 그림책 작가 첫 세대를 이루었다.[34] 또 1990년대 말부터 활발해진 마을 벽화 그리기 등의 공공미술 활동 역시 이 흐름의 맥락에 있다고 할 수 있다.

이렇게 1980년대에 문화운동이라 지칭되었던 공연예술과 미술 분야의 예술문화운동은, 기존 예술계의 바깥에서 작품 경향과 유통구조 양쪽에서 모두 다른 방식의 활동을 전개했다. 그 방향은 모두 일반인들의 삶과 긴밀히 결합되는 방식을 추구한 것이고, 작품을 삶의 공간으로 긴밀하게 이동시키는 방식으로부터 출발하여, 삶 속의 다양한 예술적 요소들의 변화에 적극적으로 개입하는 등의 문화적 실천을 지속적으로 해온 것이라 할 수 있다.

2. 공동체와 조직, 그리고 교육

이 시대의 예술문화운동이 예술계 내의 운동이 아닌 문화운동임을 보여 주는 또 하나의 지점은 '공동체'에 대한 관심과 노력이다.

> 문화사업이란 주로 선진문명을 후진지역에 소개하거나 상층문화를 하층에 보급하는 사업을 일컫는 말로서 민중 스스로의 능력을 개발하기보 다는 일방적으로 베풀어 주면서 물량적으로 과시하거나 행사적 의미에 그치는 경우가 많은데, 문화를 빙자해서 영리를 추구하는 경우마저 없지 않아 비판의 대상이 되기도 한다. 문화정책이란 관에서 주도하는 것이므로 (중략).

---

34) 차형석(기자), 「안데르센도 미소를 짓다(특집2–세계가 주목하는 우리 그림책)」, 『시사인』 292호, 2013. 4. 20, 54쪽.

그럼 문화운동은 무엇을 말하는가? (중략) 그리고 문화운동이란 한 시대를 살아가는 개개인의 문화적 요소를 그 동질성과 전진성을 기초로 하여 하나의 커다란 흐름으로 합류케 함으로써 추진력을 극대화하고, 아울러 그것이 다시 개개인의 심성이나 정서 속에 고루 되돌려지게 함으로써 확대재생산의 구조를 갖추게 하는 공동의 모임과 움직임을 뜻한다. 그리하여 문화운동은 문화의 가치·효용성·영향력에 대한 신뢰를 바탕으로 인간정신의 변혁과 민족적·민중적 공동체의식의 고양을 목표로 전개된다.[35]

마당극운동을 처음부터 이끌었던 두 대표주자의 1982년 글에서, 문화사업이나 문화정책, 문화주의 등과 구분지어 문화운동을 설명하는 대목이다. 다분히 선언적인 표현들로 채워져 있는 이 대목에서 '공동체의식의 고양'이란 말은 주목을 요한다. 이보다 앞서 임진택의 「새로운 연극을 위하여」에서도 "마당극이 이루어진 근본적인 활력이 공동체적 유대감에 있"다고 설명하고 있지만, 이는 관중과 연희자가 유연하게 소통하고 때때로 하나로 통일되는 마당극에 대한 설명에 국한한 것이었다. 그러나 위의 인용문을 보면 '공동체의식', '공동체적 유대감', '공동체정신', '공동체문화' 등을 단지 마당극의 특성에 국한하지 않고 문화운동의 목표의 하나로 설정하고 있는 것이다.

'공동체'란 말은 1980년대 중반까지의 예술문화운동에서 매우 빈번히 등장하는 말이다. 이는 문화운동의 지닌 이들이, 예술작품의 변화가 아닌 문화의 변화를 목표로 하고 있고, 그 목표의 하나가 공동체성을 지닌 문화이기 때문이었다. 공연예술 분야 예술운동과 가장 긴밀한 관련을 맺고 있던 부정기간행물인 『공동체문화』[36]의 창간사에서도 이렇게 밝히고

---

35) 채희완·임진택, 앞의 글, 196~197쪽.
36) 『창작과비평』, 『문학과지성』, 『뿌리깊은 나무』까지 폐간을 당한 1980년대 초는, 정기간행물 등록이 필요 없는 부정기간행물(당시에는 '무크'라는 표현을 많이 썼다)의 전성시대였는데, 마당극운동을 해오던 이들이 만든 부정기간행물은 1983년 9월 첫 호를 내는 『공동체문화』(도서출판 공동체에서 출간)였다. 1984년 민중문

있다.

우리는 민족통일과 민중생존에 대한 심화·보편화된 문제제기를 위해 '전형적이고 새로운' 문화의 개념을 정립하고자 한다. 문화는 한 사회의 의식구조에 바탕에 깔려있는 '스며드는 모체(母體)'로서, 식민지배의 가장 원천적이고 가장 집요하고 가장 타락한 도구로 전락하기도 하지만, 그 건강하고 전투적인 민중적 감수성이 회복여부에 따라 가장 첨단적이고 가장 효과적인 무기가 될 수 있음을 우리는 제3세계 모든 실천적 문화운동의 예에서 보았다. 주체적이고 통일지향적인 '공동체적 감수성'을 갖춘 문화가 서민의 생존의식 속에 튼튼한 뿌리를 내려야함은 바로 이 때문이다.[37]

그러나 막상 그 공동체가 어떤 의미이며, 공동체문화의 성취가 무엇을 의미하는 것인지에 대해서는 그리 쉽게 설명하기 힘들다. 물론 같은 글 안에서도 국가·민족 단위의 민족공동체에서부터 전근대사회의 농촌공동체 같은 경제적 공동체, 혹은 집단적 유대감 정도의 의미로 읽히는 공동체의식 등 다양한 의미의 공동체란 말을 뒤섞어 쓰고 있고, 그러면서도 자신들의 활동이 '복고적인 공동체회복운동'과는 구별되어야 한다고 주장하고 있기 때문이다. 이들이 생각하는 공동체의 실체가 과연 무엇인지를 정확하게 알기는 어렵고, 또 개인이나 그룹마다의 편차가 크다고 보이는데, 그나마 이 시기 마당극운동 중심의 예술운동에서 생각하고 있던 공동체에 대한 생각을 짐작할 수 있게 해주는 글이 『공동체문화』 첫 호에서 야심차게 마련한 권두좌담인 「공동체에 대한 역사·경제학적 전망과 문화운동의

화운동협의회가 창립되면서, 도서출판 공동체는 이들과 같은 사무실을 썼고 『문화운동론』 1·2와 『노래운동론』을 내기도 했으니, 이들의 긴밀한 관계는 문학운동에서 자유실천문인협의회와 『실천문학』과의 관계와 비견될 만하다.

37) (미상), 「분단극복의 문화운동」, 『공동체문화』 1집, 공동체, 1983, 4쪽. 창간사에 해당하는 이 글은 '공동체선언'이라는 꼭지 이름이 붙어있고, 문체로 보아 채희완이 쓴 것으로 추정된다.

시각」이다. 경제학자·역사학자인 정윤형·정창렬과, 민요에 관심 있는 시인 신경림, 그리고 탈춤반 출신으로 예술문화운동을 해온 채희완, 김순진, 김상태(화가라는 직함과 발언 내용으로 미루어 보아 김봉준이 가명으로 참여한 것으로 추정됨)가 참여한 좌담인데, 이 좌담을 보면 역사학자·경제학자들과 예술운동 멤버들의 생각의 간극이 확연히 확인된다.

정창렬과 정윤형은 중세적인 농촌공동체 같은 경제적 기반을 가진 공동체는 이 시대에 복원하는 것은 불가능하고, 산업화 이후 인간소외 등의 현상에 대한 반성으로 전근대사회의 공동체를 이상적 모델로 설정한 이론이나 사회운동이 존재했으나 모두 실패했다고 지적한다. 그러나 역사 속에서 의병운동 등의 투쟁이 전근대적인 공동체적 관계에 의존하는 측면이 없지도 않으며, 다른 한편으로는 제국주의 세력이 식민지의 공동체적 관계를 강화시켜 수탈을 위한 도구로 사용하기도 하고, 문벌이나 혈연에의 의존을 강화하는 부정적 측면이 있음을 지적한다. 현대의 사회운동에서 공동체적 관계는 저항의 힘을 모으는 방법이자 투쟁동원의 연줄이었지, 저항의식 자체가 공동체적 삶과 관련이 있는 것은 아니며, 개인주의적 문화에 대한 반감으로 마을공동체 형태에 향수를 느끼는 것은 경계할 일이라고 지적한다.[38] 흥미로운 것은, 이러한 역사학·경제학자들의 지적에 대해 예술문화운동 멤버들이 별다른 반론을 펴지 않으면서도, 여전히 공동체의 중요성을 강조하고 있다는 점이다. 이들은 전근대적인 공동체적 관계를 청산해야 하지만 '새로운 삶의 공동체를 창조'[39]해야 하며, 공동체의 원형으로 전통 민속연희가 이루어졌던 농촌공동체를 계속 거론하고 있고, 현대의 대중문화 등의 문제를 극복하기 위해 공동체문화의 회복이 중요하다고 강조하고 있는 것이다. 그래서 이 좌담의 논의는 계속 삐걱거리는 양상을 보이고 있다.

---

38) 정창렬·정윤형·신경림·채희완·김상태·김순진, 「공동체에 대한 역사·경제학적 전망과 문화운동의 시각」(좌담), 『공동체문화』 1호, 공동체, 1983, 10~24, 36쪽.
39) 같은 글, 31쪽.

이런 현상은 예술운동 멤버들이 주장하는 공동체는 이론적인 타당성을 지니고 있다기보다는 다분히 체험적인 면에 근거하고 있기 때문으로 보인다. 탈춤과 마당극 활동을 하고 농민·노동자를 만나 활동하면서 갖게 된 특정한 체험이, 예술운동 내부에서 공동체라는 말로 집약되어 확고하게 고착되어 이 시기에 이르렀고, 자신들이 생각하는 공동체가 역사학자·경제학자들이 지적하는 경제공동체의 실현 불가능성이나 공동체적 관계의 다양한 해악들과는 다소 무관한 것이라고 확신하고 있는 것이라고 추측할 수 있다.

1980년대 초의 사회운동과 예술운동의 실천 수준에 미루어 보자면, 이들이 공동체라는 개념을 소환하도록 한 체험은 크게 두 가지로 볼 수 있다. 이들의 활동은 크게 공연과 비전문인 동아리 대상의 교육·조직화로 양분되므로, 공동체라는 개념을 소환한 체험 역시 이 두 가지와 관련 있다. 탈춤이나 마당극은 서구 근대예술을 전범으로 삼은 기성 예술계의 작품들과 달리, 관중의 집단적이고 자발적인 참여와 이에 상응하는 연희자의 호응이 핵심적 원리이자 특징이다. 이는 연희자와 관중이 집단화되는 강렬한 체험을 만들어내고, 집단성과 자발성이라는 점에서 공동체와 연관성을 지닌다. 실제로 전통연희가 지닌 관중참여적인 성격은, 전근대시대의 공동체 성원이 지닌 집단성과 자발성에 바탕하고 있는 것이었다. 전근대시대의 공동체가 파괴된 현대 사회에서 탄생한 마당극은, 관중이 개별화된 상설 공연장이 아닌, 학교나 직장, 마을 등에서 함께 생활하는 관중 집단을 대상으로 하여 공연하는 경우가 많아 여타 연극과 전혀 다른 집단화·자발화된 관중과 주로 만나왔으며, 집단성과 자발성의 정도가 약한 관중을 만날 경우에도 마당극이 지닌 여러 형상화 방식을 통해 집단성과 자발성을 비약적으로 고양시킨다.[40] 이러한 공연을 누적적으로 경험한 이들은, 자신들의 활동이 공동체성을 회복하고 고양시키는 활동이라고 확신했을 것이다.

---

40) 이영미, 『마당극 양식의 원리와 특성』, 시공사, 1998 참조.

한편, 공연으로 고양된 관중 집단의 집단성·자발성은 강렬하면서도 일시적이지만, 교회나 야학 등의 동아리에서 비전문인들에게 극놀이나 풍물 등을 가르치고 함께 창작하는 활동은, 구성원의 집단성·자발성의 고양이 지속적으로 이루어짐으로써 조직화와 사회의식 발전에 기여한다. 자신들의 교육이 유대감의 고양뿐 아니라 실질적인 조직화의 결실로 남는 것을 경험한 이들은, 자신들의 활동이 '공동체 의식', '공동체성'의 고양뿐 아니라 '새로운 공동체 구성'을 가능하게 한다는 생각을 했을 수 있다. 물론 노동자·농민·빈민을 대상으로 했던 이러한 조직화와 교육이 '공동체의 회복' 혹은 '새로운 공동체의 구성'이라고 이야기할 수 있는지에 대해서는 의문의 여지가 있다. 그것들은 농민운동·노동운동의 발전 과정에서 언제든지 해체되거나 재조정되어야 하는 성질의 것이기 때문이다. 하지만 이러한 생각이 발전한 시기는 1970년대 후반부터 1980년대 초까지의 시기이다. 노동자와 농민의 조직화 수준은 매우 낮았고, 그나마 1970년대까지의 민주노조들이 1980년 봄에 모조리 와해되어 대부분의 사업장에서 노동조합(어용노조를 제외하고는)이 존재하지 않았으며, 농민운동도 가톨릭농민회나 기독교농민회 같은 종교조직에 근거한 농민조직에 기대고 있던 시절이었다. 따라서 이 시기에는 조직화 자체가 매우 중요한 성과이고 귀한 경험이었으며, 이러한 조직이 향후 어떤 성격으로 발전할지에 대해서는 아직 논의될 수준이 아니었던 시기이다. 조직화 자체가 불온시 되었고, 노동자·농민들도 심리가 위축되어 조직화의 진척이 더뎠던 때에, 탈춤·연극·풍물 등 공연예술 교육을 통한 조직화는 상당한 성과를 보였다.

앞 절에서 언급한 류해정과 김성진의 글, 그리고 박인배의 「생활연극 체험기」, 「공동창작에 대하여」[41]는 이 시기 비전문인 대상의 교육 성과와 원칙 등을 서술한 글이며, 이 정도의 기록이 나왔다는 것은 상당한 성과가

---

41) 각각 『시와 경제』 2집(육문사, 1982)과 연우무대 <허연 개구리> 공연팸플릿에 발표되었으며, 이영미 편저, 『구술로 만나는 마당극 3』(고려대 민족문화연구원, 2011)의 '박인배 편'에 재수록되어 있다.

축적되었음을 말해주는 것이다. 즉 이들은, 공연예술 시장에서의 활동을 넘어서서, 비전문인 대상의 예술교육, 이를 통한 조직화와 조직 강화 활동을 하고 있었고, 이는 자신들의 활동이 '예술' 영역에 국한되지 않고 '문화' 영역의 일이라는 인식이 뒷받침되어야 가능한 것임은 말할 것도 없다. 이러한 활동에 대한 자신들의 경험을 집약해주는 것으로 이들은 '공동체'라는 말을 소환해낸 것이다.

그러나 공동체에 대한 이들의 생각은, 이후 사회운동 전반이 발전하면서 점차 달라질 수밖에 없었다. 공연이나 예술 교육 과정에서의 집단성·자발성 고양의 체험은 여전했지만, 1985년 구로연대투쟁을 계기로 노동운동의 성장이 가시화되고 발전방향에 대한 논의가 활발해지면서 단순한 조직화를 넘어선 조직의 위상이나 발전방향까지를 고려할 수밖에 없는 시대가 되었기 때문이다. 부정기간행물 『공동체문화』도 1986년의 3집에 이르면 예술운동 분야의 공동체 논의가 제거된 생활공동체 논의로 축소되고,[42] 민중문화운동협의회의 기관지인 『민중문화』에서도 창립 시기인 1984년에는 종종 등장하던 공동체에 대한 이야기가[43] 1985년 즈음에 이르면 거의 사라진다. 민중문화운동협의회는 1986년 한 해 동안, 문화운동이 노동·농민운동과 어떤 방식의 조직적 관계를 가지는 것이 옳은가 하는 문제를 놓고 열띤 토론을 벌인 결과, 노동자와 농민을 대상으로 공연을 하거나 교육은 자신들의 활동영역이지만 그들 조직에 대한 정치적·조직적 지도는 자신들의 일이 아니라 각 계급·계층운동에서 해야 하는 일이 아니라는 결론을 내었다.[44] 이제 공동체란 그저 정서적 유대감 등을 의미하는 '공동체의식'으로

---

42) 『공동체문화』 3집에는 '공동체를 어떻게 볼 것인가'라는 특집으로, 신부 정호경이 쓴 「생활공동체란 무엇인가」, 박재일·정성헌 등 농민운동가들이 참여한 좌담 「생활공동체운동, 그 평가와 전망」, 그리고 민속학자 임재해가 민속문화를 설명한 글 「마을공동체 민속의 통합적 기능과 생산적 기능」이 수록되어 있다.

43) 『민중문화』 창간호(민중문화운동협의회, 1984. 6.)에는 송기숙의 「선인들의 공동체적 삶의 모습－두레와 어촌계」 및 신용하의 「두레공동체와 농악의 사회사」의 요약된 글이 수록되어 있다.

44) "1986년 여름수련회에서 민문협은 민중문화운동을 지향하는 (전문)지식인의 조직

서 의미 있을 뿐임이 명확해진 셈이다. 이후 예술운동의 노동·농민 대상의 예술교육은, '새로운 공동체의 구성'이 아닌 '대중문예사업', '연극교육', '풍물교육', '노래교육' 등으로 지칭되었고, 이는 1990년대까지 줄곧 공연 활동(작품 활동)과 함께 예술문화운동의 중요한 두 축을 이루었다. 이렇게 '공동체'를 둘러싼 논의와 실천은, '문화'라는 말을 통해 예술의 공공성의 한 영역에 대해 새롭게 눈뜨고, 실천 과정에서 예술인들이 공공적 활동을 할 가장 적절한 영역이 무엇인지를 모색해간 과정을 보여주고 있다.

3. 민중문화운동협의회의 관할 범위와 그 변화

공연예술 중심의 예술문화운동이 가진 '문화운동'이라는 자기정체성은, 1984년 협의체적 조직으로 만든 민중문화운동협의회(1987년 이후 '민중문화운동연합'으로 개칭)의 포괄 범위에서도 나타난다.

1984년 4월에 창립한 민중문화운동협의회(이하 '민문협')는, 대학에 총학생회를 허용하고 반(半)합법 수준의 이른바 '재야단체'를 허용했던 제5공화국 정권의 후반기에, 민주화운동청년연합, 노동자복지협의회에 이어 세 번째로 생긴 재야단체였다. 김근태가 수장을 맡은 민주화운동청년연합이 학생운동 출신들이 모인 청년정치단체이고, 노동자복지협의회가 동일방직·원풍모방·콘트롤데이타코리아 등 1970년대 민주노조운동을 하다 해직된 세력이 모인 단체였으므로, 민문협은 예술문화운동의 협의체적 조직으로서는 최초였다고 할 수 있다.

민문협은 마당극운동 출신들이 주축을 이루었지만, 초기에는 흥미롭게도 문학, 미술, 언론, 출판, 교육, 종교 등 문화의 여러 분야를 포괄하는 모양새를 갖추었다. 민문협은 의장이 없고 실행위원회가 의장단의 구실을 했으며 사무국장이 업무를 총괄하는 조직구성을 하고 있다. 그런데 실행위

이라 규정짓게 되었다. 따라서 전문예술인을 '조직대상'으로 노동자와 농민의 기층 민중을 주 '활동대상'으로 설정하게 된 것이다." 박인배, 「민중문화운동의 평가와 전망」, 『실천문학』 32호, 1993. 9, 275쪽.

원회 구성을 보면, 채희완을 제외하고는, 송기숙(소설가), 원동석(미술평론가), 허병섭(목사), 황석영(소설가), 김종철(언론인, 문학평론가), 여익구(불교인), 호인수(신부), 김학민(출판인), 최민화(청년운동가), 채광석(문학평론가) 등 여타 분야의 사람들로 구성되어 있다. 마당극운동의 최고 선배인 채희완이 불과 30대 중반의 나이였고, 제도권 밖에서 집단적으로 활동하는 공연예술 분야 운동의 특성상 문학이나 미술에 비해 상대적으로 명망가의 수가 적으므로, 30대 후반 이상의 다소 명망성 있는 사람들이 실행위원회로 포진하여 조직을 보호하고 활동을 조율하는 방식을 택하고 있었던 것이다.

하지만 민문협의 하부는 이와는 전혀 다른 모습이었다. 처음 민문협이 출범할 때에는 하부가 존재하지 않았지만, 이내 그동안 서울에 근거지를 두고 활동하고 있던 각 분야의 예술집단이 민문협의 소속 단체로 합류했다. 1984년부터 1986년까지의 단체를 열거해보면, 놀이패 한두레, 노래모임 새벽, 민요연구회, 풍물패 터울림, 춤패 신, 굿패, 비나리, 극단 천지연 등의 창작·공연을 주 활동을 하는 공연예술 모임과, 미술패 두렁, 영화패 서울영상집단이 민문협 하부의 모임(당시에는 '소집단'이라는 표현을 주로 썼다)이었다. 예술 분야에서도 문학은 민문협에 들어오지 않았다는 것이 흥미로운데, 주로 개인 단위로 작품활동을 하는 문학인들과, 집단의 형태로 활동하는 민문협 소속 모임들과의 이질성이 가장 큰 진입장벽이었을 것이다. 그러나 미술 분야 모임들이 들어오지 않았다는 것은, 문제가 비단 개인이냐 집단이냐의 차이만이 아님을 말해준다. 미술운동 단체 중 오로지 두렁만이 민문협에 참가한 것은, 민문협이 집단으로 움직이며 기성 예술계의 생산·유통구조를 과감히 벗어날 수 있는 모임들, 따라서 정치적 실천성이 강한 모임만이 참여할 수 있었던 예술문화운동 단체였음을 말해주고 있는 것이다. 예술 분야에서도 이러하건대, 그 외의 교육, 언론, 출판, 교육처럼 전혀 활동 방식이나 멤버의 성향이 다른 분야가 민문협에 참가하여 함께 활동하기는 거의 불가능했을 것으로 보인다.

이처럼 민문협에서 포괄하지 못하는 분야는, 이후 자유실천문인협의회

(1970년대부터 이어져 온 단체로 1984년 재창립), 민족미술협의회(현실과 발언, 임술년, 서울미술공동체 등이 주축이 되고 두렁 역시 가입되어 있음, 1985년 창립), 한국출판문화운동협의회(이른바 대학생과 운동권이 애독하는 도서를 주로 발행하는 진보적 출판사들의 단체로 1986년 출범), 민주언론운동협의회(해직 기자들이 중심이 된 단체로 1984년 창립), 민주교육실천협의회(1985년 부정기간행물 『민중교육』 출간과 이 관련 교사의 사법처리를 계기로 1986년에 창립된 단체)로 각기 별도의 협의체를 발족한다. 이 5개 단체와 민문협을 합하여 '문화 6단체'라 불렀고, 이들 협의체들은 이른바 재야단체들이 중심이 되어 움직이는 전체 민중·민주운동 판에 문화 분야를 대표하여 활동했다.[45] 그런데 이 문화 6단체 중 민문협은, 구성원의 나이가 가장 젊고 학생운동 경험이 많으며 집단력도 강했고, 또 각 대학 예술 분야 진보적 동아리에 대한 지원 등을 통해 계속 새로운 인력을 충원 받는 활동력 있는 단체였다. 따라서 잦은 회의나 강도 높은 수련회 등을 열 수 있을 정도로 협의체의 응집력이 가장 강했고, 성명서 발표, 시위, 농성, 노동·농민운동 지원 등 집단적인 실천 활동을 가장 활발하게 펼칠 수 있는 단체였다. 따라서 민중·민주운동의 연대 틀 안에서 문화 분야를 대표하는 단체의 위상을 지니고 있었고, 다양한 분야의 정체성을 가진 실행위원회가 오랫동안 유지되었던 것은 바로 이러한 민문협이 지닌 독특한 위상과 무관하지 않다.

이렇게 민문협은 애초에 설립 시기의 목표와 무관하게, 실제로는 공연예술 창작 소모임의 단체가 되었지만, 그럼에도 불구하고 자신들의 예술이 문화의 한 분야이며, 정치 영역에서 주로 활동하는 청년운동과 학생운동, 노동·농민·빈민운동 등과 연대하여, 이 사회의 정치·경제적 변화와 함께 예술문화의 변화를 이룩하는 활동을 하고 있다는 정체성을 지니게 되었다.

---

45) 예컨대 1987년 6월항쟁을 전후한 시기에 이 문화 6단체는 공동성명서 등을 발표했고, 언론에서도 '재야 6개 문화단체'로 함께 서술하고 있다. (기자), 「재야 6개 문화단체 '4·13' 관련 공동성명」, 『동아일보』 1987. 4. 16. 참조.

민문협에 소속된 문화 소집단이, 일반적인 시위나 농성에 민문협 단위로 참가하고, 집회·조직·교육에 효용성을 지닌 작품을 적극적으로 생산하고 종종 직접 파견 나가 예술교육 활동을 전개한 것은, 자신들의 예술이 예술계 내의 활동을 넘어서서 좀 더 적극적인 공공적 실천성을 지녀 사회구성원의 일상과 의식을 변화시킬 수 있고, 더 나아가 정치·경제 영역의 변화에까지 적극적으로 영향을 줄 수 있다는 확신을 가졌기 때문이다.

IV. '예술'의 복귀와 예술관의 경합

자신들의 활동이 '예술'임이 분명함에도 불구하고 '예술'이라는 말을 버리고 '문화'란 말을 채택함으로써, 자신들의 예술이 삶의 양식과 사유방식·가치체계라는 의미에서의 문화의 한 부분임을 드러낸 1970~80년대의 예술문화운동은, 1988년 이후 예술문화운동 조직의 분열과 갈등 속에서 예술관을 둘러싼 이견을 표출한다. 이 글과 관련하여 가장 두드러진 지점은, 민중문화운동연합(민중문화운동협의회가 1987년부터 민중문화운동연합으로 개칭. 이하 '민문연')의 공식적 논의에서 '예술'이라는 말과 기존의 예술 분야의 구분법이 복원된 것이다.

이 시기에 '문화운동'이라 지칭되어 온 운동을 '예술운동', '예술문화운동', '문화예술운동', '문예운동', '문학예술운동' 등, '예술'이라는 말로 복원시켜 지칭하고자 했던 경향은 1988년 조직 분열과 맞물린 경우에만 있었던 것은 아니었다. 크게 보자면 '문화운동', '문화활동'이라는 표현에서 어떤 방식으로든 '예(藝)'자를 넣는 방식으로 바뀌는 것이 대세였는데, 이는 앞서 언급한 1986년 민문협 내부의 논의의 결과에 영향 받은 것이었다. 1986년 민문협의 논의는, 예술문화운동(당시의 표현으로는 '문화운동')이 노동자와 농민 등 기층민중을 적극적으로 조직하고 예술문화운동의 성원으로 끌어들여야 하는가 여부에 대한 논의로, 예술문화운동의 조직적 정체성과 관련된 중요한 논의였다. 1986년 여름 수련회의 긴 토론 결과, 예술문화운동은 기층민중을 대상으로 활동(작품의 보급과 예술교육 등)을 하되 그들을 조직하지 않는다는 결론을 도출했다. 즉 예술문화운동은 전문적 예술인들의 조직으로, 노동자·농민 대상으로는 활동만 할 뿐 그들에 대한 조직행위를 하거나 조직책임을 지지 않는다는 것이다. 이 논쟁을 겪고 창립 네 번째 해를 맞은 1987년부터 민문협은 '민중문화운동연합'으로 이름을 바꾸고, 노동운동 조직과 별개로 공단지역인 대림동에 문화공간 '살림마당'을 운영하는 등 노동자 대상의 활동으로서 예술문화운동의 정체성에 걸맞는 활동 방식을 모색하였다.

민문협·민문연의 기관지 『민중문화』를 살펴보면, 이 시기인 1987년부터 '예술'이란 말이 부쩍 늘어남을 알 수 있다. 1987년에 처음 나온 14호에는 『민중문화』의 새로운 편집방향을 간략히 설명하고 있는데, '전체 민주·민중운동의 영역 속에서 문화예술부문의 고유한 영역을 집중적으로 담당', '민중문화·예술 실천 활동의 성과를 비롯하여 대중영화까지를 포함하는 대중문화·예술에 대한 올바른 관점에 입각한 비판, 그리고 그것에 대한 민중문화·예술적 대안제시' 등으로 '문화·예술'이라는 표현을 적극적으로 쓰고 있다. 이와 함께 '고통 받는 민중의 삶의 양식, 이념, 생활풍속'도 '민중문화'로 지칭함으로써, 문화 영역 안에 자신들의 주요한 실천이 '예술' 영역임을 분명히 자각하고 표현한 것을 발견할 수 있다.[46] 또한 14, 15호에서는 '민중예술의 이해'라는 특집을 수록하여 자신들의 전문예술 영역에 대한 관심을 적극적으로 드러내고 있다. 이는 분명히, 예술문화운동의 조직적 정체성에 대한 내부 정리를 통해, 전문예술인 조직으로서의 자각을 드러내고자 한 것이다.

1987년 6월 항쟁 이후 민주주의의 진전이 이루어지면서 합법적인 활동 영역이 넓어졌고, 1988년 3, 4월에는 전국의 진보적 연극단체들이 모여

---

46) 『민중문화』 14호, 1987. 6. 28.

최초의 전국적 규모의 민간 연극제인 ≪전국민족극한마당≫을 공공지원금 없이 두 달에 걸쳐 치러내고 이 성과를 바탕으로 그해 12월에 '전국민족극운동협의회'(이하 '민극협')를 발족시킴으로써, 기존 예술계와 다른 장에서의 활동을 고집하며 이른바 '문화'운동을 이끌어 오던 마당극 단체들이 '연극'이라는 장르 이름 아래 모이게 되었다. 이로써 문학과 미술에 이어 연극 역시, 1988년 12월에 발족한 진보적 예술문화운동의 전국 규모의 총연합회인 한국민족예술인총연합(이하 '민예총') 내의 장르 분과의 하나를 구성하게 되었다. '문화' 대신 '예술'이란 말과 연극·음악·춤 등 서구 근대의 장르 구분법이 되살아나고 있었던 것이다. 물론 민극협과 민예총의 결성은 기성 예술계의 연극협회와 예총이 존재함을 의식한 것이었고, 민예총과 별개로 노동자·농민 대상의 예술문화 활동이나 지역 내의 강도 높은 투쟁을 수행하는 단체들은 민문연, 광주민중문화운동협의회 등 별도의 조직으로 여전히 존립하고 있는 것은 분명하다. 그러나 애써 명명에서 지워버렸던 '예술'이라는 말의 복원은 그 의미가 적지 않다 할 것이다. 이후의 예술문화운동에서는 '예술'이라는 다소 불편한 말이 어떤 식으로든 사라지지 않고 자신들의 정체성을 말해주는 말로 존재하게 된다.

이러한 큰 흐름 속에서, 서울/중앙의 가장 앞서가는 예술문화운동단체인 민문연의 1988년 이후의 변화는, '예술'이란 말과 서구 근대의 장르 구분을 적극적으로 쓰고 있다는 점에서 좀 더 주목할 만하다. 1988년에 창간된 민문연의 기관지 『전망과 건설』에 수록된 「민중문화운동연합 강령」, 「강령 해설」 등을 살펴보면, 단체의 이름에 묶여 '문화운동'이라는 말을 「민중문화운동연합 강령」에서는 자주 쓰고 있기는 하지만 「강령 해설」에서는 자신들의 정체성으로 '문화·예술운동'이라는 말로 바꾸어 쓰고 있음이 뚜렷하다. 또한 이전과 전혀 다른 조직개편을 하여 창작 소집단을 해체하고 '연극분과', '문학분과', '미술분과', '춤분과' 식의 서구 근대의 장르 구분에 따른 분과 체계로 재정비하였다.[47] 흥미로운 것은 '종합연희 1분과', '종합연희 2분과'의 존재인데, 마당극과 풍물 등 서구식 장르로 구분 짓기 힘든 예술을 두 개의 분과로 나누어 놓은 것이다. 그런데 '노래분과'를 '음악분과'로 명칭을 바꾸지 않아 기존의 '노래운동'이란 명명을 남겨놓은 것에 비해, '마당극운동'이나 '풍물운동'이라는 명칭을 지워버림으로써 이 명칭에 대한 불편함을 드러내고 있다. 이는 1987년 말과 1988년 초 사이에 이루어진 민문연의 조직 분열 양상을 살펴보아야 이해할 수 있는 대목인데, 대통령선거를 치르면서 민문연이 단일한 정치노선을 표방해야 하는가 여부를 둘러싼 논쟁이 생겼고, 이 과정에서 단일하고 뚜렷한 정치노선과 강령을 표방하는(이전까지의 민문연에는 강령이 존재하지 않았다) 다소 전위적인 조직으로서의 성격을 지니는 방향으로 결론이 내려졌다. 이에 대해, 예술문화운동 조직이 강령이나 정치노선을 표방하는 당적 조직의 면모를 지니는 것에 반대한 사람들이 민문연으로부터 대거 탈퇴를 하게 된다. 그런데 민문연에 잔류하여 조직의 변화를 주도한 사람들은 노래운동과 문학인인 김정환, 연극운동을 하면서 마당극 비판에 앞장섰던 사람들이었고, 탈퇴한 사람들은 놀이패 한두레, 민요연구회, 풍물패 터울림, 그리고 마당극운동 2세대였던 박인배 등 주로 마당극을 중심으로 한 이른바 1970·80년대의 소위 '문화운동'을 주도한 세력들이었다. 즉 1970년대 전통연희의 현대적 계승 활동으로 시작하여 1980년을 전후한 시기에 자신들의 명명에서 '예술'을 제거하고 '문화'를 옹립함으로써, 예술에 대한 관점의 대대적인 변화를 성취해온 흐름이 민문연에서 탈퇴하고, 대신 전통연희와의 관련성이 없어 마당극운동의 활동 관행과 다소 서걱거렸던 노래운동이 새로운 민문연(이를 앞의 민문연과 구별하기 위해 '5기 민문연'이라 지칭하고자 한다)의 중심이 된 것이다. 이때부터 민문연에서는 전통연희와 관련성 높은 분야가 주도해왔던 공동체, 신명, 공동창작, 촌극, 대동놀이, 민중 주체의 창작 등의 말들이 사라지거나 비판의 대상으로 전락한 대신, 미학, 사상, 이념, 리얼리즘, 전망 등의 새로운 용어가 중요성을 띠고 부상했으며,[48] 이는

---

47) 정책실, 「보론2 조직노선에 대하여」, 민중문화운동연합 편, 『전망과 건설』 1호, 동녘, 1988. 8, 55쪽.

'문화' 대신 '예술'이 부상하는 현상과 같은 궤에 있는 것이었다.

1988년의 민문연에까지 남아있던 '문화·예술운동'이라는 용어는, 1989년 민중문화운동연합이 문학이론모임인 문학예술연구소와 결합하여 '노동자문화예술운동연합'(이하 '노문연')을 결성하여 활동하는 과정에서 점차 '문예운동'이라는 말로 바뀐다. 노문연의 기관지인 『노동자문화통신』을 살펴보면, 1990년의 3호에 이르러서는 이제 '문화·예술'이라는 말은 거의 사라지고 '문예' 혹은 '예술'로 대체되어 있음을 알 수 있다. 단체 이름 '노동자문화예술운동연합'과 기관지의 명칭 '노동자문화통신'에서, 혹은 노동운동권에서 이미 관행화된 '노동자문화패'라는 말이 남아있기는 하지만, 예술 분야의 글에는 거의 '문화예술', '문화·예술' 대신 '문예' 혹은 '예술'이 쓰이고 있고, 심지어 전문 예술문화운동 창작집단을 '문예패'라고까지 지칭하고 있다.49) '문예'는 '문화예술'의 준말이기도 하지만 '문학예술'의 준말이기도 하다. '문예'란 말은 다양한 해석이 가능하면서도 '문화'란 말의 노출은 피할 수 있다는 점에서, '문화운동'을 표방하며 이전의 예술문화운동을 주도했던 마당극운동 계열 흐름을 명분상 계승을 부정하지 않는 동시에 그것과의 실제적 차별성을 드러내기에 유리했을 것이라 추측할 수 있다.

노문연 창립 이후, 미학과 예술이론은 훨씬 정교하게 정돈되었다. 특히 사회주의 미학과 예술론의 전면적 수용이 눈에 띄는데, 이는 진보적 지식인들 사이에서 사회주의 사상과 미학에 대한 학습 수준이 높아진 것에 힘입고, 특히 이에 대한 이론 학습에 몰두해 온 문학이론모임인 문학예술연구소가 조직의 한 축으로 들어온 것에 기인한 측면이 크다. 문학예술연구소의 멤버들은 신승엽·김명환 등 대학에서 문학을 전공한 석박사급의 연구자들

---

48) 같은 책에 수록된, 구성연출분과의 「집체극에 대하여」, 의장의 「강령 해설」 등에서 이는 쉽게 확인된다. 이영미, 『마당극·리얼리즘·민족극』, 현대미학사, 1997, 197~250쪽 참조.

49) 편집부, 「책을 펴내며 ; 문예조직의 노동자계급적 통일을 향하여」, 노동자문화예술운동연합 편, 『노동자문화통신』 3호, 1990. 12, 10쪽.

이었고, 뒤이어 노문연과 연대하여 기관지에 글을 수록한 미술비평연구회의 멤버들 역시 심광현 등 미술학·미학 분야의 연구자들이었다. 이는 민문연 조직 분열 때에 민문연을 탈퇴한 사람들이, 노동운동의 문화사업 담당자들과 결합하여 '서울노동자문화예술단체협의회'(이하 '서노문협')를 결성한 것과는 사뭇 대조되는 측면이다.

5기 민문연에 참여하지 않고 민문연을 탈퇴한 사람들은, 이전의 창작소집 단인 한두레, 민요연구회, 터울림 등을 유지하거나 이와 동일한 형태인 극단 현장 등을 새로 창단하면서 주로 노동자 대상의 작품 활동과 예술교육 활동을 해왔다. 그리고 1989년 여름에 이들은, 새로 결성된 노동자노래단·예울림 등의 노래패와, 노동운동권의 다양한 문화 활동을 해오고 있던 '서울노련 문화부', '구로지역 문화공간', '성문밖교회 문화부' 출신의 핵심 활동가들을 규합하여 만든 것이 서노문협이었다. 박인배·김애영 등 1970년 대 이래 마당극운동을 통해 축적한 노동자·농민 대상의 활동의 노하우를 축적·계승한 사람들과, 여기에 김자영·장기호·박혜숙 등 1980년대 초중반 탈춤·마당극패 출신으로 노동운동 단체에 들어가 문화 관련 업무를 몇 년 간 계속하며 기획·조직 능력과 노동운동계의 네트워크를 확보한 사람들이 모인 셈이었고, 따라서 1988년부터 1990년대 전반기까지 노동운동 급성장 시기에 요구되었던 엄청난 양의 노동자 대상의 작품(노동연극과 노동가요 등)과 교육 등을 감당했던 핵심적 단체의 위상을 지니게 되었다. 5기 민문연에 뒤이은 노문연이 이른바 'PD'의 정치적 노선을 명확히 한 것에 비해, 서노문협은 정파(政派)의 다양성이나 애매함을 용인하는 원칙을 고수했고 이는 오히려 이들의 운신의 폭을 실용적으로 넓혀주었다.

두 단체의 이런 차이는 당연히, 이론적 정교함과 노동자 대상 활동의 실천성 양쪽 중 어느 한 쪽의 강세를 보이는 식으로 나타났다. 흥미로운 것은 노문연의 이론적 정교함이 마르크시즘 미학과 예술론에 크게 기대고 있었고, 이는 작품 중심의 사고체계를 바탕으로 하고 있었다는 점이다. 즉 예술이 현실세계의 반영이므로, 올바른 반영을 위해서는 전형성을 중심으로 한 리얼리즘(이 시기 노문연은 '현실주의'라는 용어를 썼다)의 예술방법이 필요하며, 노동해방의 전망을 지닌 당파적 현실주의를 위해서 올바른 사상과 당파성을 견지해야 한다는 입장을 지니고 있었다.50) 이러한 예술론은 작품과 현실세계와의 관계를 적극적으로 설명하고 있다는 점에서 기성 예술계에 오랫동안 뿌리박은 순수주의 예술관과 배치되지만, 다른 한편으로는 여전히 작품 외적인 생산·유통·소비 등의 맥락을 제거하고 작품 내적인 면에 치중한 이론이라는 점에서 기존의 예술관과 동일하다. 물론 이들도 비전문인인 노동자들의 민중창작이 전문창작 못지않게 중요하다는 점을 인정하는 것으로 보아 유통·수용 등 작품이 위치한 콘텍스트에 대한 고려를 하지 않는 것은 아니다.51) 그러나 마당극운동에 비해 노동자·농민 대상 활동의 경험이 적은데다가 마당극에 대해 비판적 태도를 보여 온 노래운동과, 여전히 제도권 내의 유통에 의존하는 정도가 높은 문학 분야의 연구자들이 활동의 중심에 서 있는 노문연은 상대적으로 작품 중심의 예술관을 강하게 드러내기 쉬웠고, 이러한 작품 중심의 익숙한 예술관을 마르크시즘 예술론의 권위가 강고하게 버텨주었던 것이다.

따라서 예술문화운동 내에서 10여 년 이어져 온 기존 예술관으로부터의 탈피와 예술문화로 이해하는 사고방식은, 1980년대 말에 이르러 기존의 예술관의 새로운 도전에 직면한 셈이었다. 사상성과 작품 중심적인 예술관으로는, 비전문인의 연극교육의 방법론으로 제출된 촌극론은 자생적 수준에 머물고 있는 사상성 낮고 예술적으로 조야한 연극을 절대시하는 사고로, 작품의 리얼리즘적 성과가 아닌 창작주체의 신원에 매달리는 비과학적이고 대중추수적인 태도로 비판받았고, 신명이나 공동체의식은 범신론적 미의식이나 봉건적 사고방식으로 치부되었다.52) 그러나 다른 한편으로, 이론

50) 김성수·서은주·오형엽, 「문학」, 한국예술종합학교 한국예술연구소 편, 『한국현대 예술사대계』, 시공사, 2005, 37~85쪽.
51) 노문연 중앙위원회, 「민중창작에 관하여」, 노동자문화예술운동연합 편, 『노동자문화통신』 3호, 1990. 12.
52) 이영미, 『마당극·리얼리즘·민족극』, 현대미학사, 1997, 197~250쪽 참조.

구사 능력이 높은 이들이 공연예술 중심의 예술문화운동과 결합하여 노동자들의 예술활동의 존재를 가까이에서 체험함으로써, 예술에서 생산·유통·수용의 작품 외적 맥락의 중요성을 인정하게 되었고 결과적으로 예술에 대한 기존의 작품주의적 관점이 조금 극복되었다. 한편, 이전의 마당극운동으로부터 시작된 예술문화운동의 흐름을 유지하며 노동자 대상 활동을 하고 있던 서노문협에서도 역시 단체 이름에서부터 '문화예술'이란 말을 쓰고 비전문인 대상 사업을 대중문예사업이라고 지칭하는 등 '예술'이라는 용어가 복구되고 있는 양상을 드러내었다. 이는 이들이 1986년의 민문협 조직 논쟁을 함께 겪고 1987년의 민문연(4기 민문연)에서 활동했기 때문이었고, 노문연의 노력으로 예술문화운동 내에서 예술이라는 용어가 보수성의 벽을 넘어섬으로써 가능한 일이기도 했다.

이렇게 이 시기는, 그간 공연예술 중심의 예술문화운동 내에서 '예술'이란 말을 버리고 '문화'라는 말을 채택하는 극단적인 방식으로 이루어졌던 예술관에 대한 변화가, 그 이외 분야의 진보적 예술운동 분야와의 접합을 통해 충돌하고 경합하며 뜨겁게 소통하고 있던 때였다고 할 수 있다. 마당극운동의 맥락에서 보자면 기존의 예술관의 도전을 받은 셈이지만, 이 과정을 통해 그동안 버려두었던 예술이라는 말을 되찾게 되었고, 이론 능력을 지닌 사람들이 예술의 작품 외적 맥락에 대한 이해, 즉 예술을 문화로 이해하는 사유의 조금이나마 갖게 되었다는 의의를 지닌다.

V. 다시 '문화'로 되돌아와 발전한 공공적 실천성

1992년 말의 대통령선거로 30여 년에 걸친 군인 출신 대통령의 시대가 끝나고, 소련의 해체로 냉전이 종식되는 새로운 시대를 맞았다. 1994년 민족예술인총연합이 사단법인으로 등록함으로써 이제 이 흐름은 더 이상 '재야'가 아닌 것이 되었다. 1990년대 중반 즈음까지 1980년대 방식의 활동이 유지되기는 했지만, 대학과 노동자 중심의 활동을 해온 예술문화운동은 학생운동의 약화와 노동운동의 환경 변화로 말미암아 급격히 공연과 교육의 장을 상실했고 따라서 작품의 질과 긴장감도 떨어질 수밖에 없었다. 1996년 음반 검열이 철폐되는 등 법이 보장하는 표현의 자유의 범위가 상당히 넓어져, 대중가요에서조차 환경문제나 교육문제를 비판적으로 다룰 수 있는 시대가 되었다. 그에 비해 젊은 대중들의 정치적 관심이 떨어지고 대중문화의 영향력이 크게 높아졌다. 이러한 정치·사회·문화적 변화는 진보적 지식인들로 하여금 정치·경제 등 거시적 영역이 아닌, 일상과 문화 같은 미시적 영역에 대한 관심을 갖게 했다.

이 흐름을 선도한 매체는 1992년 여름에 창간한 『문화과학』으로, 이들은 기존의 마르크시즘이나 리얼리즘론과 차별화된 새로운 문화이론을 소개하면서 1990년대의 달라진 한국사회를 분석하고자 했다. 이들이 분석 대상으로 삼은 것은 예술을 포함한 문화였고, 예술 역시 문화의 한 부분으로 보아 작품 내적 측면만이 아니라 오히려 이 시각에서 도외시되었던 생산·유통·소비의 전 과정을 살핀다는 점에서, 1980년대 말을 뒤흔들었던 좌파 예술론의 예술관보다는 오히려 1970~80년대 마당극운동이 지녔던 예술관에 근접한 것이었다. 1994년 민예총의 기관지 계간 『민족예술』에 수록된 '창간 특집좌담'은 『문화과학』의 핵심인 영문학 교수 도정일과 미술평론가 심광현, 1980년대의 예술문화운동의 연장선상에 서있는 공연예술 분야 평론가 이영미, 그리고 사회과학적 정세분석을 해줄 사회학 전공 교수 조희연이 참가했으며, 여기에서 시종 '예술'을 넘어선 '문화'와 '문화운동'의 중요성에 대한 강조가 이루어졌다.[53] 1980년대 말에 '문예'와 '예술'에 밀려 사라졌던 '문화'와 '문화운동'이란 말은 이렇게 새로운 방식으로 복귀했다.

주목할 만한 것은 1990년대의 새로운 문화론을 주도한 사람들이다. 이들 중 한 그룹은 강내희·도정일 등 영문학을 전공한 진보적인 교수로

---

53) 도정일·조희연·이영미·심광현, 「'90년대 예술상황과 진보적 문예운동의 전망」(계간 『민족예술』 창간 특집좌담), 『민족예술』 1호, 1994. 1.

1970~80년대의 민족문학론·리얼리즘론을 주창하지 않아 상대적으로 '과거'로부터 자유롭고 외국의 새로운 진보적 이론을 빠르게 흡수할 수 있었던 사람들이며, 다른 한 그룹은 심광현, 조만영, 이동연 등 노문연과 소속·연대 관계를 맺고 있던 이론 전공자들, 1987년까지 민중문화운동연합의 일원으로 활동했고 사상중심적 예술관으로는 노문연의 입장과 크게 다르지 않으나 정치노선이 달라 『노동해방문학』에서 활동한 평론가 이성욱, 그 외 외국문학 전공자 박거용과 이득재, 노문연의 정치노선인 PD파의 최고 이론가였던 사회과학자 이진경 등이었다. 후자의 급격한 변신은 다소 의외일 수도 있다. 그러나 이들의 입장에서 보자면 구좌파적인 이론에서 신좌파적 이론으로 옮겨간 것이므로 그리 이상하달 것은 없다. 단 이 과정에서 이전의 인식중심적 예술관(예컨대 예술의 당파성 논의처럼)에서 벗어나 생활양식이나 상징체계 전반인 문화로 시야를 확대하게 되었고, 이 점은 큰 변화라고 보아도 좋을 것이다. 그러므로 이들의 문화에 대한 논의는, 1970~80년대의 소위 '문화운동'의 성과 계승과는 무관한 것이었고, 새로운 이론과 새로운 고찰 대상이 강조되었다. 그러나 이면적으로 대중문화나 일상에 대한 관심 등은, 이들이 의식했건 안 했건 마당극운동과 노동현장의 예술문화운동에서 강조해온 것들과 일맥상통하는 측면이 있었다. 말하자면 이 흐름은, 한편으로는 1970·80년대의 예술문화운동과 결별했다는 표면적 성격 아래에, 1980년대 말에 잠시 밀려났던 문화 중심의 예술관의 복귀라는 또 다른 이면적 의미를 지니고 있었던 셈이다.

문화의 중요성을 강조하는 이 두 흐름은 사단법인이 되어 온갖 예술문화운동의 경향과 흐름이 뒤섞이는 민예총 안에서 동거하고 있었는데, 이제 새로운 예술문화운동은 진보적 내용을 담은 작품과 정치적 민주주의나 표현의 자유를 위한 행동에 그치는 것이 아니라, 문화정책 분야의 새로운 대안 제시가 중요하다는 것에 동의했다. 김영삼 정부 출범 첫 해에 민예총은 민주화를 위한 전국교수협의회, 전국언론노동조합연맹과 공동주최로 《새 정부의 문화예술·교육·방송정책 진단》(1993. 9. 9~11)이라는 심포지엄을 개최한 이후,『민족예술』에 종종 실리는 문화운동의 전망과 진로에 대한 글들에는, 달라진 문화 환경의 변화와 문민정부의 문화정책에 대한 고찰이 빠지지 않고 거론되었다.54) 때마침 1990년 문화부가 새로 생기면서 '문화발전 10개년 계획'을 공표하고 문예진흥원 내에 문화발전연구소를 만들어 문화정책에 대한 논의를 본격화시켰다. 이른바 문민시대를 맞아 이제 문화정책은 공론의 장에서 논의할 수 있는 조건이 만들어졌고, 민예총은 정부의 문화정책에 대해 꾸준히 발언하며 민간 차원의 문화정책 논의를 주도해갔다. 이제 예술문화운동은, 예술가들이 주도하는 작품 활동과 비전문인 대상 예술교육에서, 정책가들이 주도하는 정책 연구와 대안 제시로 점차 그 중심을 옮기는 양상이 나타났다.

이들의 문화정책에 대한 논의와 제시는 야당에 의한 수평적 정권교체가 이루어진 김대중 정권 직후부터 더욱 활발해져, 대통령 취임식도 이루어지기 전부터 민예총 산하 문화정책연구소가 심포지엄 ≪문화정책은 왜 필요한가≫(1998. 1. 21.)를 열고, 도정일, 정희섭, 박인배, 김혜준이 발제를 통해 새 정부의 문화정책 기본 방향에 대해 제시했다. 또 김대중 대통령의 임기가 끝나갈 무렵에는 민족문학작가회의와 공동으로 ≪국민의 정부 문화정책 평가토론회≫(2002. 9. 2.)를 주최하여 이영진, 정남준, 박인배, 이훈상, 박영정 등이 발제했다. 이들 논자의 면면을 보면, 박인배·정희섭·박영정은 마당극운동과 서노문협을 거친 멤버들이며 도정일·심광현 등은 『문화과학』 멤버들이라는 점에서, 이 두 흐름이 민예총이라는 틀을 바탕으로 함께 문화정책을 논의를 이끌고 있음을 알 수 있다. 또한 민예총은 산하에 문화정책연구소를 두고 정책 논의를 전문화하고,『문화과학』 멤버 중 강내희·심광현·이동연 등은 문화개혁시민연대라는 독자적인 문화단체

---

54) 박인배, 「진보문예의 새로운 공간」,『민족예술』 2호, 1994. 7. 또한『민족예술』 5호(1995년 봄호)에는 특집으로 '새로운 문화운동론의 모색'을 기획하여, 박영정의 「한국사회의 변화와 새로운 문화환경의 전개」, 김찬호의 「대중문화시대의 문화운동」, 심광현의 「진보 또는 야만 : 이행기의 문화정치적 실험을 위한 몇 가지 검토」, 정희섭의 「새로운 문화운동론을 위하여」를 수록했다.

를 설립하고 산하에 문화사회연구소를 두어 연구를 진행했다는 점에서, 이 시기 이들이 예술운동·문화운동에서 문화정책 연구와 비판·대안제시 등에 얼마나 큰 힘을 기울였는지 알 수 있다.

이러한 활동은 노무현 정부 시대에 들어서면서 더욱 적극화되었다. 문화연대 주최 ≪참여정부 문화정책의 개혁과제 및 대안정책 제시를 위한 공개토론회≫(2003. 7. 2.), 민예총 주최 ≪참여정부 핵심 국정과제와 문화발전≫(2003. 11. 20.) 등 토론회를 개최하고, 급기야 문화관광부의 새로운 문화정책 수립에 적극적으로 참가하게 된다. 이전의 문화정책 보고서인 「문화발전10개년계획기본개념」(1990), 「문화비전 2000 – 문화의 세기가 오고 있다」(1997)와는 비교할 수 없을 정도로 엄청난 700여 쪽 분량의 책자 『창의한국』으로 발간된 노무현 정권의 문화정책 보고서는, 14차에 걸친 합동회의와 공개 워크숍, 여러 차례의 분야별 자문회의, 전문가 검토회의 등을 통했다고 밝히고 있으며, 추진반의 위원장 이성원(문화정책국장), 위원으로 심광현·박인배, 이영욱(미비연 출신의 미술평론가로 당시 문화관광정책연구원장), 조한기(문화관광부 정책보좌관)이 200여 전문가들로 구성된 여러 태스크포스 팀을 조율하며 정책을 수립했다.[55]

1990년대부터 2000년대 초까지의 문화정책의 기조 변화를 보면, 1970~80년대를 거치며 예술관을 바꾸고, 예술로부터 출발하여 문화 전반으로 사유를 넓히고 실천한 예술문화운동의 멤버들의 개입이 어떤 결과를 보여주었는지 비교적 잘 나타난다. 1990년 「문화발전10개년계획기본개념」에는 "창조자 중심의 문화예술에서 향수자 중심의 문화예술로 기본정책 방향을 전환시킨다"[56]고 밝히고 있지만, 세부사업 내용에서는 여전히 창작활성화와 전문예술인력 양성 같은 전문예술인 중심의 정책이 앞서 있고, 이러한 예술성과를 문화시설이나 프로그램 확충을 통해 일반 국민들에게 보급하여 향수하도록 한다는 사고를 보여주고 있다.[57] 특히 문화정책

---

55) 『창의한국』, 문화관광부, 2004, 695~709쪽.
56) 「문화발전10개년계획기본개념」, 문화부, 1990, 11쪽.

을 이야기하면서도 아직 중심이 예술 중심, 전문예술인 중심, 수준 높은 작품 생산 중심의 사고에서 벗어나고 있지 못하고 있다. 김영삼 정부에서도 이 기조가 크게 변화하지 않지만 정권 말기에 내놓은 「문화비전 2000—문화의 세기가 오고 있다」를 보면 다양성, 민주주의적 문화, 문화산업 등에 대한 강조가 두드러져 있음을 알 수 있다. 이 흐름은 외환위기를 맞아 고부가가치산업으로의 전환을 강조하던 김대중 정부 시대에는 훨씬 더 강화되었고, 문화예산 1퍼센트라는 공약이 이루어지기는 했으나 문화산업 분야에 지나치게 치중된 정책이었다는 비판이 이루어졌다.[58]

그에 비하자면 『창의한국』으로 드러난 문화정책은, 애초에 예술 등 협의의 문화가 아닌 광의의 문화 개념에 기초하는 것으로 정책영역을 재편해야 함을 전제로 하고, 모든 국민의 창의성을 양성하여 다원적이고 역동적인 문화국가를 만들어야 한다는 추진목표를 제시함으로써,[59] 이전과는 전혀 다른 관점을 보여준다. '문화예술교육을 통한 문화역량 강화', '학교체육 활성화', '문화활동 증진과 여가문화', '생활체육 활성화', '창의적인 청소년문화', '양성평등 문화', '문화적인 노후생활' 등의 항목이, 그 이전 정권들이 강조해왔던 '문화유산 보존'이나 '예술의 창조적 다양성 제고', '문화산업의 고도화' 등의 항목보다 앞 순위에 배치되어 있다. 즉 예술계에서 생산한 우수한 예술작품들을 국민에게 보급한다는 하향식 관점을 벗어나, 일반 국민들의 문화 창의력과 향수 능력 향상을 강조하고 이를 위해 문화예술교육이나 학교체육의 활성화가 중요하다고 보는 것이다. 국민의 '문화권'을 이야기함으로써 문화가 국민 복지의 한 부분이라고

---

57) 노태우 정권 말에 나온 『한국의 문화정책』(한국문화예술진흥원 문화발전연구소, 1992. 12)에서도 1990년대 이후의 문화정책의 변화로 가장 높이 평가하는 사업이 '움직이는 미술관', '찾아가는 국립극장' 같은 문화소외지역으로의 예술 보급과, '예술의 해' 지정을 통한 지원 사업이다.(24쪽)

58) 『국민의 정부 문화정책 평가 토론회』(심포지엄 자료집), (사)민예총 문화정책연구소 외, 2002. 9. 2 참조.

59) 『창의한국』, 문화관광부, 2004, 32~34쪽.

보는 것이라 할 수 있다. 예술정책에서도, 국민의 창의성 고양을 위한 '예술교육'과 '생활 속의 예술참여 활성화'로 보고 이를 시설 확충이나 전문 인력 양성 체계화, 예술인에 대한 처우 개선 등의 문제보다 훨씬 우선적인 문제로 본 것[60]도 주목할 만하다.

이렇게 2000년대 초의 문화정책은, 예술이 단지 예술계 내의 것, 창조적인 전문 예술인의 것, 그들의 작품이라는 예술관을 벗어나, 그 사회 구성원의 가치체계와 삶을 보여준 방식이며, 따라서 이러한 예술문화를 창조하고 향유하며 살아가는 것이 국민 모두의 권리이며 복지의 한 부분이라는 '문화로서의 예술'의 관점을 보여주었다. 그리고 이는, 한편으로 매체의 변화와 세대의 변화 등으로 인한 1990년대의 조건 변화에 기인하는 동시에, 이러한 변화에 대응할 수 있는 시야를 지닌 예술문화운동권의 대응의 산물이라 할 수 있다. 물론 이러한 로드맵의 수립이 노무현 정권 시대 초기, 이창동이라는 진보적 예술인이 장관을 맡았던 시기였기 때문에 가능한 것이었고, 이러한 로드맵의 제시로 한국사회의 예술관과 문화관이 한꺼번에 변화했다고는 할 수 없다. 예술관의 차이가 빚어내는 공공적 실천성은, 여전히 치열한 경합의 장 속에서 유동하고 있다.

VI. 구불구불한 변화와 기시감

긴 호흡으로 이 시기를 보면 예술관의 변화는 아주 천천히, 구불구불하게 복잡한 길을 거치며, 그러나 분명히 나타나고 있었다. 1990년대에 마치

---

60) 문화관광부는, 『창의한국』과 함께, 650여 쪽 분량으로 예술정책만 따로 정리한 『예술의 힘』을 별도의 책자로 발간했다. 이 책자에는 예술정책의 14대 역점 추진과제가 정리되어 있고, 예술교육, 생활 속의 예술참여 활성화, 예술의 공공성 제고 등이 1부터 3까지를 차지하고, 이후에 장르별 예술창작활동 지원확대와 실험적인 예술활동 지원이 4, 5의 항목이 배치되어 있다. 『예술의 힘』, 문화관광부, 2004 참조.

새로운 시도처럼 이야기되던 주민 참여의 마을 벽화나 이벤트를 겸한 공연들을 보며, 기시감(旣視感)을 느꼈던 것은 나만이 아닐 것이다. 공공미술의 개념조차 생소했던 1970~80년대 중반에 길거리와 마을에 벽화를 그리고, 온 학교 학생 전체가 배우로 참여하는 대대적 연극을 만들어 광주항쟁을 기억했던 엄청난 이벤트의 경험은, 1990년대 이후 예술계 바깥에서 벌어진 새로운 예술문화 속에서 쉽게 재확인된다.

예술이라는 용어를 버리고 문화란 말에 매달린 후, 다시 예술이란 말을 주워들어 사용하면서 예술에 대한 관점의 변화를 추동해온 긴 과정은, 새로운 예술관이 여전히 힘을 잃지 않고 다시 살아나는 기존의 예술관과 경합하는 한편, 공공의 장에서 문화로서의 예술이 어떻게 다른 모습으로 존재할 수 있는지를 실천적으로 증명하는 과정이었다. 이 경합은 아직 끝나지 않은 채 현재진행형이다. 문화의 시대란 말이 유행한 지 20년이나 지난 이 시점에서, 이미 낡은 것으로 치부되었던 1970~80년대의 예술문화운동의 명칭을 다시 살펴보아야 하는 이유는 이것이다.

단, 이 논문에서는 이렇게 명칭 변화를 야기한 관점의 변화가 어떤 심층적 원인에서 기인하는지 하는 점까지는 서술하지 못했다. 이는, 해당 시기 예술문화운동의 담당자들과 이를 주도하며 적극적으로 담론을 생산했던 사람들을 분야별, 세대별로 구분하여 이들 간의 미세한 차이를 분석해야 가능한 일이며, 논리적 입장을 넘어선 예술적 취향과 욕망 등을 분석해야 하는 복잡한 문제이기 때문이다. 이 글 하나로 이 모두를 설명하기에는 다소 무리라고 보이며, 이후 논의로 미루어둘 수밖에 없다.

2부

'비판적' 한국학의 모색

'민족문화' 담론과 한국학

1970년대 분단인식과 관련하여

서 은 주

I. 한국학의 부상과 '민족문화' 담론

근대 이후 서구의 학술사에서도 확인되는 현상이지만 학문의 분과화·세분화의 흐름은 학문 사이의 폐쇄성과 소통불가능성이라는 문제적 상황과 직면하게 됨으로써 다시 분과 학문의 경계를 넘어 통합을 모색하는 흐름과 길항관계를 형성하게 된다. 최근 학제성이 강조되는 경향이 있지만, 학문의 이 두 가지 지향성은 그 자체로 옳고 그름을 따지거나 우열을 가릴 사안은 아니라고 본다. 보편적으로 분과 학문마다 자기 구성의 과정을 거쳐 정체성을 형성하고 전문성의 영역을 확보하는 것은 지극히 자연스러운 현상이며, 마찬가지로 현실사회와의 관계 속에서 학문의 실제적 효용성과 역할을 고려할 때 소통가능한 통합학문의 필요성이 제기되는 것 또한 정당하기 때문이다. 따라서 두 학문적 지향은 서로를 부정하는 이분법적인 대립관계를 지양하고 서로에 대해 보다 유연하고 개방적일 필요가 있다. 학문의 태도와 방법 역시도 내외부의 복합적인 요인에 따라 절실함의 선후(先後)가 가늠될 수 있을 것이다.

---

* 이 글은 「1970년대 '민족문화' 담론과 한국학─분단인식과 관련하여」, 『어문론집』 54집(2013)을 수정하여 수록한 것이다.

식민과 분단·전쟁을 거치면서 미약하게나마 형성되었던 근대적 학문의
체계가 심하게 단절·훼손되었던 한국의 학계는 근대적 학문으로서의 과학성
과 전문성을 구축하기 위해 그야말로 고군분투하였다. 국가수립 이후의
한국 인문·사회과학은 주로 미국을 통해 서구 학문의 체계와 방법론을
적극적으로 수용하였고, 이는 필연적으로 분과화를 가속화시켰다. 대학의
학과 편성, 전공의 세분화 등은 이러한 상황을 제도적으로 재생산하는 확고한
시스템으로 정착하였다.1) 정치·경제 분야의 '압축적 근대화'와 연동되어
개별 분과 학문의 근대화 또한 급속하게 압축적으로 전개되었고, 따라서
이 과정에서는 세분화·전문화에 대한 지향은 개별 분과학문의 정체성을
인정받기 위해서라도 반드시 거쳐야 하는 긴급한 과정이기도 했다.

그러나 한편으로는, 전후 한국사회가 당면한 산적한 문제들을 해결하기
위해서는 현실의 사회적 의제를 보다 거시적이고 통합적인 시각에서 학문
적으로 대상화할 수 있는 능력이 요구되었다. 글쓰기의 차원에서도 역시
서로 다른 지향이 가능한데, 전문성이라는 제한된 틀 속에서 애초부터
소수의 학자들만을 독자로 상정하는 논문 형식의 글쓰기가 학문적 글쓰기
의 주류적 방법이라면, 주제와 형식 면에서 더 많은 대중 독자와의 소통을
염두에 두는 유연한 글쓰기 역시 중요한 역할을 담당하며 지속되었다.
대개 좁은 의미의 학술은 후자의 글쓰기를 배제하는 경향이 강하지만
분과 학문의 경계를 가로지르는 통합성·학제성과, 지식의 광범위한 확산이
라는 측면에서의 소통성은 흔히 '비평적 글쓰기'라고 부르는 후자의 글쓰기
에서 더 자주 성취되었던 사례가 있다. 이것은 『사상계』, 『청맥』, 『창작과비
평』, 『문학과지성』 같이 전문학술지가 아닌 교양잡지에 게재된 비평들이
1950~70년대 한국의 학술장에 어떤 유의미한 의제를 생산하였는지를
생각해보면 쉽게 동의할 수 있는 부분이다. 그런 의미에서 학술사 연구는
보다 광의의 개념에서 '학술성'에 대한 유연한 적용이 전제되어야 할

---

1) 김재현 외, 『한국인문학의 형성 - 대학 인문교육의 제도화 과정과 문제의식』, 한
   길사, 2011.

것이다.

국가 수립 이후 주로 국가 및 민간의 재정 지원을 성장 동력으로 삼는 대학연구소 및 민간연구소는 특정한 기획 주제 아래 다양한 분과학문이 교류·협업해야하는 요청을 받는 까닭에 학제적 연구의 필요성을 일찌감치 체감하게 되었는데, 그 대표적 결과물이 바로 '한국학'이라는 연구 분야였다.[2] 물론 이 시기의 한국학은 인문학을 중심으로 민족 정체성 구축을 위한 폐쇄적 '(자)국학(National Studies)'이 여전히 주류를 이루었고, 차츰 지역학(Local Studies)으로서의 '한국학(Korean Stuies)' 개념이 수용되어 사회과학 분야에서 새롭게 시도되었지만 양자 모두 국내·외 정치·경제의 역학관계 속에서 국가와 자본에 종속되는 한계를 근본적으로 벗어나기는 어려웠다. 그러나 개별 분과학문 내부의 전문화 과정이 여전히 당면 과제인 수준에서도 통합학문으로서의 한국학의 구축이라는 공통 인식 아래 인문학의 분과학문 사이, 사회과학의 분과학문 사이, 그리고 인문학과 사회과학과의 소통의 필요성은 여러 통로를 통해 제기되었다. 그 가운데에서 「한국사회과학의 반성」이라는 주제로 1972년에 한국사회학회가 주최한 학술대회의 논의 내용은 오늘날의 학문 상황과 오버랩 되어 한국 인문사회학계의 지속적이고도 오래된 쟁점들을 환기시켜 준다는 점에서 주목할 필요가 있다.[3] 이 논의의 핵심을 요약하면 첫째는 한국사회에 적합한 이론이

---

2) 연세대의 '동방학연구소'(1949년 설립, 1953년 재발족), 성균관대의 '대동문화연구원'(1958), 고려대의 '민족문화연구원'(한국고전국역위원회에서 개편됨, 1963) 등의 대학 부설 연구소는 1960년대부터 본격적인 '국학' 혹은 '한국학'의 연구 공간으로 부상하였다. 다양한 학술 프로젝트를 통해 학과와 세부 전공들이 경쟁·협력하는 학문 장이었던 대학연구소는 한국학의 역사적 전개에서 중요한 위상을 차지한다고 볼 수 있다. 이에 대한 자세한 논의는 김현주, 「대학연구소의 학술지를 통해 본 '(한)국학'의 형성사」, 위의 책, 391~395쪽 참조.

3) 「한국 사회과학의 반성」이란 주제로 1972년 5월 13일에 열린 춘계사회학 대회에서는 1)경제학과 사회학 2)정치학과 사회학 3)역사학과 사회학 등의 세 분과로 나눠 1분과에서는 조순과 조기준, 2분과에서는 차기벽과 노재봉, 3분과에서는 홍이섭과 차하순이 먼저 발표를 한 후 각 분과별 3인의 토론자들과 공동토론회 형식으로 진행되었다. 이 공동토론회 발표는 인접 사회과학 분과와의 협업에

구성되어야 한다는 것이며, 둘째는 한국학이라는 종합적 학문을 중심으로 협동연구가 필요하다는 것, 셋째는 사회과학의 비판적 기능을 견지해야 한다는 것이다. 토론과정에서, 학문의 세계성과 "학문의 토착화·사회과학의 한국화"를 강조하는 입장이 서로 부딪쳤는데, 역사의식에 기초한 역사과학을 강조하며 '사회과학의 한국화'를 주장한 차기벽의 논의에 대해 한완상은 과학화의 초보단계에 있는 한국사회학이 역사의식이나 이데올로기적 관심만으로 문제를 해결할 수는 없다는 반론을 제기하였다.[4] 공동토론의 전체 분위기 역시도 "토착화란 야릇한 신화"에서 벗어나 엄정한 한국의 학문 현실을 이해해야 한다는 의견이 지배적이었다.

첫째로, 1960년대 중반기를 전후하여 한국사회과학계에는 근대화의 역사적 과업을 위한 이론적 근거를 확립하기 위해 서구이론의 일방통행적 직수입에 대한 반성으로 '학문의 토착화' 혹은 '사회과학의 학문화'라는 문제가 대두되었던 것이다. 그런데 사회과학의 토착화는 그것의 당위성에 대한 공허한 일반적 명분론의 나열을 벗어나 그 구체적 내용이나 방법론을 발견하지 못한 채 진행되고 있는 것 같다. 물론 토착화는 배타적 국수주의에 의한 자기방어의 소치나 강대국의 이론에 대한 반발적 민족주의의 열등의식에서 나온 보상충동으로 곡해되어서는 안 될 것이다. 그러나 학문의 토착화가 역사적 전통과 민족주체성에 입각한 강력한 존재구속력을 지니는 것이라는 주장은 그것이 막연하나 방향감각을 제시하는 듯한 설득력에도 불구하고 어떤 현실적 문제도 해결해 주는 것은 아니며, 차라리 문제해결을 위한 분위기를 뚜렷이 밝혀 줄 뿐이다. 사실상 전통이나 주체성이라는 것은 어떤 조작적 분석에 의해 상징적 지표로 개념화될 수 있을지 몰라도 그것이 다양한 현실태 속에서 결코 현실사회의 설명에 대해 절대적인 정당성을 부여할 수 있는 것은 아니다.[5]

대한 분과별 검토를 통해 당대 한국 사회과학의 과제를 제시하고 해결방안을 모색하는 자리였다고 볼 수 있다. 김성국·임현진, 「한국사회와 사회과학—한국사회학대회의 공동토론의 요약」, 『한국사회학』 7집, 1972, 85~87쪽.
4) 위의 글, 91쪽.

사회과학 분야의 시각과 학문 현실에서 접근한 이 논의는 인문학계의 '토착화'에 대한 감각과는 분명한 차이를 지닌다. '국학, 국문학, 국사연구' 등의 한국인문학은 기본적으로 민족(국가)의 틀을 전제로 구성된 학문인 까닭에 '토착화' 담론으로부터 자유로울 수 없었던 반면, 사회과학의 경우는 무리한 토착화 논의가 지닌 '비과학성'의 함정과 문제해결 능력의 부족을 비판적으로 사고하였던 것이다.6) 협동연구와 관련해서는 학문의 종합적 훈련을 위해 교육과정을 조정하고 연구소 중심으로 전문지식을 효과적으로 집합시키고 응용할 수 있도록 제도화하는 방안이 제안되었고, 학문의 가치비판 기능을 회복하기 위한 방법으로 사회사상사나 역사사회학의 역할이 강조되었다.

다소 장황하게 사회학대회의 논의를 서술한 것은 여기서 제기된 문제의 식이 1960~70년대 한국학을 이해하는 데에서도 중요하기 때문이다. 박정희 정권기의 학술장에서 한국학은 국가의 이데올로기적·정책적 의도와, 학문 생산 주체의 의식적 욕망이 적절하게 결합함으로써 양적·질적 축적을 이룬 대표적인 영역이다. 특히 이 시기에는 '국어학, 국문학, 한국사상, 국사' 등의 대표적 분과 학문으로 한국학을 분할·공유했던 기존의 방식에서 '민족문화'라는 대범주로 포괄·종합하려는 시도가 현저해졌다. 물론 '민족문화'에 대한 관심이나 연구는 이전에도 존재했지만,7) 1960~70년대 사용

---

5) 위의 글, 94쪽.
6) 한국학의 갈래와 개념 사용에 대해 정리하고 있는 김승환에 의하면, "한국학은 주체성 강화로서의 학국학과 타자화의 대상으로서의 한국학이라는 두 인력이 작동되는 학문"이며 "한국인 연구자에게는 국가학이나 민족학의 성격" 때문에 "주관성을 탈각하기 어렵고", 한국인이 아닌 연구자에게는 "하나의 과학적 대상으로만 존재하므로 서구적 보편성을 넘어서기 어렵"다. 그는 한국학의 방향이 초민족주의(Trans-nationalism) 초지역주의(Trans-localism)로 나아가야 한다고 강조한다.(김승환, 「한국학의 갈래와 개념」, 『배달말』 47, 2011, 304쪽 참조) 이보다 앞서 백영서는 한국학을 "지방적인 것, 지역적인 것 및 전지구적인 것을 하나의 차원으로 결합하는 통합학문"으로서 '지구지역학(glocalogy)'을 제안한 바 있다.(백영서, 「지구지역학으로서의 한국학의 (불)가능성」, 『동방학지』 147, 2009, 20쪽)
7) '민족문화'에 대한 논의가 처음 제기된 것은 1930년대 비판적 민족주의자들의

된 '민족문화'라는 범주는 학제적 연구로서의 한국학의 부상이라는 학술사
적 맥락과 긴밀하게 연관되어 있다는 점에서, 그리고 관제 내셔널리즘이
전면적으로 개입한다는 점에서 뚜렷한 변별점을 지닌다고 볼 수 있다.

무엇보다 주목할 부분은 이 시기 '민족문화'에 대한 담론화 과정이
'분단'에 대한 인식태도와 밀접하게 연동된다는 점이다. 체제경쟁의 논리로
북한을 타자화하면서 '민족문화'를 전유한 박정희 정권의 분단인식이 한편
에 존재했다면, 저항적 내셔널리즘을 옹호하는 지식인 그룹 역시도 냉전체
제에 대한 비판, 반제국주의적 지향, 민중주의에의 호의 등에 기반하여
분단인식을 심화시켰던 것이다. 이는 당대 사회의 문제를 학문적으로
의제화 함으로써 현실에 대한 학술 주체들의 역할과 책임을 환기시키는
계기로 기능하게 된다. 이 글은 기존에 축적되어 있는 '민족문화' 담론에
대한 연구 성과를 기반으로, 분단인식의 부상에 주목하여 1970년대 '민족문
화' 담론의 지형을 재구성하고자 한다.[8]

II. 관제 내셔널리즘의 '민족문화' 전유
: 제도화와 체제경쟁

박정희 정권기는 "민족을 문화적으로 전유"함으로써 북한과의 체제경쟁
에서 우위를 점하려는 목적 아래 '민족문화' 담론을 활용하였다.[9] 관제

조선학운동이었다. 1950년대에는 대개 전통과 외래문화의 조화를 통한 '민족문화'
의 재건이 강조되었다. 이에 비해 1960년대의 '민족문화' 담론은 강력한 민족주의
와 근대화의 논리가 결합되어 나타난다고 볼 수 있다. 박정희 정권기 '민족문화'
담론에 대한 자세한 논의는 이하나, 「유신체제기 '민족문화' 담론의 갈등과 변화」,
『역사문제연구』 28, 2012, 42~43쪽 참조.

8) 박정희 정권기 '한국적인 것'의 재구성과 관련한 대표적인 연구는 다음과 같다.
김주현, 「1960년대 '한국적인 것'의 담론 지형과 신세대 의식」, 『상허학보』 16,
2006 ; 김원, 「'한국적인 것'의 전유를 둘러싼 경쟁」, 『사회와 역사』 93, 2012.

9) 심재권은 1970년대 문화정책의 이념 형성은 역사적 정통성 확보를 둘러싼 북한과의

내셔널리즘은 반공주의를 방패삼아 근대화라는 국가적 기획을 국민 개개인의 의식교육과 생활개조운동으로 실현하고자 했다. 여기서 국민을 가장 저항감 없이 동원할 수 있는 경험적·감성적 범주로서 '민족' 개념이 활용된다. 수난의 역사경험을 공유한 집단으로서의 '민족'을 강조하는 것은 민족 바깥과의 경계를 공고히 하는 반면 내부의 계급적·젠더적·문화적 차이를 무화시키는 데 유용하다. 그런데 '민족' 개념을 내세울 때 문제가 되는 것은 바로 북한의 존재다. 사실 관제 내셔널리스트에게 북한은 이미 '민족' 밖의 타자였지만, 무시할 수 없는 월남민의 존재와 '단일민족 신화'의 영향력, 그리고 미래적 과제로서의 통일의 당위성 등에 의해 그들 역시도 때로는 '북한'을 '민족'의 경계 안으로 끌어들일 수밖에 없었다. 경우에 따라 '북한'을 민족의 경계 안팎으로 배치하는 활용법은 관제 내셔널리즘의 전형적인 담론전략이기도 하였다.

경제개발을 통한 근대화에 주력했던 정권 초반을 통과하여 1960년대 후반으로 갈수록 '민족중흥'은 박정희 정권의 주요 슬로건이 되었다. 1968년에 반포된 '국민교육헌장'은 그것의 대표적인 사례로서, 민족주체성 확립을 통한 민족문화의 창조를 국민교육의 이념으로 정식화하였다. 박종홍이 작성한 것으로 알려진 이 '헌장'은 '물질적 근대'에서 '정신적 근대'로의 이행을 전면화한 것이라고 볼 수 있는데, 여기에는 분단체제 아래의 남북경쟁 구도와 함께 권력연장을 위한 강력한 내부 추동력이 필요했던 정황이 놓여 있다.[10] 1970년대 문화정책에 대한 기존 연구에서 많이 언급되었듯이, 정권 수립 초기부터 민족주체성을 강조하며 정권의 정통성을 주장해온 북한 정권에 대한 대결의식이 박정희 정권의 권력 강화에 대한 욕망과 결합해 '국민정신교육'으로 귀착된 것이다. 특히 남한 사회의 전

체제경쟁 논리에서 진행되었다고 분석한 바 있다. 심재권, 『한반도 평화를 위하여』, 한울, 1996, 156쪽.

10) 홍윤기는 이 '헌장'의 제정과 보급은 3선 개헌의 정당성을 주장하기 위한 사전 포석으로서 "유신쿠데타의 전주곡"의 역할을 담당했다고 본다. 홍윤기, 「박종홍 철학 연구 : 철학과 권력의 퇴행적 결합」, 『역사비평』 55호, 2001, 185~186쪽.

영역으로 확산된 '미국적인 것'의 영향을 부정할 수 없는 상황에서, "미제국주의의 하수인"이라는 북한 정권의 공격은 박정희 정권으로서도 외면하기 쉽지 않았을 것이다.

이념적 지향을 구체적으로 실현하는 것은 정책과 제도이다.[11] 무엇보다 '민족문화'라는 범주로 한국학을 집대성하려는 방대하고도 야심찬 국가 기획은 '한국정신문화연구원'(이하 정문연)의 설립과 『한국민족문화대백과사전』(이하 '사전')의 발간 사례가 가장 분명하게 보여주고 있다. 정문연은 박정희 정권 말기인 1978년 6월에 개원한 한국학 연구기관으로, 1980년에 한국학대학원을 개원함으로써 '한국학'을 표방한 최초의 유일한 교육기관이기도 하다. "한국학의 본산"이자 "국민정신교육 기관"으로 자리매김하고자 했던 정문연의 설립은 관련 분야의 연구 주체들에게 한국학 연구의 제도적 기반을 마련해 주었다는 점에서 기대를 갖게 한 반면, "정권 연장을 위해 수단을 가리지 않는다는 비판"으로도 이어졌다. 정문연의 역할에 대한 이러한 우려 섞인 논란은 바로 현실화되어 한국학 연구기관으로서의 역할과 국민정신교육 임무 사이에서 잦은 충돌을 만들어냈다.[12]

정문연의 한국학대학원은 국문학, 한문학, 국어학, 국사학, 철학, 종교학, 음악학, 미술학, 사회학, 정치학, 경제학 등의 여러 전공 분야를 두었으며,

---

11) 1968년에 문화공보부가 발족되어 문화예술행정 전반을 관장하게 되었고, 1972년에는 문화예술진흥법을 제정, 다음해에는 한국문화예술진흥원을 개원함과 동시에 '문예 중흥선언문'(1973. 10)을 발표한다. 이 '선언문'은 "민족중흥의 역사적 전환기"에 "새로운 문화창조의 사명을 절감"한다고 전제하고, "맹목적인 복고경향을 경계하고 분별없는 모방행위를 배척하며 천박한 퇴폐풍조를 일소하여 우리 예술의 확고한 전통 속에 꽃피우고 우리 문화를 튼튼한 주체성에 뿌리박게" 해야 한다고 천명하고 있다.

12) 조동일의 회고에 의하면, 정문연 설립 당시에는 기관의 지속성 자체에 대해 의심의 시선을 가졌다가, 한국학대학원을 개원한 이후에야 어느 정도 신뢰감이 생겼고 따라서 영남대에서 정문연으로 자리를 옮기게 되었다고 한다. 적어도 특별한 혜택을 주는 대학원 대학을 만들었으니 정권의 입맛에 따라 함부로 개입하지는 않을 것이라 생각했다는 것이다. 조동일, 『학문에 바친 나날 되돌아보며』, 지식산업사, 2004, 181~182쪽.

특히 "사회과학을 국학으로 연구할 수 있게 교육하는" 유일한 곳이었다.[13] 한국학이라는 범주 안에 인문학, 사회과학, 예술학을 망라하는 이러한 학과 구성은 어떤 기관보다도 학제연구를 수월하게 할 수 있는 토대를 마련해 주었다고 볼 수 있다. 그러나 제5공화국 정권이 들어서면서 애초의 계획은 축소되었고, 1983년부터는 역사학과 국민윤리만 남기고 다른 전공은 폐지시켜 버렸다.[14] 정권의 부침에 의해 국가연구기관의 제도적 기반 자체가 흔들리는 상황이 발생했던 것이다. 제5공화국 정부는 정문연에게서 한국학의 산실로서의 학술적 기능보다는 체제옹호와 이데올로기 창출을 위한 의식교육기관으로서의 역할을 기대하였던 것이다. 따라서 5공화국 정권기에는 정문연 설립의 초창기에 본격적인 '한국학 연구'에의 기대를 품고 관여하거나 몸담았던 학자들의 이탈이 발생하였다. 1980년대 초반의 정문연에는 공무원연수 프로그램 등이 개설되었으며, 1981년 발족한 연찬부가 1983년에 국민정신 교육부로 개칭되면서 연구와 연찬, 국민정신교육 사업이 밀접한 관련을 맺으며 더욱더 관제화 되어갔다.[15]

정문연의 설립을 최초로 제안한 인물은 박종홍이었다. 국민교육헌장의 제정에 관여한 이후 1970년 대통령 교육문화담당 특보에 임명된 박종홍은 임명된 지 얼마 지나지 않아 '국민정신연구원' 건립을 박정희에게 건의하였다.[16] 김태길의 회고에 의하면, 청와대에 들어간 박종홍에게 '좋은 연구소'를 하나 설립하라고 진언한 이는 김태길 자신이었다고 한다. 당시 박종홍의 정계 입문을 두고 지식인들 사이에서 비난이 일었는데, "연구소를 설립하고 그 책임을 맡게 되면 자연스럽게 청와대를 물러나는 결과"를 얻을 수

---

13) 위의 책, 170~172쪽.
14) 1984년부터 역사학과 안의 한 분야로 어문예술사 전공을 두고 학생을 모집하였다. 위의 책, 184~185쪽.
15) 「정문연 민족문화대백과사전 편찬 본궤도에 "해방 이후 최대 문화사업" 평가」, 『경향신문』 1989. 12. 21.
16) 정문연 설립에 대한 구체적인 내용은 현재의 한국학중앙연구원 홈페이지에 게시된 『한국학중앙연구원 30년사』, 60~77쪽을 참조하였다.

있다는 판단에서 제자였던 김태길이 박종홍에게 제안했다는 것이다. 물론 이때 김태길이 생각했던 연구소는 '순수한 학술을 위한 기관'이었다.[17] 그러나 당시의 정부 재정이 여의치 않아 박종홍의 생전에 이 제안은 실현되지 못하였고 박정희의 "역사관 정립에 결정적인 영향력을 미친 정신적 스승"으로 언급되는 이선근이 1978년 6월 30일에 개원한 정문연의 초대원장이 된다. 개원 이전 상황을 잠시 살펴보면, '한국정신문화연구원 설치 운영안'이 1977년 1월에 작성되었고, '설립 추진 본부'라는 것이 그해 3월 2일에 설치되어 삼성 장군에서 예편된 고광도가 책임을 맡았다. 운영안에 제시된 연구원의 설립목적은 "우리 고유의 문화, 사상 및 윤리를 재발견하고, 민족의 슬기로운 얼을 되살려, 이를 국민 지도층에게 고취함으로써, 주체성이 희박한 국민 정신을 고무·발양·심화하며, 나아가 민족중흥의 기운을 진작케 함"이었다. 이는 학술연구 기관이 아니라 "'지도층'의 정신교육을 위한 연수원"에 가까운 것이다.[18] 실제로 '연수부'와 '연구부'로 나눈 기구 구성에서도 전자를 관장하는 부위원장의 서열이 후자를 맡은 또 하나의 부위원장보다 높게 배치되었다. 뿐만 아니라 취지문이나 정관 등에 '유신 이념의 한국 사상사적 체계화', '전통적 윤리관에 입각한 새마을 정신의 정립', '기타 지도 이념 정립을 위한 연구' 등의 노골적인 내용이 곳곳에 포진해 있었다. 실제로 개원 약 1년 전부터 학계를 대표해 이 준비과정에 참여하게 된 김태길은, 노골적인 체제선전적인 이러한 문구를 삭제시키고 '연수'보다 '연구'가 우위에 놓이도록 하기 위해 무진 애를 썼다고 술회하고 있다.[19] 정권이 주도하는 사업에 가담했다는 사실만으로

---

17) 김태길, 『체험과 사색-우송 김태길 전집』, 철학과 현실사, 2010, 442~443쪽.
18) 위의 책, 444~445쪽.
19) 김태길은 자신의 회고록에서 많은 지면을 할애하여 정문연과의 일화를 중요하게 다루고 있다. 처음 정문연 사업에 발을 들여놓는 것을 "낚싯밥을 물다"로 표현했지만 그 나름대로 현대적 '집현전'에 대한 포부를 가지고 있었다. 그러나 거대한 권력관계 속에서 그의 기획은 좌절할 수밖에 없었고, 개원 이전부터 그는 이미 물러날 방도를 찾게 된다. 위의 책, 440~560쪽 참조.

이미 밖으로부터 '어용교수'로 비난을 받는 입장이었지만, 정책과 제도를 입안하는 내부 공간에서는 학자로서의 자존감이 권력에 대한 최소한의 견제를 이끌어냈다고 하겠다. 여하튼 정문연의 설립은 박정희 정권에 참여한 연구자들의 욕망과 "1970년대 경제개발 과정에서 발생한 정신문화적 수요"에 대한 박정희의 현실인식이 결합된 것이라 할 수 있다. 정문연 개원 기념식에서 행해진 박정희의 치사는, 정문연이 전통문화 연구를 통해 "민족문화의 정수"를 추출하고, 주체적 민족사관의 기초 위에 "자주정신"을 함양하여 "새 문화 창조"와 "민족중흥"을 이룩하는 데 앞장 설 것을 제안하고 있다.[20] 개발 이데올로기에 근거한 박정희 정권의 근대화 프로젝트는 물질문화의 성장을 지상과제로 부각시켜왔는데, 사실 정신문화의 강조는 자신들이 주도한 경제개발과 근대화 드라이브가 초래한 암흑면에 대한 위기의식의 반영이기도 하였다. 박정희 정권은 정문연의 연구·교육 기능을 통해 '정신문화'라는 범주를 학문적으로 체계화하고 그 권위를 활용함으로써 언론 통제, 인권 침해, 경제적 불평등, 환경오염 등의 산적한 사회문제를 봉합하려고 기도했던 것이다.

한편 정문연의 '민족문화' 연구는 무엇보다 『한국민족문화대백과사전』에 압축되어 있다.[21] 1980년 12월에 나온 『한국민족문화대백과사전 편집휘보』에 의하면 역사·종교·철학·문학·사회·민속, 과학·기술 등의 11개 분과로 나눠 분과별 편집위원회가 8개월 사이에 약 180여 차례의 회의를 거쳤으며, 이후 분과 간의 교차 회의를 통해 서로의 거리를 최소화하는 조정 작업을 거쳤다고 한다. 한국학대학원의 전공 축소 등에도 불구하고, 사전의 수록 항목 6만 5천개를 집필하기 위해 한국학 관련 학자들 약 3천 9백명이 참여하였다. 그런 차원에서 보면, 적어도 이 사전 발간 작업은 한국학과

---

20) 『한국학중앙연구원 30년사』, 78~81쪽.
21) 『한국민족문화대백과사전』은 1979년 9월 25일 대통령령(제9628호)에 의해 공포된 '한국민족문화대백과사전편찬사업추진위원회규정'에 의거하여 사전편찬부가 신설되어 실무에 착수한 이후 1988년 1차분 4권(1~4권)을 시작으로 1991년에 초판본 27권까지를 발간하였다. 28권 보유편은 1995년에 발간되었다.

관련 있는 연구자 네트워크를 구축하는 과정이자, 개별 연구자의 전공 영역을 체계적으로 가시화하는 결정적인 계기로 작용했다. 특히 각 항목을 집필한 필자를 표기하는 사전의 편집체제는 집필에 참여하는 연구자의 책임성을 높이는 데 기여하였다.22)

관제 '민족문화' 담론은 대부분 외래적인 것에 대해 배타적이었으며, '타락한' 대중문화와도 구별 짓고자 하였다.23) 따라서 '민족문화'라는 개념은 외래적인 것으로부터 훼손되기 이전의 순수성을 지닌 전통문화와 겹쳐진다. 따라서 이런 관점에서의 '민족문화'에는 식민화·서구화·근대화로 '훼손된' 근현대의 남·북한 사회나, 그 가운데서도 특히 '오염된' 대중문화에 지배된 국민의 의식이나 생활세계 등은 배제될 수밖에 없다. 그런 의미에서 사전에는 개항 이후의 근현대 한국 역사를 객관적으로 대면하지 못하는 자괴감이 반영되어 있다. 사전의 편찬 취지에서 명시되었듯이 외래문화에 대응할 고유문화를 우선시하며, "식민통치기간 중 말살된 민족문화와, 물질에 밀렸던 한국인의 정신문화"를 강조한 것도 이러한 맥락에서이다. 그러나 앞에서도 언급했듯이 순수한, 훼손되지 않은 '민족문화'의 발견으로서의 한국학은 객관적 학문 생산을 방해한다. 이 사전은 '민족정체성'의 정립을 위해 개항 이후 100년, 즉 식민지, 전쟁, 좌우대결 등의 근현대사와 해방 이후 수입된 외래적인 것들을 "일부러 소홀히" 취급했기 때문이다.24) 원래부터 백과사전이라는 지식의 형태는 동시대의

---

22) 『한국민족문화대백과사전』 편찬 작업을 통한 연구자 네트워크의 구축, 학제연구로서 상호영향력의 정도, 관의 개입 여부 등에 대한 구체적 분석은 당시 편집위원이자 집필자로 참여한 조동일의 회고를 비롯해, 정문연사, 당시 신문 자료, 관련실무자의 구술 등을 통해 구체적으로 확인하는 작업이 보완되어야 할 것이다.

23) 박정희 정권은 당대 대중문화를 퇴폐성, 향락성이 농후한 부정적인 것으로 간주하고 규율과 처벌로 일관하는 대중문화정책을 펼쳤다. 이에 대한 구체적인 논의는 오명석, 「1960~70년대의 문화정책과 민족문화담론」, 『비교문화연구』 4, 1998, 142~145쪽 참조. 그 밖에 이하나의 「유신체제기 '민족문화' 담론의 변화와 갈등」 (『역사문제연구』 30, 2012)도 이와 관련된 문제를 상세하게 분석하고 있다.

24) 「민족문화대백과 12년 만에 완간」, 『한겨레』 1992. 1. 17.

의식이나 생활세계를 보여주는 데에는 기술적 난점이 있고, 자칫 박제화된 지식의 틀에 안주하기 쉽다. 그렇다 하더라도 이 사전이 취하고 있는 '건강한' '민족문화'는 선별되거나 왜곡 혹은 덧칠된 지식으로 구성될 가능성이 높다. 왜곡의 직접적인 사례라고 볼 수는 없지만, '기획항목'(혹은 특별항목)의 구성이나 서술내용을 보면 그러한 우려가 아주 틀린 것은 아님을 확인시켜 준다. 특별항목은 한국의 역사나 생활과 관련하여 깊은 의미가 부여된 것을 항목화 한 것인데, 민족문화의 독창성, 우수성, 다양성을 부각시킬 수 있는 항목을 중심으로 선별하였다고 한다. 그런데 '백두산', '한강'과 같은 산천, '봄'이나 '여름'같은 계절, '나무'나 '소'같은 생물을 항목화한 것은 그렇다 하더라도, '선비', '독서', '놀이', '웃음', '김치', '어머니', '복' 등의 항목 설정은 그 지향이나 의도의 편향성이라는 차원에서 논란의 여지가 있다.25)

그런데 당대 논법으로 말하면 '민족적인 것'은 '국가적인 것'으로 치환되었고, 이때의 국가란 북한과 대립하는 남한이며 더 구체적으로는 박정희 체제를 의미하였다. 박정희 체제는 건전함·진취성·근면·총화·충성심 등을 계승해야 할 '민족정신'으로 내세워 국민의 의식과 일상을 규율하였다. 분단 상황에서 '민족문화' 전유를 둘러싼 남북한의 체제경쟁은 양자가 다른 이념적 기반 위에 놓여 있으면서도 서로를 모방하는 아이러니한 상황을 낳았던 것이다. 같은 시기 북한에서는 계급주의와 주체사상의 관점에서 '민족' 개념을 전제하고, '민족문화'를 "민족적 형식에 사회주의적 내용"26)으로 규정하였다. 북한에서는 고전문화 유산 가운데 "혁명적

---

25) 조동일의 회고에 따르면 이 특별항목을 제안한 것이 자신이며, '웃음' 항목을 직접 집필하여 다른 집필자들에게 샘플로 제공하였다고 한다. 이 항목은 대개 개념 정의에서 역사적 유래, 관련 문헌의 내용 해제 등으로 구성되어 한편의 독립된 논문을 이루고 있다. 조동일, 앞의 책, 205쪽.

26) 사회주의적 현실주의 예술의 이념과 내용을 용이하게 전달하기 위해서는 광범위하게 전승되고 있는 민족적 형식이나 전통과의 접목이 필요하다는 논의는 마르크스주의 미학에서 강조하고 있는 부분이다. 에르하르트 욘, 임홍배 역, 『마르크스 레닌주의 미학 입문』, 사계절, 1989, 151쪽.

문화유산"으로 계승될 수 있는 전통만이 '민족문화'의 범주 속에 묶일 수 있는데, 그 중심에는 항일혁명문학예술의 전통이 놓여 있으며 주체로서의 노동계급이 놓여 있다. 이는 남한의 '민족문화' 담론에서 근현대를 배제하는 방식과 대조되는 지점이기도 하지만, 낙관성·진취성·선명성 등의 긍정적이고 밝은 이미지를 '민족문화'의 성격으로 부각시키고자 한 것은 두 사회가 매우 유사했다. 이처럼 분단 상황 하에서의 관제 '민족문화' 담론은 남북한 정권 모두에게 체제강화를 위한 국민의식교육의 이념이자 생활개조운동을 추동하는 강령의 기능을 담당하였다고 볼 수 있다.

III. 비판적 '민족문화' 담론과 분단인식

홍석률은 '분단의 히스테리'라는 표현을 사용하여 한반도의 분단체제가 거대한 히스테리를 낳는 구조적 폭력임을 비판한 바 있다. 1970년을 전후한 국제사회의 데탕트 기류에서도 한국의 분단체제는 실질적으로 내면화·공고화 되었으며, 1990년을 전후한 사회주의 체제의 붕괴라는 세계사적 대전환의 경험 역시 남북한의 갈등과 대립을 근본적으로 해결하지는 못하였다. 냉전체제를 실질적으로 주도한 미국·소련·중국을 비롯한 강대국의 대립구도가 와해되었음에도 남북한의 현실적 긴장관계는 더욱 복잡한 양상으로 착종되어 유지되고 있고, 최근의 상황에서 보듯이 급진적인 이념갈등은 물론이고 과격화되는 증오와 경멸, 과장된 시혜적 연민이 대중의 감성에 확산되면서 서로의 부정성만을 강화시키고 있다. 분단체제가 언제 고착화되었는지를 정확하게 규정할 수는 없지만 대개 1970년대라고 보는 데에는 합의하고 있는 듯하다.[27] 내면화된 분단의식은 독재 권력의

---

27) 1970년을 전후한 시기 국제사회에는 데탕트 분위기가 형성되었다. 그러나 미국과 중국의 강대국 논리와 남북의 체제경쟁 논리가 결합해 한반도에서는 오히려 분단체제의 내재화를 낳았다. 홍석률, 『분단의 히스테리』, 창비, 2012.

비민주성에 저항할 수 있는 국민의 최소한의 권리를 스스로 억압하게 만들었다. 특정한 정치권력에 대한 비판이 '국가'와 '민족'을 부정하는 차원으로 단죄되고, 이는 대립하는 체제와의 '내통'으로 간주되었다. 이러한 반공주의의 통치술은 자본주의로 전일화된 세계체제 속에서도 여전히 살아남아 현재의 한국사회를 '히스테리' 상황에 몰아넣고 있다.

이처럼 분단이라는 특수한 상황이 남·북한의 의식과 일상, 문화 전체를 규율하고 재배치하고 있었음에도 그 자체를 학문적 주제로 대상화하기까지는 꽤 오랜 지체가 있었다.[28] 1970년대 초반 데탕트 기류와 남북대화가 제안되는 정치적 분위기는 박정희 정권의 반공주의 통치술을 변화시키는 데는 실패했지만, 비판적 지식인들로 하여금 냉전적 사고의 해체 가능성에 대한 기대감과 필요성을 절감케 만드는 데는 어느 정도 성공하였다. 리영희는 1970년대 초반부터『창작과비평』,『문학과지성』,『정경연구』등의 매체를 통해 공산체제 중국의 사회동향과 외교정책을 소개함과 동시에, 베트남전쟁의 실상과 미국의 지배전략, 한미동맹관계에 대해 분석함으로써 냉전적 사고의 탈피를 주문하였다.[29] 1974년에 발간된『전환시대의 논리』는 반공 이데올로기에 갇혀 무기력하고 자폐적 의식에 빠져있던 청년 세대에게 커다란 자극을 주었는데 이 책은 결국 판금조치를 받게 된다. 강만길은 민족의 통일이라는 과제를 전면에 부각시키면서 '국민주의적 내셔널리즘'의 단계를 극복하고 '민족주의적 내셔널리즘'에의 지향을 강조했다. 그는 국민주의적 내셔널리즘이 민족 안의 모순을 호도하는 기능을 담당했다는 점을 들어 비판하면서 민족구성원 전체의 권익을 옹호하는 기능으로 승화

---

28) 주지하다시피 4·19 체험을 계기로 성장한 비판적 지식인들 역시 '민족' 혹은 '민족문화(문학)'에 관심을 집중하였다. 무엇보다 분단현실에 대한 의식적 자각이 '민족문화' 담론에 투영되었다. 4·19 직후 전개된 변혁운동의 과제는 민주주의에서 민족통일로 이행되었고, '중립화통일론'의 대중적 인기에 힘입어 통일에 대한 논의가 전면화 된다. 그러나 5·16을 주도한 군부는 반외세, 반매판자본을 내세운 '민족통일'론을 탄압하였고, 이 정책은 박정희 정권 내내 체제 유지에 활용되었다.
29) 홍석률, 「민족분단과 6·25에 대한 역사인식」,『내일을 여는 역사』 24, 2006, 41쪽.

되어야 한다고 주장하였다.30) 또한 기존의 '민족사학론'이 '분단시대 사학'을 통해 국수성·배타성을 극복하고 진취적이고 개방적인 성격으로 전환되어야 함을 강조하였다. 분단시대 역사의식이란 "분단체제를 기정사실화하여 그 속에 안주하는 일을 경계하고, 그것이 청산되어야 할 시대임을 철저히 인식하면서 청산의 방향을 모색하려는 데 그 본질적인 목적"이 있는 것이다.31)

'분단시대 역사학'을 계기로 1970년대 중반부터 분단 상황에 대한 각 학문 분야의 의식적 각성이 구체화된다. 사실 한국전쟁 직후부터 문학 분야에서는 작품 창작이나 비평을 통해 분단이 초래한 문제적 상황을 소재화하며 지속적으로 분단 문제를 환기시켜왔다. 『광장』을 비롯한 최인훈의 일련의 작품들은 특유의 사변적 담론을 통해 심화된 분단인식을 보여주었고, 1960년대 후반부터 등장한 비판적 잡지를 통해 분단문제에 대한 역사적 인식들이 생겨나기 시작하였다. '민족문학', '민족문화' 개념을 중심으로 비판적 지식인들이 결집한 것은, 관제 내셔널리즘이 주도하는 '민족문화'담론에 대한 대결의식이 발동한 것도 있지만 '민족'이라는 범주 안에서 분단극복의 주체를 고민하려는 의도가 작용했기 때문이기도 하다.

한편 1960년대 비판적 지식인들의 역사인식에 중요한 영향을 미친 것은 잘 알려져 있듯이 내재적 발전론이었다. 식민주의의 타율성과 정체성론에 대한 비판으로 등장한 내재적 발전론은 자본주의로의 발전 가능한 맹아를 조선 후기의 사회·경제사를 통해 실증함으로써 한국학의 패러다임을 흔들어 놓았다. 여러 선행 연구에서 지적하고 있듯이 김용섭이 주도한 내재적 발전론은 1970년대에 이미 국사 교과서에 반영될 정도로 전면화·보편화된다. 문학 분야로 초점을 더 옮겨보면, 잘 알려져 있듯이 역사학에서 발신된 내재적 발전론은 실제로 국문학계에 가장 큰 영향을 미쳤고 이는 조선

---

30) 강만길, 「민족사학론의 반성」, 『분단시대의 역사인식』, 창작과비평사, 1978, 36~37쪽.
31) 강만길, 「분단시대 사학의 성격」, 위의 책, 1978, 15~16쪽.

후기 실학연구를 공유하면서 더욱 공고하게 결합한다. 조선 후기 서민문학의 의미화, 근대문학 기점을 영정조 시기로 끌어 올리는 문학사 서술, 구비전승문학의 발굴과 그 주체로서의 '민중'의 발견 등이 『청맥』, 『한양』, 『창작과비평』, 『상황』 등의 매체를 기반으로 활발하게 제시된다. 그런데 여기서 흥미로운 점은 내재적 발전론이 결코 진보 진영이나 비판적 지식인들만의 전유물이 아니라는 점이다. 한국사 내부로부터 '근대적 보편성'을 발견하려는 내재적 발전론의 독법은 보수/진보의 진영논리를 무화시킬 만큼 내셔널리즘적 지향을 도드라지게 만들었던 것이다.[32] 조동일의 경우를 보면, 『청맥』, 『창작과비평』 등을 통해 누구보다 앞서 내재적 발전론을 전근대 시기 문학연구에 적용하였던 한국학 연구자지만, 1970년대 말부터 시작된 『한국민족문화대백과사전』의 편찬에도 주도적으로 참여하였고 1980년대 초반에는 아예 정문연의 교수로 자리를 옮겼다. 정문연에서의 조동일은 관제 내셔널리즘의 자장 속에서 지배 담론과 때로는 타협하고 때로는 저항하며 길항관계를 형성할 수밖에 없었을 것이다. 내셔널리즘을 표방한 군사 정권의 울타리 안에서 출발했던 정문연은 근본적으로 태생적 한계를 지니고 있지만, 연구와 출판·교육 등을 담당한 실질적인 학문 생산 주체들이 반드시 정책관리자들의 입장을 전면적으로 공유했다고 볼 수는 없다. 정문연 역시도 '민족문화'의 표상화와 학문적 전유를 둘러싸고 서로 다른 정치적 입장 간의 충돌과 갈등이 존재했던 공간이었다. 그럼에도 '한국적인 것' 속에서 세계사적 보편성을 발굴하려는 조동일의 욕망은 뒤로 갈수록 학문적 엄밀성, 객관성을 상실했다는 혐의가 짙다. 이를 조동일 개인의 사상적·학문적 전향이라고 볼 수도 있지만, 내셔널리즘 자체가 언제라도 권력의 통치 이데올로기로 동원될 가능성이 높다는 점을

---

32) 김건우는 4·19세대의 문학연구자를 대상으로 좌우를 막론하고 이들이 보편성의 강박에 포획되어 자민족중심주의적 '국학'의 범주에서 벗어날 수 없었음을 논증하고 있다. 김건우, 「국학, 국문학, 국사학과 세계사적 보편성 – 1970년대 비평의 한 기원」, 『한국현대문학연구』 36, 2012, 525~541쪽.

감안하면 단순히 개인적 차원의 문제로 돌릴 수만은 없을 것이다.

사실 '민족문학'을 쟁점화한 것은 김동리, 조연현 등의 보수진영이었다. 1972~73년 무렵 '민족주의 문학', '국민문학', '한국문학', '민족문학'이라는 용어 사용을 둘러싸고 논란을 거쳐, 백낙청, 염무웅, 구중서, 임헌영 등에 의해 '민족문학론'이 전유된다.[33] 이 무렵, 그때까지 내재적 발전론의 영향권 안에 있었던 김현은 '한국문학'이라는 용어 사용을 제안하며, '민족문학' 개념이 이데올로기를 내포한 것이라며 비판한다. 그에게 '민족문학'은 민족 우월주의를 표면에 내세우면서도 내면으로는 패배주의와 허무주의에 빠져있는 모순된 개념으로 인식되었다. 김현은 세계문학의 보편성 추구가 중요했던 까닭에 '한국적 허무주의'를 청산하기 위해 전투적인 비평 활동을 벌였으며, 이 지점에서 '민족문학' 진영과 거리를 두게 된다. '민족문학'을 옹호했던 구중서는 김현의 이러한 태도를 외국문학 전공자가 처하기 쉬운 세계시민적 관념의 산물이라고 비판하였고, 염무웅은 근대적 의미에서의 민족 개념이 민주 및 민중 개념과 결합되어야 한다는 방향성을 제시함으로써 '민족문학'을 향한 비판에 대응해 나갔다.[34]

백낙청은, 1970년대 '민족문학' 논의가 본격화된 것은 그 이전 시기에의 민중지향적 문학의 성과가 어느 정도 축적되었기 때문이라고 보았다. 1960년대 김수영, 신동엽, 김정한의 활동, 그리고 1970년대 김지하의 「오적」, 황석영의 「객지」, 신경림, 천승세, 이문구, 조태일 등의 작업에서 소박한 형태로나마 민중지향성을 발견할 수 있다고 본 것이다.[35] 앞에서 서술했듯이 이 과정에서 1972년 7·4남북공동성명으로 인해 통일에 대한

---

33) 김동리, 조연현은 '국민문학 혹은 민족주의문학'을, 김현이 '한국문학'을, 염무웅, 임헌영 등이 '민족문학'을 각각 제안하였다. 김동리, 「민족문학에 대하여」, 『월간문학』 1972. 10 ; 김현, 「민족문학, 그 문자와 언어」, 『월간문학』 1970. 10 ; 염무웅, 「민족문학, 이 어둠 속의 행진」, 『월간문학』 1972. 3.

34) 1970년대 '민족문학' 논의는 한국예술종합학교 한국예술연구소 편, 『한국현대예술사대계 : 1970』 IV, 시공사, 2004 중 이상갑의 글, 125~129쪽 참조.

35) 백낙청, 「한국의 민족문학과 한일민중의 연대」, 『창작과비평』 60, 1988 여름호, 170~171쪽.

고양된 관심 등이 더해져 한국 민중의 문제는 분단 문제를 떠나서는 이해되거나 해결될 수 없다는 인식으로 심화되어 1970년대 '민족문학론'을 생산해 냈던 것이다. 특히 이 시기 백낙청은 「민족문학의 현단계」를 통해 정부가 '민족문화중흥'을 내세워 막대한 예산을 쓰는 것을 신랄하게 비판하였다. "'반관제' 민족문학 경고문"을 표방한 이 글은 19세기 말엽부터 시작해서 일제 식민지, 해방, 6·25, 4·19, 5·16, 그리고 1970년대에 이르는 상황을 개괄하면서 민족문학이라는 것이 민족적 전통의 어떤 부분만을 편리한대로 보존·전시하면서 국민생활의 현재와 미래에 대한 애매한 낙관론을 고취하는 문학이어서는 안 됨을 경고한다. "민주회복이야말로 민족문학 본연의 사명에 밀착된 목표이며 현단계의 가장 시급한 과제"임을 재차 강조함으로써 백낙청은 박정희 정권의 민족문화 정책의 반민주성과 허구성을 폭로하고 있다.[36]

1970년대 비판적 지식인들에 의해 제기된 '민족문화론'은 이러한 '민족문학론'에 비교해 볼 때, 명백한 토론의 형태로 제기된 것은 아니었다. '민족문화론'이 전개되면서 제일 먼저 '민족문화'의 형식이 문제가 되었고, 여기서 과거에서 계승된 전통으로서의 '민속문화'가 주목을 받았다. 사실 이 시기는 급격한 산업화에 대한 저항으로서 관·민을 막론하고 '민속문화'에 대한 관심이 유행하였고,[37] 그 영향으로 방대한 조사보고와 연구성과가 축적되었다. 그러나 민속문화연구에 각인된 일제 식민지학의 잔재를 이 당시 연구자들은 강하게 의식했다. 그것과의 차별성을 위해서는 '민속문화'에 대한 근본적인 시각의 조정과 함께 박제화된 보존의 차원이 아니라 현실 속에서 "경험의 차원으로 되살리는 일"이 중요하다고 판단하였다. 끊임없이 발굴, 복원되는 '민속문화'가 그대로 '민중문화', '민족문화'가 될 수는 없기 때문에, 이 지점에서 '민속문화' 속에서 민중적인 것을 변별해

---

36) 백낙청, 「민족문학의 현단계」, 『창작과비평』 35, 1975년 봄호, 35~68쪽.
37) 박정희 정권은 민속문화 혹은 전통문화 복원사업의 일환으로서 1973년 '한국민속촌'을 설립하고 1974년 대중에게 개방한다.

낼 필요성이 자각되기 시작한다.[38]

1977년 강만길, 김윤수, 리영희, 임형택, 백낙청이 참여한 「분단시대의 민족문화」라는 창비 좌담회는 한국적 분단의 특수성에 대한 인식을 공유하며 분단과 '민족문화'를 관련시켜 사고하려는 시도를 보여주었다. 강만길은 "분단시대에 살고 있다는 의식"이 중요하다고 강조하였고, 리영희는 분단 상황이 '증오의 문화'를 양산한다고 비판하였다. 특히 리영희는 상대방의 부정을 통해 자기를 정당화하는 문화의 천박함을 분단 상황과 결부시켜 이해하고자 했는데, 분단된 동서독의 사례를 중요한 참조점으로 언급하였다. 그는 서독의 시인 엔쩬스버거의 글을 직접 인용하며, 동서독에서도 '증오'가 "모든 사회활동의 근본정신"이 되고 있음을 강조하였다.

> 독일―이것은 유럽에서 유일한 분열된 국가인데 날로 증가되는 적나라한 적의(敵意) 속에서만 살아온 두 개의 나라이다. 그리고 이것은 대국의 승인을 얻은 모든 수단으로써 행해지고 있는 냉전의 틀 속에서 행해지고 있다. 이것은 우리의 내전(內戰)은 아니다. 그런데도 우리는 그 뒤를 밀고 있고 전위대로서의 역할마저 하고 있다. 그러면서 이 적의 속에 안주하고, 그것을 당연한 감정으로 받아들이고 있다. 이것은 하나의 망령(亡靈)과 같은 것이다. 즉 쉽게 말하면 증오를 통해서 상호간 승인을 하는 이런 형태가 됐다. (중략) 이 찢어진 분열국가야말로 그런 상태 속에서 더욱 망령에 가까운 것이다. 두 개의 나라는 어느 쪽도 상대의 행동에 대해서 대응하는 것으로 해서, 상대방의 부정(否定)을 통해 자기를 정당화함으로써만 자신을 합리화하고, 또 그럼으로써 각자 자기확인을 하고 있다. 이런 과정을 끊임없이 대립의 형태를 통해서 하고 있는데 그리고 보면 이것은 또한 서로 간에 돕고 있다는 뜻도 된다. 이 피드백의 과정은 아주 완벽해서 이 과정은 어느 단계에서 끊지 않으면 언젠가는 죽음의 링크, 죽음의 원환(圓環)이 그대로 굳어져버릴 것이다.[39]

---

38) 민중성을 중심으로 민속문화와 민족문화를 구별하려는 노력은 김흥규가 편한 『전통사회의 민중예술』(민음사, 1980)에서 확인할 수 있다.

39) 「분단시대의 민족문화」, 『창작과비평』 45, 1977년 가을호, 17~18쪽.

인용문대로 이해하자면, 내전을 거치지 않고 분단된 독일의 경우에도 '냉전'의 적대구도는 그대로 작동하여 서로에 대한 '증오'가 체제경쟁을 추동해 나갔다고 하겠다. '독일의 기적'을 낳게 한 본질도 바로 이 '증오'의 정신이라고 엔쩬스버거는 말하고 있다. 독일의 경우가 그러하건대 하물며 '민족상잔'의 비극을 치른 남북한의 경우 그 정도가 얼마나 심각할지는 충분히 짐작할 수 있다. 이데올로기에 대한 증오, 민족 절반에 대한 증오를 근거로 한국 경제도 발전하였고 이러한 "증오에 바탕을 둔 문화의 형식이 진정한 민족사회 생활의 질과 성격 및 덕성을 정상적이고 발전적으로 만들 수 없"음을 리영희는 역설한다.[40] 이 논의에서는 당대인의 일상문화와 심리 속에 내재화된 분단의 그늘을 매우 심각한 증상으로 파악함으로써 분단·통일문제를 관념적으로 이해하고자 했던 당시의 지적 풍토 자체를 문제 삼는다. 한편 백낙청은 "민족독립이나 통일문제를 학(學)으로 의식하려는 주장을 비과학적, 낡은 것"이라고 폄하하는 풍토를 강하게 성토하였고, 이어서 임형택은 뉴크리티시즘, 신화비평, 구조주의 방법이 기능적인 것으로 도입되어 문화를 "민족이 살아온 생의 현실로부터 분리시켜 추상화하고 비역사적, 비인간적인 것"으로 만들고 있다고 비판하였다.[41] 학문의 '근대화', '과학화'라는 명분 아래 미국 편향의 연구 풍토가 주류화 되는 상황에서, 통일이나 분단에 대한 언설은 당대 한국의 학문 장에서 '비과학적인 것'이거나 '당위적인 것', 혹은 '주관적인 비평'으로 간주되었던 것이다. 물론 1970년대 후반이 분단인식 혹은 분단에 대한 학문적인 접근이 막 일어나고 있었던 시점임을 고려하면 이러한 지적도 전혀 일리가 없는 것은 아니다. 그러나 분단이라는 범주 자체가 매우 광범위하고도 복잡한 문제를 환기시키는 '뜨거운 감자'라는 점에서 객관화나 거리화가 운위되기 힘든 지점이 존재할 수밖에 없다. 어쩌면 동시대적인 현실사회의 문제를 학문적 의제로 삼고자 할 때 이런 상황은 불가피하다고 할 수 있다. 결국

---

40) 위의 글, 16~17쪽.
41) 위의 글, 18~20쪽.

이 논의는 분단 상황에서의 인권 문제를 제기하는 것으로 마무리되는데, 분단에 대한 의식적 각성이 유신체제의 비민주성과 폭력성에 대한 문제 제기로 귀결됨을 보여준다.

국민의식 속에 레드 콤플렉스를 정착시킨 냉전체제는 사회구성원들의 상호관계는 물론이고 개인의 내면까지도 규제하는 일상적인 규범이 되었다. 1970년대 국제사회의 데탕트 기류와는 달리 내면화된 레드 콤플렉스는 계급으로서의 노동자와 노동운동을 적대시하게 만들었고 일체의 시민운동을 '불온'한 것으로 몰아갔다. 내셔널리즘을 공유한다는 점에서 교집합을 지니고 있었던 두 진영(관제 vs 비판적 지식인 그룹)은 분단인식에서 극단적인 대립각을 세우게 되었고, 비판적 지식인들의 '민족문화'담론 안에는 점차 '민중'에의 지향성이 근간을 이루게 되었다.

IV. 분단시대의 '한'과 '민중'

사회학자 이효재는 「분단시대의 사회학」에서, 한국문화의 본질적 유형 혹은 특성을 규명하는 연구자 사이에서 '한'(恨)을 문제시 하는 경향에 의문을 제기한다. '한'이란 개념을 비판하는 입장은 그것이 복합적인 내용을 통속적 개념으로 단순하게 정의한다고 판단하였다.[42] 이에 대해 이효재는 "민족이란 말이 모든 민중의 이성과 감정을 혼합시키는 상징인 것만큼 한은 이성보다는 억눌려 살아온 모든 서민들의 심층에 쌓이고 쌓인 감정을 꿈틀거리게 하는 원시적 힘을 가진 상징적 어휘"라고 답변한다. 특히 분단 상황이 얼마나 민중의 삶을 한스럽게 만들고 비인간화하는지를 인식 하는 것은 분단시대 한국학의 과제라고 강조한다.[43] 따라서 한국사회와

---

42) 다층성에 주목하여 한국적 한을 정리하고 일본과의 비교를 통해 '한국적 한'의 구조를 밝히고자 한 연구로는 천이두의 『한국문학과 한』(이우출판사, 1985), 『한의 구조 연구』(문학과지성사, 1993)가 있다.

문화에 대한 연구가 '한'에 사로잡혀 있는 인간들의 왜곡된 심성과 의식, 편협한 사상 및 가치관, 폭력적 인간관계를 스스로 직시하는 데 도움이 되어야 한다고 본다. 이는 '한'의 정서를 민족성 담론 안에서 본질화하거나, 혹은 허무적이고 수동적인 정서로 배제하려는 태도와는 확연히 구별된다. 이효재의 논의는 '한'을 구체적 역사경험 속에서 형성되어 개인의 일상과 문화에 의식적·무의식적으로 영향을 미치는 대상으로 파악하고, 그것을 분단시대 한국 사회학의 중요한 의제로 제시하였던 것이다. 특히 '한'을 분단을 체험한 당대 '민중'의 정서와 결합시켜 논의하는 방식은, 역사변혁의 주체로서 '민중'의 능동성만을 당위적으로 강조했던 계급주의적 '민중담론'과 구별된다는 점에서 주목할 필요가 있다.

앞에서 언급했듯이 비판적 지식인들의 '민족문화' 담론은 분단의 발견과 함께 문화 생산의 주체로서 '민중'에 주목하였다. 물론 전태일의 분신으로 표면화된 현장의 노동운동이 사회변혁운동 속에서 '민중'의 성격과 역할을 어떻게 규정할 것인가라는 화두를 지식인들에게 던져주었던 것도 '민중'에 집중하게 만든 중요한 계기였다. 그런데 비판적 지식인 진영 내부에서도 민중의 성격과 역할에 대해서는 상이한 이해를 보였는데, 대표적으로 임헌영이 '민중'을 노동자·농민으로 규정하면서 프롤레타리아 계급을 환기시켰다면, 백낙청은 "민중이란 정치·사회·문화적으로 특수한 위치에 있지 않"은 "보통사람들"이라고 파악하였다.44) 노동계급의 범주 속에 '민중' 개념을 제한하기보다는 분단극복의 과제를 수행할 수 있는 주체라는 차원에서 열어놓고자 했던 것이다. 1980년대 본격화되는 계급적 '민중' 담론에 의해 이러한 백낙청의 '민중' 개념은 자유주의적인 것으로 비판받기도 하지만, 혁명적 낙관성이 전제된 '민중' 담론 자체가 "상상되고 구성된 것"45)임을 고려한다면 이 평가는 재고되어야 할 것이다. 한편 앞에서도

---

43) 『창작과비평』 51, 1979년 봄호, 250~253쪽.
44) 백낙청, 「인간해방과 민족문화운동」, 『창작과비평』 50, 1978, 11쪽.
45) Lee Namhee, *The Making of Minjung ; Democracy and the Politics of Representation*

언급했지만 내재적 발전론에 영향을 받은 1960~70년대 국문학 연구는 조선 후기의 판소리, 민요, 가면극 등에서 평민계급의 의식과 정서를 추출하고 거기에서 반봉건이라는 근대적 의식의 맹아를 발견해내었다.[46] 조선 후기 평민문화 속에서 저항적 전통을 추출해내었던 이러한 국문학계의 노력은 1970년대에 '민족문화운동'으로 구체화되었고, 마당극·탈춤이 대학생 중심의 청년문화 속에 부분문화로 자리잡아갔다. 이러한 청년문화운동은 반외세·반봉건·반독재에의 지향을 '민족문화운동'의 요체로 정식화하고자 하였다.

'민족문화'의 현대적 접속과 관련하여 의미있는 성과를 보여준 매체는 『뿌리깊은 나무』다. 윤구병을 편집장으로 하고 김우창, 김은국, 김정옥, 김형효, 서정수, 손세일, 이규호, 이상만, 이학수, 예용해, 윤명로, 최정호, 한완상을 편집위원으로 하여 1976년 4월에 창간된 이 잡지는 1980년 신군부에 의해 폐간되기까지 실재하는 '민중'의 형상과 '민족문화'의 구체적 표상들을 발굴해내었다는 점에서 관심을 끈다. 발행인 한창기는 창간사에서 한국문화의 바탕을 '토박이 문화'에서 찾아야 한다고 강조한다.

> '잘사는 것'은 넉넉한 살림뿐만이 아니라 마음의 안정도 누리고 사는 것이겠습니다. '어제'까지의 우리가 안정은 있었으되 가난했다면, 오늘의 우리는 물질가치로는 더 가멸돼 안정이 모자랍니다. 곧 우리가 누리거나 겪어온 변화는 우리에게 없던 것을 가져다주고 우리에게 있던 것을 빼앗아 가는지도 모릅니다. 그러나 우리가 '잘 사는' 일은 헐벗음과 굶주림에서뿐만이 아니라 억울함과 무서움에서도 벗어나는 일입니다. (중략) 『뿌리깊은 나무』는 우리 문화의 바탕이 토박이 문화라고 믿습니다. 또 이 토박이 문화가 역사에서 얕잡힌 숨은 가치를 펼치어, 우리는 살갗에 맞닿지 않은 고급문화의 그늘에서 시들지도 않고 이 시대를 휩쓰는 대중문화에 치이지도 않으면서, 변화가 주는 진보와 조화롭게 만나야만 우리 문화가 더

---

in South Korea, Cornell UniV Pr, 2009.
46) 조동일, 「전통의 퇴화와 계승의 방향」, 『청맥』 1966년 여름호, 365~369쪽.

싱싱하게 뻗는다고 생각합니다.[47)

　한창기는 '토박이 문화'를 '고급문화', '대중문화'와 구별하고 거기에 '민중' 지향성을 분명하게 견지한다. 이효재와 마찬가지로 그 또한 '민중'의 삶에 서린 '한'을 중요하게 부각시키면서, '한'은 경제적 가난과 사회적 불평등에서 연유한 설움과 두려움이 축적된 것이라고 보았다. '한'을 침략과 수탈로 요약되는 민족수난사와 연결시키기보다는 경제적·정치적 약자의 일상적 상처로서 이해하고자 하였다. 『뿌리깊은 나무』는 2호부터 5회에 걸쳐 '나는 이렇게 본다'라는 코너를 통해 한국문화의 쟁점을 살피는 기획을 마련하는데 그 첫 번째 쟁점이 바로 '민중'이었다. 편집위원 중의 한 사람이기도 한 김형효의 글이 그 첫 번째를 장식했는데, 그는 당시 문학계, 신학계, 사회과학계에서 '민중' 개념을 과도하게 확장시켜서 '민중'이란 단어가 "언어의 인플레이션"에 빠졌음을 지적하고 나선다. "민중은 고상한 이념들의 공화국도 아니요, 역사의 의미를 생산하는 실체도 아니"라는 표현을 통해 김형효는 당대 진보 진영이 보여준 과도한 '민중'지향성에 제동을 걸고자 하는 의도를 드러낸다. 그는 '민중의식', '민중운동' 등의 개념을 통해 '민중'을 역사변혁의 주체로 호명하려는 진보 진영의 목적의식적 경향에 대해서 일정하게 거리두기를 하고 있다. '민중' 개념을 매개로 과도하게 추상화되는 현상을 문제삼은 김형효의 태도는 『뿌리깊은 나무』의 이념적 지향을 대변하는 것으로 볼 수는 없지만, '민중'의 이해에 있어 개념의 추상성보다 현실의 '구체성'을 강조하고 있다는 점에서 경청할 부분이 있다.[48)

　'나는 이렇게 본다' 코너의 다음 필자인 역사학자 김용덕은 과거 역사

---

47) 한창기, 「창간사 : 도랑을 파기도 하고 보를 막기도 하고」, 『뿌리깊은 나무』 1976년 3월.
48) 김형효, 「민중은 어디에 있느냐?－철학에서 본 '민중'의 개념」, 『뿌리깊은 나무』 1976년 4월, 59~62쪽.

속에서의 민중의 형상과 삶을 탐색하면서 18~19세기 실학자들이 민중의 경제생활을 개선하기 위해 노력한 구체적인 사례와, 동학혁명의 민중운동적 성격을 소개하고 있다. 그는 3·1운동의 민중운동적 성격을 언급하고, "민중의 힘이 현명하게 인도"되도록 "역사서술에서 민중에 초점을 두고 민중의 발자취와 그들의 생활사를 밝혀내어 오늘의 서민대중 속에서 우리 민중사에 대한 관심과 애착을 불러일으켜야할 것"을 주장한다.[49] 이후 한국정치에서의 민중의 모습에 대한 정치학자 한배호의 글이 게재되고, 민중문학을 대상으로 한 국문학자 김병걸의 글과, 서사무가를 통해 민중의 윤리를 다룬 교육학자 김인회의 글이 이어진다. 김인회는 무가의 교육철학을 현대감각에 맞게 계승하자는 논리인데, 계승해야 할 과거의 서사가 반드시 아름답고 고상하기만 해야 하는 것이 아님을 강조한 지점 역시 흥미롭다.[50]

연재물 외에도 「민중이 주인인 나라의 법」(한상범), 「민중의 이름과 얼굴」(백낙청) 등의 '민중' 관련 글이 게재된다. 또한 경제지상주의가 몰고 온 부동산 투기바람의 세태, 저임금·장시간 노동에 시달리는 방적공, 새마을운동이 농촌의 일상을 낯설게 변형시키는 동원의 풍경, 가부장문화에 소외당하는 여성 등을 비판적으로 다루었다. 『뿌리깊은 나무』가 관심을 가진 사회적 약자로서의 소외층에는 노동자, 농민, 도시빈민뿐만이 아니라 여성과 노인도 포함되어 있다. 이는 역사변혁의 주체로 호명되는 '민중'의 형상이 주로 청장년의 남성을 전면화한 것과 좋은 대조를 이룬다. 특히 『뿌리깊은 나무』에는 '내시', '백정', '각설이' 등의 '이름없는 사람'들의 '예외적'이고 '비정상적'인 삶에 주목하여 문명의 그늘 속에 '숨어 사는 외톨박이'들의 삶을 구술하는 연재물이 기획되어 눈길을 끌었다. 이것들은

---

49) 김용덕, 「민중은 어떻게 살아왔느냐-한국 역사에서의 민중의 모습」, 『뿌리깊은 나무』 1976년 5월, 55~57쪽.
50) 김인회, 「민중의 삶과 철학-무가에서 본 민중의 윤리」, 『뿌리깊은 나무』 1976년 8월, 53쪽.

나중에『뿌리깊은 나무 민중자서전』으로 묶여 출간된다.[51] 또한 1976년 9월호부터 폐간 때까지 '민중의 유산'이라는 제목 아래 일상과 긴밀한 전통시대 생활 소품들을 화보로 실었다. 짚신, 담뱃대, 바늘집, 맷돌 등의 일상적 물건들을 이미지화함으로써 사대부 양반 중심의 '고급문화'만이 아니라 '민중' 중심의 생활문화 또한 감각적으로 복원시키고자 하였다. 그 밖에도 판소리와 민요음반 등을 제작하고 차(茶)·반상기·한지·옹기 등의 전통문화를 당대 대중이 일상 속에서 전유하도록 보급하는 데 힘썼다. 이처럼『뿌리깊은 나무』는 소박한 차원이지만 '민중', '민족문화'에 대한 담론과 더불어 시각·청각 등의 감각을 동원하여 '민중' 및 '민족문화'에 대한 구체적 표상을 만들어 나갔다.

『뿌리깊은 나무』는 전통적 삶에 밀착해 있는 낱낱의 소외된 개인들을 '민중'으로 호출하고, 그들의 의식주와 관련된 일상문화를 전통문화로 복원하였다. 전통사회로부터 근대사회로의 이행, 식민지 체험, 전쟁과 분단 상황을 두루 거친 이들의 생애를 직접 말하게 하는『뿌리깊은 나무』의 '민중구술사'는 선도적인 작업이 아닐 수 없다.[52] 특히 다양성과 개별성에 주목한 일련의 작업은 '미시적 민중연구'의 선도적 작업이라 해도 지나치지 않을 것이다.『뿌리깊은 나무』가 구현해낸 '민족문화'는 관제 '민족문화'와도, 비판적 지식인들이 전유하고자 했던 진보적 이념태를 담지한 '민족문화'와도 차별성을 지닌다.『뿌리깊은 나무』에서는 전통적·근대비판적 지향이 모던한 미의식과 공존하고, 집단 주체를 상정하는 '민중'이라는 용어를 애용하면서도 철저히 고유한 개체로서 그것을 재현해내고 있기 때문이다. 『뿌리깊은 나무』의 이율배반을 어떻게 평가할지는 차후의 과제로 남기고자 한다.

---

51)『숨어사는 외톨박이』, 뿌리깊은 나무, 1977.
52) 윤택림,『역사학자의 과거여행 : 한 빨갱이 마을의 역사를 찾아서』, 역사비평사, 2003, 106쪽.

V. 한국학의 비판적 대상화

관제 내셔널리즘에 지배된 '민족문화' 담론은 구체적인 정책과 제도적 기반을 구축하고 그 이념적 지향을 유포함으로써 일정 부분 국민동원에 성공하였다. '민족문화 중흥'이라는 슬로건 아래 분단 상황을 체제경쟁의 정당성을 도출하는 근거로 활용하였다. 그러나 수많은 전통문화의 채집과 복원, '민족문화'의 정체성 탐색에 대한 양적인 집적에도 불구하고 그러한 작업이 한국학의 질적인 성숙이란 차원에서 얼마나 유의미한 결과를 생산하였는지는 의문이다.

비판적 지식인 그룹에 의해 주도된 '민족문화' 담론은 박제화된 민속문화 속에서 '민중문화'를 변별하여 현실의 경험 가운데에서 전유가능한 '민족문화'의 의미를 강조하였다. 무엇보다 분단 상황이 민중의 일상적 심성을 어떻게 규율하고 병리화하는지를 지적함으로써 분단이 시급한 극복의 대상임을 부각시키려한 시도는 분단의식이 내면화되어가던 1970년대 상황에서 의미있는 지점임에 분명하다. 그러나 내재적 발전론에 자극받아 양산된 전근대기 문학·문화연구나 문학사 서술은 학문의 객관성이나 엄정성의 차원에서 많은 문제를 노정한 것 또한 부정할 수 없는 사실이다. 내셔널리즘의 담론 속에서 '민중'을 호명하는 제3세계적 지향을 현재의 시각에서 일방적으로 비판하기는 쉽지 않지만, 독재체제에 저항하는 상황적 논리가 과도하게 정당성을 얻음으로써 자기비판성을 상실한 측면을 지적하지 않을 수 없다. 어쩌면 '민족문화'라는 범주 자체가. 혹은 '한국학'이라는 개념 자체가 자기 성찰의 비판성과 소통성을 담보하기 어려운 근본적인 약점을 내장하고 있는지도 모르겠다.[53] 그런 차원에서 관제 내셔널리즘과 진보적 내셔널리즘이 한국학의 지형 안에서 접속·교차하는 양상을 지켜보는 것은 착잡한 일이 아닐 수 없다.

---

53) 김성보, 「비판적 한국학의 탐색」, 김성보 외, 『사회인문학이란 무엇인가?』, 한길사, 2011, 302~303쪽.

국가와 민족의 경계를 넘어 보편학문으로서의 타자성을 지향하는 것이 현재의 학문 연구가 추구해야 할 길이라고 한다면, '한국학'이라는 범주는 근원적으로 딜레마적인 상황에 처해 있다. 한국학의 정체성과 방향성을 둘러싼 다양한 논의가 과거에도, 현재에도 여전히 진행되고 있지만 그 어느 것도 화려한 언어적 수사를 넘어 한국학 연구자가 체감할 수 있는 설득력을 제시하지 못하고 있다. 그럼에도 불구하고 과거와 현재의 '한국학'을 비판적으로 대상화하려는 의식적 노력은 세계화의 흐름과 접속하면서도 로컬의 시각을 포기할 수 없는 현재의 상황과 맞물려 여전히 소중하다고 하겠다.

'내재적 발전'의 분화와 '비판적 한국학'
민중의 재인식과 분단의 발견을 중심으로

신 주 백

I. 들어가기

해방 후 새로운 민족국가를 수립하는 과정에서 식민지 잔재를 청산하는 일은 피할 수 없는 과제였다. 하지만 한국사회는 좌우대결과 한국전쟁을 거치며 식민지 잔재를 제대로 청산하지 못하였다. 역사학계에도 식민사관이 강하게 남아 있을 수밖에 없었다. 그래서 이만열은 1950년대 역사학계에서 민족 없는 역사학이 지속되었다고 진단하였다.[1]

역사학계 내부에서 이를 극복하려는 움직임은 1950년대에 '태동'했다고 볼 수 있다. '내재적 발전'이란 키워드로 압축할 수 있는 새로운 역사인식의 움직임은 천관우의 실학연구, 그리고 김용섭이 '동학난(東學亂)'과 조선후기 농업사를 연구하면서부터 일어났다고 말할 수 있다.[2] 1960년 4·19혁명을 계기로 촉발된 민족주의 열기, 한일 간 국교를 수립하기 위한 회담의

---

* 이 글은 「관점과 태도로서 '내재적 발전'의 분화와 민중적 민족주의 역사학의 등장」, 『동방학지』 165호(2014)를 수정하여 수록한 것이다.
1) 이만열, 「近代史學의 發達」, 한국사연구회 편, 『제2판 한국사연구입문』, 지식산업사, 1987, 562쪽 ; 『한국 근현대 역사학의 흐름』, 푸른역사, 2007, 618쪽.
2) 자세한 내용은 신주백, 「1950년대 한국사 연구의 새로운 경향과 동북아시아에서 지식의 內面의 交流-관점과 태도로서 '주체적·내재적 발전'의 胎動을 중심으로」, 『韓國史研究』 160, 2013, '제4장' 참조.

본격화와 민족적 위기의식의 고조, 그리고 양극화에서 다극화로 대변되는 대외적 환경의 변화는 내재적 발전에 입각한 연구를 더욱 촉진하였다. 1960년대 후반에 이르면 이러한 관점과 태도에 입각한 연구는 한국사 학계에 정착되었고, 국문학을 비롯해 여타의 학문분야에도 큰 영향을 끼쳤다.

이 글은 1960년대에 형성된 관점과 태도로서의 내재적 발전에 입각한 한국사 연구와 역사인식이 1970년대 들어 왜, 그리고 어떻게 바뀌어 갔는지, 그리고 분단과 민중을 중심에 놓고 한국사 학계 내부의 흐름만이 아니라 학계를 둘러싼 상황을 추적하여 그 의미를 조명해 보는데 목표가 있다.[3] 내재적 발전에 입각한 역사연구의 흐름이 분화되는 과정은 한국사 해석을 둘러싼 입장의 차이로만 좁혀서 바라볼 수 없는 더 폭넓고 강력한 배경들이 있었다. 이 글에서는 여러 배경들을 정리하고 그것들이 역사연구에 미친 영향을 추적하며 의미를 되새겨 보겠다.

학계 안팎의 상황을 고려하여 1970년대 한국사 연구의 흐름을 구분해 보면, 1960년대 말부터 1970년대 초 사이를 경계로 한국사 학계의 흐름은 그 이전과 다른 연구경향이 조금씩 나타나기 시작하였다.[4] 그러다 1970년대 중반경을 고비로 관점과 태도로서의 내재적 발전에 입각하여 한국사를 연구했던 경향에 큰 변화가 있었다.[5] 다시 1980년 '서울의 봄'과 광주민주화운동 등의 경험을 전환점으로 그러한 경향의 일부가 민중적 민족주의 역사학을 제창하였다. 이 글에서는 관점과 태도로서의 내재적 발전에 입각하여 한국사를 연구한 1980년경까지의 흐름을 정리하겠다.[6]

1970년대 중반경 내재적 관점과 태도로 한국사를 이해하려는 경향은 학문의 현재성을 자각하고 민중과 분단을 자신의 연구에 흡수하는 그룹,

---

3) 이와 관련한 구체적인 선행연구가 없어 별도로 연구사 정리를 하지 않겠다.
4) 이 글의 제II, III장을 구분한 기준이다.
5) 이때를 기준으로 제III, IV장을 나누고 그 흐름을 추적해 보겠다.
6) 효과적인 논지 전달에 필요한 곳에서만 1980년대 초반의 연구를 언급하겠다.

그리고 학문의 현재성을 인정하면서도 좀 더 자유주의적인 태도를 취하며 현실과는 상대적으로 거리두기를 하고 있던 그룹으로 나눌 수 있을 것이다. 두 경향은『창작과비평』,『문학과지성』이란 종합계간지 등을 통해 자신의 역사인식을 밝히는 한편, 집단적 기획서를 간행하고 개인적 사론집(史論集)들을 발행하는 등 체계화된 역사인식을 드러냈다.

필자는 두 잡지와 이를 발행한 출판사를 중심으로 만들어진 담론공간이 1970년대 '대학 밖의 공론장'이었다고 본다. 그리고 여기에서 분단과 민중을 키워드로 발신하는 학술담론을 '경합하는 공공성'이라는 측면에서 주목하겠다. 이해를 돕기 위해 미리 언급하자면, 두 잡지를 중심으로 발신된 담론은 지배담론이 그리고자 하는 관제적 공공성에 대항하여 비판적 그룹들이 구현하려는 민주적 공공성의 분화와 내용적 심화를 의미하였다.[7]

II. 1960년대 말~1970년대 초 한국사 학계의 안과 밖

1. 1960년대 말 '내재적 발전'에 입각한 한국사 연구의 도달점

한국사에 관한 새로운 인식은 1960년 4·19혁명 이후 조성된 민족주의 열기와 맞물려 역사학계에 확산되기 시작하였다. 그것은 발전적인 새로움에 대한 기대와 희망을 담아내는 것이기도 하였다. 박정희 군사정권의 경제개발계획과 맞물려 로스토우의 근대화론이란 지배 담론도 광범위하게 확산되면서 민족주의 열기를 자극하였다. 1965년에 체결된 한일기본조약은, 과거의 지배자인 일본이 경제와 문화에서 다시 침투할 것이라는 위기의

---

7) 이 글에서는 官 영역에서의 공공성만을 말하지 않는다. 국가와 구별되는 사회영역에서의 독자적인 담론공간이 존재하며(공론장/학술장), 그곳에서 주체들 사이에 다양한 담론이 소통되고 융합과 분열을 반복하는 과정에서 무엇인가를 향해 공유할 수 있는 가치들이 만들어진다(공공성). 역사학과 관련한 공공성에 관해서는 백영서,「사회인문학의 지평을 열며-그 출발점인 '공공성의 역사학'」,『東方學誌』149, 2010, 15~21쪽 참조.

식을 더욱 고조시키는 한편에서는, 민족주의 열기와 근대화론을 더욱 확산시키는 계기이기도 하였다.

이에 따라 한국사 학계에서는 1963년부터 한국사의 내적 전개과정을 해명하고 세계사적 보편성과 한국적 특수성을 조화하는 새로운 한국사관을 수립하자는 제안이 공공연하게 제기되었다.8) 그리하여 일본의 침략과 지배를 정당화한 식민사관을 비판하고 한국인의 내면에 자리 잡은 왜곡된 자의식을 규명하며 극복하기 위한 논의가 활발하게 일어났다.9) 한국의 역사와 문화를 내재적 발전이란 관점과 태도로 접근하려는 역사연구도 급속히 확산되며 학계에 정착되었다. 가령 1960년대 전반기 만해도 "내면적인 주체적인 접근"10)을 시도한 연구자는 김용섭(金容燮)을 포함해 극히 소수였지만, 1960년대 후반에 이르면 조선 후기와 개항기의 상업과 수공업, 광업 분야로 연구주제가 급속히 확대될 정도였다.11) 그러는 과정에서 조선 후기부터 개항기까지의 경제적 측면에서의 내적 전개과정을 '자본주의 맹아'라는 용어를 동원하여 설명하는 방식이 일반화하였다.12) 이에

---

8) 여기에서 1963년으로 명기한 이유는, 『思想界』 1963년 2월호의 '특집, 韓國史를 보는 눈', 그리고 1963년 6월 한국사학회가 '朝鮮後期에 있어서의 社會的 變動'이란 주제로 주최한 학술토론대회 때문이었다. 金容燮은 두 기획에 모두 참여하여 논문을 발표하였다.

9) 관점과 태도로서의 내재적 발전에 입각하여 한국사를 새롭게 이해하려는 1960년대 한국사 학계의 동향은 신주백, 「관점과 태도로서 '內在的 發展'의 形成과 1960년대 동북아시아의 知的 네트워크」, 『韓國史研究』 164, 2014, '제3장 3)절'과 '제4장 3)절' 참조.

10) 金容燮, 「哲宗朝 民亂 發生에 對한 試考」, 『歷史教育』 1, 1956, 83~84쪽, 90쪽.

11) 1960년대에 내재적 발전 연구를 주도하던 연구자들은 1970년대 들어 자신들의 연구 성과를 모아 단행본으로 출판하였다. 劉元東의 『李朝後期 商工業史研究』(韓國研究院, 1968), 金容燮의 『朝鮮後期農業史研究 : 農村經濟 社會變動』(一潮閣, 1970)과 『朝鮮後期農業史研究 : 農業變動 農學思潮』(一潮閣, 1971), 姜萬吉의 『朝鮮 後期의 商業資本의 發達』(高麗大學校出版部, 1973), 宋贊植의 『李朝後期 手工業에 관한 研究』(서울大學校出版部, 1973), 韓㳓劤의 『韓國開港期의 商業研究』(一潮閣, 1970) 그리고 趙璣濬의 『韓國資本主義發達史論』(高麗大學校出版部, 1973) 등을 들 수 있다.

12) 북한에서는 자본주의 요소, 관계, 맹아라는 말이 혼용되다 1970년에 이르러 '관계'

입각하여 조선 후기의 사회경제적 변화와 함께 한국사의 시기구분, 특히 근대의 기점과 그 이유를 해명하려는 대규모 학술회의도 열렸다.[13]

한국사를 내재적 발전의 맥락에서 이해하려는 연구자들은 1967년에 한국사연구회를 창립하였다.[14] 여기에 모인 연구자는 최소한의 공통분모, 곧 식민사관을 극복하고 주체적인 한국사를 정립하려는 학문적 태도를 가진 사람들이었다. 그들 사이에 사회구성사적인 측면에서 역사를 연구하자는 데 일치점이 형성된 것은 아니었다. 현실문제에 대해 직접 발언해야 한다는 공통된 생각을 갖고 있는 것도 아니었다. 1960년대까지는 그러한 내적 차이들이 아직 문제되지는 않았다. 한국사연구회 회원들이 대거 참여한 결과물이기는 하지만, 역사학회에서도 그동안의 연구 성과를 종합하여 1969년에『한국사의 반성』을 출판하였다. 책의 구성을 보아도 기획 의도가 그대로 드러나지만,[15] 책에 수록된 글들은 새로 집필한 것이 아니었다. 논문 형식이 아니면서 자신의 전문성을 살려 이미 발표된 글들을 모아 편집한 책이었다. 당시 한국사 연구의 뜨거운 주제였던 자본주의

로 공식 정리되었다. 일본의 조선사학계에서는 북한의 연구동향을 추적하며 세 용어에 대한 검토를 시도하다, 朝鮮史硏究會가 1966년에 발행한『朝鮮史入門』즈음부터 '맹아'라는 말을 일반적으로 사용하였다.『朝鮮史入門』이 국내에 들어와 연구자들 사이에 많이 읽히고, 金泳鎬와 李佑成 등이 일본에 가서 학자들과 직접 교류한 것도 1967년을 전후해서였다. 한국의 한국사 학계에서 '맹아'라는 용어를 특별한 이의제기 없이 사용하기 시작한 것도 이즈음부터였다. 달리 말하면, 한국에서 '자본주의 맹아'라는 용어가 학문적으로 본격 유통된 것은 일본 조선사학계의 영향이었다.

13) 1967년 12월과 이듬해 3월에 열린 학술회의의 성과는 책으로도 발간되었다. 韓國經濟史學會,『韓國史時代區分論』, 乙酉文化社, 1970.

14) 당시 내재적 발전에 입각한 연구를 선도하고 있던 姜萬吉, 金容燮, 金泳鎬가 한국사연구회의 기관지인『韓國史硏究』1집과 2집에 각각 조선후기의 상업, 농업, 도시상업에 관해 논문을 발표한 움직임에서도 연구회의 특장을 확인할 수 있다.

15) 歷史學會 編,『韓國史의 反省』, 新丘文化社, 1969. '序'에 따르면, 이 책은 "국민의 교양을 위한다는 뜻과 아울러 조그마한 里程標를 세워 우리들 스스로를 채찍질하기 위한 뜻"에서 기획되었다. 32편의 글이 'I. 方法論의 反省', 'II. 傳統社會의 性格', 'III. 民族文化의 傳統', 'IV. 韓國美의 發見', 'V. 近代化의 諸問題', 'VI. 現代韓國의 歷史的位置'에 수록되었다.

맹아문제는 김영호가 「한국 자본주의의 형성문제」라는 주제로 집필하였고, 이기백과 김용섭은 각각 '민족사학'과 일본인 학자들의 식민사관을 비판하였다. 강만길도 임진왜란을 둘러싼 역사인식에 대해 「한국사의 관점」이란 주제로 집필하였다. 1960년대까지 한국사 학계가 도달한 지점을 잘 보여준 기획이었던 것이다.

한국사의 새로운 연구 경향은 때마침 불고 있던 '한국학' 연구 열기와도 맞물려 있었다. 한국학이란 말이 우리 학계에서 쓰이기 시작한 것은 1960년부터였다. 미국의 지역학 연구붐에 영향을 받은 것이기는 하지만, 한국학이란 "한국이란 민족사회를 학적 대상으로" "어문 역사 제도 풍습에서 공예 의농(醫農) 지리 등 인문 사회 자연의 각 과학을 일삼는 일련의 학적 행위를 말"한다.[16] 민족주체성의 토대 위에서 세계학문의 한 부문으로서 한국의 학문을 지향해야 한다는 의식이 표출되기 시작한 것이다. 이에 따라 조윤제는 『국문학사』를 『한국문학사』(탐구당, 1963)로, 이병도는 『국사대관』을 『한국사대관』(보문사, 1964)으로, 이기백은 『국사신론』을 『한국사신론』(일조각, 1967)으로 각각 바꿔 출판했으며, 한국경제사학회가 주최한 시대구분에 관한 학술회의도 '국사'가 아니고 '한국사'였던 것도 동일한 흐름 속에서 이해할 필요가 있다.[17] 그러는 과정에서 한국학은 Koreanology로 일컬어졌지만 1960년대 중반을 지나며 '-logy' 대신 'study'를 붙였다.[18]

2. 1960년대 말~1970년대 초 국내외 상황 변화

1960년대 후반 북한이 자신의 무력과 남한의 대중역량을 결합하여 남조선혁명을 달성하겠다는 전략에 따라 무장공비를 계속 남파하면서 남북한 사이에 군사적 긴장이 급속히 고조되었다. 박정희 정부는 향토예비군을

---

16) 金思燁, 「日本學界의 韓國學硏究 動靜」, 『現代文學』 82, 1961. 10, 225쪽. 필자는 이 글 이전에 '한국학'이란 단어를 사용하며 설명한 글을 찾지 못하였다.
17) 韓國經濟史學會가 기획한 책의 제목이 『韓國史時代區分論』이었다.
18) 「座談 韓國學硏究의 反省과 轉換點」, 『政經硏究』 1967. 2, 147쪽. 申一澈의 발언이다.

창설하고 대학에서부터 학도호국단 제도를 다시 도입하는 한편, 국민교육헌장을 제정하여 국가주의적 통제를 강화해 갔다. 1969년에는 무리하게 3선 개헌을 시도하여 장기집권의 발판까지 마련함으로써 민주수호의 문제가 대두되어 갔다.

한국사회가 경직되어 가고 있는 것과 달리, 동아시아 국제정세는 1969년 7월 닉슨 미국 대통령의 괌 선언과 1970년 2월 닉슨독트린을 계기로 양극화에서 다극화로 전환되어 가고 있었다. 한반도의 주변 정세도 급변하여, 1971년 10월 미국이 중국의 유엔 가입을 도와주고 이듬해 2월 닉슨 대통령이 중국을 방문하는 등 미중 화해가 빠르게 진행되었다. 이에 일본도 중국과 수교를 맺기 위해 바삐 움직인 결과 1972년 9월 국교를 수립하였다. 또한 미국은 한반도의 안정화가 베트남에서의 '명예로운 철수' 등 새로운 외교정책의 중요한 관건이라 보고 한반도에 조성된 군사적 긴장을 완화하고자 하였다. 미국이 1971년 3월 주한미군 제7사단을 철수시키는 한편, 박정희 정부에 남북대화를 종용한 것이다.

1970년 박정희 정부는 급격한 대외정세의 변화에 대응하고자 남북한 사이에 선의의 경쟁을 하자고 북한에 제안하고, 이산가족 찾기를 위한 남북적십자예비회담을 추진하였다. 1972년에는 남북한 당국자가 비밀리에 상호 방문한 결과, 자주, 평화, 민족 대단결이란 조국통일 3대 원칙을 명시한 7·4 남북공동성명이 발표되었다. 이어 남북적십자회담까지 열림에 따라 사람들은 평화통일을 공개적으로 말할 수 있게 되었고, 통일에 기대를 갖기 시작하였다.

그러나 여기까지였다. 박정희 정부는 1972년 10월 비상계엄을 선포한 가운데 헌정을 중단하고 '유신'을 단행하겠다고 선언하였다. 이어 삼권분립을 사실상 무시하고 박정희의 종신 집권을 가능하게 하는 유신헌법을 제정하였다. 그가 유신헌법을 제안한 이유는 다음과 같다.

국가의 안정과 번영 그리고 조국의 평화적 통일을 이룩하여 민족의 활로를 개척해 나가는 것은 오늘의 우리에게 부과된 신성한 책무이며 역사적인 사명이다. 최근의 국제사회는 냉전시대에서 화해의 시대로 양극체제에서 다극체제로 변전(變轉) 격동하는 가운데 우리들을 둘러싼 주변정세는 우리에게 많은 도전과 시련을 안겨 주고 있다. …

　격동하는 정세에 기민하게 대처하고 남북대화의 전개를 최대한으로 뒷받침할 수 있도록 국민의 지혜와 역량을 총집결하고 우리 체제를 효율적으로 정비 강화하는 일이 긴급하게 요청된다.

　우리는 또한 현행 헌법하에서의 정치체제가 가져다준 국력의 분산과 소비를 지양하고 이를 조직화하여 능률의 극대화를 기하며 민주주의의 한국적 토착화를 가능케 하는 유신적 개혁을 단행하는 것만이 국가의 안전과 조국의 평화적 통일을 기약하는 유일한 길임을 확신한다.[19]

다극화하고 있는 국제정세의 급변에 대처하며 남북대화를 뒷받침하기 위해 체제를 효율적으로 정비 강화할 필요가 있다는 것이다.

박정희 정부는 12월 27일 유신헌법을 공포하였다. 바로 그 날, 북한에서도 사회주의 헌법이 공포되었다. 새로운 헌법에는 주체사상과 조선로동당의 독재가 명문화되었다. 이후 김일성이 신설된 국가주석에 취임하였다. 남북한 모두 1인 권력을 강화하는데 남북대화를 이용한 것이다. 그것은 체제우월경쟁이 본격적으로 시작되는 신호탄이기도 하였다.

남북한 사이에 경제적 격차가 역전되어 가는 가운데 양측은 서로를 직접 대면해 본 이즈음부터 체제우월경쟁에서 승리하기 위해 상대를 의식하며 대내외정책을 입안하는 경우가 더욱 늘어갔다. 유엔을 비롯한 국제 외교무대에서 치열하게 경쟁했을 뿐만이 아니라 각자의 내부 체제를 정비하고 1인 권력을 강화하여 갔다. 반대세력을 억누르는 한편에서는 통치행위를 정당화하기 위한 이데올로기 작업에도 심혈을 기울였다. '경쟁과 배제의 (비)대칭적 관계'에 바탕을 둔 남북관계가 격화되어 간 것이다.[20]

---

19) 時事硏究所 編著, 『光復30年史 : 時事資料』, 世文社, 1977. 이하 직접 인용문에 있는 밑줄은 필자가 강조하기 위한 표시이다.

3. 주체적 민족사관의 제창과 역사인식의 관제적 공공화 시도

박정희 정부가 급변하는 국제정세와 새로운 남북관계에 '혼연일체의 태세'로 대응하는 방안으로 제시한 방침 가운데 하나가 '국적 있는 교육'의 강조였다. 그 시작은 1971년 12월 국가비상사태를 선포하고, 이후 문교부에서 국민교육헌장에 입각하여 학교교육을 재편하겠다고 발표하면서였다.

박정희 정부의 새로운 방침이 교육계에 공식적으로 전달된 것은 1972년 3월 8천여 명이 모인 '총력안보를 위한 전국교육자대회' 때였다. 박정희 대통령은 이 자리에서 국적 있는 교육을 실시하기 위해 올바른 국가관에 입각한 교육을 실시해야 하며, 올바른 국가관은 주체적인 "민족사관을 정립하는 데서 비롯된다"고 교시하였다.[21] 그는 주체적인 민족사관을 정립하려면 주변 국가의 변화에도 추호의 동요 없이 민족의 전통과 국가의 자주성을 떳떳이 지키며 국력을 배양하기 위해 자주 자립 자위의 3대 목표를 추진할 때만 가능하다고 말하였다.[22] 이때부터 국적 있는 교육은 1970년대 한국 교육의 지표가 되었다.

새로운 교육 지표를 추진하는 사령탑은 청와대의 박종홍 특별보좌관이었다. 그는 박정희 정부의 이데올로그답게 국적 있는 교육을 실시하는데 반드시 필요한 주체적 민족사관을 아래와 같이 정의하였다.

> 민족사관은 과거에 대한 인식의 태도임을 넘어서 결단과 행동에 힘이 되는 민족의 저력을 재발견함이요, 미래로 끌려가는 것이 아니라 슬기와 용기를 다하여 우리 자신의 것으로 새로 만듦으로써 과거의 현재를 뜻있게

---

20) 남북 관계사와 그 속에서 한국현대사를 이해하는 이러한 접근법에 관해서는 김승렬, 신주백 외 지음, 『분단의 두 얼굴 : 테마로 읽는 독일과 한반도 비교사』, 역사비평사, 2005 참조.

21) 文敎部, 『文敎40年史』, 文敎部, 1988, 352쪽.

22) 中央大學校附設韓國敎育問題硏究所, 『文敎史 1945~1973』, 中央大學校附設韓國敎育問題硏究所, 1974, 503쪽. 1973년 1월 박정희 대통령이 문교부를 연두순시 할 때 한 발언이다.

빛내는 창조의 기반인 것이다.[23]

왜냐하면 민족적인 것은 "계급을 초월한 채 깊이 깊이 그의 뿌리를 우리의 생활 속에 내리고 있는 근원적인 것"이기 때문이다.[24] 그래서 박정희 정부는 민족사관을 세우기 위해 주체성 확립이 반드시 필요하다고 보았다.

박정희 정부는 이를 학교교육에 정착시키기 위해 교육과정을 개편하고 국사교육을 강화하는 정책을 추진하였다. 우선 다수의 역사학자들도 참여한 '국사교육강화위원회'를 조직하고, 1972년 5월에 첫 회의를 열었다.[25] 그리고 이때 사회과에서 국사과를 독립시키고, 국사 교과서 발행제도를 검정제에서 국정제로 바꾸겠다는 정책을 처음 제시하였다.[26]

하지만 '주체적 민족사관'이란 역사관은 한국사 학계가 연구하고 논의하는 과정에서 나온 역사인식이 아니었다. 그래서 학자에 따라 그것을 규정하는 포인트가 조금씩 다를 수밖에 없었다. 가령 강진철은 주체적 민족사관이란 "개념의 내용이 어떤 것인지 솔직히 말해서 잘 알 수가 없"지만 "'민족의 자주적 자율적 능동적인 존립성'과 같은 의미라고 해석"했다. 또 한영우는

---

23) 朴鍾鴻, 「主體的 民族史觀」, 『國民會議報』 3, 1973. 11, 41쪽. 통일주체국민회의에서 발행한 잡지다.

24) 朴鍾鴻, 위의 글, 1973, 42쪽.

25) 이후 위원회는 소위원회(7인, 이선근 강우철 이광린 최창규 김철준 이원순 한우근)와 전체회의를 열며 여러 정책을 제시하고 검토하였으나, 기본적으로 박정희 정부의 교육정책을 정당화하는 기구에 불과하였다. 자세한 내용은 장영민, 「박정희 정권의 국사교육 강화 정책에 관한 연구」, 『인문학연구』 34-2, 2007 참조.

26) 박정희 정부는 "주체적 발전적 사관의 객관화"라는 명분 아래 "주관, 학설의 다기성을 지양"하고 일관성 있는 교육을 실시함으로써 '민족적 가치관'을 확립해야 한다며 교과서를 국정화하였다. 「보고번호 제73-328호 대통령 비서실 보고서 (1973. 6. 9) : 國史敎科書의 國定化方案 報告」. 문교부 편수국에서 만들어 대통령에 보고한 보고서에 첨부된 '중고교 국사 교과서 국정화'에서 인용하였다. 이 글에서는 구체적인 분석을 할 필요가 없어 그냥 넘어가겠지만, 국사교육강화위원회는 모두 두 차례 '국사교육 강화를 위한 건의 내용'이란 제목의 건의문을 작성하였다. 자세한 내용은 윤종영, 「설립 국사교육강화정책」, 『문명연지』 2-1, 2001, 279~289쪽 참조.

"민족주의를 역사의식의 전제로 해서 형성된 사관"이라고 정의했으며, 김용덕은 "식민지 사관의 대립개념"이라 말하였다.27)

물론 민족사관이라는 말이 이때 처음 나온 것은 아니었다. 더구나 위에서 언급한 세 학자의 말을 종합하면 민족사관을 민족주의사관으로 해석해도 틀리지 않는 이해였다. 그것은 1960년대 역사학계가 도달한 지점의 하나였기 때문이다. 즉 한국사 학계는 한국사의 내적 전개과정을 주체적이고 발전적인 맥락에서 추적하는 한편, 일본인의 식민사관을 비판하며 여기에 대칭적으로 존립했던 한국인의 역사학을 정립하기 시작하였다. 이때 한국의 근대 역사학을 성립시킨 핵심 인물로 박은식과 신채호가 자연스럽게 부각되었다. 김용섭은 이들이 한국의 민족사학을 정립한 사람들이라고 규정하였고, 국사교육강화위원회의 위원장에 취임한 이선근도 민족사관을 확립한 사람은 신채호라고 보았다.28) 1972년『丹齋 申采浩全集』상·하가 출판되고, 이어『韓國獨立運動之血史』와『韓國痛史』가 연이어 번역된 배경도 이러한 흐름과 깊은 연관이 있었다.29)

그런데 박정희 정부에서 국적 있는 교육을 확립한다며 주체적 민족사관을 전면에 내세우는 데다 1970년대 초반의 정치현실과도 연동되어 있어 한국사 학계 내부의 반응이 갈리기 시작하였다. 자본주의맹아를 적극 주장하며 몇 편의 논문도 발표한 김영호의 정리에 따르면, 민족사학의 확충과 현대화를 더욱 적극적으로 추진하려는 움직임이 있었는가 하면, 특히 서양사학자들을 중심으로 민족사학의 해악을 비판하며 민족사관을

---

27) 姜晋哲,「主體的 民族史觀과 歷史敎育」,『새교육』24-6, 1972. 6, 12~13쪽 ; 韓永愚,「主體的 民族史觀과 歷史敎育」,『새교육』24-7, 1972. 7, 85쪽 ; 金龍德,「主體的 民族史觀과 歷史敎育」,『새교육』24-8, 1972. 8, 41쪽.

28) 金容燮,「우리나라 近代 歷史學의 成立」,『韓國의 歷史認識』(下), 創作과 批評社, 1976 ; 李瑄根,「우리 民族史觀은 누가 確立하였나-'丹齋 申采浩全集'을 刊行하면서」, 丹齋申采浩全集編纂委員會 編,『丹齋 申采浩全集』上·下, 乙酉文化社, 1972. 김용섭의 글은 1970년『韓國現代史』6(신구문화사)에 수록되었다.

29)『韓國獨立運動之血史』는 金正起, 李賢培 共譯으로 一又文庫에서 1973년에 출판되었다.『韓國痛史』는 李章熙 譯으로 博英社에서 1974년에 출판되었다.

주장하는 부류들과 일정한 거리두기를 하면서 좀 더 자유롭고 개방적인 입장을 취하려는 움직임 또한 있었다.30) 전자의 움직임에는 식민사관을 극복하고 새로운 한국사관을 확립해야 한다는 공감대를 형성하고 있던 당시 한국사 학계의 대다수 연구자들이 동참하거나 묵인하였다고 보아도 무리가 없을 것이다. 이는 국사교육강화위원회 위원 가운데 이때까지 한국사를 전공한 사람 대다수는 한국사의 내재적이고 주체적인 발전에 관해 논문을 발표한 사람들이었다는 데서도 시사받을 수 있다.31)

이처럼 박정희 정부는 내재적 발전에 입각한 연구 경향을 이용하여 주체적 민족사관을 주조하려 했던 것이다. 그렇다면 주체적 민족사관이 말하는 관제적 역사인식, 달리 말하면 유신체제가 추구하고자 한 '한국의 역사에 대한 관제적 공공성'이란 무엇인지 정리해보자.

주체적 민족사관이란 말이 제기되었을 때 한쪽에서는 그것이 북한의 주체사관과 어떻게 다른지 의문을 제기하였다. 그래서 박정희 정부는 주체적 민족사관에서 말하는 '주체'와 북한의 주체사상에서 말하는 주체가 다르다고 설명하였다. 즉 주체사상에서 말하는 주체는 "당, 나아가 김일성 개인을 주체로 하는 자주"이다.32) 또 역사를 계급투쟁의 역사로 본다. 하지만 박정희 정부가 말하는 주체는 계급이 아니라 민족을 가리키며, 그 주체가 반만년의 긴 역사 속에서 민족적 주체성을 수호하고 확립하기 위해 노력한 결과 대한민국이 수립되었다. 민족사의 주인으로서의 정통성이 대한민국에 있다는 것이다.

---

30) 金泳鎬,「歷史認識의 두 潮流」,『文學과 知性』20, 1975년 여름, 311쪽.
31) 국사교육강화위원회의 건의문에 근거하여 작성된 제3차 교육과정에 따라 1974년 고등학교『국사』교과서가 발행되었다.『創作과 批評』은 교과서를 시대별로 분석하였다. 총평을 맡은 강만길은 문교부가 국정의 명분으로 내세웠던 '주체적 민족사관'이 확립되지 않았으며, 기존의 검인정 교과서보다 후퇴한 느낌이라는 종합적인 비평을 내놓았다. 姜萬吉,「國定 國史敎科書의 問題點」,『分斷時代의 歷史認識』, 創作과批評社, 1978. 1974년『創作과 批評』32호(1974. 여름)에「史觀: 敍述體系의 檢討」라는 제목으로 발표된 글이다.
32) 朴鍾鴻, 앞의 글, 1973, 46쪽.

북한을 민족분열을 획책하는 집단으로 간주하고, 계급을 초월한 민족을 강조하는 역사인식은 제3차 교육과정에 의해 제작된 국정의 『국사』 교과서에 그대로 녹아들어 갔다. 교육과정에서는 "우리 민족의 발전 과정을 주체적인 입장에서 파악시키고, 민족사의 정통성에 대한 인식을 깊게 하며, 문화민족의 후예로서의 자랑을 깊이 하게 한다"를 첫 번째 '일반 목표'로 제시하였다.[33] 주체성과 정통성을 가장 강조한 것이다. 이에 따라 교과서에서는 대한민국임시정부가 '독립운동을 총지휘하게' 되었다[34]며 임시정부를 중심으로 국내외 독립운동사를 체계화하는 한편, 사회주의운동에 관해 전혀 기술하지 않고 배제하였다.

박정희 정부는 1979년 제3차 교육과정에 입각하여 쓰인 『국사』 교과서와 부독본인 『국난 극복의 역사』를 합쳐 새로운 고등학교 『국사』 교과서를 제작하였다. 역사교육학계에서는 이를 제3차 교육과정의 개정판 교과서라고 말하는데, 새로 쓰인 교과서에서는 그동안 역사학계가 이룩한 성과를 상당히 수렴하였다. 조선 후기의 사회경제적 변동을 기술한 '5. 조선 후기의 사회 변동'이란 중단원의 '개요'를 일부 인용하면 다음과 같다.

> 농업에 있어서는, 농업 기술이 발달하고 상업적 농업이 일어남으로써 부농이 성장하고, 독립 수공업이 발달하면서 상인과 판매 경쟁을 벌이는 사례도 나타났다. 상업에 있어서도, 큰 자본을 가진 도고 상인이 출현하였으며, 대동법 실시 이후로는 공인 자본의 등장, 화폐 유통의 촉진 등의 현상이 일어났다.
> 이와 같은 산업 경제 구조의 변화는 계층 분화를 촉진시키는 동시에, 신분 이동을 활발하게 만들었다. 그러나, 양반 문벌의 정치적 지배권이 강력한 상황 속에서의 신분 이동에는 일정한 한계가 있어서, 사회적 진통은 더욱 커지고 있었다.[35]

---

33) 「문교부령 제325호(1973. 8. 31 개정 공포) 중학교 교육 과정」, 『초 중 고등학교 사회과 국사과 교육과정 기준(1946~1997)』, 교육부, 2000, 287쪽.
34) 문교부, 『중학교 국사』, 문교부, 1974, 230쪽.

김용섭의 경영형 '부농', 송찬식의 '광작(廣作)'이란 용어 등을 사용하며 그동안 역사학계에서 연구한 조선 후기 상품화폐경제의 변화와 관련한 현상들을 반영하고 있는 것이다.

조선 후기 사회경제적 변화를 긍정적으로 묘사한 서술은 제2차 교육과정 (1963~1973) 때의 역사교과서에서는 볼 수 없는 것이었다. 새로운 서술의 변화는 근대 부분에서도 확인할 수 있다. 즉 실학의 발전을 근대문화의 성장으로 연결시키지 못하는 사이에 개항했던 조선은 청일전쟁과 러일전쟁을 거치며 붕괴되고 일본의 지배를 받게 되었다. 그러나 19세기를 넘기면서 민족적 각성은 근대의식을 고조시키고 민족주의를 정립시켜 20세기 초의 항일운동과 식민지 지배하의 독립운동의 방향을 결정했다고 쓰였다. 이러한 서술에 대해 소설가 박태순은 과거 중고교 시절 역사수업 시간 때 일본의 침략과 지배를 받은 점에 대해 분통을 터뜨리며 못난 조상을 탓했다고 회상하고, 그런데 이제는 "정반대로 전부 미화시켜 가지고 이렇게 위대하고 그랬는데 지금 너희들은 뭐냐는 식"이라며 180도 전도된 역사이미지를 전달하려 한다고 꼬집었다.[36)]

하나로 단결하여 국난을 극복한 자랑스러운 민족사를 재구성하는 한편에서는, 반민족적인 집단에 대한 역사적 응징도 직접 기술하고 있다. 일제강점기의 사회주의운동 세력에 대한 적대적 서술이 처음 등장한 것이다. 교과서에는 사회주의 세력의 대두가 "우리 나라 독립 운동에 큰 암영을 던졌"으며, 그들의 활동으로 6·10만세운동과 광주학생운동 때 "도리어 민족 분열의 상처만 만들"었다고 기술되어 있다.[37)] 단결된 하나의 민족이

---

35) 국사편찬위원회, 『고등학교 국사』, 국사편찬위원회, 1979, 175쪽.
36) 「좌담회 : 民族의 歷史, 그 反省과 展望」, 『創作과 批評』 41, 1976년 가을, 34쪽. 강만길은 주체성을 내세우기 위해 식민사관을 극복할 필요가 있지만, 그러는 가운데 역사를 미화하거나 복고주의로 흐르지 말고, 민족사에 내재하는 제약성도 극복하는 이론을 제시해야 한다고 보았다. 덮어놓고 하나의 민족만을 강조하지 말고 민족 내부의 문제점도 드러내야 한다는 것이다. 姜萬吉, 「國史學의 主體性論問題」, 『分斷時代의 歷史認識』. 1978년 『韓國人의 主體性』(고려대학교출판부)에 실린 글이다.

국난을 극복하는 과정으로서 민족사를 서술하려는 기조에서 놓고 볼 때, 일본 지배하에서 민족을 분열시킨 세력으로 사회주의를 규정하고 있는 것이다. 중학교 『국사』 교과서에서는 사회주의 계열의 움직임에 대해 아예 언급이 없어, 또 다른 배제 방식을 취하였다. 그 반면에 대한민국임시정부가 독립운동의 최고 지도부였다며 항일운동의 정통적 계보를 처음으로 체계화하였다.[38]

그런데 민족을 분열시킨 집단으로 사회주의운동 세력을 언급한 제3차 교육과정의 개정 『국사』 교과서에서는 정작 친일파 또는 친일파 청산문제는 전혀 언급하지 않았다. 오히려 '민족 문화의 수호'라는 소항목에서 조선학운동에 대해 일절 언급하지 않으면서 "일본인 학자들의 한국 연구에 자극을 받아, 이병도, 조윤제, 손진태 등을 중심으로 진단 학회가 조직되어 진단 학보를 발행하면서 국학 연구에 열을 올렸다"고 기술하여 이병도와 진단학회를 집어넣었다.[39] 한국사 학계는 1960년대 사학사 정리 때부터 문헌고증사학의 대표적인 단체로 지목된 진단학회가 민족사학의 일부인지를 놓고 의견이 갈리었다.[40] 통일된 견해가 성립하지 않았던 것이다.

---

37) 『고등학교 국사』, 1979, 280쪽. 1974년 문교부에서 발행한 『인문계 고등학교 국사』에서는 이러한 언급 자체가 없다.
38) 자세한 내용은 신주백, 「한일 중학교 역사교과서에서 식민지 지배에 관한 서술의 변화」, 한국학중앙연구원 한국문화교류센터 편, 『민족주의와 역사교과서』, 에디터, 2005, '제4장 3절' ; 「역사교과서에서 재현된 8·15, 망각된 8·15」, 정근식, 신주백 편, 『8·15기억과 동아시아적 지평』, 선인, 2006, '제4장' 참조.
39) 『고등학교 국사』, 1979, 284쪽. 1974년판 『인문계 고등학교 국사』의 217쪽에도 거의 비슷한 내용이 있다. 이병도는 '학술적인 저항심'이 진단학회 결성의 동력이었으며, 진단학회를 중심으로 '학술적 항쟁'을 벌였다고 회고하였다. 「回顧40年」 (1955. 5, 『思想界』), 『斗溪雜筆』, 一潮閣, 1956, 306쪽 ; 「日帝治下의 學術的抗爭-震檀學會를 中心으로」(『朝鮮日報』 1964. 5. 28), 『내가 본 어제와 오늘』, 博英社, 1975, 205~210쪽.
40) 관련한 내용은 다음 'IV장 1절'에서 다시 살펴보겠다.

III. 통일문제의 대두와 '분단시대'의 자각

1. 통일문제의 대두와 삼민(三民) 이념의 등장

앞서도 보았듯이 주체적 민족사관은 오로지 단결만을 강조하며 민족 내부의 계급·계층간 대립을 역사의 시야 밖에 두려하며 하나의 민족임을 적극 내세웠다. 이에 대한 비판은 한국사 학계의 바깥에서도 즉각 제기되었으며, 그에 입각한 국사교육의 강화에 대해서도 우려를 표하는 글이 나왔다. 가령 김영모는 계급이란 지배와 복종 또는 대립된 사회구조를 의미하는데 꼭 노동자와 자본가 계급만을 의미하는 것으로 간주한다고 비판하며, '민족적 갈등사관'에 기초하여 사회과학적 방법론을 적절히 이용해야만 참된 한국의 사풍(史風)과 사학(史學)을 성립시킬 수 있다고 보았다. 그렇지 않으면 한국의 정통사학인 '개별적 실증주의사학'은 '정치적 기류와 학문적 풍토'에 따라 사풍이 흔들릴 수 있다고 경고하였다.[41] 신일철은 작금의 국사교육이 한국민족의 주체적 전개를 세계사와 동아시아의 전통 속에서 파악하지 않고 관에서 공식화한 단선적인 국가상을 심어주려 하고 있다고 비판하며 '국사교육의 관학화'를 우려하였다.[42]

그런데 하나된 민족만을 강조하는 주체적 민족사관은 당시 한국사회에서 싹트고 있던 새로운 흐름 속에서도 부정될 소지를 내포하고 있었다. 1970년 11월의 전태일분신사건, 1971년 8월의 광주대단지사건을 계기로 민중이 역사의 주체로 재발견되기 시작했기 때문이다.[43] 1972년의 7·4남북

---

41) 金泳謨, 「歷史研究와 社會科學」, 『文學과 知性』 11, 1973. 봄, 123쪽, 127~128쪽. 『文學과 知性』의 특징과 당시의 억압된 현실을 고려할 때, 그는 매우 우회적으로 비판했음을 고려할 필요가 있다.

42) 신일철, 「韓國史의 思想貧困 - 國史教育의 官學化를 우려한다」, 『씨올의 소리』 25, 1973. 8, 26~33쪽.

43) 황병주에 따르면 1960년대 초반까지만 해도 민중은 지배층의 용어이자 저항 진영의 집단주체로 호명되었지만, 1965년 민중당의 창당 이후 피지배층 일반을 가리키는 용어로 전유되었다. 그러나 여전히 계몽주의적인 태도가 일반적이었다고 보고 있다.(황병주, 「1960년대 비판적 지식인 사회의 민중인식」, 『기억과 전망』

공동성명에서도 민족적이고 자주적인 평화통일원칙이 천명되었지만, 이를 계기로 본격화한 민간차원의 통일논의에서는 민중을 통일문제, 곧 민족문제와 결부시켜 사고하기 시작하였다. 이러한 각도에서 민중과 통일의 관계를 고민한 사람들은 박정희 정부의 민주주의 억압에 대항하여 비판적 태도를 취하는 민주화운동의 지도자들이었다. 아래의 인용문을 통해 이를 확인해보자.

   7·4성명의 배경
   민족통일로 향한 몸부림에 하나의 전기가 될 충격적인 일이 7월 4일 일어났습니다. 이것은 갈라진 남과 북에서 동시에 발표된 공동성명입니다. 이 성명이 민족통일에 가지는 뜻을 분명히 하고 <u>이를 우리의 것으로 민중의 것으로 전진시키기 위하여</u> 그 배경을 밝힐 필요가 있습니다. 지난 날 민족해방의 기쁨이 민족분단으로 뒤바뀐 쓰라림을 다시는 되풀이하는 미련을 범하지 않아야 하며 국제적 세계사적 조건을 주체적으로 극복하며 다시는 조건이 우리를 결정하지 않고 우리가 변화한 조건을 우리의 自決의 계기로 바꾸어야 하기 때문입니다.[44]

   위의 인용문은 '민족통일의 구상'이란 토론회에서 영남일보 논설위원으로 재직하고 있던 김도현이 발표한 발제문인데, 이후 여러 사람이 발언하였다. 그 가운데 해방후 제1세대 역사학자를 대표한다고 볼 수 있는 천관우가 토론회 자리에서 제기한 다음과 같은 내용의 '복합국가론'에 주목할 필요가 있다.

   둘째는 <u>복합국가란 뭐냐</u> 하는 건 제가 말씀할 필요도 없이 우리 역사상에서 여러 가지 예를 보고 있는데 여기서 말하고자하는 복합국가라는

21, 2009)

44) 김도현, 「7·4남북공동성명과 민족재통합의 제문제」, 『씨울의 소리』 13, 1972. 8, 27~28쪽. 발표와 토론회는 7월 31일에 있었으니, 7·4남북공동성명 직후라고 말해도 좋겠다.

250 2부 '비판적' 한국학의 모색

것은 아주 막연하지마는 양쪽이, 남쪽은 남쪽대로 북쪽은 북쪽대로 그대로 가지고 그러면서도 뭔가 하나의 국가로서의 덩어리를 형성하고, 아마 처음에는 결함(원문대로임. '결합'이 맞는 것 같음 : 인용자)이라든가 좀 약한 것이 될 가능성이 많겠지마는 그런 걸 하나 만들어 놓고 점차 시간을 되 가면서 양쪽에서 대화와 교류를 통해서 혹은 국제정세 혹은 세계사조의 변화 이런 것을 통해서 기다려 가면서 점진적으로 이해할 것은 하고 이해 못할 것은 못하고 그러면서 단일국가를 추진해가는 그런 방안이다. 이렇게 막연히 말씀했습니다.[45]

그러면서 천관우는 민족이 역사의 주체라고 보는 주체적 민족사관과 달리, 복합국가를 건설하는 과정에 민중이 주체가 되어 참여해야 하며, 민주적인 세력이 어떻게 규합하느냐에 따라 민중의 결집 양상은 달라질 것으로 보았다. 민족과 민중, 그리고 민주를 연관시켜 통일 과정을 설명하고 있는 것이다. 염무웅도 민족문학에 대한 초기 논의에서 "근대적 의미의 민족개념이 민주 및 민중 개념과 결합되어야" 한다는 점을 선진적으로 제기하였다.[46]

그런데 박정희 정부에 비판적이었던 사람들 사이에서 통일문제, 곧 민족문제를 민중, 민주와 연계시키는 선진적인 논의, 특히 민주주의문제와 민족문제를 풀어가는 과정에서 민중이 어떤 위치를 차지하며 역할을 수행해야 하는지에 대해 그 즈음까지 제대로 자리를 잡았는지는 의문이다.

---

45) 「민족통일을 위한 토론회 : 민족통일의 구상 ①」, 『씨올의 소리』 13, 1972. 8, 44쪽. 천관우의 복합국가론은 1972년 7월 20일 민주회복국민협의회가 주최한 '남북공동성명에 관한 공청회'에서 처음 등장하였다. 복합국가론의 내용에 대해 위의 자료보다 좀 더 자세한 설명은 『創造』 1972년 9월호에 수록된 「民族統一을 위한 나의 提言」을 참조할 필요가 있다. 첨언하자면, 이후 장준하도 복합국가론을 주장하였다.(張俊河, 「民族主義者의 길」, 『씨올의 소리』, 1972. 9, 62~63쪽) 백낙청의 분단체제론도 복합국가론에서 학문적 연원을 찾을 수 있는 것처럼, 복합국가론은 연방제와의 차이 등도 함께 비교 검토해볼만한 가치가 있는 우리의 정신적 자산으로서 현재적 의미도 있다.

46) 廉武雄, 「民族文學, 이 어둠 속의 行進」, 『月刊中央』 28, 1972년 3월.

백낙청의 다음과 같은 발언에서 이를 확인할 수 있다.

> 돌이켜보면 민중문학론은 70년대 초의 문단에서 민족문학론이 본격화
> 되기 전에 이미 제기되었다. 그러나 가령 신경림씨의 「문학과 민중」(1973)
> 이나 필자 자신의 「문학적인 것과 인간적인 것」(1973)에서는 민중문학을
> 말하면서도 분단현실에 대한 구체적인 성찰에는 이르지 못했으며, 김병걸
> 신경림 염무웅 제씨의 농민문학론들(1970~72)과 「민족의노래 민중의
> 노래」(1970)를 비롯한 김지하의 일련의 작업에 이미 <u>민족적인 것과 민중적
> 인 것의 결합을 노리고 있었지만 분단체제의 인식이라는 면에서는 역시
> 미흡한 것이었다. 다른 나라 민중이 아닌 한국의 민중이 살고 있는 삶은
> 그들이 8·15와 더불어 남북으로 갈라진 나라의 민중임을 감안하지 않고서
> 는 올바로 이해할 수 없기 때문에</u> 애초에 민중문학론을 펼치던 이들
> 자신도 민족문학론의 전개에 자연히 힘을 기울이게 되었다.[47]

백낙청이 당시로서는 흔하지 않는 '분단체제'라는 말을 사용했지만,
남한의 민중과 남한의 민주주의에 분단을 개입시켜 사고하는 움직임은
1970년대 초반 경까지도 박정희 정부에 비판적이었던 당대의 엘리트 지식
인들 사이에서도 아직은 생소한 것이었다.

2. '분단시대'의 자각과 새로운 한국학 제기

그런데 1974년 즈음 민중과 분단문제에 관해 새롭게 변화된 인식이
등장하였다. 백낙청은 민중을 자기주도적인인 역사변혁의 주체, 곧 민족의
생존권과 주권을 지키고 시민혁명의 완수를 스스로 담당할 주체로 설정하
였다.[48] 강만길은 '분단시대 사학'이란 용어를 빌려 분단문제를 역사학자의

---

47) 백낙청, 「'80년대 민족문학론의 전망-1970년대를 보내면서」, 『민족문학과 세계문
    학』 II, 창작과 비평사, 1985, 55쪽. 1980년 발표된 글이다. 1970년대 민중 개념에
    관해서는 강정구, 「진보적 민족문학론의 민중 개념 형성론 보론」, 『세계문학비교
    연구』 27, 2009. 6 참조.
48) 白樂晴, 「民族文學 槪念의 定立을 위해」, 위의 책 I, 1978, 131쪽. 이 글은 1974년

연구 자세와 연구방향에 끌어들여야 한다고 문제를 제기하였다.[49] 분단시대를 극복하기 위한 민족통일을 역사적 과제로 하는 민족사학을 제창하는 강만길의 문제의식에 큰 흥미를 가진 사람이 『창작과비평』의 백낙청이었다. 그는 자신의 문제의식을 더 발전시켜 현단계 민족문학이 민주회복을 목전의 과제로 추구해야 하며, 이는 분단문제 해결의 전제조건이라고 분단문제와 민족문학의 관계를 명확히 제시하였다.[50]

그렇다면 1974, 75년경에 이르러 민중을 역사의 주체로 재인식하고 분단을 발견하여 현재를 분단시대로 규정할 수 있었던 배경은 무엇일까.

유신체제에 대한 반대운동은 1973년 10월 서울대 문리대 학생들의 시위와 여기에 자극을 받은 유신 반대세력들이 12월부터 '개헌청원100만인운동'을 전개하면서 시작되었다. 박정희 정부는 긴급조치 제1, 2호로 이들의 움직임을 제압했지만, 학생운동 세력은 1974년 4월 전국민주청년학생연맹의 이름으로 '민중 민족 민주선언'을 작성하였다. 선언문은 유신세력이 "반민주적 반민중적 반민족적 집단"이라 명시하고 "민중적 민족적 민주적 운동"으로서 민주화운동을 전개하여 정치적 민주화와 더불어 노동자 서민 대중의 생존권을 보장하고 민족적 자립경제를 확립하도록 요구하였다.[51] 내재된 함의의 풍부함과 전략론으로서의 완성도는 논외로 치고 보자면, 정치문제만이 아니라 민중의 경제문제와 민족문제까지 언급하며 삼민(三民)의 민주화운동 논리를 공식화한 것이다.

이어 1974년 10월 언론자유를 지키기 위해 동아일보 기자들이 '자유언론실천선언'을 발표하며 정부의 통제에 저항하면서 언론자유수호운동이 확산되었고, 12월에는 민주화운동 세력이 민주회복국민회라는 연합체를

7월 『月刊中央』에 발표된 것인데, 원래 제목은 「民族文學槪念의 新展開」였다.
49) 姜萬吉, 「實學論의 現在와 展望—千寬宇 著 '韓國史의 再發見'을 읽고」, 『分斷時代의 歷史認識』, 263쪽. 『創作과 批評』 1974년 겨울호에 수록된 글이다.
50) 白樂晴, 「民族文學의 現段階」, 『創作과 批評』 35, 1975. 봄, 46쪽.
51) 기쁨과 희망 사목연구원, 『7, 80년대 민주화운동의 증언, 암흑속의 햇불』 1, 기쁨과 희망 사목연구소, 1996, 221~223쪽.

결성하여 조직적인 반유신운동을 벌이기 시작하였다. 박정희 정부는 여기에 대응하여 1975년 2월 유신헌법 찬반에 관한 국민투표를 실시하여 형식적 합법성을 획득하였다. 4월에는 베트남이 공산통일되자 5월 가장 포괄적이고 강력한 규제 내용을 가진 긴급조치 제9호를 선포하여 유신헌법에 대한 비방을 금지하고 침묵을 강요하는 등 민주주의를 근본적으로 부정하였다.

억압당하는 침묵 속에서 새로운 돌파구를 마련하려는 시도는 1976년 3월 1일 명동성당에서 열린 3·1절 제57주년 기념식 때 '민주구국선언'의 발표로 이어졌다. 그 핵심적인 내용을 간추리면 아래와 같다.

1. 이 나라는 민주주의 기반 위에 서야 한다. 민주주의는 대한민국의 국시다.
   …
2. 경제입국의 구상과 자세가 근본적으로 검토되어야 한다.
   경제발전이 국력 배양에 중요하다는 것을 우리는 잘 안다. … 그런데 현정권은 경제력이 곧 국력이라는 좁은 생각을 가지고 모든 희생시켜 가면서 경제발전에 전력을 쏟아 왔다. …
3. 민족통일은 오늘 이 겨레가 짊어진 최대의 과업이다. 국토 분단의 비극은 남과 북에 독재의 구실을 마련해주고 국가의 번영과 민족의 행복과 창조적 발전을 위해서 동원되어야 할 정신적 물질적 자원을 고갈시키고 있다. … '민족통일'의 첩경은 민주 역량을 기르는 일이다.[52]

민주구국선언은 두 가지 점에서 특별히 주목할 필요가 있다. 하나는, 민주화운동 세력이 대한민국의 국시(國是)를 민주주의로 공식화함으로써 1961년 5·16군사쿠데타 때 쿠데타세력이 반공을 국시로 내건 「혁명공약」과 정면으로 대치하는 이데올로기를 비로소 제시했다는 점이다. 다른 하나는, 민주화운동 세력의 궁극적인 목표점이 이제까지 주장해 왔던 민주화보다 더 미래적인 통일이라고 천명하며, 민주와 통일의 관계를 설정했다는

---

52) 기쁨과 희망 사목연구원, 위의 책 2, 1996, 66~69쪽.

점이다.

민주구국선언은 민주화운동 세력이 무엇을 비판하고 있는지, 그러면서 대안으로 통일과 민족, 민주, 민중을 어떻게 연관시키고 있는지를 가장 압축적이고 종합적으로 정리한 주장이다. 이는 유신체제를 지지하는 세력과 이를 반대하는 민주화운동 세력 간의 결정적인 간극, 곧 막연하지만 어떤 통일국가를 만들 것이며, 어떤 방법을 갖고 무슨 과정을 거쳐 거기에 도달할 것인가에 대한 차이가 공식화한 것임을 의미한다. 관제적 담론과 민주적 담론 사이에 '경합하는 공공성'이 본격적으로 형성되기 시작한 것이다.

그런데 분단을 발견하고 분단시대를 자각하려는 지적인 노력은 이러한 시대적 흐름과 맞물려 나타났지만, 곧바로 공감대를 확보할 수는 없었다. 사실 거창한 학문적 이론을 굳이 들이대지 않더라도 보통 사람이라면, "지금 남북이 분단돼 있다는 사실이야 누구나 아는 일이지만 이 시대를 굳이 '분단시대'라고 일컫는 것이 가장 타당한 것인가"라고 자연스럽게 의문을 품을 수 있었다. 더 나아가서 "그렇게 이름을 붙인다고 할 때 우리는 이 시대 우리 민족의 역사를 어떻게 파악하는 것인가"라는 의문을 제기할 수 있었다.[53] 그런데 학계의 경우만을 보더라도, 당시까지 한국의 사회과학계는 분단되어 있는 한반도의 남쪽, 곧 '남한'을 거의 자족적인 사회단위로 은연중에 설정하고 연구를 진행해 오고 있었다. 또한 학문적 전통을 조금이나마 갖고 있던 경제학계에서도 대부분의 학자들이 이때까지도 보편과학의 이름으로 남한만의 자족적인 한국사회의 역사적 과제에 대답하려고 노력해 왔다.

남한만을 완결되고 독립된 사회처럼 보려는 태도와 인식은 학교교육을 통해서도 재생산되고 있었다. 제3차 교육과정에 의해 제작된 중고교의 『국사』교과서에서는 해방 후 좌우대결, 분단정부 수립, 그리고 한국전쟁과

---

53) 「좌담회 : 分斷時代의 民族文化」, 『創作과 批評』 45, 1977. 가을, 3쪽. 사회를 맡은 백낙청의 발언이다.

관련해서만 북한이란 존재를 언급하였다. 그러면서 민족 최대의 역사적 사명으로 국토와 민족의 통일을 제시하고, "자유와 민주주의를 근본으로 하는 민족 정신에 의한 사상적 통일을 기해야 한다"고 언급하였다.54) 북한의 역사와 남북한 관계의 과정이 교과서에서 생략된 채 적대적 상대인 북한 자체는 고려하지 않고 민족의 이름으로 흡수통일해야 한다고 언급하고 있을 뿐인 것이다. 감성적인 민족은 있는데, 현실의 북한사람과 북한체제는 소거시킨 채 남한의 역사만을 언급하며 통일을 주장한 것이다.

이처럼 남한만의 역사와 현실이 존재하고 있었으므로 분단의 학문화를 위해서는 분단시대란 무엇인가에 대한 공감대를 우선 형성하고 확산시킬 필요가 있었다. 1977년 7월『창작과비평』의 '분단시대와 민족문화'라는 이름의 좌담회는 그러한 고민의 산물이었다. 토론 참가자들의 발언 속에서 왜 분단시대인가에 관한 발언을 추려보면 다음과 같다.

> 강만길 : … 그래서 지금 우리가 당면한 문제는 우리 민족 구성원 전체로 하여금 20세기 초반에 시작됐던 우리의 불행한 역사가 아직도 끝나지 않고 계속되고 있다는 생각을 좀더 철저히 가지게 해야 하며, 그때 비로소 불행한 역사 속에서 벗어날 수 있는 길을 마련할 수 있을 것 같다.
>
> 김윤수 : 역사학자도 정치학자도 아닌 입장에서 소박하다면 소박하게 이 문제를 이야기할 수밖에 없겠는데, 우선 지금이 분단시대요 우리가 분단시대에 살고 있다고 말할 때 이 규정은 남북이 하나의 나라, 하나의 민족이라는 사실을 무엇보다도 명확하게 인정할 수 있게 해주며 한 나라가 그것도 우리 민족의 의사에 반해 두쪽으로 갈라진 것이므로 어떻게든지 하나로 합쳐져야 한다는 점에서 통일의 당위성도 그만큼 선명해지는 것 같습니다.

---

54) 문교부,『중학교 국사』, 문교부, 1974, 267쪽. 고등학교 국사의 한국현대사 부분은 중학교 교과서보다 더 간략하니 새삼 언급할 필요가 없다고 본다. 문교부,『인문계 고등학교 국사』, 문교부, 1974.

임형택 : '분단시대'로 우리가 살고 있는 오늘을 파악하려는 강선생님의
　　　　의도에는 전적으로 동감입니다만, 분단시대란 용어는 통일을 강구하는
　　　　민족의 의지가 적극적으로 표현되어 있지 않아서 좀 불만인 느낌도
　　　　있습니다. 단, 보다 적절한 말이 떠오르지 않으므로, 오늘의 민족현실을
　　　　투철하게 인식하기 위해서는 이 말을 써야겠으나 분단 그것을 극복하고
　　　　자 하는 민족의 의지를 아주 강조해서 써야 할 것 같아요.
리영희 : 우리가 만약에 통일을 관념적인 것이라고 하면서 통일에의 지향을
　　　　거부하거나 여기에 대한 진정한 노력을 하지 않는다면 전쟁으로 해결하
　　　　려는 형태가 찾아올 위험이 더욱 커진다는 말씀입니다. 이 국가사회의
　　　　비정상과 일그러짐이 영원히 풀리지 않는다는 것은 두말할 것도 없고
　　　　요.[55]

　　네 사람의 발언을 거칠게 요약하자면, 분단시대라는 용어는 남북한
모두가 분단 현실에 처해있으며, 그것이 우리의 일상에 미치는 영향이
지대하므로 우리가 자각하여 평화통일을 달성하지 않는 한 분단의 질곡으
로부터 벗어날 수 없다는 철저한 문제의식을 내장하는데 유용한 개념이라
는 것이다.
　　『창작과비평』은 분단시대라는 용어에 내포된 문제의식을 공유하고 확산
시키기 위해 좌담회를 비롯해 다양한 기획을 시도하였다.[56] 편집위원인

---

55) 「좌담회 : 分斷時代의 民族文化」, 『創作과 批評』 45, 5쪽, 7쪽, 8쪽, 9~10쪽.
56) 『創作과 批評』에서 분단시대에 착목하여 한국사와 한국사회를 새롭게 해석하려는
　　노력은 일본인 연구자들에게도 주목을 끌었다. 와다 하루키(和田春樹), 다카하시
　　쇼지(高崎宗司) 共編, 『分斷時代の民族文化 : 韓國(創作と批評)論文選』(東京 : 社會
　　思想社, 1979)이 바로 이 경우이다. 책 제목은 「좌담회 : 분단시대의 민족문화」(1977
　　년 봄)를 번역 수록하면서 그대로 옮겨 온 것이며, 이밖에 백낙청, 염무웅, 노재봉,
　　강만길, 송건호, 박현채, 박태순의 글이 수록되어 있다.
　　일본에서 조선사연구를 주도하고 있던 朝鮮史硏究會에서는 분단시대와 관련한 한국
　　역사학계의 새로운 연구동향에 대해 그때까지 제대로 주목하지 못하였다. 이는
　　1970년대에 발행된 『朝鮮史硏究會報』에 소개된 '신간' '서평' '연구논문소개' 등에서
　　전혀 언급되고 있지 않은 점에서 확인할 수 있다. 다만, 미야지마 히로시(宮嶋博史)가
　　연구회의 例會에서 '민족사학'에 대해 소개하고 이를 『歷史學硏究』 439호(1976.
　　12)에 「韓國における'民族史學'について」라는 글을 발표한 게 거의 전부였다. 미야지마

백낙청은 "통일의 사상을 근본으로 삼는" 분단시대의 민족문학이야말로 "민족의 슬기를 집약하는 예술이요 세계적인 수준을 내다보는 문학이다"고 규정하였다.57) 그는 「내가 생각하는 민족문학」이라는 주제로 좌담회를 조직하여 『창작과비평』 1978년 가을호에 게재하기도 하였다. 강만길의 『분단시대의 역사인식』이 같은 해 8월에 출판된 것도 우연은 아닐 것이다.

분과학문별로도 좌담이 기획되었다. 교육학의 경우 「좌담회 : 분단현실과 민족교육(1978년 여름)」, 사회학의 경우 이효재가 「분단시대의 사회학(1979년 봄)」을 발표하고, 여성학 내지는 여성운동의 경우 「좌담회 : 오늘의 여성문제와 여성운동(1979년 여름)」이란 기획 주제 속에서 분단시대라는 시대적 문제의식을 공유하고 확산시켜 갔다. 심지어 「오늘의 경제현실과 경제학(1979년 겨울)」이라는 주제의 좌담회를 조직하여 좌담하던 도중 "분단상태가 자원이용, 인구 및 산업입지, 투자효율 등 여러 분야에서 경제적으로 소망스럽지 못하다"는 정도로 '분단의 경제적 성격'에 대해 간단히 짚어보기도 하였다.58) 분과학문의 경계를 넘어 학계에서 분단시대라는 용어가 공유되기 시작한 때도 1978, 1979년 즈음이었다고 볼 수 있겠다.

자신과 남한, 그리고 북한이 분단시대에 처해 있음을 받아들이는 연구자 가운데서는 분과학문의 새로운 모색을 시도하는 차원에서 연구 대상과 방법을 명확히 제시한 경우도 있었다. 이효재가 제기한 '분단시대 사회학'이 여기에 해당된다.

이효재는 새로운 사회학을 언급하기 이전에 '분단시대 한국학'의 과제를 아래와 같이 제기하였다.

는 강만길의 민족사학이 민족통일을 위한 역사학으로 발전시켜야 한다며 '분단시대 사학'을 언급한 점에 주목해야 한다고 말했다.

57) 백낙청, 「分斷時代 文學의 思想」, 『씨올의 소리』, 1976. 6.

58) 「좌담 : 經濟現實과 經濟學」, 『創作과 批評』 54, 1979년 겨울, 162쪽.

··· 앞날의 공동체적 과제는 무속적인 일시적 푸닥거리 굿거리가 아니라 새역사 창조를 위한 실천적 노력으로 우리 민중과 민족의 한을 풀어나가야 할 것이다.

이런 의미에서 분단시대의 한국학은 분단상태에서 발생하는 민중의 한스러운 삶이 어느 정도로 우리를 비인간화하고 있느냐에 대한 문제의식을 가지고 그 현실을 파악해야 한다. 종교학·정신분석학·민속학·심리학·문학·사회학 등 한국사회와 문화를 연구하는 각 연구분야에서 한에 사로잡혀 있는 인간들의 비뚤어진 심성, 왜곡된 의식상태, 편협한 사상 및 가치관, 서로 불신하고 파괴하는 행동과 인간관계 등 진정으로 인간답지 못한 사회문화적 현실을 객관적으로 파헤쳐 우리의 자화상(自畵像)을 직시할 수 있게 해야 한다. ··· 이렇게 우리의 있는 현실을 객관적으로 제시하고 이해할 때 우리가 처한 이 시대적 상황, 사회적 구조가 우리를 어느 정도로 비인간화하고 있는가를 깨닫게 될 것이다.[59]

그러면서 이 시대의 한국 사회학은 "분단이라는 역사적 사실이 이 시대 사회구조의 성격을 어떻게 특징지었으며 이로써 형성된 우리의 의식상태, 가치관 및 인간관계나 사회행동, 즉 모든 사회적 현실이 우리에게 무엇을 의미하는가를 연구"해야 한다고 과제를 제시하였다.[60] 민중의 삶 자체를 좌우한 분단의 구조적 요인을 분석하도록 촉구한 것이다. 그러면서 그것을 분석할 방법론으로 양적 조사방법에만 머물지 말고 참여자로서의 객관적 이해방법, 역사적 접근방법, 문학사회학적 방법 등 다양한 모색을 개발해야 한다고 제기하였다.[61] 이처럼 1970년대 중반경에 제기된 새로운 한국학이

---

59) 이효재, 「분단시대의 사회학」, 『創作과 批評』 51, 1979년 봄, 253쪽.

60) 이효재, 위의 글, 1979, 253쪽.

61) 이효재, 위의 글, 1979, 257쪽. 1980년대 들어 이효재의 문제제기를 받아들인 논문들이 사회학 분야에서 조금씩 나오기 시작하였다. 박노영, 「분단과 통일에 대한 사회학적 연구의 필요성-문제제기에 초점을 맞춤」, 『한국사회학연구』 6, 1982. 12 ; 이효재, 「민족분단과 가족문제」, 『분단현실과 통일운동』, 민중사, 1984 ; 김진균·조희연, 「분단과 사회상황의 상관성에 관하여-분단의 정치사회학적 범주화를 위한 시론」, 변형윤 외, 『분단시대와 한국사회』, 까치, 1985.

란 민중을 민족사의 주체로 인식하고 분단시대를 자각하며 민주화를 진전시키는 데 기여하는 실천적 학문, 곧 비판적 한국학을 말한다.

IV. '내재적 발전'의 분화와 민중적 민족주의 역사학의 등장

1. '내재적 발전'에 입각한 역사학의 분화

분단을 발견하고 민중을 재인식하며 실천적 학문을 지향하려는 흐름이 한국사 학계에서도 나타났다. 아니, 오히려 그 흐름이 형성되는 바탕이었고 촉매제였다고 말할 수 있다. 관점과 태도로서의 내재적 발전에 입각하여 한국의 역사와 문화를 보려는 분위기가 그러한 흐름의 바탕이었다면, 다른 분과학문에 비해 앞서서 민중의 역사에 주목하고 분단시대의 학문하기를 제창한 것이 그러한 경향의 촉매제로 작용했기 때문이다.

민족사의 주체로 민중을 재인식하려는 움직임은 1970년대 중반경 우리 역사에서 민중을 구체적으로 확인하려는 노력으로 나타났다.

한국 근현대사 속에서 민중에 대한 학문적 자리매김을 처음으로 본격 시도한 사람은 정창렬이었다. 그는 홍경래난으로부터 1930년대 노동자·농민운동까지를 '한국민중운동사'라는 측면에서 정리하였다.[62] 또 개항 이후 사상의 흐름을 개화사상, 위정척사사상, 그리고 동학사상으로 나누고, 동학사상의 평등주의와 근대자본주의에 대한 반침략의식, 그러한 의식지향을 농민의 주체적인 실천과 실력으로 현실화하려는 것을 민중사상의 의식체계라 규정하였다.[63] 이후 『창작과비평』의 좌담회에서도 근대민족

---

62) 정창렬, 「한국민중운동사」, 정창렬저작집 간행위원회 편, 『정창렬 저작집 II-민중의 성장과 실학』, 선인, 2014. 이 글은 『한국문화사신론』(1975)에 수록되었다.
63) 정창렬, 「개화사의 반성과 정향-근대민족으로서의 자기확립을 위하여」, 위의 책 III, 2014, 39~41쪽. 이 글은 「開化史의 反省과 定向-開化와 自主의 試鍊史를 再評價한다」라는 제목으로 『月刊中央』 1976년 1월호에 게재되었다.

의 형성을 주체적으로 담당할 세력으로 광범위한 민중에 주목할 것을 주장하였다. 정창렬에 따르면 서구와 달리 고전적 자본주의가 성립하지 않았던 한국사에서 개항 이후 주요 역사적 과제는 민족적인 결집, 민족의 형성, 근대민족으로서의 자기 형성이었다. 이 과제를 수행할 담당 주체는 서구의 국민국가 형성을 책임졌던 부르주아와 달리 '광범한 민중'이었다.[64]

민중을 중심으로 한국근대사를 이해하려는 노력은『창작과비평』편집위원회가 '민중운동사'의 맥락에서 독립협회와 의병운동을 기획논문으로 연재한 데서 시사받을 수 있다.[65] 이유는 알 수 없지만, 1970년대 초반기까지 민중은 학문적으로 정리된 적이 없었으므로 기획이 계속될 수는 없었을 것이다. 그럼에도 역사 속의 민중에 주목하려는 사람들 사이에서는 역사의 주체로서 민중에 주목하고 민족과 구별 지으려는 움직임도 있었다. 그것은 민족과 민중을 대립적으로 파악하는 것이 아니라 민족 구성원의 대다수를 차지는 민중이라는 입장에서 한국사를 이해하려는 움직임이었다.

민족과 민중을 이렇게 보려는 태도가 갖는 의미는 주체적 민족사관론자들의 신채호에 대한 이해와 대비하면 명쾌하게 확인할 수 있다. 주체적 민족사관을 강조하는 사람들은 신채호의 저항주의 역사학에만 주목한다. 민족이라는 주체가 역사 앞에서 가지는 자주에의 의지와 능력만을 주목한다. 신채호가 독립운동의 일환으로 역사를 연구했다는 점과 역사발전에서 민중의 역할에 특별히 주목했던 점에는 제대로 시선을 주지 않는다.[66]

---

64)「좌담회 : 民族의 歷史, 그 反省과 展望」,『創作과 批評』41, 43쪽.

65) 예 : 愼鏞廈,「民衆運動史(2) : 獨立協會의 創立과 組織」(1974년 봄) ; 金義煥,「民衆運動史(3) : 義兵運動 (上)·(下)」(1974년 여름, 가을).
창작과 비평사의 이런 기획은 경제사 위주의 연구를 다양화하는 기폭제라는 점에서 내재적 발전에 입각한 학문하기의 외연을 확장시켰다고 볼 수 있다. 이에 관해서는 김현주,「'창작과 비평'의 근대사담론─후발자본주의사회의 역사적 사회과학」,『상허학보』36, 2012, '제3장' 참조.

66) 최창규,『韓民族近代化政治論 : 民族史의 正統性과 統一民族史의 새 座標』, 斯文學會, 1975, 98~108쪽. 서울대학교 교수인 최창규는 국사교육강화위원회 위원이자 7인의 소위원회 위원으로도 활동하였다.

주체적 민족사관론자들은 식민사관에 의해 훼손된 5천 년간의 주체적이고 단일한 민족사를 복원하는 역사인식을 '주체성의 다리', 곧 '주체사관'으로 인식한다.[67] 이에 따라 주체적 민족사관의 관점에서 보게 되면 식민지화의 내적 원인은 설명할 수 없게 되며, 모든 것은 일본의 제국주의적 침략 때문으로 떠넘길 수밖에 없다.

그래서 주체적 민족사관을 강조하는 사람들은 내재적 발전의 한 흐름, 곧 문헌고증사학의 자세와 가치관도 문제 삼지 않는 한편으로, 일본인의 식민사관만을 비판적으로 분석하는 흐름과 뚜렷하게 경계짓기 어려운 측면도 있다. 1970년대 중반경 그 경계의 근접성은 유신정권의 역사정책에 대해 어떤 태도를 취하느냐에 의해 드러났다. 이에 따라 첫 번째 분화가 일어났다.

또한 비슷한 시기부터 분단과 민중에 대해 어떤 태도와 관점을 취했느냐에 의해서도 내재적 발전에 입각하여 학문하기를 하는 사람들 사이에 차이가 드러났다. 다만, 1970년대 중반경까지만 해도 내재적 발전에 입각하여 한국사를 이해하려는 사람들 사이에 아직은 민중에 대한 이해와 태도의 차이가 경계 짓기의 큰 요인은 아니었다. 오히려 이보다 더 전면에 등장한 주제 또는 논점이 분단시대를 수용하는 학문하기에 대한 태도와 관점의 차이였기 때문이다. 달리 말하면, 분단시대 학문하기의 태도와 관점의 차이가 드러나는 과정에서 민중에 대한 이해의 차이는 함께 또는 이어지며 부각되었다. 이제 그 과정을 고찰해 보자.

우리 학계에서 '분단시대'를 학문용어로 처음 사용한 사람은 강만길이었다. 그는 천관우의 『한국사의 재발견』(一潮閣, 1974)에 대한 서평을 쓰면서, 1945년 이후부터 통일이 이루어질 앞으로의 어느 시기까지를 '분단시대 사학'이라 명명하고, 그때까지의 국사학이 나름 독특한 의미를 가질 것이라 언급하였다.[68] 그의 발언은 가령 장준하가 통일문제와 복합국가에 대해

---

67) 최창규, 「우리들의 民族史 : 史觀과 그 몇 가지 問題點」, 『首都敎育』 35, 1978. 5. 서울시특별교육연구원에서 발행하는 잡지였다.

말하며 '분단체제'라는 용어를 사용하였던 것처럼[69] 우연한 일회성 내지는 지나가는 듯이 말하는 용어 사용이 아니었다. 강만길은 1975년 5월 전국역사학대회의 주제 발표에서 다음과 같이 주장하였다.

> 자료 1 : 해방과 함께 민족과 학문이 모두 <u>분단</u>되었고 그것은 아직 계속되고 있다. 분단이 이루어진 때부터 민족의 통일이 달성될 앞으로 어느 시기까지의 역사학은 「<u>분단시대 사학</u>」으로서의 일정한 제약성을 벗어나지 못할 것이다.
>
> 자료 2 : 앞에서 역사발전이란 곧 각 시대마다의 역사담당 주체세력의 확대 과정이라 말하였지만, 민족의 통일을 위한 지도원리로서의 <u>근대 내셔널리즘은 시민계급의 사회계층이 주체가 된 국민주의적 내셔널리즘이 아니라</u> 그 주체세력이 민족구성원 전체로 확대된, 우리가 말한 <u>민족주의적 내셔널리즘이 되어야</u> 할 것이다.[70]

그는 우리가 살고 있는 이 시대가 '분단시대'임을 제기하고, 역사학의 현재성을 강조하였다. 자료 1에 따르면, 분단이 우리의 삶에서 일상적으로 작동해 왔다는 문제의식 속에서 분단시대를 1945년 이후 한국현대사의 특징으로 부각시켜야 한다고 보았다.

그리고 한국 근현대사 속에서 볼 때 분단시대의 주체는 재구성되어야 함을 자료 2에서 언급하고 있다. 강만길이 말하는 민족 구성원 전체라는 주체의 중심에는 민중이 자리 잡고 있었다. 이는 역사학대회에서 토론자로 나선 이기백의 질문에 대한 대답에서 확인할 수 있다.

---

68) 姜萬吉, 「實學論의 現在와 展望－千寬宇 著 '韓國史의 再發見'을 읽고」, 앞의 책, 1978, 263쪽. 1974년 『創作과 批評』 34호(1974. 겨울)에 발표된 글이다.

69) 張俊河, 「民族主義者의 길」, 『씨울의 소리』 14, 1972. 9, 62쪽.

70) 姜萬吉, 「民族史學論의 反省－光復30年 國史學의 反省과 方向」, 앞의 책, 1978, 25쪽, 37쪽. 애초 『歷史學報』 68호(1975)에 발표된 글이며, 『創作과 批評』 39호(1976. 봄)에 재수록되었다.

질문 : … 마지막 단계의 소위 가장 바람직한 장래의 역사학이라고 그렇게
얘기한 민족주의적 민족사학은, 내용으로 볼 때에 차라리 가령 '民衆史學'
이라고 한다든가 하는 것이 오히려 아무에게도 오해를 받지 않는 그런
내용의 것이 되지 않을까 이렇게 생각합니다. … 역사학은 현실의
문제들에 의해서 좌우되는 학문이 아니라, 보다 높은 위치에서 현실을
비판하는 학문이라고 생각합니다. 그렇지 않으면 역사학은 현실에
아부하는 曲學으로 타락할 위험성이 많습니다.[71]

답변 : 민족사의 발전단계를 3단계로 (구분하여 보고-인용자) … 우리의
민족적 현실과 연관하여 통일문제를 결부시켜 생각해 보려 한 것입니다.
민족적 의미가 시대에 따라 변한다는 생각을 바탕으로 하여 입론한
것입니다. 제가 말씀드린 민족주의적 내셔너리즘사학을 '民衆史學'이라
부르는 것이 좋겠다는 말씀에는 어느 정도 同感입니다만 그렇게 하기
위해서는 전단계에 대한 命名도 再考되어야 할 것 같습니다. 마지막으로
역사학과 현실문제와의 관계, 그리고 역사학의 구성문제와 아카데미즘
의 문제입니다. 이 문제는 그야말로 學問觀의 차이에서 오는 것이라
생각됩니다. 저의 생각으로는 특히 국사학은 그 국가 내지 민족의
현실문제를 떠나서 혹은 그것을 외면하고는 그 존립기반을 잃는 것이라
믿어집니다. …[72]

강만길이 분단사학을 제창했을 때, 그에게는 이미 민중이 들어와 있었던
것이다. 그는 "피지배대중의 생활상을 밝히는 일에 전념하고 싶"어서
역사학 연구에 뛰어든 사람이었다.[73] 그래서 그는 지배계층에 한정되지
않고 민족 구성원 대다수를 구성하는 민중에 주목하였다. 그가 보기에
실학자의 주류를 이룬 사람은 민중의 편에 선 최초의 지식인이자 근대지향
적인 사상가였고, 실학사상은 본질적으로 민중의 이익을 옹호하고 그

71) 姜萬吉, 「光復30年 國史學의 反省과 方向-'民族史學'論을 中心으로」, 『歷史學報』
    68, 1975, 124쪽, 125쪽.
72) 姜萬吉, 위의 글, 1975, 126쪽.
73) 姜萬吉, 「머리말」, 『朝鮮後期 商業資本의 發達』, 高麗大學校 出版部, 1973.

생활조건을 개선하는 데 목적이 있었다. 그런데 분단시대 이후의 실학자는 "지배받는 자의 편에 서서 그 권익을 옹호한 진보적이고 양심적이며 역사의 바른 노정 위에 선 사상가, 민중에게서 진정한 민족의 주체를 구하면서 민족 내부의 모순을 타개하기 위한 이론정립에 앞장선 사상가로 부각될 수 있을 것"으로 내다봤다.[74]

강만길은 피지배자 일반이라는 폭넓은 층, 곧 정창렬의 표현을 빌리자면 광범한 민중을 범주화하고 있는데, 실학자의 주류를 그 범주에 포함하지 않았다. 이 점에서는 이기백도 비슷했다. 이기백은 지배세력의 지배대상인 민중이 어느 시대에나 사회의 대다수를 차지하는 기층세력이었지만, "직접 생산을 담당하는 자였기" 때문에 그들 없이는 사회 자체가 존립할 수 없다고 보았다.

민중이 민족의 주체라는 측면에서도 강만길과 이기백은 큰 차이가 없었다. 이기백은 근대 들어 민중이 직접 사회의 지배세력으로 등장하여 발전해 가고 있다는 시각을 갖고 있었다. 그에 따르면, 민중은 동학운동, 독립협회운동을 거치며 민족국가 건설운동에 참여하였고, 3·1운동 등을 통해 민족운동의 주동 세력으로 되었으며, 해방 후에는 4월 혁명에서 알 수 있듯이 민중의 정치참여가 더욱 발전해 가고 있었다.[75]

그러나 이기백의 『한국사신론』은 4·19혁명 이후의 역사를 서술하지 않았다. 역사학과 현실의 관계에 대한 그의 견해 때문에 그렇게 했는지 모르겠지만, 민중이 분단시대에도 한반도의 미래를 책임지는 민족의 주체인지에 대해 불분명한 태도인 것만은 분명하다. 달리 말하면 분단시대에도

---

74) 姜萬吉, 「實學論의 現在와 展望」, 앞의 책, 1978, 274~275쪽.
75) 李基白, 「終章 韓國史의 發展과 支配勢力」, 『改訂版 韓國史新論』, 一潮閣, 1976, 455~456쪽. '종장'은 1976년 개정판을 간행하면서 추가된 것이다. 1970년대 중반 들어 활성화되기 시작한 민중론에 관한 논의를 놓치지 않은 필자의 성실성과 더불어 그의 역사관이 더욱 풍부하고 정밀해지고 있음을 주목할 필요가 있다. 다만, 지배세력의 확대라는 관점에서 근현대 민중을 이해하는 관점, 곧 민주주의 확대라고도 할 수 있는데, 이에 대해서는 다음 기회에 다시 정밀하게 검토하고, 여기에서는 어떤 특정한 판단을 유보하겠다.

민중이 민족의 주체로서 미래의 통일문제를 담당해야 한다는 강만길과 입장이 갈리는 대목인 것이다. 강만길이 현재의 문제에 개입하여 역사를 이해하고 현실을 비판적으로 보아야 한다는 입장이라면, 이기백은 현재의 문제와 일정한 거리두기를 하며 현실을 비판해야한다는 견해였기 때문이다.

이러한 차이 속에서도 1975, 76년경의 시점에서 볼 때 두 사람 사이에 최소한의 공통분모가 있었음을 확인할 수 있다. 현실에 비판적인 시선을 두어야 한다는 태도는 같았기 때문이다. 그래서 두 사람이 주체적 민족사관에 입각하여 제작되는 국정의 중고교 역사교과서를 집필하는 데 참가하지 않은 것은 우연의 일치가 아니었을 것이다.

국정의 중고교 역사교과서의 집필에 참가하는 문제는 당시 한국사 학계에 매우 민감한 파장을 일으켰던 것 같다. 강만길은 한국사연구회의 대표간사로 있으면서 국정교과서 집필에 참가한 김철준에게 사임을 권유하였다. 한국사연구회는 "유신독재정권의 어용학회가 아님을 선명히" 할 필요가 있었기 때문이다.[76] 김철준이 쓴 사론에서도 앞서 언급한 주체적 민족사관 론자들처럼 민족은 언급되어도 민중은 나오지 않는다. 가령 그는 신채호가 민족문화의 근대적 발전 방향을 제시했다고 평가하면서도, 신채호 역사관에서 매우 중요한 민중인식에 대해서는 아무런 언급이 없다. 한국문화의 총체적인 특징을 민족의 강인성, 문화의 종합성과 융합성을 언급하면서 역시 민중을 언급하지 않았다. 이기백이 갖고 있던 민족의 주체로서 민중에 대한 시야조차 거두어들이고 있는 것이다.[77]

---

76) 강만길, 『역사가의 시간』, 창비, 2010, 203쪽. 김철준은 1972년 12월 2년 임기의 대표간사로 선출되었다. 한국사연구회 홈페이지에 있는 '연혁'을 보면 매년 열렸던 정기총회에 관해 소개하고 있는데 1975년 12월 정기총회 때까지의 활동에 대해 아무런 소개가 없다(http://www.hanguksa.org/sub1/sub1_3.asp. 2014년 2월 10일 검색). 국정 교과서 집필과 관련한 내부 갈등과 관련이 있을 것이다. 사퇴한 김철준의 후임 대표간사는 이종영이었고, 1975년 12월 정기총회에서 강만길이 신임 대표간사로 선출되었다. 김용섭은 1979년까지 후임 대표간사였다.

77) 金哲俊, 『韓國文化史論』, 知識産業社, 1979, 39쪽, 320쪽. 이 책은 1976년에 처음

그럼에도 불구하고 이기백과 강만길은 역사학과 현재성의 관계를 놓고 생각의 차이가 뚜렷하게 벌어져 갔다. 왜냐하면 분단문제의 일상성을 제기하고 민중의 편에서 민족문제를 해결하자는 입장인 강만길의 사론은, 역사학의 현재성과 학문적 실천성을 분리하지 않으려는 태도를 견지하였을 뿐만 아니라 이후 더 구체적이고 체계화하는 과정을 밟아갔기 때문이다. 그 과정은 주체적 민족사관을 내세우는 박정희 정부에 비판적 태도를 강화하는 방향일 수밖에 없었다.[78]

　앞서 1975년 전국역사학대회에서 있었던 강만길과 이기백의 토론을 소개한 인용문에서 확인할 수 있듯이, 역사학은 현실 '보다 높은 위치에서 현실을 비판하는 학문'이어야 한다는 이기백과 다른 입장에서 학문하기의 태도를 밝힌 강만길은, 전국역사대학대회에서 발언한 1년 후인 1976년에 사학사적인 측면에서 자신의 논지를 더욱 명확히 문장화하였다. 강만길은 한국사 학계가 짊어져야할 학문의 책임으로 "분단시대의 극복", "진정한 의미의 민족국가 수립문제", "인간해방을 위한 새로운 단계로서의 올바른 근대화의 문제"를 들었다. 그러면서 그는 민족사회에서 가장 절실한 이들 문제를 학문외적인 문제라 하여 외면한다면 문헌고증사학이 범했던 오류를 되풀이하는 것이라 지적하였다.[79]

　이에 대해 이기백은 강만길의 글을 직접 거론하였다. 그가 보기에 강만길의 주장은 현재의 문제를 강조하는데 그치지 않고 구체적인 현재의 문제와 연결지어 가면서 한국사 연구를 언급하고 있는데 특징이 있다고 보았다.

　　발행되었다. 320쪽의 문장은 1979년 발행본에 있다.
78) 강만길이 학문의 현재성을 강조했지만, 1970년대 시점에서 현실의 한국문제에 관심을 두고 연구하는 움직임은 사회과학 영역이 주도하였다. 정책적 필요에 의해 제기된 현실적 과제들을 수행했기 때문이다. 때문에 유신체제에 긍정적인 태도를 취하는 경우가 많았다.(김성보, 「비판적 한국학의 탐색-한국학과 사회인문학의 대화」, 『역사와 실학』 44, 2011, 240쪽) 분단시대 한국학과 대조되는 행보라고 말할 수 있겠다.
79) 姜萬吉, 「國史學의 現在性 不在問題」, 앞의 책, 1978, 43쪽. 1976년 『韓國學報』 2권 4호에 발표된 글이다.

그러면서 이기백은 "정확한 역사적 사실에 뒷받침된 한국사의 발전에 대한 체계적 인식을 제시하는 것이 한국사학의 임무"이며, 여기에 바탕을 둔 학문적 권위로 발언해야 한다고 보았다. 그도 역사학의 현재성에 대해 원칙적으로 부정하지 않는다는 점에서는 강만길과 같았지만, 역사학에서 현재의 사실을 곧 과거의 사실과 직결시켜 생각할 수 없다는 입장이었다. 이기백은 현재와 과거를 직결시키게 되면 역사학이 독립된 학문으로서 권위를 지키기 어렵다고 보았다.[80]

이기백이 이처럼 언급한 두 달 후인 1978년 8월에 강만길이 『분단시대의 역사인식』(창작과 비평사)를 출판하였다. 그는 '책 머리에'서 "지금의 국사학은 분단현실을 전혀 외면한 국사학과 더욱 나쁘게도 분단체제를 긍정하고 그것을 정착 지속시키는 데 이바지"하고 있다[81]고 우려를 표하면서 아래와 같이 매우 직접적인 표현을 써가며 이기백 등을 가리키는 것으로 추측할 수 있는 내용을 언급하였다.

> 분단현실을 외면하는 국사학은 그것이 학문적 객관성을 유지하는 길이
> 라 할지 모르지만, 우리의 생각으로는 그것은 학문적 객관성과 학문의
> 현실 기피성이 혼동된 것이며, 분단체제를 긍정하고 지속하는데 이바지하
> 는 국사학은 학문의 현재성을 가진 것이 아니라 분단현실에 매몰되어버린
> 학문이 아닌가 한다.[82]

두 사람은 현실의 문제에 개입하고 발언하는 공간도 달랐다. 강만길은 한국사연구회와 다산연구회를 대외적 연구활동공간으로 하면서 『창작과 비평』을 중심으로 자신의 분단시대 사학론에 대해 발언을 계속해 갔다.

---

80) 李基白, 「韓國史 理解의 現在性問題」, 『韓國史學의 方向』, 一潮閣, 1978, 147쪽, 151~152쪽. 『文學과 知性』 32호(1978. 여름)에 수록된 글이다.
81) 姜萬吉, 「책 머리에」, 앞의 책, 1978, 4쪽.
82) 姜萬吉, 「책 머리에」, 위의 책, 1978, 5쪽. 그는 네 쪽 뿐이 되지 않는 글에서 '분단체제'라는 말을 10차례 언급하였다.

이에 비해 이기백은 한국사연구회의 발기인으로 참가했지만 이후 활동을 하지 않고 역사학회를 주요 연구활동공간으로 하면서 『문학과지성』을 중심으로 학문적 발언을 계속하였다. 두 사람이 국사학의 현재성문제에 관해 각각 『창작과비평』과 『문학과지성』에 글을 발표한 것은 우연이 아니었다.

주지하듯이 인문사회과학자들에게 두 잡지는 1970년대 한국사회를 대표하는 '대학 밖의 공론장'을 제공하였다.[83] 당대의 학술담론도 생산하고 논쟁을 이끌어 가는 학술장도 만들고 재편하는데 영향력을 발휘하였다. 그러나 두 잡지가 현실에 개입하는 방식은 확연한 달랐다. 『문학과지성』을 창간하고 이끌어갔던 두 사람의 발언을 통해 이를 확인해보자.

> 김치수 : … 『문학과지성』은 정치적 민주주의를 지향한 점에서 『창작과비평』과 다를 바 없지만, 자유와 평등 가운데 어디에 더 큰 비중을 두느냐 하는 점에서 차이를 보인다. 특히 문학이 정치나 이데올로기로부터 자유롭고 자율적이어야 인간을 억압하는 모든 것의 정체를 밝힐 수 있고 비판과 견제의 역할을 할 수 있다는 입장을 지킨 『문학과지성』은 정치적 사회적 현실에 대한 문학의 적극적인 참여를 주장한 『창작과비평』과 차별화되었다.[84]
>
> 김병익 : 『문학과지성』이 오히려 더 애용한 것은 '민중'보다 대중, 민중문화 대신 대중문화였고 혹은 적극적인 개념으로 수용하기를 바란 것은 시민과 시민 문화였는데 그것은 사회과학적 내포를 분명히 가지고

---

83) 김병익은 염무웅과의 대담 도중, 창비와 문지를 비교하였다. 그중 일부를 요약하면 본문을 이해하는데 도움이 될 것이다. 창비는 민중론을 정립하려고 했다면, 문지는 그에 대해 그렇게 호의적이지 않았다. 창비는 민족주의와 민족사관을 말했지만, 문지는 그에 대해 비판적이었다. 창비는 한국사의 실학을 비롯한 여러 논문들을 게재했지만, 문지는 뉴마르크시즘과 서구 마르크시즘의 글들을 더 많이 소개하였다. 「김병익·염무웅 초청 대담(2014. 2. 5, 연세대학교 알렌관 207호)」. 진행은 백영서 교수가 하였고, 필자와 동료들도 배석하였다.

84) 김치수, 「'문학과 지성'의 창간」, 『문학과 지성사 30년 1975~2005』, 문학과 지성사, 2005, 43쪽.

있을 뿐 아니라 우리 사회의 발전이 귀착할 자리가 대중과 시민의 것이지 그 정체가 모호한 민중일 수 없음을 예상한 때문이다.[85]

두 잡지가 현실에 개입하는 방식에 대한 확연한 차이는 강만길과 이기백의 학문관의 차이와도 밀접히 연관되어 있었던 것이다. 그래서 발행된 두 잡지의 1970년대 필진 가운데 한국사 연구자로는 강만길이 가장 많은 7편의 글을 『창작과비평』에 발표했고, 이기백 역시 가장 많은 6편의 글을 『문학과지성』에 발표하였다.

두 사람의 학문관의 차이, 달리 말하면 현실과 학문의 관계에 대한 관점과 태도의 차이는 한국 근현대 역사학의 역사, 곧 사학사를 달리 정리하는 데서도 드러난다.

일찍이 김용섭은 한국의 근대 역사학을 '민족사학',[86] 사회경제사학, '랑케류의 실증사학'으로 분류하였다. 그러면서 김용섭은 식민사관을 극복하고 새로운 한국사관을 정립하기 위해서는 한국사에 대한 서술 내용뿐만 아니라 역사연구자로서의 태도와 가치관도 중요하다고 언급하였다.[87] 예를 들어 태도와 가치관을 달리하면 조선 후기 사회는 침체된 어두운 사회가 아니라 봉건제에서 벗어나려는 약동하는 앞날이 보이는 사회라는 것이다. 학문하는 태도와 가치관을 중시한 점에서는 강만길도 같았다. 그는 민족사학과 사회경제사학이 "민족적 현재의 요구에 한층 더 충실히 봉사하려" 했다면, 문헌고증사학의 경우 민족의 현재적 요구에 무관심하거나 드러내려 하지 않았기 때문에 철저한 실증이 무엇을 위해, 그리고 무엇을 증명하는 것이었는지 불분명했다고 비판하였다.[88] 강만길은 1980년대 들어 문헌고증사학을 반식민주의 역사학의 범주에서 제외하는 논문을

---

85) 김병익, 『기억의 타작―도전한 작가 정신을 위하여』, 문학과 지성사, 2009, 190쪽.
86) 김용섭 자신이 작은따옴표를 사용하였다.
87) 金容燮, 「韓國.日本에 있어서의 韓國史敍述」, 『歷史學報』 31, 1966, 146쪽.
88) 姜萬吉, 「國史學의 現在性 不在問題」, 앞의 책, 1978, 41쪽.

발표하였다.[89] 문헌고증사학은 '민족사학'이 아니라는 의견을 돌려 말한 것이다. 앞서 '제II장 3절'에서 언급한 제3차 교육과정의 중고교『국사』교과서가 '민족 문화 수호'라는 부분에서 문헌고증사학의 상징적 단체인 진단학회를 포함한 내용과 배치되는 견해인 것이다.

이에 비해 이기백은 민족사학이란 개념이 극히 애매하여 학문적으로 적당하지 않다며 민족주의사학이란 용어를 사용하였다.[90] 그는 강만길과 달리 최남선, 이광수를 민족주의사학의 일부로 포함시켜 설명하였다.[91] 또한 문헌고증사학이 개별적인 사실에 지나치게 집착함에 따라 개개의 사실 위에서 일반적인 의미를 구체화시키지 않았다고 문제점을 지적하였다.[92] 그러나 이기백은 김용섭과 강만길처럼 태도와 가치관까지 문제 삼지 않았다. 일본인의 식민사관을 비판하고 이를 극복하여 관점과 태도로서의 내재적 발전에 입각하여 새로운 한국사관을 정립하는데 함께 노력했던 사람들 사이에 자기 학문의 역사성에 대한 이해의 차이가 드러난 것이다.

---

89) 姜萬吉,「日帝時代의 反植民史學論」, 韓國史研究會 編,『韓國史學史의 研究』, 乙酉文化社, 1985. 그런데 이만열은 '실증주의사학'을 반식민사학에 포함시켜 한국 근대 역사학의 대상과 영역이 넓혀지고 방법론을 심화시켰다고 보았다.(이만열,「近代 史學의 發達」, 한국역사연구회 편,『제2판 한국사연구입문』, 570쪽)

90) 李基白,「近代 韓國史學의 發展」, 위의 책, 1978, 72쪽.『近代韓國史論選』(1973)에 발표된 글이다. 그런데 이기백은 1960년대에 발표한 史論에서 신채호와 최남선을 '민족사학'이란 이름으로 분석하였다.「民族史學의 問題 : 丹齋와 六堂을 中心으로」라는 글은『思想界』1963년 2월호에 수록되었는데, 歷史學會가 편집한『韓國史의 反省』(1969)에도 게재되었다. 민족사학을 민족주의사학으로 고쳐 불러야 한다는 이기백의 생각은 1970년대 후반에 이르면 다시 바뀌는 것 같다. 민족주의사학의 역사관인 민족사관이 善概念이므로 한국사를 민족 중심, 곧 한국민족사관으로 보겠다는 뜻이다. 이렇게 되면 식민주의사관까지도 민족사관에 포함시켜야 하므로 적절한 용어는 아니다. 그래서 그는 민족사학, 민족사관의 개념이 모호하다고 말한 것이다. 李基白,「回顧와 展望 : 總說」,『歷史學報』104, 1983, 137쪽.

91) 이기백은『民族과 歷史』(一潮閣, 1971)에서 '민족사학'을 민족주의사학으로 고쳐 수록하였다.(「民族主義史學의 問題」;「民族主義史學의 發展」)

92) 李基白,「近代 韓國史學의 發展」, 앞의 책, 1978, 72~75쪽 ;「社會經濟史學과 實證史學의 問題」, 위의 책, 1971, 71쪽. 뒤의 글은『文學과 知性』3(1971. 봄)에「日帝時代 韓國史的 批判」이란 제목으로 발표되었다.

이처럼 내재적 발전에 입각하여 한국사를 연구하려는 새로운 흐름이 1967년 한국사연구회의 결성으로 나타났지만, 1970년대 중반경에 이르면 연구회는 분화하였다. 국정의 교과서 집필에 참여하는 문제, 곧 유신체제에 어떤 태도를 취하느냐를 놓고 한차례 분화가 있었다. 관점과 태도로서의 내재적 발전에 입각하여 한국사를 연구하는 사람들 사이에 관제적 공공성을 추구하는 곳으로 넘어간 사람과 여기에 비판적 태도를 취하며 거리두기를 함으로써 민주적 공공성을 유지하는 사람들로 갈라진 것이다.

이후 일어난 보다 더 근본적인 분화는 역사연구와 현실의 관계에 대한 학문관의 차이, 분단과 민중을 학문의 영역으로 수용하는 문제, 근대 사학사에 대한 이해의 차이 등이 복합적으로 작용하며 이루어졌다. 한국사 학계 내에서 민주적 담론을 공유하고 있던 흐름이 몇 가지 중첩되는 차이를 계기로 분화해 가기 시작한 것이다. 달리 말하면 그것은 민주적 공공성의 분화였다.

양측은 대학에서의 학파를 거점으로 자신의 사론을 제기하지 않고, 아카데미저널을 지향한 『창작과비평』과 『문학과지성』이란 종합계간지를 거점으로 자신의 사론을 펼쳐갔다. 두 흐름을 대변하는 책이 『韓國의 歷史認識』(上)·(下)(창작과 비평사, 1976. 11)와 『歷史란 무엇인가』(문학과 지성사, 1976. 8)였다. 두 책을 책임 편집한 사람도 각각 이우성, 강만길과 이기백, 차하순이었다.93) 이는 1970년대 한국사 학계에 사론을 발신하고 역사비평을 주도했던 두 종합계간지가 핵심적인 공론장 역할을 했기 때문에 가능했다. 그것은 최소한 1970년대 한국에서의 한국사 연구와 관련한 학술담론은 대학의 사학과보다 대학 바깥에 형성된 학술장에서 이끌어 갔다고 말해도 과언이 아니라는 의미이다.

---

93) 두 책에 글이 수록된 사람들이 각각 동일한 입장을 취했다고는 말할 수 없다. 가령 千寬宇는 『歷史란 무엇인가』의 맨 마지막에 「韓國史學의 反省」이란 제목의 글을 수록했는데 비해, 『韓國의 歷史認識』의 제1부에 「韓國史研究 百年」이란 글을 실었다. 이기백과 김철준의 글도 양쪽에 모두 실려 있다.

2. 민중적 민족주의 역사학의 등장

1970년대 중반경 관점과 태도로서의 내재적 발전에 입각하여 한국사를 연구하는 사람들 사이에 학문관과 분단인식을 놓고 뚜렷한 분화가 진행되어 갔다. 민중에 대한 이해의 차이 만을 둘러싼 갈등이 아직 전면에 부각되고 있지 않았다. 그 이유 가운데 하나가 광범위성이라는 말에 함축되어 있듯이 민중 개념의 혼란성, 혼재성 때문이었다.

사실 1970년대 유행어의 하나였던 민중이란 말은 학문적 성과가 누적되는 과정에서 확산된 용어는 아니었다. 앞서 '제II장'에서 확인했듯이 정치사회적 현실이 민중에 시선을 돌리도록 했다면, 민주화운동 세력은 당면한 현실문제를 해결하는 주체로 민중을 지목함으로써 1960년대와 다른 함의로 그것을 재발견하였다. 민중은 학문적 개념이 아니라 정치적 필요에 따라 부각된 개념이었던 것이다. 그러므로 민중이란 용어에 내포된 함축적 의미가 무엇인지 체계적인 논리가 비어 있을 수밖에 없었다. 그것은 1976년 11월『월간 대화』, 1980년 7월『신동아』에 기획특집 기사로 수록된 글들에서도 쉽게 확인할 수 있다.

두 기획특집에서는 민중이 역사의 주체, 또는 목적지향적인 개념이라는 점을 지적하였다. 그러면서도 사회과학적인 용어가 아니기 때문에 여전히 민중과 인민, 대중, 시민, 백성 사이에 관계가 모호하다고 지적하고 관련성들을 비교하였다. 심지어 민족 구성원의 전부가 아닌 대다수로 보는 정창렬, 강만길, 이기백과 달리, 민족과 민중을 일치시키는 원고도 있었다.[94]

민중의 광범위함, 다른 측면에서 보면 혼란스러움 때문에 한국사 속에서 민족사의 주체로서 민중을 구체적으로 드러내고 자리매김하는 데는 큰

---

94)『月刊 對話』에서는 '歷史와 社會 그리고 民衆'이란 기획특집의 하나로 대담을 진행하였다. 좌담에는 송건호, 안병직, 한완상이 참가하였다.『新東亞』에서는 '民衆은 누구인가'라는 특집에 9편의 원고를 수록하였다. 필자가 보기에 두 잡지의 기획특집은 1970년대에 가장 눈에 띄는 민중론에 관한 기획이었고, 두 잡지에 참가한 필자들의 성향도 많이 달랐기 때문에 인용하겠다.

어려움이 있었다. 분단시대 학문하기를 선도적으로 제기한 강만길도 그의 사론집에서 역사의 주체로서 민중과 분단시대 역사학의 관계를 정리한 글을 수록하지 않았다. 앞서 보았듯이, 그는 민중의 입장에서 현실문제를 다룬 학문이 실학이라고 기본 성격을 규정했고 민중이 변혁의 주체라는 데도 동의했지만, 『분단시대의 역사인식』에서 한국 근현대사 속에서 민중을 구체적으로 어떻게 자리매김해야 하는지를 뚜렷이 언급하지 않았다. 오히려 분단과 분단시대, 그러니까 민족의 측면만을 더욱 부각시켰다. 그래서 그의 책에는 1978년에 쓴 독립운동의 역사적 성격을 통일민족국가 수립운동의 맥락에서 해석하여 민족을 전면에 내세운 글이 있을 뿐이다.[95]

강만길이 분단시대를 전면에 내세운 『분단시대의 역사인식』이란 책을 발행했던 바로 그 해에 사회학자인 한완상과 경제학자인 박현채도 민중의 개념화를 체계적으로 시도하였다.

한완상은 1978년 2월에 발표한 「민중과 지식인」이란 글에서 민중의 성격을 다음과 같이 규정하였다.

> 나라 안의 입장에서 보면 민중은 대부분이 억압당하고, 수탈당하고, 차별받는 피지배자들이다. … 지배엘리트가 통치수단과 생산수단을 거의 독점하다시피 하여 국민 위에 군림할 때 그 국민은 곧 민중이 된다. 이때 국민은 통치수단과 생산수단을 공유(共有)할 수 없다. 공유(公有)할 제도적 장치가 없거나 설령 겉으로 보기에 그러한 장치가 있다 하더라도 그것이 어디까지나 형식에 지나치지 않기 때문에 국민은 민중이 되고 만다. 그들은 부당하게 정치적으로 억압당하게 되고, 경제적으로 수탈당하게 되고, 사회적으로 소외당하게 된다.[96]

그는 '광범한 민중'론을 기본 시각으로 하는 기존의 민중론을 계승하면서

---

95) 첨언하자면 강만길이 1980년대 들어 1930년대 중국 관내지역에 있었던 조선민족혁명당과 해방 후의 좌우합작운동에 주목한 이유도 같은 맥락에서 이해할 수 있다.

96) 韓完相, 『民衆과 知識人』, 正宇社, 1978, 13쪽.

도 명확히 범주화하는 한편에서, 매우 특징적인 두 가지 주장을 제기하였다. 민중은 계급을 포괄하는 보다 넓은 외연을 가지고 있으므로 경제적 불평등의 시각에서 이해하는 계급과 다르며, 지식인을 민중의 범주에 포함시키고 있는 것이다. 또한 저자는 민족의 중심인 민중의 이익과 권익을 처음부터 보장되는 민족주의, 곧 '민중적 민족주의'가 필요하며, 이 방향에서 통일이 추진되어야 한다고 보았다.[97] 한완상이 생각하는 민중적 민족주의란 "민중이 결정 과정에서 소외되어버린 꼭두각시나 조종당하는 객체"가 아니라 "결정 과정에 힘 있게 참여하는 주체가 되는 체제"를 말한다. 그는 이러한 체제에서만이 "바람직한 민족주의와 민주주의가 만나게 된다"고 보았다.[98] 한완상이 민주주의를 매개로 민중과 민족주의의 연결고리를 이론적으로 제시한 것이다.[99]

이러한 민중론의 영향을 받아서 인지 모르겠지만, 강만길도 1978년의 『분단시대의 역사인식』에서와 달리 1980년에 이르면 민족과 민중을 민주주의를 매개로 연결 지으며 한국 근현대사 속에서 어떻게 자리매김할 것인가에 대해 뚜렷한 입장을 정리하였다. 이는 4·19의 민족사적 의미를 짚은 아래와 같은 내용에서 확인할 수 있다.

갑오농민전쟁이 반봉건운동과 반외세운동이 결합됨으로써 개화시대

---

97) 한완상이 안병직처럼 비자본주의적인 발전을 전망했는지는 알 수 없다.

98) 韓完相, 앞의 책, 1978, 275쪽. 이 책에 있는 한완상의 전체적인 글에서 민중적 민족주의는 부각된 주제가 아니다. 오히려 안병무가 그 용어를 부각시킨 측면이 있었다. 그가 책의 서평 주제를 민중적 민족주의로 잡았기 때문이다.(안병무, 「서평 : 민중적 민족주의」, 『創作과 批評』 49, 1978년 가을)

99) 한완상은 『民衆과 知識人』을 간행한 후, 곧 바로 「民衆社會學序說」이란 글을 『文學과 知性』 33호(1978년 가을) 투고한다. 그는 여기에서 한국 민중사회학의 필요성과 과제를 제시하였다. 그런데 필자가 여기에서 또 한 가지 주목하고 싶은 점은, 『文學과 知性』의 발행인인 김병익의 반응이다. 그는 편집인으로서 잡지에 수록된 글들을 소개하고 있었는데 한완상의 글이 지배자와 피지배자를 거리낌없이 양분하고 악과 선으로 표현하며, 지나치게 단순하고 도식적이라고 비판하였다. 김병익, 「創刊8周年 記念號를 내면서」, 『文學과 知性』 33, 1978년 가을.

민중운동의 정점을 이루었고 3·1민족운동은 <u>민주주의 운동과 항일운동이</u> <u>결합함</u>으로써 식민지시대 최대의 민중운동이 될 수 있었던 것과 같이 4·19민족운동은 <u>민주주의 운동이 민족통일운동으로 발전한</u>_분단시대 민중운동의 거대한 출발점을 이룬 것이다.100)

박현채도 1978년 12월에 발표한 글에서 오늘날 한국의 민중이 당면한 자기 과제로 민주주의, 평화, 민족과 통일, 인권을 제시하였다.101) 그는 이처럼 광범위한 문제를 감당해야 하는 민중이 역사 과정을 거쳐 아래와 같이 정의되었다고 본다.

> 민중이란 정치권력이라는 관점에서 본다면 피지배 상태에 있는 사라들 이고, 경제활동이라는 관점에서 본다면 한 사회에 있어서 본다면 한 사회에 있어서 주로 사회적 생산의 직접 담당자로 되면서 노동의 산물의 소유자로 되지 못하고 노동의 산물에서 소외된 사람들이며, 사회적 지위라는 관점에 서는 지도되는 저변(底邊)에 있는 사람들, 즉 <u>피동적인 성격을 지니는</u> <u>사람들(서민 또는 대중)이라는</u> 측면을 지니고 있다. 다른 측면에서는 정치 권력에 대해서 저항하고 기존의 권력에 대항하는 정치운동에 참여하고 있는 사람들, 노동조합이나 농민조합에서의 활동을 통해 직접적 생산자로 서의 여러 조건의 개선에 노력하는 사람들, 그리고 지역 기타의 사회적 제집단에서 저변의 소리를 대표하고 있는 사람들, 즉 <u>능동적 성격을 갖는</u> <u>사람들(인민 또는 서민)이라는</u> 두 개의 측면을 동시에 갖는 역사적 집단이 라고 이야기된다.102)

박현채는 소외된 사람과 소외를 회복하기 위해 움직이는 사람으로 민중 을 구분한 것이다. 한완상이 즉자적(卽自的) 민중과 대자적(對自的) 민중으로 구분한 것과 내용상으로는 비슷하였다.103) 두 사람은 지식인을 민중의

---

100) 姜萬吉, 「4월혁명의 民族史的 맥락」, 『韓國民族運動史論』, 한길사, 1985, 85쪽.
101) 朴玄埰, 『民衆과 經濟』, 正宇社, 1978, 26쪽.
102) 朴玄埰, 위의 책, 1978, 8~9쪽.

범주에 포함시켰으며,[104] 1812년 홍경래의 난에서부터 대자적 민중 또는 소외를 극복하려는 민중이 지배체제에 저항하기 시작했다고 본다.[105]

그런데 박현채는 한완상과 달리 구체적인 사회경제적 조건에 따라 민중의 구성과 성격을 파악할 필요가 있다고 보았다. 어찌 보면 한완상과 별 차이가 없는 주장일지 모르지만, 그는 자본주의사회에서 민중의 주된 구성으로 노동자, 농민, 소상공업자, 지식인을 들고, 노동자 계급의 능동성이 보장되었을 때만 민중이 주체적이고 능동적으로 되며, 민족의식 → 계급의식 → 민중의식으로 발전할 수 있다고 보았다.[106] 노동자 계급의 중심성을 강조하고 있는 것이다. 마르크스-레닌주의는 자본주의를 극복하기 위해 필요한 원칙의 하나로 노동계급 헤게모니를 전제하는데, 박현채는 여기에 입각하여 민중론을 말한 것이다.[107] 미리 언급하자면, 한완상이 제창한 민중적 민족주의는 1980년대 들어 박현채, 정창렬 등에 의해 노동계급을 중심으로 한 민중연대라는 내용으로 구체화해 갔다.[108]

---

103) 韓完相, 앞의 책, 1978, 21쪽.
104) 1976년 『月刊 對話』에서의 대담 때는 민중과 지식인의 관계만을 이야기하던 수준이었고, 이기백은 직접 생산자를 민중으로 보았으며, 강만길은 실학 지식인의 실천적 행위에 주목했지만 그들도 민중이라고 언급하지 않았다.
105) 두 사람의 인식은 정창렬이 「한국민중운동사」에서 홍경래난부터를 민중운동사로 언급했던 연구와 무관하지 않을 것이다.
106) 朴玄埰, 앞의 책, 1978, 20쪽.
107) 한국사에서 민중의 존재를 사회구성사적으로 본 사람은 안병직이었다. 그는 3·1운동의 사회경제적 배경을 설명하면서 광범한 민중을 역사의 주체로 하며 비자본주의적인 발전 전망을 갖는 민중적 민족주의가 등장할 수밖에 없는 물적 토대를 그 누구보다 먼저 분석하였다.(안병직, 「3·1운동 이행의 전제조건」, 『3·1운동』, 한국일보사, 1975, 12~26쪽)
108) 한완상은 자신이 말하는 민중이란 총체적으로 소외된 피지배자를 가리킨다는 점에서 경제적 시각에서만 민중의 성격을 파악하려는 마르크주의와 다르다는 입장이었다.(한완상, 「민중론의 제문제」, 한국신학연구소 편, 『한국민중론』, 한국신학연구소, 1984, 263쪽. 원래 1979년 9월 『現存』에 발표된 글이다.) 『한국민중론』은 1970년대 한국사회가 도달한 민중론의 일단을 볼 수 있는 모음집으로, 민중신학을 제창하고 있던 안병무 한국신학연구소 소장이 기획한 것이다. 다만, 이 책에는 안병무 자신과 咸錫憲의 글이 없다.

아무튼 1978년경에 이르면 한완상과 박현채 등에 의해 민중론이 체계화하면서 민족, 민주, 민중의 관계, 곧 민주주의를 매개로 한 민중과 민족의 관계가 설정되기에 이르렀다. 달리 말하면 민중이 주체로 나서서 민주주의를 실현해 가며 분단이란 민족문제를 극복해 가는데 따른 이론적 정합성이 어느 정도 이루어졌던 것이다. 물론 긴급조치 제9호로 대표되는 1970년대 후반 박정희 정부의 강압적 통치가 지속되는 한편에서, 고도성장에 따른 사회경제적 문제점이 드러났는데도 해결될 기미를 보이지 않는 현실 또한 민중론 확산의 자양분이었음을 부인할 수 없다.

　위에서 언급한 강만길, 정창렬, 안병직을 비롯해 분단을 발견하고 한국의 역사와 문화에서 민중을 재인식하는 새로운 경향을 자신의 학문으로 만들려는 사람들 가운데는 다산연구회 멤버들이 많았다. 연구회는 1975년경부터 이우성을 주축으로 다산 정약용의『목민심서』를 번역하는 정례모임이었다. 이들은 기본적으로 실학을 민중지향적인 학문으로 보는 등 나름 학문적 유대를 유지하고 있었다. 서울 시내 유수 대학의 인문사회과학 계통의 교수들이 참가한 모임이었으므로 정례 모임 때 자연히 시국문제를 논의할 때도 있었다. 그래서 실천지향적인 태도를 드러내는 사람들이 많아 전두환 정부 때는 회원의 거의 절반이 해직교수가 될 정도였다.

　이처럼 분단을 발견하고 민중을 새롭게 호출하는 과정에서 우리 사회의 구체적 현실에 관심을 갖는 새로운 학문하기가 태동하였다. 학문의 본래적 기능인 비판적 기능도 회복되어 갔고, 학자로서의 실천성도 갖추어 갔다. 그것은 실학−조선학−국학−한국학−비판적 한국학으로 이어지며 학문의 현재성에 주목하고 실천지향적인 문제의식을 드러내는 전통이 되살아나고 있었음을 의미한다. 민주, 민족과 분단, 민중의 관점에서 한국의 역사와 현실을 다양한 측면에서 해명한『한국민족주의론』I·II·III(창작과 비평사, 1982, 1985)의 출판은 1970년대 비판적 한국학이 태동한 결과이다. 특히 제3권의 부제를 민중적 민족주의로 한 점에 주목할 필요가 있다.

　제3권은 한국근대사에서 민족으로서의 삶과 민중이 어떻게 구조적으로 연관되는지를 알아보기 위해 민중적 민족주의라는 부제를 달고 기획된 책이었다. 그 결과 한국근대사 속에서 파악된 민중은, 여러 계급·계층이 연합한 운동체이며, 특정한 역사적 조건 밑에서만 형성되는 유동적인 역사적 산물이었다. 뿐만 아니라 경제적 사회구성체 속에 존재하는 객관적 사회적 실체이자, 변혁과 반변혁의 정세변화 속에서의 운동개념이라고 정리하였다.[109] 정창렬과 함께 제3권의 책임 편집자인 박현채의 민중론이 제대로 투영된 논지이다.[110]

그런데 이들에 근접한 역사인식을 갖고 있던 사람들이 1970년대 후반경부터 학문 후속세대로 성장하고 있었다. 다산연구회 회원 등과의 학적 연계가 있는 사람들이 대부분이고, 실천적인 학문 자세를 지향했다는 점에서 인적 경계를 긋기는 어렵지만, 비자본주의적인 전망을 갖고 내재적 발전에 입각해 한국사를 연구하려는 소장층 연구자들이었다. 그들은 학생운동에 직접 가담한 경력을 소유한 사람들이 대부분이었다.

새로운 소장층 연구자들은 국내의 연구 성과도 충실히 읽었지만, 일본에서 발표된 '내재적 발전론'에 입각한 '자본주의 맹아' 연구에도 큰 관심을 갖고 있었다. 가지무라 히데키의 연구동향은 1970년대에도 한국 연구자들의 관심을 불러일으키고 있었고, 미야지마 히로시와 권영욱이란 연구자도 새롭게 부상하고 있었다. 특히 1970년대 들어 개항 이후 사회경제사 또는 침략(지배)정책에 관한 연구가 일본의 연구자들에 의해 활발히 진행되면서 한국의 연구자들도 그들의 학문동향을 의식할 수밖에 없게 되었다.[111]

---

109) 정창렬, 「책머리에」, 朴玄埰 鄭昌烈 編, 『韓國民族主義論 : 民衆的 民族主義』III, 創作과 批評社, 1985, 10~13쪽. 정창렬의 민중론은 전근대 시기에도 민중이 있었다는 이기백, 강만길과 확연히 다른 주장이다.
110) 박현채는 1984년 발표한 글에서 민중 개념의 네 가지 전제 가운데 두 번째로 "변화하는 주요 모순에 대응하는 확정되지 않은 개념"이라 들었다. 전략적이고 운동적인 개념으로 민중을 보고 있는 것이다. 朴玄埰, 「민중과 역사」, 『韓國資本主義와 民族運動』, 한길사, 1985, 11쪽.
111) 학계의 역량을 모아 한국사 연구를 종합한 『韓國史研究入門』(知識産業社, 1982)을 보면 알 수 있다.

이들 가운데 일부는 일본 측의 연구 성과를 체계적으로 기획 번역하여 『封建社會 解體期의 社會經濟構造』(청아출판사, 1982), 『甲申甲午期의 近代變革과 民族運動』(청아출판사, 1983), 『日帝下 한국 社會構成體論』(청아출판사, 1986)을 출판하였다. 특히, 『封建社會 解體期의 社會經濟構造』에 수록된 「서장 : 내재적 발전론의 전진을 위한 방법론적 고찰—일본의 한국사연구 수용과 관련하여」라는 글은 이들 소장층이 『新朝鮮史入門』(龍溪書舍, 1981)에 수록된 나카츠카 아키라(中塚明)의 「內在的發展論と帝國主義硏究」 등을 참조하면서 사회구성사적인 측면에서 내재적 발전에 입각한 선행 연구의 문제점을 극복하려는 모색을 시도하기 시작했음을 시사한다.112)

V. 공공성의 경합 속에서 비판적 한국학의 태동

이상으로 관점과 태도로서의 내재적 발전에 입각해 한국사를 연구해오던 흐름이 1970년대 들어 어떻게, 왜 그렇게 되었으며, 그리고 그것이 학술장과 공공성의 맥락에서 어떤 의미가 있는지 한국사 학계의 안과 밖을 점검하며 살펴보았다.

1960년대 말에 이르면 식민사관을 넘어 새로운 한국사상을 정립하려는 내재적 발전에 입각한 노력이 한국사 학계의 일반적 흐름으로 정착하였고, 다른 분과학문에도 큰 영향을 미쳤다. 이에 따라 한국학이란 용어가 일반화하며 분과학문의 경계를 넘어서는 시야를 가지려는 노력이 연구자들 사이에 일어났다.

1970년대 들어 고도성장에 따른 사회경제적 모순이 표면화하고 정치적

---

112) 이에 대해 전후 일본 역사학의 논문을 여과 장치 없이 수용하는데 따른 부작용을 우려하는 목소리도 있었다. 일본의 사회경제사학은 "아시아적 특질을 재생"하고 있으며, "너무 도식화의 경향을 밟고 있다"는 것이다. 鄭萬祚, 「回顧와 展望 : 朝鮮後期」, 『歷史學報』 104, 1983, 227쪽.

갈등 또한 격화되는 한편에서, 국제정세가 데탕트로 전환됨에 따라 남북관계도 급속히 바뀌어 갔다. 여기에 대응하는 과정에서 내재적 발전에 입각하여 한국의 역사를 바라보려는 사람들 사이에서도 분화가 일어났다. 즉 주체적 민족사관을 수립하려는 유신정권의 움직임에 협력해야 하는가를 둘러싸고 내재적 발전에 입각하여 한국사 연구를 지향하는 사람들 사이에 분화가 일어나고 긴장관계가 조성되기도 하였다. 경합하는 공공성, 즉 관제적 공공성과 민주적 공공성이 서로 자신의 공공영역을 확장하기 위해 경쟁하고 배제하는 관계를 본격적으로 형성하기 시작한 것이다.

1970년대 중후반에 이르면 분단과 민중의 문제를 자기 학문에 어떻게 내재화할 것인가 등을 둘러싸고 다시 한 번의 분화가 일어났다. 민주적 공공성을 지향하는 사람들 사이에도 분화가 일어난 것이다.

새로운 분화는 분단을 발견하여 분단시대를 학문에 내재함과 동시에 변혁주체로서 민중을 재인식하려는 사람들이 민족·민주·민중을 사회적 담론화하며 분단시대의 한국학, 곧 '비판적 한국학'을 내세우면서 시작되었다. 비판적 한국학은 일본인의 식민사관만이 아니라 우리 안의 식민성에도 주목하고 이를 청산해야 한다는 가치관과 자세를 강조하였다. 비판적 한국학은 학문의 현재성에 충실해야 하며, 민중을 주체로 분단체제를 극복하고 민족통일을 지향하는 미래의 학문을 해야 한다는 입장이었다. 비판적 한국학은 민중이 역사(민족사)의 주체가 되어 민족주의와 민주주의를 결합시키는 민중적 민족주의를 제기하였다.

일련의 분화과정은 현실 정치에 대한 태도의 차이에 연유했던 측면도 있겠지만, 역사학 내지는 우리의 인문사회과학이 현실과 어떻게 관계를 맺어야 하는가를 둘러싼 학문관의 차이, 분단과 민중을 학문화하는데 대한 생각의 차이, 그리고 문헌고증사학 및 민족사학에 대한 태도와 관점의 차이 등에 기인한 측면도 중요하였다. 이들은 드러나는 학문적 견해의 차이를 『창작과비평』과 『문학과지성』 등을 통해 학문화, 사회화해 갔다. 1976년에 기획된 『한국의 역사인식』(상)·(하)와 『역사란 무엇인가』는 두 아카데미저널의 역사관, 학문관의 차이를 확연히 드러낸 기획이었다.[113] 두 잡지와 출판사는 자율적인 공공영역을 만들어가는 공론공간이자 학술장으로 기능한 것이다. 달리 말하면, 이는 1960년대처럼, 1970년대에 들어서도 대학보다 대학 바깥의 공론공간에 자리 잡은 학술장이 학술담론을 발신하고 학문후속세대들에 더 큰 영향력을 발휘하는 공간으로 기능했음을 의미한다. 내재적 주체적 발전에 입각한 역사인식을 공유한 사람들이 학연의 경계를 뛰어넘을 수 있었던 이유가 여기에 있고, 1980년대 들어 소장층의 움직임이 학교 밖에 공간을 만들며 일상적 연계가 가능했던 바탕도 여기에 있다.

1970년대까지만 해도 비판적 한국학을 추구한 사람의 대다수는 자본주의적 근대를 긍정하고 자유경쟁과 공정성이 보장되는 절차적 민주주의를 중시하였다. 그들은 반공을 국시로 내세운 박정희 정부에 대항하여 민주주의를 국시로 내세웠다. 근대화 자체를 불가피한 것으로 간주하고 공동체적 연대로 문제점을 극복하자는 입장이었다. 경제개발 자체를 부정하지 않고 박정희 정부와 가치를 공유한 측면도 있었다. 그러면서도 자본주의의 정상화, 한국경제의 예속화를 막고 자립경제를 달성하겠다는 측면에서 비판의 초점을 맞추기도 하였다. 그리고 그들은 이런 일련의 과정이 민족통일에 이르는 첩경이라는 관점과 전략론을 갖고 있었다.

그런데 1980년 '서울의 봄'과 5·18광주민주화운동으로 대표되는 경험은 민족·민주·민중이란 이념이 내용적으로 결합되며 이전과 차원이 다른 사회적 담론을 만들어 가는 전환점이었다. 1980년대 중반을 지나면서 민중적 민족주의는 노동계급을 중심으로 한 전략론, 노동자와 농민의 연대를 중심으로 한 사고틀에 흡수되었다.[114] 이 과정에 대해서는 후고를

---

113) 개인의 영역에서 그러한 차이를 압축적이면서도 선명하게 드러낸 결과물이 1978년에 발행된 강만길의 『分斷時代의 歷史認識』(創作과 批評社)과 이기백의 『韓國史學의 方向』(一潮閣)이었다.

114) 이러한 흐름을 비판적으로 바라보던 사람들이 기획한 책이 한신대학 제3세계문화연구소 엮음, 『한국민중론의 현단계─분과학문별 현황과 과제』(돌베개, 1989)이

기약하겠다.

다. 정창렬(사학), 박현채(경제학), 김진균(사회학), 이준(철학), 김창락(신학), 김성재(교육학)의 글이 수록되어 있다. 다만, 필자들이 근본적으로 반대했는지는 검토해보아야 알 수 있을 것 같다.

국학, 국문학, 국사학과 세계사적 보편성
1970년대 비평의 한 기원

김 건 우

I. 4·19세대 비평가들의 출발점

1972년 5월 9일자 경향신문에는 「활기 띠는 평단-한국 근대문학의
기점 싸고 신예 평론가들 이의제기」라는 제하에 다음과 같은 기사가 실렸다.
사진이 실린 세 명의 '신예 평론가들'은 나란히 김치수, 김현, 김윤식인데,
기사의 요지는 이들 신예들(이후에 4·19세대 평론가들로 통칭되기도 하는)
이 기존의 춘원, 육당으로 근대문학의 기점을 삼던 통념에 이의를 제기,
기점이 영·정조 실학파 때로 올라가야한다고 주장했다는 것이다. 춘원,
육당 이후의 근대문학이란 "서구 사조에 편승한 모방, 사대의식이었지
주체적인 창조가 아니었"을 뿐 아니라(김치수), "구조적 모순에 대한 해결책
의 모색이 전혀 보이지 않았다는 점에서"(김윤식) 진정한 근대의 기점이
될 수 없다는 것, "작품을 읽을 때 역사적인 관점에서" "연결된 일관성을
파악해야 한다"(김현)는 등의 이야기들을 기사는 전하고 있다.

이 기사로부터, 당시 문지에 연재되고 있었고 이듬해 민음사에서 단행본
으로 출간되는 김윤식, 김현의『한국문학사』를 떠올리게 되는 것은 아주
자연스러운 일이다. 조금 의외라면 김치수의 이름 정도일 것이다.

---

1) 이 글은『한국현대문학연구』36집(2012)에 실린 것을 고쳐 수록한 것이다.

1970년대 비평을 상식적으로 마주하는 사람들은 거의가 '문지 대 창비'라는 하나의 대립구도를 그리곤 한다. 많은 사람들이 이 유명한 대립구도를 소급하여 이 잡지들의 '기원'으로, 심지어는 1960년대 비평의 대립구도로까지 끄집어 올리기도 한다. 그 과정에서 당대 지식사의 수많은 계기들, 예컨대 김지하의 정신적 동지이자 60년대 가장 전투적인 참여론자 중 하나였던 조동일 등은 사라지고, 김치수, 김주연 등 '문지파'들은 문학의 자율성을 일관되게 주장한 사람들이 되어 버린다.

1960년대 말에서 1970년대로 넘어가는 시점에 4·19세대의 나이는 30대로 진입하고 있었다. 1970년대 비평의 맨 앞자리가 4·19세대의 몫이 될 수밖에 없었던 것은 이즈음에 이르러 이들 세대의 '이론적 준비'가 끝났다는 데에서 이유를 찾을 수도 있을 것이다. 본고는 4·19세대로 묶일 수 있는, 60년대 중반 이후 등장하여 얼마 되지 않아 그들의 시대를 가지게 되는 비평가들의 '공통된' 정신적 기반을 논해 보고자 한다. 이것은 당연히 비평사의 문제인 동시에 지식사의 문제이다. 지식사의 문제라는 점을 인정하게 되면, 곧 시선이 문학비평 텍스트 바깥으로, 당대 지식 담론으로 향하는 것은 당연한 일이 된다. 결론부터 말해 이 문제는 '민족'과 '국학', 역설적으로 '세계성(보편성)'의 시대에 대한 것이다.

II. 역사에 대한 강박―4·19세대의 문학사 서술

『창비』 1988년 가을호에는, 1982년부터 1권이 나오기 시작하여 그 해에 5권으로 일단락된 조동일의 『한국문학통사』(이하 『통사』)에 대한 김흥규의 서평이 실려 있다. 김흥규가 가장 먼저 주목한 것은 역시 '시대구분' 문제, 다시 말해 '근대문학의 기점' 문제였다. 초점이 되는 것은 두 가지인데, 하나는 조동일이 '중세문학에서 근대문학으로의 이행기'를 중세, 근대와 동등한 범주로 두었다는 점이고, 또 하나는 근대문학으로의 이행기가

'시작'되는 시점(임란 후 17세기)을 근대문학의 기점으로 보았다는 점이었다. 17~19세기에 걸친 긴 시간을 '중세해체기'가 아니라 '이행기'로 설정한 요인은 무엇일까? 김흥규는 다음과 같이 지적한다.

"그것은 필시 우리 문학사에 있어서의 근대를 서구문학의 이식, 영향으로써 설명하려는 타율적 문학사관으로부터 벗어나 조선 후기 이래의 내재적 발전 동력을 부각시키고자 한 서술의도 때문일 것이다." 덧붙여, 『통사』 다섯 권 전체를 관통하는 서술 지표는 "(문학사의) 내발적, 자생적 동력을 중시한다는 지표", 그리고 "주체의 시각에서 수립한 국문학사 이해가 더 넓은 보편의 지평에로 개방되도록 한다는 지표"라고 했다.[1] (밑줄 강조는 인용자)

김흥규의 해석 초점은 '내재적 발전론'에 있다. 그런데 핵심을 건드리는 이 서평조차도, '이행기'의 범주 오류를 암시하는 데에서 문제의 정확한 진상까지에는 도달하지 못하고 있음을 보여준다. 문학자인 조동일에게 있어 '이행기'를 중세 및 근대와 동일 지평에 올릴 정도의 '과감함'은 어디에서 온 것일까?

『통사』의 기본적인 문제의식이 이미 1960년대 중반 조동일이 『청맥』에 9회에 걸쳐 연재했던 「시인의식론」에 있다는 사실(이는 조동일의 거대한 학문적 작업이 일종의 비평으로 시작되었다는 것을 의미하기도 하는데)은 비교적 잘 알려져 있다. 조동일의 문학사 서술 기획이 좀더 명시적으로 나타난 것은, 『창비』 3호(1966년 여름호)에 게재한 「전통의 퇴화와 계승의 방향-문학사에서 전통 문제를 어떻게 볼 것인가」에서였다. 이 글에서 조동일은 전통의 문제가 역사 서술의 문제와 직접 닿아있다는 사실에 주목하고 있었다. 그런데 바로 이 시기, 1960년대 중반은 이미 국사학계에서 '내재적 발전론'이 대두하면서 한국사의 시대구분 문제가 뜨거워지기 시작한 때였다. 국사학계에서 사실상 처음으로 시대구분 문제에 대한 '정리'를

---

1) 김흥규, 「비평적 연대기와 역사인식의 사이」, 『창작과비평』 1988년 가을호, 227~229쪽.

시도한 것이 1967년이었다. 이 해 12월, 한국경제사학회 주최의 심포지엄 「한국사의 시대구분 문제」가 그것인데 격론이 벌어졌고 이날 토론의 미진함을 보완하기 위해 이듬해 3월에 대토론회가 한 차례 더 있었다.[2] 고대, 중세, 근대의 기점을 모두 문제 삼았으나 핵심이 '근대의 기점' 문제에 있었음은 물론이다. 특기할 것은, 심포지엄과 토론에 참여한 학자들의 근대의 기점에 대한 의견 차이에도 불구하고 공통되게 개항(외세의 개입) 이전에 자본주의 맹아 혹은 자생적인 근대화의 움직임이 있었음을 인정한다는 것이다. 논자들 모두가 주목하던 시기는 말할 것도 없이 '조선 후기', 더 구체적으로는 '영정조' 시대였다.

'기점'의 구체적인 연도(혹은 사건)에 대해서는 끝내 합의를 이루지 못했던 이 심포지엄에서 천관우가 제출했던 글을 살펴보기로 한다. 조동일의 『통사』에서 중세문학에서 근대문학으로의 이행기가, 동학이 출현하는 1860년을 기점으로 1, 2기로 나누어지기는 하지만 기본적으로 조선 후기(임란 후)로부터 1919년 3·1운동에 이르는 기간으로 설정되어 있음을 기억해 두기로 하자.

> 결론부터 제시한다면, 중세, 근대 사이에 과도기를 두어 그 수백 년간을 시대구분상의 一時期로 간주하되, 이 과도기의 시발을 이르면 임진왜란 직후인 17세기 초(선조 말), 늦으면 18세기 후반기(영조 후기~정조 대)로부터 잡고, 이 과도기의 종말을 일본강점의 종료와 민족해방(1945), 아니면 3·1운동(1919)으로 잡는 것을 내용으로 한다. … 아무튼 「중세-근대 과도기」를 고대, 중세, 근대와 함께 우선 한국사의 한 시기로 설정해 둔다는 것이 골자이다.[3] (밑줄 강조는 인용자)

근대의 구체적인 '기점'을 정하는 문제에 있어, 천관우는 문제를 정면

---

2) 이 원고들은 한국경제사학회 편, 『한국사시대구분론』, 을유문화사, 1970으로 출간되었다.
3) 한국경제사학회 편, 위의 책, 106~107쪽.

돌파하여 아예 '과도기(이행기)'를 고대, 중세, 근대와 같이 '공인된' 시기로 둘 것을 제안했다. 흥미로운 것은 회의에 참석한 다른 학자들이 이에 대해 별다른 문제 제기를 하지 않았다는 점이다. 물론 이러한 방식은 여전히 '기점'의 문제를 남겨 놓고 있기는 하다. 조동일이 선택한 해결책은 천관우의 한국사 시대구분 방식을 받아들이되, 이행기의 시작을 기점으로 보는 방식이었다.

다시 김흥규의 서평으로 돌아가서 논의를 일단락하고 가기로 한다. 1988년의 시점에서 김흥규가 조동일의 『통사』를 내재적 발전론으로 읽은 것은 핵심을 간취한 것이었지만, 그는 4·19세대 비평가들이 어느 정도로까지 '역사'(역사학이 아니라)에 강박을 가지고 있었는지는 알지 못했던 듯하다. 오해를 무릅쓰고 표현하자면, 조동일이 시도했던 구분법은 '독창적인 것'이 아니었다. 국문학이든 국사학이든 '국학', 말뜻 그대로 '국가/민족의 학문'(사실은 이데올로기인데) 수립에 강박적으로 몰두하던 이들이 서로를 참조해 가며 만들어가던 것들, 그 가운데 하나였던 것이다.

'역사에 대한 강박'(달리 표현하면 근대에 대한 강박)이 또 하나의 문학사로 제출된 것이 30대의 젊은 두 연구자, 김윤식과 김현 공저의 『한국문학사』(1973)이다.[4] 이 '강박'은 좀 더 직접적이라 할 만한 것인데, 책의 맨 첫 절이 '시대구분론'인 까닭이다. 김현이 집필한 '제 1장 제 1절 시대구분론'을 살펴보기로 한다.

문학사 서술에 대한 자의식을 노출하는 도입부(1소절)를 넘어가서, 본격 논의의 출발이 임화의 이식문학론 비판으로 시작된다는 사실은 언제 보아도 참으로 인상적이다. 내용을 살피기 앞서 이 절 '시대구분론'의 소절과 소항목들의 제목을 나열해 보기로 한다.

---

4) 간단히 언급하고 넘어가긴 하지만 이찬 역시 「임화와 조동일의 문학사 비교 연구」, 『우리어문연구』 26집, 2006, 242면에서 『한국문학사』와 『한국문학통사』가 공히 내재적 발전론을 전제하고 있음을 언급한 바 있다.

1. 문학사는 실체가 아니라 형태이다.
2. 한국문학은 주변문학을 벗어나야 한다.
  (1) 구라파 문화를 완성된 모델로 생각해서는 안된다.
  (2) 이식문화론과 전통단절론은 이론적으로 극복되어야 한다.
  (3) 문화간의 영향관계는 주종관계에 의해서가 아니라 굴절이라는 현상으로 이해하여야 한다.
  (4) 한국문학은 그 나름의 신성한 것을 찾아내야 한다.
3. 한국문학사의 시대구분은 그러한 인식 밑에서 행해져야 한다. (밑줄은 인용자)

'해야 한다'와 '해서는 안된다'로 일관하는 이 제목들은 윤리적 강박의 끝을 보여준다. 당위 명제들이 전제되어 있고, 문학사의 시대구분은 마지막에 가서야 그 당위들로부터 연역된다. 그렇다면 이런 당위론들로부터 어떻게 근대문학의 기점이 '연역'될 수 있는가라는 문제가 남는 것은 당연하다. 결국 '시대구분론'이 임화의 이식문화론 비판으로 시작한다는 점에서 이유를 짐작하게 되는데, 요점은 이식문화론을 해석하는 시각에 있었다. "임화의 이식문화론은 경제학계의 아시아적 생산양식-정체성과 크게 어울리는 개념이다."[5]

서구 근대성 대 아시아적 정체성의 구도로 임화의 이식문화론을 보는 것이 논리적으로 정당한 것인지의 문제를 떠나, 이 문제가 자연스럽게 한국 사학계 일반이 골몰하던 조선적 정체성론의 극복 문제와 맞닿아 있음을 간취하기란 어렵지 않다.

　　한국사의 시대구분 문제는 문학사에서만 시급한 것이 아니다. 그것은 식민지 시대를 어떻게 이해해야 할 것인가와 타율성, 정체성 이론으로 대표되는 식민지사관을 어떻게 극복해야 할 것인가라는 한국사의 이해에 요체가 되는 질문들과 곧 마주치게 하는 문제이기 때문이다.[6]

5) 김윤식·김현, 『한국문학사』, 민음사, 1973, 17쪽.

문제가 그렇다면, 근대화 문제에 있어 타율성이 아닌 내재성, 정체성이 아닌 발전성의 근거를 식민지 이전 역사에서 발견해야 할 터인데, 영정조대의 부농과 상인계급의 출현, 수공업의 변화와 이런 모든 물적 토대 변화에 대응하는 의식 변화로서의 실학이 그 근거로 제시되었다.[7]

이상의 논리가 내재적 발전론에 근거하고 있음은 물론이다. 김현은 내재적 발전론이 새로운 문학사 서술의 확실한 지지대가 되어 줄 수 있다고 본 듯하다.[8] 그렇다면 정말 내재적 발전론을, 식민주의 극복의 '당위' 차원을 넘어 한국사에서 '실증'할 수 있는가가 핵심이 될 것이다. 이는 김현의 한국문학사만이 아니라 한참 후에 등장하게 될 조동일의 한국문학통사의 성립 여부에도 이어져 있는 문제였다. 김용섭을 언급해야 할 지점이다.

III. 내재적 발전론과 세계사적 보편성, 그리고 민족주의

국사학에 있어, 내재적 발전론을 실증으로 성립시킨 대표적인 학자가 김용섭임은 잘 알려진 사실이다. 그는 한국사의 특수성을 세계사의 발전법칙이라는 보편성 위에 정초하고자 했다. 김용섭은 이미 1960년대 초부터

---

6) 김윤식·김현, 위의 책, 18쪽.
7) 김윤식·김현, 위의 책, 20~21쪽.
8) 김현이 골몰하던 문제에 김주연 역시 반응했다. 1971년 『문학과지성』 6호에 실린 김주연의 글 「문학사와 문학비평─한국문학사를 어떻게 볼 것인가」를 살펴보면, 김주연 역시 '근대의 기점' 문제를 핵심으로 거론한다. 김주연, 『김주연 평론문학선』, 문학사상사, 1992, 62쪽, "최근 한국문학사를 다시 정리해야 마땅하다는 논의가 「한국문학의 근대를 어떻게 규정해야 할 것이냐」는 문제제기를 통해 나오고 있다. 이것은 두말할 나위 없이 시대구분의 문제다." 문제를 이렇게 규정해 놓았지만 기본적으로 김주연은, '문학사와 문학비평의 관계' 그리고 '역사학과 문학사의 관계'에 대한 의심을 보여준다. 그럼에도 곧 임화의 이식문화론을 '정체성 이론'으로 규정하면서 "문학사는 결국 민족문학사다" "그렇다면 우리는 어떻게 보편성에 이를 것인가"라고 던지는 결론들은, 결국 이 시기 김주연조차도 역사적 특수성과 보편성의 문제, 민족(문학)사 수립의 과제에 긴박되어 있었음을 보여주는 것이다.

국사학의 목표를 식민사관 극복과 민족사학 수립으로 잡고 연구들을 발표하였고, 그 결정적 결과물을『조선후기농업사연구』1, 2(1970, 1971)로 내놓았다. 1960년대 이후 국사학에서 그의 역할이 중요한 것은, 조선시대 양안(토지대장) 연구를 통해 내발론의 근거가 되는 부농의 존재를 구체적으로 실증했기 때문이다. 김용섭은 자신의 연구를 통해, 식민사관의 타율성론과 정체성론 극복을 목표로 민족사의 주체적이고 내재적인 발전과정을 증명하고자 한 것이다.

내재적 발전론이 식민사관을 극복하기 위해 성립된 이론이라는 점, 2절에서 언급한 바 4·19세대 비평가들이 왜 임화의 이식문학론을 '정체성론'에 대응시켰는지가 설명되는 장면이다. 요컨대 내발론은 민족주의에 근거하여 한국사를 세계사적 발전법칙(보편성)으로 설명하고자 하는 논리였다. 그런데 내발론에는 이데올로기적으로 좌우의 계기가 모두 내포되어 있었다.[9] 박찬승은 내재적 발전론 안에 있는 두 가지 입장을 다음과 같이 정리했다.

> 하나는 사적 유물론을 원용하여 한국사의 발전과정을 세계사의 기본법칙으로 설명하면서 자본주의 이후 단계까지 전망하는 변혁론의 입장이었고, 다른 하나는 근대=자본주의 사회를 역사발전의 궁극적인 지향점으로 설정하면서 조선후기에서 근대의 싹을 찾아보려는 근대주의의 입장이었다.[10]

공히 세계사의 단선적 진보사관에 근거하고 있음에도, 여기에는 분단체제론, 분단문학론으로 발전한 진보적 민족주의자들의 노선과, 관변 민족주

---

9) 김용섭의 연구에 이미 좌파적 계기가 포함되어 있었다. '사회구성의 변동문제'를 초점으로 하여 '농업생산력의 발전문제'를 다루겠다는 연구 의도에서도 드러난다. 김용섭,『조선후기농업사연구』2권, 일조각, 1971의 서문을 참조.
10) 박찬승,「한국학 연구 패러다임을 둘러싼 논의−내재적 발전론을 중심으로」,『한국학논집』35집, 계명대 한국학연구원, 2007, 84쪽.

의로 흘렀던 근대주의자들의 행보가 예고되어 있다. 내발론에 내재해 있는 좌파 민족주의적 계기, 이제 백낙청을 살피도록 하자.[11]

『창비』가 1966년 창간 초기부터 실학연구를 지속적으로 싣고 있었다는 점은 잘 알려져 있다. 역사학계의 실학연구는 김용섭의 조선 후기 농업 연구, 강만길의 조선 후기 상업 연구[12]와 맥을 같이 하는 작업이었다.[13]

다소 비약을 무릅쓴다면, 백낙청이 1969년 「시민문학론」에서 언급하는 '시민'이란 『창비』에 영정조대 실학자들이 지속적으로 소개되던 상황과 오버랩되는 면이 있다고 할 수 있겠다. 백낙청의 '시민' 개념이 역사적이고 계급적인 개념으로 환원되지 않는다는 데 대해서는 두루 알려져 있다.

> 우리가 '시민'과 '소시민'을 대조적인 개념으로 사용할 때 우리는 엄격한 사회학적 계층분류를 하려는 것이 아니다. … 일반적인 생활태도, 정치의식 내지 세계관에 초점을 둔 보다 유동적이고 광범위한 개념 … 자유의 나무에 열매를 맺게 하는 민주시민이 바로 우리의 <시민다운 시민>이며 따라서 결과적으로 '시민'이란 "우리가 쟁취하고 창조하여야 할 未知, 未完의 인간상인 것"이다.[14]

그런데 미래를 향해 당위적으로 열려있는 개념이란 역사적 개념일 수 없을 터이며 다만 역사적 '모델들'만이 존재할 뿐일 것이다. 한국사에서

---

11) 창비 연구에 있어 김용섭을 주목한 최근 이혜령의 연구가 있다. LEE Hye Ryoung, "Time of Capital, Time of Nation : Changes in Korean Intellectual Media in the 1960s-1970s", *Korea Journal*, Autumn 2011.

12) 이 연구는 강만길, 『조선후기 상업자본의 발달』, 고려대출판부, 1973으로 집성되었다.

13) 1967년 창립된 한국사연구회 주역들이 창비 초기부터 참여하고 있었다는 사실이 최근 이경란의 연구에 의해 밝혀졌다. 한국사연구회는 "한국사로 하여금 세계사의 일환으로서 그 정당한 위치를 차지하게끔 하는 일"을 취지로 하여 강만길, 홍이섭, 김용섭 등이 창립발기위원으로 참여하여 결성한 모임이었다. 이경란, 「1950-70년대 역사학계와 역사연구의 사회담론화-『사상계』와 『창작과비평』을 중심으로」, 『동방학지』 152집, 연세대 국학연구원, 2010. 12.

14) 백낙청, 「시민문학론」, 『민족문학과 세계문학』, 창작과비평사, 1978, 11쪽, 14쪽.

그 모델은 어디 있을까? 한용운이나 김수영이 아닌 옛 모델들이 있을까?

백낙청의 초기 비평에 대해 적지 않은 논의들이 있었지만, 『창비』 1호 (1966)에 실린 권두비평 「새로운 창작과 비평의 자세」와 14호(1969년 여름호)에 실린 「시민문학론」 사이의 낙차에 주목하는 경우는 없었다. 1978년에 출간된 백낙청의 평론집 『민족문학과 세계문학』의 머리말에는 다음과 같은 언급이 있다. "마지막 부분의 긴 글(「새로운 창작과 비평의 자세」를 가리킴 : 인용자)은 『창작과비평』 창간호의 권두논문이므로 꼭 실어야 한다는 주위의 설득이 없었더라면 나로서는 뺐을 것이다. 십수년 전 자기의 무지와 허세를 새삼스레 광고한다는 것은 그리 달가운 일이 못되기 때문이다."(밑줄은 인용자) 저자의 의례적인 인사로 지나칠 수도 있는 말이지만, 실은 심각한 사정이 있었다.

「시민문학론」에서 백낙청은 창간호의 이 글에 대해 명시적인 자기비판을 가한다. "별로 자랑스럽지도 못한 이 발언을 구태여 들추는 것은 우리 주위에서 흔히 논의되는 전통의 <단절>이라는 것이, 사실이라기보다 논자 자신의 무지와 무심함에서 유래한 하나의 환각일 수 있음을 강조하기 위해서다."(밑줄은 인용자)[15] 원 글의 문제 부분이 어떤 것이었길래, 바뀐 생각의 내용이 무엇이길래 이렇게 혹독한 자기비판을 하는 것일까? 다소 길게 인용해 보도록 한다.

> 한편 우리 문학의 참다운 고전을 딴 데서 찾아보려는 노력도 있다. 소수 지배층의 문화가 아닌 우리의 서민문화, 그리고 실학파의 작품이야말로 한국 고유의 문학유산이며 주체적 근대화의 발판이라는 것이다. … 그러나 과연 여기에 산 전통이 있는가? 적어도 역사가 좀 다른 코스를 밟았을 경우 스스로 근대화하여 1960년대에 생동할 수 있는 전통이 있었던가? … 무엇보다 앞서야 할 인식은 우리가 부모의 피와 살을 받았듯이 이어받은 문학전통이란 태무하다는 것이다. 우리의 동양적 한국적 전통은

---

15) 백낙청, 위의 글, 37쪽.

그 명맥이 끊어졌고 …16)

위의 언술을 다음의 생각과 비교해 보자.

구체적인 한국역사에서, 가장 가까운 과거인 조선왕조의 이상과 현실에
서 우리가 구체적인 서구역사의 문학을 통해 살펴봤던 시민의식에 견줄
수 있는 어떤 요소가 있었던가를 검토해 보기로 하자. … 이조 후기의
이른바 <u>실학자들은 근대적 시민의식을 향한 한걸음 진전</u>일 뿐 아니라
선비의 이상에도 접근했다고 할 수 있다. 실학에 관한 연구는 최근 우리
학계의 아마 가장 활발한 분야로서 … 실학사상을 종합적으로 평가해서
그것이 정통적 주자학에 반발하여 근대적 시민의식을 개발해 온 측면과
… 실학사상이 하나의 연속적인 한국사상사의 일부로 논의되어야 할
절실한 필요가 여기서 나온다. … 이렇게 한국의 사상사와 시민의식발달사
가, <u>연속되는 하나의 커다란 흐름으로</u> 그 구체적인 모습을 드러낼 때
<u>비로소 우리는 한국사의 정체성론 및 한국전통의 단절론, 그리고 그것이</u>
<u>암시하는 정치적, 경제적 또는 문화적 식민지화의 당위론을 완전히 극복할</u>
<u>수 있을 것</u>이다.17) (밑줄은 인용자)

우리 역사(사상사)에도 세계사적 보편성(여기서는 시민성을 가리키는데)
의 요소가 있으며 그것은 조선 후기 실학에서 찾아볼 수 있다는 말로 요약되는
이러한 생각의 변화는 1960년대 중반 이후 국학의 전개를 염두에 두어야
이해할 수 있다. 1966년에서 1969년 사이에 일어난 백낙청의 변화는, 공교롭
게도 앞서 언급했던 1967~68년경의 국사학계의 시대구분 논쟁을 가운데에
놓고 일어난 것이다. 국사학계의 이 논쟁이 내발론의 확립에 있어 결정적
계기가 되었다는 사실을 받아들이게 되면, 백낙청의 변화는 이제 내재적
발전론이 국문학을 포괄하여 국학 전반의 패러다임을 형성하게 되었음을

---

16) 백낙청, 「새로운 창작과 비평의 자세」, 『창작과비평』 1호, 1966, 16쪽.
17) 백낙청, 「시민문학론」, 앞의 책, 1978, 38~40쪽.

보여주는 하나의 징표가 되는 것이다.

제3세계 반제민족주의의 흐름에 일찍부터 민감했던 백낙청은 이 반제(반미)민족주의와 식민사학의 극복을 연결해 사고했던 듯하다. 따라서, 기본적으로 당위론에 입각하고 있는 「시민문학론」이 이후 「민족문학론」으로 나아가는 것은 자연스러웠다. 『월간중앙』 1974년 7월호에 백낙청이 발표한 비평 「민족문학 개념의 정립을 위해」는 '민족', '민족문학' 개념의 전유를 위해 문협의 논자들과 담론투쟁(국가 이데올로기와의 투쟁이기도 한데)을 벌이는 과정에서 나온 글인데, 이때도 백낙청이 주요한 키워드로 가져오는 것이 이른바 '세계성', '세계문학'이었다. "민족문학 개념의 타당성 문제는 흔히 세계문학과의 연관성 속에서 제기되고, 또 그렇게 하는 것이 매우 적절한 방법인 것 같다."로 시작되는 이 글에서 말하는 '세계성'이 국학계의 논의에 기대는 개념이었음은 물론이다(백낙청도 내재적 발전론에서 역사유물론을 읽어냈을 것이다). "사학계에서도 이 문제는 한국사 내지 한국학 연구의 <특수성>과 <보편성>이라는 문제를 중심으로 논의가 제기되고"18) 있다는 것, 따라서 백낙청에게 있어서도 '민족주의'는 세계사적 보편성 위에 정초된 것이었던 까닭에 '시민의식'과 '민족의식'은 상호 충돌하지 않는 개념이었다.

그런데 한국사회 변혁론에 있어 백낙청이 여전히 영향력을 가진 하나의 모델로 기능하고 있다는 점을 인정한다면, 내발론에 대한 비판 역시 현재적인 의미를 가지고 있다고 해야 하겠다. 내발론의 이론적 기초가 서구적 역사발전 모델에 있다는 비판, 따라서 이 문제가 근대성 비판에 포섭된다는 이야기들은 특히 미국, 일본의 한국사 연구자들에 의해 지속적으로 제기되어 왔다. 일본이 아시아적 정체성론에 대응해 내발론을 시도한 것과 마찬가지로 한국 역시 일제의 조선적 정체성론에 대응해 내발론을 정초했다는 점,19) 결국 한국사학의 조선 후기 자본주의 맹아론은 근대화의 동력이

---

18) 백낙청, 「민족문학 개념의 정립을 위해」, 앞의 책, 1978, 123~124쪽.
19) 북한학계가 앞서서 이를 시도했을 것임은 쉽게 추측할 수 있다. 김용섭은 최근

일제 이전에 있었다고 '믿고 싶어하는' 민족주의적 열망에서 나왔다는 것이다.[20]

실제로 사학계에서는 내재적 발전론에 바탕한 1960~70년대 역사 연구 일반을 민족주의 사학, 민족사학 등으로 통칭한다. 그런데 이 지점에서 민족주의 학문 즉 민족사학, 민족문학이란 관념이 적어도 그 일각에 있어서는 당시 공화당 정권의 국가 이데올로기와 공유하는 지반이 있었다는 점(공유하는 지점이 있어야 전유하려는 싸움도 가능해진다)은 새삼 지적되고 넘어가야 한다.

하나의 단적인 예를 제시해 두고 넘어가기로 하자. 김인걸에 의하면, 이기백, 김용섭 등이 참여하여 작성한『중고등학교 국사교육개선을 위한 기본방향』(1969)에는 시안작성 기본원칙으로 다음 다섯 가지가 명시되어 있다.

1. 국사의 전 기간을 통하여 민족의 주체성을 살린다.
2. 민족사의 각 시대의 성격을 세계사적 시야에서 제시한다.
3. 민족사의 전 과정을 내재적 발전방향으로 파악한다.
4. 제도사적 나열을 피하고 인간 중심으로 생동하는 역사를 서술한다.
5. 각 시대에 있어서의 민중의 활동과 참여를 부각시킨다.[21]

자신의 회고록을 통해, 해방 후 남북한 역사학계가 공통되게 '타율성, 정체성, 아시아적 생산양식'론의 극복을 목표로 작업을 진행하였다고 회고한 바 있다. 김용섭,『역사의 오솔길을 가면서』, 지식산업사, 2011, 22쪽.

20) 미국, 일본 쪽의 내발론 비판에 대해서는 신기욱 편, 도면회 역,『한국의 식민지 근대성』, 삼인, 2006과 이해주, 최성일 편역,『한국근대사회경제사의 제문제』, 부산대출판부, 1995를 참조.

21) 이 자료는 출간된 것이 아니며, 김인걸이 참여자에게서 직접 입수한 것이다. 김인걸,「1960, 70년대 내재적 발전론과 한국사학」,『한국사 인식과 역사이론』, 지식산업사, 1997, 138쪽에서 재인용. 김인걸의 이 논문은, 국사학계의 내재적 발전론에 대한 개념 규정과 성립 경위, 다양한 비판과 반비판에 대해 가장 적확하고 상세하게 소개하는 글이다.

이 원칙들을 살펴보면, 내발론이 한국의 특수성을 강조하는 논리이면서 동시에 세계사적 보편성에 대한 열망에 기대고 있다는 점이 확인된다. 그런데 동시에, 국학의 내재적 발전론이 얼마나 민족주의와 가까운 거리에 있는지, 그리고 얼마나 쉽게 국가 이데올로기로 전화될 수 있는지도 실감하게 된다. 나아가, 위의 5번째 원칙(적어도 남에서는 이데올로기적 균열이라 할 만한)을 제외하면, 당대 남과 북의 국가 이데올로기가 민족주의의 쌍생아적 성격을 가지고 있었음이 간취된다는 점도 지적해 두어야 한다.

이러한 정황은 다음의 사실로 요약된다. 국학계에서 내발론이 확립되던 시기에 국민교육헌장의 공포(1968년) 등 국가 통치 이데올로기도 함께 확립을 이루었다는 것, 달리 표현하자면 '민족중흥의 역사적 사명'을 말하는 것과 한국사 안에서 자생적 근대화의 맹아를 찾는 작업이 그리 멀지 않은 거리를 두고 공존하고 있었다는 사실이다.

IV. 1970년대 비평의 기원, 그리고 분기(分岐)

1970년대 비평의 한 기원을 살피고자 하는 본 연구에 있어, 논의의 초점이 된 것은 4·19세대 비평가들이 그 시작점에 서 있던 공통된 지반이었다. 4·19세대 비평가들에게 있어, 세계문학의 '흉내'를 내지 않고도 세계성에 근접할 수 있는 길은 한국적 특수성을 세계사의 보편적 발전법칙 위에 올려놓는 것이었다. 이들은 공히 서구를 준거로 삼지 않는 길을 찾고자 했다. 그렇지만 특수성과 보편성이 서로 묶여 있는 개념임은 헤겔을 잠시만 생각해 봐도 알 수 있는 일이다.[22] 이것 또한 오리엔탈리즘을 재생산하는

22) 한국사적 특수성을 세계사적 보편성의 맥락에서 사고하게 되면, 이러한 특수성은 헤겔, 루카치에서와 같이 개별자에서 보편자로 나아가는 필수적인 매개로 존재하게 된다.(알튀세르가 끝내 마르크스를 헤겔로부터 떼어내려 했던 이유이기도 하다) 한편 이 문제와 별도로, 지식수용사의 맥락에서 1960년대 이후 한국 지식사회가 루카치를 어느 정도로 참조하고 있었는지에 대한 정밀한 추적이 필요하리라

길이 아닐까? 서구적 근대의 패러다임으로부터 근본적인 전환은 없었다. 이들이 강박적으로 한국사의, 한국문학의 내적 동력을 탐색해 갔을 때, 그것은 역설적으로 이들이 세계성, 보편성에 긴박되어 있음을 의미하는 것이었다.

내재적 발전론에 입각해 근대문학의 기점을 끌어올리려는 4·19세대 비평가들의 시도들에 대해, 오랜 시간이 지난 후 이들의 한 후배는 '부질없는 시도들'이라고 했다.23) 지금에 와서는, 국사학계와 달리24) 국문학계에 있어서는 내발론이 거의 폭파 직전에 이르게 되었다.(혹은 오래전에 이미 폭파되었는지도 모른다)

다시 논의를 집중해서 4·19세대 비평가들의 이야기로 돌아가 보자. 이들은 이후에 어떻게 갈라지는가. 조동일은 일관되게 보편사에의 '욕망'을 견지했다. 사실 조동일의 보편사 서술 기획은『통사』이전부터 존재했다. "우리에게 절실한 이론은 우리 문화에서 보편성을 확인하는 보편성의 이론, 우리가 당면하고 있는 역사적 시련을 극복하는 데 도움이 되는 역사적 전개의 이론"이다.25) 그는 이후, 4·19세대의 역사에의 강박을 욕망으로 바꿔 나갔다. 한국문학사 서술을 바탕으로 제3세계 문학사, 세계문학사 서술로 나아가고자 했던 것이다.

김현은 자신에게 익숙한 프랑스식 사유를 통해 역사주의를 벗어나는 길을 갔던 듯하다. 그렇지만 이 길이 문학의 '보편성'에서 벗어나는 길은

본다.

23) 최원식,「한국문학의 근대성을 다시 생각한다」, 민족문학사연구소 편,『민족문학과 근대성』, 문학과지성사, 1995, 43쪽. 그런데 내발론이 버려질 때 '민족문학'은 어떻게 되는 것인지, 다시 말해 어디까지 살아남고 어디까지가 와해될 것인지에 대해 더 근본적인 숙고가 필요하다. 가장 근본적인 전제들부터 다시 검토되어야 한다는 의미이다.

24) 현재 국사학계에서 윤해동 등이 처한 상황을 생각해 보라. 윤해동의 내발론 비판에 대해서는 윤해동,「'숨은 신'을 비판할 수 있는가?－김용섭의 '내재적 발전론'」, 도면회·윤해동 편,『역사학의 세기』, 휴머니스트, 2009를 참조.

25) 조동일,「민족문화연구의 과제와 방향」,『민족문화연구의 방향－민족문화연구총 서 6권』, 영남대 민족문화연구소, 1980, 224쪽.

아니었다. 김윤식이 『한국문학사』의 시각이 가진 문제점을 일찌감치 본 것은 잘 알려져 있다. 그는 다른 방식으로 임화와 직면하는 길, 보다 근본적으로 '근대성'의 문제를 탐색하는 길로 갔다.

백낙청은 원래부터(1960년대부터) 견지하던 문제의식, 즉 탈식민주의로서 제3세계 민족주의의 논리를 운동론으로 발전시키게 된다. 이 흐름이 백낙청 개인의 문제를 넘어 존재하는 것임은 말할 나위 없다. 모두 알고 있듯, 이 진보적 민족주의에 김주연 등이 맞서면서 문지와 창비는 확연히 갈라지게 된다.

오늘날, 그들이 선택했던 모든 길들은 근본부터 다시 사유되고 있다. 분기(分岐), 그 이전의 기원을 살피는 일이 의미있는 것은 이런 이유에서일 것이다.

3부

학문의 자율성과 통제 메커니즘

──────────────── 김병익 · 염무웅 대담

『창작과비평』,『문학과지성』을
말한다

사회 ▪ 백 영 서
날짜 ▪ 2014년 2월 5일
장소 ▪ 연세대학교 알렌관 207호

▪ 이 글은 「『창작과비평』,『문학과지성』을 말한다 – 김병익, 염무웅 초청
대담」,『동방학지』165집(2014)을 수정·확장한 것이다. 이 대담은 애초
에 약 370매에 달하는 분량으로, 『동방학지』에는 지면 사정으로 약 250
매로 압축하여 게재하였다. 여기에서는 원래의 대담을 최대한 반영하여
350매로 정리하였다. 이 대담은 연세대학교 국학연구원 HK사업단 산하
'대학과 학문, 공공성의 기획' 리서치그룹(신주백, 서은주, 김영선 HK연
구교수, 홍정완 HK연구원)에 의해 기획·정리되었다.

창비·문지의 출간 전후(前後)

백영서　　먼저 저희가 두 분 선생님을 모신 취지랄까 방향에 대해서 말씀을 드렸으면 좋겠어요. 저희는 잡지 전체에 대해서 얘기를 듣기보다, 두 잡지가 창간한 이후부터 1980년대 초 폐간 당하기까지의 상황에 대해 주로 얘기를 들으려고 하죠. 두 개의 단어로 저희 관심을 설명 드리자면 하나는 학술장, 그러니까 지식이 생산되고 유통되는 공간이고 다른 하나는 검열입니다. 보통 지식 생산이 대학 안의 제도적인 기구에서만 이뤄진다고 생각하지만, 대학이라는 제도 바깥의 미디어, 그 중에도 잡지가 지식을 생산하고 유통하는 데 중요한 역할을 했다고 생각합니다. 소위 담론을 생산하는 데 대학보다 더 중요하지 않았을까 라는 생각도 듭니다. 어떤 학자는 그것을 '미디어 아카데미'다 이렇게 말하는 사람도 있고, 저 개인적으로는 "운동으로서의 학문"이라는 용어를 쓰기도 합니다. 그러나 이것이 한국에만 있는 것이 아니고, 일본에도 일본제국 시절에 제국대학 바깥에 이와나미서점(岩波書店) 같은 데에서 출판을 통해 넓은 교양층을 형성하게 했고, 또 아예 대학교수가 아니면서 출판사와 관계해서 저술만 하면서 중요한 사상적 발신을 한 그런 그룹들이 존재했다고 알고 있습니다. 또 한국에도 경성제국대학 바깥에서 조선학운동을 전개했던 것은 연희전문과 같은 전문학교였고 아니면 신문이나 잡지를 통해서 사실 중요한 지식 생산과 유통이 이루어졌지요. 그 전통이 해방 후에도 이어졌다고 생각합니다. 특히 1960~70년대의 경우 또는 1980년대 초까지, 오늘 두 분을 모신 동기가 된 잡지『문학과지성』(이하 문지)과『창작과비평』(이하 창비)이 거기에 중요한 역할을 한 예가 될 수 있다고 생각해서 그것과 대학이라는 지식 생산하는 곳과의 관계, 협력도 있고 약간의 충돌이랄까 갈등이나 경쟁도 있을 수 있는데 그런 점들을 이제 전반적으로 짚어보고 싶다는 게 하나의 취지입니다. 또 하나는 국가권력과의 관계, 지금 말씀드린 지식을 생산하고 유통하는 공간과 당시의 국가권력, 주로 박정희 정권이 주가 되겠습니다만 1980년대 초는 그 연장으로서 전두환 정권하고도 관계가 되겠죠. 두 잡지가 1980년에 폐간된 데에서도 확인되듯이 국가권력과의 긴장관계가 있었는데 그 긴장관계에 어떻게 대응했는가를 이제 검열이라는 단어를 가지고 그 관계를 한번 살펴봤으면 좋겠다는 것입니다. 이게 바로 저희 취지입니다. 먼저 요즘 어떻게 지내시는지 근황부터 좀 말씀해 주시면 그게 저희 책을 읽는 독자들한테도 도움이 될 것 같네요. 자유롭게 인사 말씀부터 하시죠.

염무웅　우리 김병익 선배께서 먼저.

김병익　염무웅 선생보다 나이가 많다는 것 외에는 모든 게 다 후배거든요. 문단 생활 시작한 것도 염무웅 선생이 먼저고, 무엇보다도 창비가 문지보다 4년 앞서서 창간해서 완전히 계간지 문화를 열고난 다음에 문지가 뒤늦게 참여를 했기 때문에 늘 창비를 앞선 자로, 우리는 뒤 따라가는 것으로 생각을 하는데, 여기서 나이 따지고서 이렇게 얘기하니까 좀 허허.

염무웅　김병익 선생의 그 말씀이 사실이 아닌 건 아니지만은, 문단이라는 것을 범위를 넓혀서 언론장으로 생각해 본다면, 우리 두 사람의 출발점은 비슷해요. 평론가라는 이름을 달고 문단에 등장한 연대도 한 가지의 기준점이 되긴 하지만, 그러나 김 선생은 주요 신문사의 문화부 기자로서 활동을 시작하셨고. 그리고 저 자신은 신춘문예에 당선되자 바로 며칠 안돼서 신구문화사란 출판사에 편집사원이 되어가지고 그 나름의 역할을 시작했다는 것이지요. 창비나 문지가 창간되기 전인데, 그러니까 계간지 문화가 형성되기 이전에 각자가 넓은 의미의 공론장에서 일했다는 것, 그래서 공론장에 진입하는 것은 거의 비슷하지 않은가, 그런 점에서는 학술장의 바탕이라고 할 수 있는 공론장의 넓은 범주에서 볼 때는 비슷하게 출발했다, 생물적 연령은 좀 차이가 있지만, 그래도 비슷한 출발을, 등산로 입구는 달랐지만 같은 길을 향해서 같은 걸 느끼면서 갔다 이렇게 말할 수 있을 것 같아요.

백영서　예, 맞습니다. 저희의 관심도 당시 잡지 자체보다 지금 표현한 용어를 가지고 설명 드리면, 공론장이랄까 지식장이랄까 하는 보다 넓은 범주에 있습니다.

김병익　염 선생과는 근 30~40년 동안 한국 문단판이랄까 여기서 함께 생활하면서 서로 상대적인 입장에서 대립된 생각들을 제시하기도 하고, 또 함께 연합해서 대항할 것에 대해서는 대항하기도 하고. 제가 이 대담 요청을 받아들이면서 참 감회를 느낀다 싶은 게 우리가 벌써 역사적인 연구의 대상이 되었는가 하는 것에 대해서 면구스러움이랄까 그런 것을 느끼게 됩니다. 다시 생각해보면 우리가 한창 젊었을 때, 1960년대가 오늘의 한국이 가능하게 된 중요한 전기가 되지 않았던가, 그 전기의 의미를 다시 한 번 이렇게 생각하게 되면서, 그런데 난 뭘 했는가, 아쉬움이라 그럴까, 오래 살았다는 이유 때문에 이런 대접을 받는다는 그런 부끄러움을 느끼게 됩니다. 한편으로는 자기 시대에 대한 자부심도 가지면서, 그러면서도 자기 자신에 대해서는 부끄러움을 느끼는, 그런 상반된 감정을 느꼈거든요. 지금 백 선생님 말씀하신 것처럼 1950년대부터 1960년대 중반에 이르기까지 지식 생산의 장이랄까, 그것은 대학하고 소수의 잡지 『사상계』라든가 『현대문학』 그런 정도에 불과했지 그 밖에 미디어들은 거의 없었던 시절이었거든요. 그때 계간지 문화를 창비가 처음 열었고 이후 문지를 만들고 또 몇 년 후에 민음사에서 『세계의 문학』이 나오고 그래서 계간지 문화가

1970년대 이후는 한국 문학이나 지성사, 뭐랄까 대중 지성사라고 할까요? 이런 것을 주도하게 되었고 황동규 말대로 하자면 창비학교 문지교실, 즉 에꼴로서의 창비와 문지를 봐야 될 정도로 지식생산과 유통에 중요한 역할을 했다는 생각이 드는 것도 사실이고. 그게 벌써 한 40~50년 전 일이네요. 참 오래살고 볼 일이다 하는 생각이 들기도 합니다.

백영서　　두 분 모두 아직도 현역으로 계신다고 생각하는데 역사의 대상으로 저희가 모시고 얘기를 듣고자 하니까 낯선 감, 거리감이 느껴질 것 같은데 실제로 지금은 젊은 학자들이 창비나 문지, 『사상계』나 『청맥』에 대해서도 활발히 연구를 시작했거든. 창비나 문지가 창간될 즈음에 선생님들이 보셨던 그 당시의 잡지에 대해서 어떤 평가나 느낌을 가지고 계셨는지 궁금합니다. 또 계간지로, 그것도 한글 가로쓰기를 하면서 '무엇과 무엇'이라는 제호를 붙여 그 전에는 없었던 특이한 식으로 시작한 그 잡지를 만들 때 정서랄까 감수성이 좀 새로울 텐데, 그 당시 있었던 기존 잡지와 비교하면서 창간이나 그 잡지에 관여하시게 되었던 그런 걸 얘기해주셔도 좋지 않을까 싶네요.

염무웅　　우선 개인적인 경험을 얘기하면, 저에게 처음으로 각인된 잡지는 『사상계』하고 『현대문학』이에요. 요즘처럼 입시경쟁이 심하지 않아서였겠지만, 1950년대 후반의 고등학교 학생들은, 다른 학생들은 어땠는지 모르지만 저 같은 경우는 어떤 계기로 『현대문학』이나 『사상계』를 접했고 그것을 정기적으로 열심히 읽었어요. 고등학교에 입학하던 1957년경부터 『사상계』를 거의 매호 읽었지요. 거기에는 함석헌 선생이랑 유달영 씨라고 「인생노트」 1년간 연재한 것도 있고, 안병욱 교수가 「현대사상강좌」라는 것을 1년간 했고, 그 밖에 계몽적인 글들을 통해서, 말하자면 세상을 보는 눈이라는 걸 배웠습니다. 특히 그 무렵에 함석헌 선생의 「성서적 입장에서 본 조선역사」를 저는 몇 번 다시 읽고 그랬어요. 『사상계』 이외에도 4·19 전후한 무렵에 잠깐 반짝한 잡지로서 『새벽』이란 게 있어요. 1930년대에 나온 『동광』이라는 잡지의 후신인데, 흥사단 계통의 잡지죠. 발행인은 장리욱 박사라고 서울대 3대 총장이었고 장면 정권 때 주미대사를 지냈어요. 난 개인적으로도 몇 번 만나 뵈었는데, 키가 자그마하고 아주 교양있는 신사였어요. 그분이 발행인이고 시인 주요한 씨가 주간이고, 김재순 씨라고 나중에 『샘터』도 하고, 또 공화당 국회의장도 했던, 그이가 편집장이고, 시인 신동문 씨가 편집실무자였어요. 『새벽』이 한때 『사상계』보다 더 매력이 있었어요. 이승만 정권 말기에 "정권교체는 가능한가"라는 제목의 특집을 했는데, 그 특집의 맨 앞에 실린 글이 함석헌 선생의 「때는 다가오고 있다」였지요. 이게 어떤 차원에서는 이승만 정권을 갈아엎을 때가 다가오고 있다는 말도 되지만, 함 선생은 거기에 그치는 것이 아니고 뭔가 시대 전체가 새로운 시대로 거듭날 때가 다가오고 있다는 함석헌 특유의 종교적인 뉘앙스도 들어있던 것도 같아요. 4·19 이후에는 최인훈 선생의 유명한 『광장』도 거기에 발표가 됐는데, 그 발표된 과정에 대해 신동문 선생한테 이런 이야기를 들었어요. 어느 날 800장쯤 되는 원고가 투고되어 들어왔는데 굉장한 작품이라는 것을 직감하고 혹시나 소문이 나면 자칫 발표를 못할까봐, 마지막 순간까지 아무에게도 얘기를 안 하고 감추고 있다가 마지막 날 저녁에 인쇄소에 가서 "이 원고를 조판해주시오" 하고는 밤새 지켜서 책을 만들었다고 그러더군요. 그런데 『새벽』은 장면 총리가 등장하고 제2공화국 정부가 수립되면서 자진 폐간했죠. 『사상계』나 『새벽』은 그 나름으로 좋은 역할을 많이 했는데, 그러나 돌이켜보면 4·19를 겪고 대학을 다니거나 졸업을 앞둔 우리들의 목소리는 거기에 없었던 건 사실이죠. 말하자면 그것들이 우리의 목소리를 담은 잡지는 아니었던 거죠. 『새벽』이나 『사상계』의 필자가 대개 일제시대 교육받은 그런 분들이었고 그들이 주요한 지식의 공급자이고요. 저는 창비의 창간 자체에는 관여하지 않았지만, 1966년 초에 창비가 나왔을 때 이제는 과거 그 일제시대 교육받은 세대가 아니라 해방 후 한글로 교육받았든가 또는 일제식 교육과는 다른,

미국이나 유럽에서 새로운 교육을 받은 사람들이 자기 목소리를 낼 때가 되었다고 생각했고 그 계기를 창비가 열었다고 생각했어요. 1966년이라는 시점도 중요한 의미가 있는데, 한일협정이 1965년에 타결된 점이죠. 그때 박정희 정권의 폭력성이 처음으로 발톱을 드러내기 시작하거든요. 그러면서 지식인들도 박정희 체제에 대한 자의식이랄까 하는 것이 뚜렷이 드러나게 되고, 이런 여러 가지 조건들이 모여서 창비라든가 거기에 후속되는 여러 지식인운동이 나오게 되었다고 생각해요. 『청맥』은 사실 창비하고 비슷한 때 나오기는 했지만 통혁당 사건과 연관되어 있어서 창비와는 색깔도 전혀 다르고 다른 흐름 속에 있었다고 봐야하지 않을까 생각합니다. 그 잡지는 대중들에게 거의 알려지지 않은 소수의 사람들의 결사체 같은 느낌이에요. 『한양』은 일본에서 재일동포들이 만든 잡지로서 『청맥』하고도 또 다른 의미를 갖는다고 보아야겠지요. 1974년에 이호철 씨 등이 '한양지 사건'으로 걸리게 되면서 일반인들에게 알려졌지만 그 전에는 국내 문인들과는 거리가 멀었지요. 책방에서 팔렸는지도 나는 잘 모르겠어요.

백영서 질문을 바꿔하겠어요. 지금 말씀하신 '우리들의 잡지가 없다'는 대목에 은연중 드러나는 사실, 즉 저희들이 주목하는 4·19세대라는 게 중요할듯해요.

염무웅 4·19세대이자 새로운 교육을 받은 세대죠.

김병익 저는 1965년에 동아일보사에 입사를 해서 문화부에 근무를 하는데, 그 이듬해 창비가 창간이 되었고, 그때 제가 문화부에 있으면서 창비를 띄우는 기사를 많이 썼어요. 방영웅의 「분례기」가 처음 나왔을 때, 그 작품보다도 가령 그때 문단에 데뷔를 하자면 신춘문예 아니면 심사위원 추천제인데, 이거는 편집위원들이 추천해서 파격적으로 새로운 작품을 소개하는 케이스였고, 그러니까 기존의 틀에 박힌 문인 혹은 문단으로 등장하는 코스를 깨버렸다는 그런 점으로 더 주목을 했던 기억이 나네요. 우리나라 문학이나 지식사회가 대체로 월간·일간 그리고 학술지의 경우 연간이나 그런 거에 익숙하고, 대중적인 주간지가 1960년대 중반부터 막 시작했어요. 간기가 일이나 주냐, 달이냐 년이냐에 따라 성격이 달라지는데 그 중에 제일 지적인 장으로서 공론화될 수 있는 분야가 계간이거든요. 연간이라면 순수한 학술논문 보고서 같은 것이고, 월간이라면 그때그때 떠오르는 시사적인 문제에 집중하게 되지만, 주간이라는 것은 더 말할 것도 없고요. 그러니까 계간이라는 것이 어떤 주제에 대한 깊이 있는 검토와 사유를 통해서 의견을 드러낼 수 있는 글, 그러니까 가장 고급한 대중성을 유지할 수 있는 잡지 형태라는 관점에서 제가 창비를 주목해서 보았고, 그 잡지의 전도에 대해서 정말 축복하다시피 글을 썼죠. 간기 자체만이 아니라 모두 세로쓰기할 때 창비가 가로쓰기를 했던 것도 그렇고요.

백영서   처음부터 순수 한글로 했나요?

김병익   순수 한글은 아니었어요. 그때는 한문병용을 했는데, 그런데 한자수가 많이 줄었죠. 그리고 『사상계』만 하더라도 공식적인 편집위원이란 이름이 있었는데, 그때 창비는 편집위원이라는 이름이 없이 그냥 나왔거든요. 그러니까 그것은 편집자들이나 발행인이 생각을 해서 편집을 하는 것이지, 공식적인 편집위원들의 무책임한 의견들을 모아서 책을 낸 것은 아니었거든요. 그런 편집의 자유로움, 개방성 같은 것에 대해서 참 높이 평가를 했고, 그래서 창비가 우리 문화에 준 영향은 그런 간기부터 시작해서 아주 충격적으로 생각을 했거든요. 그때 월간지로 제일 부수가 많이 나갔던 것이 『사상계』하고 『신동아』였습니다. 『사상계』는 역사도 길었고, 그리고 세계보편성을 지향하는 어떤 교양잡지 역할을 했고 필자도 주로 대학교수였죠. 대조적으로 『신동아』는 기자들의 글이 많았어요. 필자의 대중화라 그럴까, 그런 것이 이뤄지면서 주제도 아카데믹한 것보다는 실제 상황에 대한 취재보고, 이런 게 중심이었거든요. 『사상계』는 전 시대적인 어떤 교양계층들을 위한 잡지였다고 한다면, 『신동아』는 샐러리맨들을 위한 지적인 대중지 이렇게 해서 두 가지 흐름으로 월간지가 갔는데, 결국 『사상계』는 이런저런 이유로 결국 몰락하게 되었고 『신동아』가 계속 부수도 커지고 그래왔죠. 그런 틈에서 처음 계간지가 피어나왔으니까 참 멋있고 의미 있게 보였던 것이지요. 창비의 시작이 어떻게 되었든지 간에 문지가 시작한 것은 창비에 대한 대타의식이라 그럴까, 창비를 염두에 두었기 때문에 가능했다고 생각해요. 성격적으로 여러 가지 다르기도 하고 지향도 다르긴 하지만, 어쨌든 계간지로 시작을 했고 가로쓰기를 시작한 것에서부터 시작해서 필자와 주제에 대해서 개방적인 태도를 취했다는 것에 이르기까지, 그런 점에서 창비가 먼저 앞섰기 때문에 문지가 뒤따라 갈 수 있었던 것이지요. 그런 분위기 때문에 1960년대 중반 이후 우리 문화사라 그럴까 그런 것이 어떤 새로운 전환 내지 한 단계의 도약이 필요했다면 그 당시 그 요청에 맞추어 간 게 아닌가 해요. 그 후 1980~90년대로 오면 으레 잡지는 모두 계간지로 생각하게 될 정도로요. 1970년대는 정말 계간지 시대가 되어서 문학만이 아니라 지식사회도 계간지가 주도하는, 거기서 문제제기라든가 토론의 장을 열어갔던 것이죠. 그러니까 지금 여기서 연구하겠다고 한 1970년대의 기조는 아마 계간지가 중심으로 이끌어 갔다고 볼 수 있을 것 같습니다.

염무웅　저도 조금 보완하자면 『사상계』 얘기인데, 창비나 문지가 창간되기 이전 단계에서 『사상계』의 역할을 빼고는 우리 문학사나 지성사가 성립이 안 된다고 보는데요. 『사상계』는 물론 종합지이고 교양 위주의 잡지이긴 하지만 날이 갈수록 문학에 지면을 많이 할애했어요. 1950년대 말에서 1960년대로 넘어오는 기간에는 문학이 한 3분의 1정도를 차지하는

데, 그것으로도 모자라서 1년에 한 번씩 문예 '특별증간호'라고 해서 시·소설과 평론·에세이만을 가지고 책을 내기도 했어요. 마치 문학 특집을 별도의 책으로 발행한 것 같았지요. 서정인 씨의 「후송」이라든가 황석영이 본명 황수영의 이름으로 투고한 「입석부근」이 1962년 『사상계』 문예증간호를 통해서 발표가 되었지요. 무슨 얘기냐 하면 4·19를 거치면서 문학의 사회적 비중이랄까 역할이 점점 더 증대되었음을 알 수 있다는 거지요. 그런데 김동리, 조연현 중심의 『현대문학』은 1955년 창간되어 지금에 이르고 있는데, 1960년대 후반까지는 그들이 문단의 헤게모니를 쥐고 있었던 셈 아니에요? 그에 도전하려고 『문학예술』이나 『자유문학』 또는 1960년대 전봉건 선생의 『문예춘추』 같은 문예지들이 나왔지만 결국 4~5년 버티다가 넘어지고 그랬는데, 그런 점에서 『현대문학』 중심의 주류세력에 도전할 수 있는 지면이 『사상계』의 문학지면이었다고 생각해요, 적어도 1950년대 후반과 1960년대 전반까지는 『사상계』가 문협 주류에 대항하는 가장 중요한 거점이었다고 봅니다. 그런데 1960년대 중반 한일회담 반대운동과 더불어 장준하 선생이 정치 쪽으로 가게 되니까 그 공백을 새로운 세대들이 창비 등을 통해서 메우게 되는 측면도 있지요. 또 한 가지 지적할 사항은 문지가 창간되기 전의 창비를 보면, 문지를 주도한 사람들 가운데 김병익 형은 빼고, 김현이나 김주연이나 이런 사람들이 나보다 먼저 창비 필자로 등장해요. 그럴 리가 있나 생각하겠지만 사실은 그래요. 그건 이렇게 해석할 수 있어요. 적어도 1960년대 후반에 있어서의 창비는 1970년대와는 달리 어딘가에 대항을 했다면 『현대문학』 같은 문단 주류에 대한 것이었지 젊은 세대끼리의 내부적 대항이라는 생각은 없었어요. 그러니까 초창기 창비는 특정한 이념으로 뭉친 단일한 성격의 집단이 아니라 앞으로 여러 성향으로 뻗어 나가게 될, 말하자면 문지로도 뻗어나가게 되고, 『세계의 문학』으로 뻗어나가게 될, 그런 여러 성향으로 분화되기 이전의 연합과 같은 성격을 가졌달까요. 김우창 선생이나 유종호 선생이 그 후에 『세계의 문학』 편집자가 되었지만, 그 분들이 초기 창비의 주요 필자예요 사실은.

김병익 선생은 아직 본격적으로 평론하기 전이었고요. 그런 점에서 보면 1966년 창간부터 1970년 문지가 창간되기까지의 창비는 20~30대 젊은 세대들이 연합체와 같은 성격이 컸지 않았나 생각해요.

김병익　유일한 젊은 잡지였죠. 그러니까『현대문학』이나『사상계』가 기존의 기성세대의 틀을 지키는 잡지였다고 한다면 창비는 그것을 깨는, 그러니까 범문단적인 젊은 작가들의 활동무대가 되어서 지금 염 선생님이 얘기한 것처럼 창비와 문지 혹은『현대문학』이렇게 구분되지 않고, 잘 쓰고 좋은 글 쓰는 사람들의 무대가 창비로 되어있었다고 할 수 있죠. 그런데 그게 분화되기 시작한 것이 결국 참여론이 계기가 되지 않았는가 하는 생각이 드는데, 그때부터 이제 문지그룹들이 모이고 그리고선 창비와 분화되면서 대타의식 같은 것을 갖게 되고.

염무웅　그런 얘길 하니까 떠오르는 인물이 김현 씨예요. 김현은 뭐 김병익 형이 어떤 점에서 더 잘 아는데, 그 이전은 내가 더 잘 알죠. 김현이란 사람은 참 매력 있는 존재고, 우리 문학사, 비평사에서 누구나 다 인정하는 인물이죠. 그런데 이제 내 회상에 의하면 김현이 아주 뛰어난 비평가이기도 하지만, 정치적 감각도 굉장히 날카로운 사람이에요. 1962년 만 20세에 평론가로 데뷔한 것도 놀랍지만, 이 친구가 여름방학 때 내려가더니 김승옥 하고 최하림을 어떻게 구슬러 가지고『산문시대』라는 동인지를 만들어가지고 왔어요.『산문시대』창간호 뒤에 보면 1962 다음에 가을 秋자가 한자로 씌어 있고, 그 다음 두 번째 호에는 겨울 冬자로 되어 있어요. 그러니까 1962년에 이미 김현의 머릿속에는 계간지의 아이디어가 들어 있었던 거예요. 물론『산문시대』자체는 여러 가지 이유로 5호에서 끝났지만요. 동인들 다수가 평론가나 소설가로 데뷔하고, 특히 가장 중요한 인물인 김승옥은 동인지는 물론 잡지에 글쓰기도 바쁠 만큼 청탁이 밀려드는 인기작가로 떠올랐으니까 1964년이 지나면서 동인지에 대한 열의가 떨어졌지요. 아무튼 김현은 이미 학생 때부터 평론가로서의 욕망이랄까 야심뿐만 아니라, 잡지언론이랄까 문학미디어에 대한 구상이 맹아적인 형태로 있었던 것 같아요. 그러니까 『산문시대』를 냈고, 이어 『산문시대』와 연계되는 잡지가 쭉 있어요. 『68문학』이란 것이 있는데, 한두 번 나왔나, 거기엔 나도 끼었는데 동인지처럼 나온 것이 있어요. 『사계』라는 이름으로 나온 것도 동인지처럼 정현종 시인과 몇 사람이 같이 했죠.

김병익　『68문학』보다 앞서서 『사계』가 나온 것 같은데.

염무웅　『사계』가 나오고 『68문학』이 나오고. 그러니까 문지의 앞 단계로 일종의 연습게임처럼 그런 게 있어요. 그러니까 창비에 대항해서 느닷없이 문지가 나온 것만이 아니라는 거지요. 문지의 탄생에는 김현이 제일 중요한 인물이라고 생각을 하는데, 김현의 머릿속에는 문지를 향한 구상이 이미 1962년부터 불분명하게나마 움직이다가 그게 창비라는 구체적인 모델이 생기니까 드디어 태어나지 않았는가, 그러니까 전사(前史)가 있다는 얘기를 하고 싶네요.

김병익　지금 염 선생님이 말씀하신 것처럼 김현하고 저는 마지막을 같이 한 셈이지만, 그 친구가 살아있을 때도 정치적인 감각이 참 빠르고 뛰어났어요. 이른바 정치학과를 나온 저는 정치적 감각이 둔한데 …. 그 친구는 상당히 빠르게 정치적인 해석, 정치적인 기질을 발휘해 왔는데, 지금 말씀하신 것처럼 대학시절에 『산문시대』를 만들고, 그리고 이후에 황동규, 정현종, 불문학 하는 김화영 이렇게 해서 『사계』도 만들었는데 거기는 오히려 詩 쪽이었죠. 『68문학』에 1960년대에 등장한 이런저런 작가들을 근 20명 긁어모았지? 나도 그때 끌려들어가서 … 사람을 사귀고, 아주 터놓고 얘기를 하고, 그리고서 참여하도록 하는 그런 흡수력이라 그럴까, 이게 굉장히 컸죠. 나도 그 친구 때문에 망한 사람인데.

염무웅　　망했다는 것을 보충 설명하면 김현의 특징 중 하나가 자기보다 서너 살 위의 누구하고나 말을 탁 터요. 그러니까 네 살인가 위인데도 황동규 씨나 김병익 선생한테도 어느덧 말을 트더라고요. 저절로 옆에 있는 사람이 말을 그렇게 해. 내가 「최인훈론」으로 문단에 나왔기 때문에 최인훈 씨를 안 것은 내가 먼저인데, 어느 틈에 더 친해진 것은 김현이었어요. 최인훈 씨는 1936년생인데도 김현이 꼭 "최 선생님"하고 부르고, 그보다 한살 아래인 홍성원 선생한테는 반말이야. 그러니까 홍성원, 최인훈을 포함해서 여러 사람이 한자리에 있게 되면 아주 어색한 일이 벌어져요. 모두 김현을 따라서 "최인훈 선생님" 이러는 거지요. 홍성원씨도 말이죠. 또 하나 놀라운 건 김현이 사람 사귀는 재주가 뛰어나다는 거예요. 특히 편집책임자를 놀라울 만큼 빨리 알아내요. 나는 평론가로 데뷔하고 나서도 어떻게 해야 할지 모르는데, 김현이 주요 잡지의 편집자들, 가령 나는 김병익 형도 김현 때문에 알았는데, 문화부 문학담당 기자라든가 잡지사 편집책임자와 친교를 맺어요. 가령 『세대』라는 잡지가 박정권 때 있었는데, 그 잡지는 이광훈 씨가 처음부터 끝까지 책임을 졌죠. 그런데 어느 틈에 김현이 이광훈 씨와 친해져 있어요. 1960년대에 내가 가끔 『세대』에 글을 발표한 건 김현이 나를 이광훈 씨에게 소개한 덕분이에요. 이게 김현의 놀라운 재주지. 물론 자기가 먼저 글을 쓰고 난 다음이지만요. 이게 보통 재주가 아니에요. 김현은 조직을 거느릴 수 있는 재주가 있었어요.

김병익　　이런 잡담도 재미를 위해서 필요한지 모르겠는데.

염무웅　　문학사에서 보면 그런 김현과 같은 재주를 가진 사람이 딱 두 사람의 선배가 있어요. 내 생각엔 임화하고 조연현이에요. 그 사람들은 다 조직의 리더야. 그런데 이어령 씨는 같은 재주가 비슷하게 있는데, 조직이 안 돼. 조연현은 자기 그룹을 먹여 살려요. 임화도 그런 일거리를 나누어 주고, 배신할 때는 가차 없이 응징을 하고. 김현도 비슷해요. 그는 드물게 뛰어난 비평적 두뇌와 동시에 탁월한 조직가의 재능을 겸비하고 있었어요. 내가 보기엔 그래요.

김병익　김현이랑 자주 어울리면서 술좌석도 저절로 갖게 되었는데, 어느 날 한번 말을 놓기 전인데, "말을 놓겠다"라고 술자리에서 나한테 얘기를 합디다. 그러니까 그 자리에서 안 하겠다 할 수도 없죠. "그럽시다." 했더니 그 다음날 바로 이름 부르면서 말을 놔서 내가 당황했었죠. 그러니까 나도 손해 안 보기 위해서 말을 놓게 된 거고. 그리고 김지하 씨가 김현의 중학교 1년 선배거든요. 김지하하고도 말을 놓고 싶었던 거라, 그래서 김지하 보고서, 정식으로 물어봤대요. 자기가 말을 놓아도 될까 어떨까 그랬더니 김지하가 "말 놓지 마." 그래서 김지하한테는 끝까지 형이라고 불렀죠. 염 선생님도 감탄했지만, 사람을 사귀는 능력, 이렇게 끈을 이어서 한 꾸러미로 만드는 능력은 김현의 독특한 재능으로 알아줘야 될 것 같아요. 김현은 자기가 작품을 보고 좋으면 그 사람을 찾아가요. 그래서 "너의 작품이 이래서 참 좋더라, 술 한잔 하자." 하고 반포치킨 이런데 가서 술 한잔 한다든가 해서 그때부터 말 놓기 시작하는 거예요. 그게 어떤 정치적인 의지로도 볼 수 있지만 사람이 그만큼 뭐랄까 터놓고 지낸다고도 할 수 있죠. 자기가 감동하면 감동을 스스럼없이 드러낸다는 그런 솔직함 같은 것도 있던 것 같고. 또 하나는 그 친구가 사람사귀는 것보다 더 빠른 것이 책 읽는 거예요. 자기 나름의 속독술 같은 게 있는 것 같았어요. 가령 친구들하고 바둑을 한판 두는 동안에 잡지 한권을 다 봐요. 그런데 빨리 보는 사람이 요점도 빨리 캐치를 하거든. 사실 처음부터 끝까지 차분히 읽으면 사실 요점이 어디 가 있는지 모르는데, 빨리 눈길을 옮기면 중요한 내용만 머리에 남거든요. 그래서 우리가 바둑 한판을 두는 사이에 "아, 한권 봤다." 하면서 잡지 한권을 툭 던진다고요. 그러면서 중요한 글의 중요한 요지를 딱 집어서 이야기를 해요. 그러니까 우리 같은 사람은 참 기가 죽을 수밖에요. 결국 1960년대의 대학문학이든 청년문학이든

1960년대 젊은 문학들을 김현이가 상당히 주도한 힘은 인정되어야 할 것 같고, 그 힘이 결국 구체적으로 나타나는 것이 『문학과지성』의 간행까지로 진행된 거죠.

백영서　조금 얘기의 가닥을 정리해 볼까요. 김현 선생님의 이야기에 같이 거론되는 이름들이 대개 다 서울대 문리대 출신이지요. 물론 백낙청 선생은 문리대 출신은 아니지만요. 결국 창비가 나오고 문지가 나오고 분화되는 과정, 그러니까 미분화 된 때와 분화되는 과정 자체가 다분히 서울대 문리대 출신들 즉 4·19세대들과 관련 있는 게 아닌가. 그게 강점일 수도 있고 경우에 따라서는 너무 폐쇄적이랄까, 엘리트주의랄까 이렇게 얘기하는 것이 가능할지 모르겠습니다. 어쨌든 중요한 것은 서울대 문리대 그룹들이 분화되는 과정에서 문지도 나오고 이런 것이 아닌가, 그래서 그런 것에 대해서 조금 더 얘기해 주실 수 있는지요? 『산문시대』도 문리대 쪽이죠.

김병익　저와 문리대 동기로 유일하게 문학한 사람이 황동규인데, 대학 1학년 말부터 사귀기 시작해서 친구로 지금까지 지내왔지요. 언제가 한번 정리 비슷하게 해보니까 60학번의 문리대 영문과, 불문과, 독문과 3개 어문과가 한 교실에서 공부를 했는데, 그게 한 60~70명대 되었나?

염무웅　그때는 입학 정원이 영문과, 불문과, 독문과, 국문과도 그렇게 다 20명이었고, 심리학과나 다른 몇 개 과는 10명이에요. 그러니까 교양과정 수업을 60명 정도로 영·독·불이 B반이라고 해서 같이 수업을 들었죠.

김병익　영·독·불 3개 학과 1학년생들이 한 교실에 모였는데, 거기서 문인으로 활동한 사람이 7~8명 됩디다. 나중에 보니까. 가령 영문과에 박태순, 정규웅이 있고, 독문과에 염 선생하고 김광규, 김주연, 이청준 그렇고, 불문과에 김현, 김치수, 김승옥 그렇게 한 8~9명이 되어서, 그것을 보면 어느 한때 쏟아져 나오는 세대가 있는 것 같아요. 언젠가 한번 제가 칼럼을 쓴 적이 있었지만, 현재는 63년생들이 한국문단을 주로 잡고 있어요, 신경숙도 그렇고요. 그러니까 그때는 41년 안팎으로 출생해서 4·19 나던 해 서울대학에 입학한 사람들 가운데서, 어문계열 3개 학과가 모여 있던 한 교실에서 문학인이 많이 튀어나왔던 것 같아요. 저는 그 학년이 아니었지만, 사회생활을 시작하고, 또 특히 문학 쪽에서 이런저런 생각들, 행동들, 또 관계를 맺어가면서 창비도 나오고 문지도 나오게 된 것이 아닌가 하네요.

의식의 차별성과 지향의 분화

백영서   그런데 문지가 나올 때는 창비를 의식했다고 할까 대타적으로 놓고 창간했다고 할 수 있는데, 그래서 분화라는 표현을 쓰셨잖아요? 차별성이랄까 주로 어떤 점을 필요로 해서 나왔다고 보시는지요?

김병익   여러 번 회고조의 글에서 그때를 돌이켜 보곤 했는데요, 그때 참여론으로 한국문단이 거의 반분될 정도로 굉장히 격렬한 토론들을 벌였었죠. 이른바 진영이라는 것이 성립될 정도로요. 창비 진영과 그 밖의 진영, 참여파와 순수파 이렇게 갈라질 정도로 되었을 때, 그때 1970년 서울에서 세계 펜클럽 대회도 열리고 그랬었어요. 그때 김현이가 저한테 와서 "계간지를 만들자." 그래서, "어떻게 만들겠느냐?" 그랬죠. 우선 제일 중요한 것이 돈 문제 아니에요? 그랬더니 김승옥이가 그때 사진 식자업을 시작하려고 하는데 거기서 돈이 나오면 그것을 잡지 발행에 쓰도록 한다고도 했지만 김승옥의 그 말을 믿을 수는 없었고. 그래서 그렇다면 내가 "달리 알아보겠다"고 해서 황인철 변호사를 연결했지요. 판사에서 변호사 개업한 지 얼마 안 되었을 때, 갑자기 판사월급보다 훨씬 더 많은 수입이 생기니깐, 이런 돈을 좀 지원해 줄 수 있겠다는 뜻을 갖고 있어서, 그런 황인철을 끌어들여서 같이 잡지를 만들게 되었죠. 김현의 경우에는 아까 말한 정치적인 감각 속에서 자신의 문학적인 이념이랄까, 문학의 순수성을 지켜야 한다는 생각에서 참여론에 비판적인 입장에 서 있었지만 순수파들은 흩어져 있고, 참여파들은 창비나 백낙청 선생님을 비롯해서 진영이 짜여 있는데, 그래서 뭔가 결집할 미디어가 필요하지 않겠느냐, 그런 순수문학적인 의도를 가지고서 저한테 얘기를 했던 것이죠. 제 기억으로는 그때가 언론의 위축이 막 한창 시작되던 때였어요. 그러니까 남산 기관원들이 신문사에 매일 들락거리면서 간섭하기 시작하고, 걸핏하면 남산 끌고 가고, 김지하 때문에 끌려간 사람들도 많이 있겠지만요. 그러니까 신문이 점점 천관우 선생이 말했듯이 연탄가스 마신 것처럼 주눅이 들고 쇠락하고 있었고요. 무슨 농담까지 나왔는가 하면, 기자들이 휴지통에 버린 기사들만 모아서 내면 아주 멋진 신문이 될 것이라고 할 정도로, 그런 말이 나올 정도였으니까. 그런 점에서 현실에서 제일 멀찍이 떨어져 있으면서도 관찰하기 좋은 자리가 문화부였어요. 현실 쪽이 아니니까. 그래서 언론이 제대로 하려면 지금 이 신문체제 가지고는 안 되겠다, 뭔가 미국식으로 멋있는 독립된 신문이 있었으면 좋겠다, 독립된 매체가 있었으면 좋겠다는 생각을 했는데, 김현이 와서 계간지를 내자 얘기를 하니까 돈 문제는 차후의 일이고, 제가 그에 호응을 하고 함께 일하자고 대답하게 된 거죠. 그때 저는 언론자유 쪽으로 생각을 했던 것이고, 김현은 순수문학으로 생각했던 것이고. 그러니까 서로 다른 입장에서 계간지를 내자는 것에 동의를 했는데, 내 경우는 어차피 직설적인 정치적 발언을 할 수 없는 시대라면 문학을 통해서 비판적인 기사나 글 같은 것이 가능하지 않을까 그래서 동의를 했던 것이고, 그것이 맞아 들어가서 『문학과지성』이 나온 거죠. 그리고 또 제호에 대한 얘기도 많이 했습니다만, 문학이란 것은 순수문학을 말하고 지성이란 것은 언론 자유, 독립된 지적인 의지 같은 것, 이런 것을 생각해서 『문학과지성』이 된 거죠. '과'자가 들어간 건

『창작과비평』과 마찬가지인 것 같네요.

염무웅　『문학과지성』을 사람으로 고쳐 놓으면 김현과 김병익으로 되겠네요.

김병익　돈을 황인철이 내도록 내가 끌어들였기 때문에, 내가 살림을 책임지지 않을 수가 없었고, 김현은 문학적인 이슈를 주도해가면서, 창비든 그밖에 문학이든 여러 가지 문제제기와 그에 따른 후속적인 작업들을 했고, 그렇게 하다가 결국 나중에 똑같이 창비하고 문지가 폐간 당했지요. 1980년 7월 말이죠, 문지가 10주년 기념호를 만들 때였거든요. 그것은 나중에 또 얘기가 되겠고 하여튼.

염무웅　김병익 선생의 얘기에 대부분 동감하면서 약간 초점이 다르달까, 그 시대를 기억하는 방식에 차이가 있는데, 1960년대 후반 무렵에 창비가 마치 참여문학론의 본산이고 지휘부 같은 인상을 주고 있지마는, 다시 그 시점으로 돌아가서 문학사 자료를 훑어보면 실은 그렇지 않아요. 당시 창비는 문단 일각에 갓 등장한 젊은이들의 기관지에 불과했고 문단의 주류는 역시 김동리, 조연현 등의 문협 지도부였어요. 4·19 이후 박정희 정권 하에서 한일회담반대운동이 전개되고 그러면서 문인들의 현실참여가 조직적으로 나타난 것이 한일회담반대성명이거든요. 그게 1965년이죠. 여기에는 박두진 선생이나 오화섭 선생 같은 몇몇 문인들이 지식인서명운동에 참여하죠. 박두진 선생 같은 분은 아마 몇 년 동안 학교에서 쫓겨났을 거예요. 그와 동시에 문단에서는 『현대문학』지를 중심으로 참여논쟁이 벌어져요. 참여를 주장한 것은 김우종 씨나 최일수 씨, 김병걸 씨 등 모두 『현대문학』에서 주로 활동을 하던 평론가들인데, 이 사람들이 이제 현실에 관심을 갖고 참여를 해야 한다 이런 주장을 했고, 한편에서는 조연현 같은 분은 아예 나서지 않고 후배인 김양수, 이형기 이런 분들이 나서서 순수문학을 옹호하고 그런 것이 후에 1970년에 『월간문학』 특집으로 정리가 한번 되죠. 아무튼 1965년 무렵에 그러다가 이게 본격적으로 저널리즘에 뜬 게 1967년에 김붕구 선생이 「작가와 사회」라는 글을 발표하면서, 세계문화자유회의에서 원탁토론을 하면서 그것으로 주제발표를 하면서지요.

김병익   내가 기자로서 유일하게 가서 김붕구 교수 논문 발표를 취재해서 기억을 하는데, 세계자유문화회의인가 뭐. 그런데 그 김붕구 교수의 발표 요지를 한번 싣고 이것은 이것으로만 지나기엔 아깝다 그래서, 그때 이호철 선생이 그에 대한 반론을 썼던가?

염무웅   임중빈 씨가 먼저 반론을 썼고, 이어서 이호철, 이철범 이런 사람도 뭐라고 소견을 발표하고 그래서 그게 아주 저널리즘에 이슈가 됐죠. 하여간 내가 말하려는 요지는 1960년대 중반의 참여논쟁에서 창비는 아직 중심적 역할을 할 위치에 있지 않았다는 겁니다. 창비 초창기에는 참여론과 직접 관련된 글은 거의 나오지 않다가 김수영 선생이 작고하기 바로 얼마 전에 「참여시의 정리」라는 글에서 참여란 단어가 나오는 정도지요. 그리고 『아세아』라는 잡지가 창간되어서 이청준도 거기 기자로 있었는데, 거기서 선우휘 씨가 적극적으로 「지식인과 현실참여」인가 뭐 그런 글을 길게 발표를 해요. 그래서 거기에 대해서 박태순, 원형갑 이런 사람들이 반론을 제기했지요. 그러니까 김붕구 선생으로부터 시작한 참여논쟁이, 여러 사람이 끼어들어가지고 왁자지껄하게 이어지는데, 그 논쟁 과정에서 창비를 주도한 백낙청 씨나 나 같은 사람은 별로 관여를 안 했어요. 김현은 짤막하게 김붕구 선생 글에 대한 감상을 썼는데 논쟁이 문학이라는 쟁점에서 벗어났다는 요지였던 걸로 기억합니다. 나는 그 무렵에 백낙청 교수하고 하우저를 번갈아 가면서 번역을 하고 있을 땐데, 1967년 가을호인가에 선우휘론을 창비에 발표했지요. 그때의 나는 문단의 참여논쟁이 좀 공허하다는 느낌이 들어서 실제 작가나 작품을 가지고 얘기를 하자, 이런 뜻에서 그렇다면 선우휘 작품을 제대로 읽어보고 그 작품 분석을 통해서 참여론이 가지는 내용을, 좀 내용 있는 참여론을 하든지 말든지 하자는 생각으로 선우휘론을 썼죠. 그랬더니 선우휘 씨가 즉각 『조선일보』에 그전에 「문학은 써먹는 것이 아니다」라는 칼럼을 쓴 것이 있는데, 이어서 「다시 문학은 써먹는 게 아니다」라고 하면서 나에 대한 반론이랄까, 요즘 젊은 비평가들이 사회과학 공부를 해가지고 함부로 그거를 휘두른다는 식으로, 그래서 "사회과학파"란 말을 썼지요. 그리고 하우저도 아니고 "하우저류"라고 했는데 "하우저류"라고 하면서 선우휘 씨가 은근히 암시한 것은, 루카치 같은 마르크스주의 비평가를 직접 인용을 못하니까 하우저 같은 좀 애매한 대용품으로 하우저를 번역도 하고 인용도 하는 것이 아닌가라는 투를 슬쩍 내비쳤지요. 그것은 어떻게 보면 선우휘다운 점잖은 방식이에요. 그러니까 노골적으로 루카치의 노선이다 또는 마르크스주의다 이렇게 하면 매카시즘으로 오해받을 수 있으니까 그렇게 "너희들은 무슨 소린지 알아듣지?" 그런 투로 얘기를 하시더라고요. 그러니까 나도 물론 알아듣고 반론을 안했지요. 하여간 요지인즉슨, 내 입장도 그렇고 창비도 그렇다고 생각하는데, 단순한 의미의 참여론에 창비가 앞장서려고 한 적은 없었다는 것이지요. 그러나 물론 그때나 지금이나 현실을 제대로 알고 그런 바탕 위에서 더 나은 세상을 고민하기 위한 어떤 관점이나 이론을 생산하고 유통시키는 그런 역할을 지식인들이 해야 한다고 생각하지만, 그냥 단순히 현실에 참여하라 뭐 그렇게 구호를 떠든다고 되는 것은 아니다, 그런 생각은 지금도 마찬가지예요.

김병익　　그 참여론은 아마 저 1950년대 중반쯤에도 있던 것이 아닌가 싶고, 1960년대 전반에도 있었는데, 그때의 참여란, 문학인의 참여란 느낌은 정열이 많은 문학인들이 역사에서 무기력하게 주저앉지 말고 역사에 참여 하자는 그런 느낌으로 받아들여졌어요. 그때의 참여론 글들은, 그러니까 현실 참여가 아니라 역사 참여, 그러니까 가령 그 이어령 씨가 "네 우상론"에서 기성 소설가 네 사람을 비판하면서 『한국일보』에 충격을 줬지요. 신진 비평가로 나올 때 김동리나 황순원을 비판한 것은 왜 그렇게 역사에 대해서 무관심하냐는 그런 논조였던 것 같아요. 근데 그게 김붕구 선생이 발표할 때는 사르트르를 중심으로 해서 얘기했기 때문에 이게 역사가 아니라 현실에 대한 참여로 범주가 달라져 버린 것이지요. 그때는 한참 산업화가 시작될 때고, 또 농촌의 이농 현상들이 심해지고 하니까 농촌을 희생해서 도시의 산업을 키우고 있다는 것, 또 부정부패의 문제, 뭐 이런 문제들이 비판적으로 일어날 때였거든요. 그러니깐 이런 현실에 대해서 작가라고 왜 가만히 있을 수 있겠느냐, 여기에 대해서 비판적이어야 한다고 주장한 이가 임중빈 등이고, 창비가 그런 필자들을 많이 썼던 것 같아요. 근데 필자 문제보다도 참여란 말을 직접적으로 주장하진 않지만, 그 참여론 다음에 제기된 리얼리즘론에서 창비와 문지가 아주 대립적인 입장에 서게 되지요. 그래서 염 선생하고 나하고 리얼리즘에 대한 앙케이트에 대답한 적도 있긴 하지만, 그러니깐 옳지 못한 불의의 현실에 대해서 문학이 어떻게 비판할 것인가, 또 어떻게 드러내고 개혁할 것인가 하는 제기에서 창비가 리얼리즘을 제창한 것이고, 또 문지의 경우는 리얼리즘만은 아니다 라고 창비의 주장을 보완한다 그럴까 혹은 좀 더 넓힌다 그럴까, 그런 입장에서 현실에 대한 관점은 창비나 문지가 비슷했는데, 그에 대한 대안으로 창비가 먼저 제시를 하면, 뒤에 따라가면서 그것만도 아니다 뒷담화를 친거죠.

인문 · 사회과학의 지식 네트워크

백영서   이제 다른 화제로 넘어갈까 하는데요. 당시 지식인들의 전반적인 분위기 속에서 양 잡지가 분화될 때의 중요한 쟁점의 하나가 순수-참여론 또는 리얼리즘 논의와 관련되었다는 것은 어느 정도 정리되었다고 봐요.

저희 측의 또 하나의 관심 영역은 지식인의 네트워크에 관한 것입니다. 아마 1970년대 이후 창비에도 더 강하게 나타나는데, 창비가 문인 또는 문단과의 관계가 기본적으로 중요하지만, 점점 1970년대로 가면 지식인들의 네트워크가 넓어진다는 것이죠. 그 중에 하나가 한국사, 그 다음에 사회과학도 되겠습니다만, 제일 중요한 것이 역사학이 아니었나 싶어요. 예를 들면, 의병운동 소개하는 것, 특히 실학이지요. 문지도 마찬가지죠. 이기백 선생님을 중심으로 해서, 역사학 분야의 글들이 실리지요. 창비의 경우에는 실학, 의병운동, 그리고 민족사학, 민중사학, 분단사학까지 이어지는 거죠. 그런데 그런 글들을 싣게 되는 계기가 뭐였는가 궁금합니다. 거기서도 리얼리즘을 둘러싼 입장의 분화와 같은 것이 발생하는지요? 창비의 경우에 그것이 어떤 맥락인가를 좀 설명해주셨으면 합니다.

염무웅　창비의 경우, "실학의 고전"이 연재되기 시작한 것은, 제가 창비에 관여하기 전부터예요. 이 시리즈는 1973년 일조각에서 『실학연구입문』이란 제목의 책으로 출판되었어요. 이우성 선생이 그 연재를 기획한 것은 아니지만 제일 연장자이시고 또 한학에 밝아서 후배 소장학자들의 자문에 응하기도 해서 그 책의 서문도 쓰고 하셨죠. 아마 그게 뿌리라고 할 수 있을 거예요. 그 이전에 일종의 비하인드 스토리를 잠깐 소개해 보지요. 문지는 형성과정이 김현과 김병익의 만남이 잉태의 과정이고 기본축이잖아요. 그런 것처럼 창비의 경우 나는 창간에 관여를 안 했고, 백낙청 선생 주위에는 창비 후원 동인들이 있어요. 그 중에는 요즘 인터뷰 기사 때문에 유명해진 채현국 선생도 있었고요. 대개 나보다 4~5년 선배들인데, 언론계의 임재경 선생은 영문과, 채현국 선생은 철학과, 한남철 씨는 철학과를 다니다가 중퇴해서 1958년인가 『사상계』에 소설이 당선되는 바람에 『사상계』 기자, 『월간중앙』 기자 하다가 그만뒀고, 그 밖에도 『동아일보』 기자 이계익, 『조선일보』 기자는 이종구, 철학과 졸업생인 김이준, 또 시인 황병걸 씨는 불문과고, 이렇게 한 십여 명 정도의 그룹이 있는데, 이 사람들의 모태가 어디냐 하면, 6·25 때 전시연합중학이에요. 서울서 경기중학, 서울사대부중 다니다가 6·25 때 피난을 대구로 갔는데, 그 학생들을 모아가지고 연합중학을 만들어요. 그분들이 그 연합중학 같이 다닌 거야. 그분들이 대개는 서울대 문리대에 들어가서 비슷한 성향의 친구들을 끌어들인 거지요. 1960년대에도 직업은 사업가, 교수, 기자, 문인 등 다양하면서도 그들은 일종의 느슨한 동지관계를 지속했어요. 내 생각으로는 이분들이 초창기 창비의 후원세력이에요. 이분들이 시인 신동문, 소설가 이호철, 김승옥 등을 백낙청 교수한테 창비 필자로 소개하지 않았나 싶어요. 백낙청 교수는 고등학교만 졸업하고 미국 가서 오래 있었으니까 국내 사정을 잘 몰랐을 거고 그러니 우선은 연줄을 통해 소개받지 않았겠어요? 채현국 선생에 대해 기억나는 것이 있는데, 내가 1960년대 중엽 신구문화사에 근무할 때 그이가 신구로 신동문 선생을 찾아와요. 나는 사실은 신동문 선생을 통해 채현국 씨를 알게 되고 또 그런 인연으로 백낙청 선생과 인사를 나누었던 것 같아요. 백낙청 선생도 신동문 선생 만나러 신구에 왔었지요. 아무튼 "실학의 고전" 필자들을 보면 나보다 대개 3~4년 선배 사학과 출신들이에요. 송찬식, 이성무, 한영우, 정석종, 정창렬, 한영국 이런 실학의 고전 필자들이 우리문화연구회를 했어요. 내가 대학생이고 그이들은 대학원 다닐 때 그때 빈 교실에서 모임을 가지면서 토론하고 그럴 때 한두 번 참석해본 적이 있어요. 그때 개인적으로 그분들을 알게 되었죠. 그래서 두 번째 "실학의 고전" 실릴 때부터는 내가 필자들을 직접 찾아가고 했죠. 나는 신구문화사 근무하며 올챙이 평론가로 데뷔했을 땐데, 한영우 교수는 그때 국사학과 조교를 하고 있데요. 거기 가서 다산에 대한 실학의 고전, 그 전론(田論)을 해설한 원고 받고 그랬던 기억이 나네요. 그렇게 해서 인연이 맺어졌지요. 그러나 국사학에 대해서 본격적으로 관심을 가진 것은 좀 후에요. 백낙청 선생이 1969년 다시 미국에 가고, 나 혼자 전담하게 되었을 때 신구문화사에서 제작과 판매는 맡아 줬지마는 경제적으로 아주 힘들었지요. 그러면서도 좋은 필자를 끌어들이기 위해서 굉장히 애를

많이 썼어요. 그 무렵 나 혼자 할 때 이 잡지 저 잡지 보면서 누구 좋은
필자가 없나 해서 『대학신문』도 보고. 그때 많이 본 것이 『정경연구』란
잡지였어요. 『정경연구』의 편집 책임자는 안인학 씨란 분인데, 그이 만나서
이 글의 필자가 누구냐 이렇게 물어보기도 하고 그랬어요. 예컨대 박현채
선생을 창비에 필자로 끌어들인 것은 그가 『정경연구』에 미국 잉여농산물
이 한국 농업에 끼친 영향에 대해 쓴 글을 보고서였지요. 나는 그 글에
너무나도 감탄을 했어요. 그래서 박현채 선생 찾아가서 원고를 부탁했지요.
또 신경림 씨도 창비 1970년 가을호에 「눈 길」을 비롯한 여러 편을 처음
실었는데, 잊을 수 없는 추억이에요. 김윤수 씨도 사실 『대학신문』에 짤막하
게 쓴 글 보고 감탄해서 그때 자주 만나던 김지하 보고 "김윤수라는 분
알아?" 하고 물었더니 김지하는 오히려 거꾸로 "그 형님 어떻게 알았어?"
하고 되묻더군요. 그 무렵 『한국일보』에서 발행하던 "춘추문고"라는 게
있었어요. 송찬식의 『이조의 화폐』라든가 안병직의 『삼일운동』 같은 책들
이 나왔지요. 그걸 편집한 사람이 있어요. 그 사람이 조선후기부터 근대사를
체계적으로 분야별로 정리하는 큰 기획을 했는데, 그걸 기획만 하고 실행이
안 됐어요. 그럼 내가 창비에다 그걸 하겠다, 그래서 그걸 달라 해 가지고
처음에 실은 것이 1972년 여름호에 강만길 교수의 「이조후기 상업구조
변화」와 조동일 교수의 「조선후기 가면극과 민중의식의 성장」이었어요.
송찬식 교수의 「이조후기 상업자본에 의한 수공업 지배」나 정석종 교수의
「홍경래란」도 그 시리즈의 일환이었고, 그 밖에 정병욱 선생이 조선후기
평민계급의 진출과 문학 예술의 양식적 변화를 다룬 글, 그러니까 넓은
의미에서 본다면 자본주의맹아론이고 내재적 근대화론을 문학·문화·근대
문학의 전개과정에 적용해보는 학자들의 글을 좀 대중화시켜서 일반독자들
이 읽을 수 있게 한 거지요. 그러는 동안 강만길 교수 같은 분은 창비의
아주 중요한 필자가 되었죠. 가령 분단시대란 개념을 처음 쓰기 시작한
것도 사실 강만길 교수였어요. 그게 백낙청 교수에 의해서 분단체제론으로
더 발전했달까 심화됐달까 했지요. 실은 1970년대 중엽 이우성 선생이

「남북국시대와 최치원」이라는 글을 창비에 발표했는데, 그게 상당히 새로운 관점이었잖아요. 발해하고 신라를 하나로 묶어서 보는 관점이라는 게. 하여간 그럭저럭 하는 동안에 1970년대가 이렇게 지나가면서 차차 국사학자들과의 협동작업이랄까 이런 걸 통해서 역사학과 문학이 그 다루는 대상은 다르지만, 우리 근대사와 근대화, 근대적 전환과 오늘 우리가 부딪치는 문제 등 동일한 문제의식을 가지고 고민하고 싸우고 있구나 그런 걸 공유하게 된거죠 말하자면.

백영서　문지 쪽의 역사학과 관련되어서도 얘기되겠습니다만, 그런 필자들이 창비에 글을 쓰게 된 이유는 뭐지요? 원고료도 별로 잘 못 줬으니까 원고료가 중요한 요인은 아니었을 것이고, 창비가 그런 것들을 하나의 담론으로 만들어내니까 거기에 따라오는 걸까요?

염무웅　글쎄요, 그건 본인들의 말씀을 들어봐야겠지마는, 사학자들이 창비에 글을 쓰는 걸 상당히 좋아하신 편이 아니었나 생각합니다. 글 쓰는 사람은 누구나 독자를 의식하지 않을 수 없잖아요? 더구나 우리가 청탁 드린 김철준, 이기백, 이우성, 김용섭, 강만길 이런 분들은 각각 서로 다른 특색이 있지만 넓은 의미에서는 민족사학으로 수렴할 수 있는데, 그것은 본질적으로 민중친화적이고 계몽적인 측면이 있다고 여겨집니다. 말하자면 학문이 연구실 안에 갇히기보다 일반대중과 호흡을 같이하면서 현실에 기여할 수 있기를 바라는 성격을 갖는 것 아닌가 생각합니다. 그런 점이 창비의 지향과 저절로 맞아떨어졌다고 하겠지요. 물론 창비 편집자인 백낙청 교수나 저는 역사학 전공자가 아니기 때문에 세세한 내용은 모르지만, 그래도 학문의 내용을 짐작하고 비슷한 방향성을 지닌 필자에게 청탁을 해서 은연중 식민주의 극복이라든가 분단현실의 인식 같은 담론의 형성에 기여하게 됐지요. 학술지에만 논문을 발표하던 분들이 창비에 글을 써보면 대뜸 반응이 오는 걸 느낄 수 있잖아요. 그런 반응이

오면, 아 정말 내가 살아있는 역사학을 하는구나, 그냥 연구실에서 연구하고 학술잡지에 글 쓰는 것과는 다른 운동으로서의 역사학이랄까, 역사를 만들어가는 과정에 내가 참여하는구나, 이런 문제의식을 창비와 같이 가지게 되지 않았을까 해요. 김용섭, 강만길, 정창렬, 정석종, 이런 분들은 특히 그랬고, 그보다 더 선배들인 이기백 선생이나 이우성 선생도 비슷하지 않았을까요? 아무튼 1970년대에는 역사학, 경제학, 그 밖에 전공이 다른 분들과 창비 편집진 사이에 은연중 심정적 연대가 형성되어 있었다고 볼 수 있어요. 그걸 명확한 개념으로 정리하거나 목적의식적으로 추구했다고 하긴 어려울지 몰라도요. 몇 년 전에 이우성 선생 전집이 나왔잖아요. 그걸 띄엄띄엄 훑어보니까 발표 당시에 이걸 내가 읽었는지 못 읽었는지는 모르겠는데 이십대 젊은 시절에 나에게 영향을 준, 내 지식이나 세상을 보는 눈에 영향을 준 분 중에 이우성 선생이 있었구나 하는 걸 확인하게 되더라고요. 그건 이우성 선생뿐만이 아니라 이기백 선생이나 그밖에 비슷한 연배의, 또 그보다 조금 더 선배인 홍이섭 선생도 그렇죠. 홍이섭 선생은 참 좋아하고 댁에도 찾아가서 몇 번 글 청탁을 하고 그래서 창비에 홍 선생 글이 여러 개 실렸어요. 아마 연희전문에 재직했던 백남운이나 정인보 선생의 제자일 텐데, 그 홍이섭 선생의 글을 받아다가 다듬고 싣고 했던 게 아주 큰 추억거리에요. 같은 경험이 김 선생도 있으시겠지만, 글을 원고로 읽는 것과 책으로 읽는 것은 아주 다른 독특한 경험이에요. 글을 원고로 읽을 때는 필자가 어떤 마음으로 썼을까가 느껴져요. 그런데 육필 원고를 보면 박현채 선생이나 또 백철 선생도 그렇고 홍이섭 선생들이 다 무지하게 악필이에요. 악필이고 또 악문이에요. 홍이섭 선생 글을 읽다보면, 처음에 시작할 때 하고, 중간하고 끝이 다른 얘기를 하고 있어. 그래서 이걸 두세 토막으로 나눠서 별도의 문장을 만들어서, 그러면서 쓴 사람의 의도를 살려야 되고, 그럼에도 쓴 사람이 심하게 고쳤다는 느낌을 덜 받게 해야 되고, 아주 교묘한 다듬기를 해야 되는데 ….

김병익   예, 홍이섭 선생 글을 많이 리라이팅, 리라이팅이 아니라 많이 교정을 봤거든요. 근데 이분이 생각하는 것과 이 필(筆)이, 쓰는 게 따라가질 못하는 거에요. 생각은 이만큼, 그러니까 이만큼 쓰다가 생각보다 저만큼 가 있으니까 경중 뛰어서 쓰는 거죠. 그러니까 문맥은 짐작이 가지만 문장은 이어지지가 않지요. 그래도 그분이 참 편한 점이 그 사이를 제가 적당히 채우거든요, 그거에 대해서 아무 얘기가 없어요. 왜 글을 고쳤냐, 왜 내가 안한 말을 집어넣었냐 이런 것이 전혀 없어서 참 악문인 대신에 편했지요. 그런데 지금 염 선생은 필자를 구하고 글을 받는데 혼자 애를 쓰셨지만, 문지 경우는 네 사람이 일을 했기 때문에, 그리고 각자 자기 나름대로의 일들을 하고 있어서 참 편했어요. 그러니까 나는 신문사에 있었고, 김주연 씨도 나중에 합류했지만 두 사람이 신문사에 있었고, 그리고 김치수는 염 선생이랑 같이 신구문화사에서 편집 직원으로 근무를 했고, 김현은 대학에 있었고요. 김현은 문학 쪽 작품들을 읽고 글 쓰고 그랬지만, 김치수는 출판사에 있으면서 역사 쪽을 주로 담당해서 역사학자들을 많이 알았어요. 그리고 김주연도 현실 학문하는 사람, 현실 과학이나 뭐 이런 사람들을 많이 알았지요. 그때 1960년대 중반 이후 박정희 정권이 5·16에 대한 명분으로 내세운 게 근대화였거든요. 그래서 곳곳에 근대화가 핵심 키워드가 돼서 대학 교수들이 문교부에 연구비 신청할 때 근대화란 말이 들어가면 돼요. 가령 정명환 선생이 직접 나한테 하신 말씀인데, '이광수 연구'라고 했더니만 안 됐는데, 그 다음에 '개화기 시대 이광수의 근대화 문제' 뭐 이렇게 쓰니까는 통과되더라는 거죠. 이 근대화가 그 당시에 권력·정권의 키워드기도 했지만, 당시 사회과학 쪽이나 인문과학 쪽에서 식민지 시대를 극복해서 새로운 우리 사회를 만들어 가기 위해서 당연히 밟아야할 근대화 혹은 근대라는 걸 어떻게 보고 어떻게 진행시켜 나갈 것인가, 근대화란 것이 서구화냐 아니면 한국 독자적인 길이냐 해서 근대성에 대한 규정, 그것을 지향하는 방법론 등 꽹장히 왕성한 토론들이 벌어졌거든요. 그것과 함께 제기된 문제가 한국학이란 단어였어요. 그 당시에 인문사회과학 거의 모든 부분에 걸쳐서 한국학이란 말이 유행어처럼 되어서 실제로 제가 외국 처음 나간 게 1971년 하와이에서, 하와이 대학에서 열린 한국학 세미나였거든요. 그럴 정도로 곳곳에서 한국학에 대한 관심들이 많았는데, 그 중요한 필자들이 성년을 해방 때 맞으면서 학부과정에서 한국사를 전공한 분들, 그러니깐 천관우, 이기백, 김철준 이런 분들이죠. 그때 그분들을 중심으로 해서 한국학을 어떻게 정립하느냐, 식민사관·정체사관 이런 걸 극복하는 과제로서 새로운 한국사관을 만들어나가자, 이게 1960년대 중반 이후에 두 개의 지식 사회에서의 키워드였거든요. 근대화에 대한 논의는 여러 방향으로 제기될 수 있는 것이지만, 한국학은 어떻든 한국사를 새로 세워야 한다는 것, 식민지 정체성론을 극복하는 새로운 사관을 정립해야 한다는 것은 아무도 이의를 제기할 필요가 없이 다 같은 의견이었지요. 그래서 제가 신문사에서 문화부 기자로 제일 열심히 쓴 기사들이 국사 관계, 한국사, 한국학 관계 글이었어요. 그래서 그때 이기백, 김철준, 고병익 이런 분들을 많이 뵙게 되고, 그래서 그분들을 필자로 동원하기가 좀 쉬웠고, 김치수는 김치수대로 신구문화사에서 일하면서 한국사 관계에 많이 관여하다 보니까 나중에 한국사연구회에 회원까지 되고. 그때는 학계만이 아니라 예술계도 아직 전문성이 깊지 못해서 기자도 한 일이년만 뛰면 그 방면에 전문가가 될 수가 있었거든요. 또 하나는 정치학이나 이건 제 선배들이고, 그래서 그쪽 필자들 그러니까 이홍구며, 김학준까지 이런 사람들을 동원할 수 있었던 거지요. 그런데 문지에서는 역사학이든 또는 현실과학이든 그걸 다루면서도 어떤 사실에 대한 규명이나 역사적인 연구보다는 메타비평이라 그럴까요, 역사를 어떻게 봐야할 것인가. 우리 사회과학이 어떻게 방향을 정립해야 할 것인가 하는 지성사적인 관점을 제시하는데 애를 많이 썼지요. 역사학의 글을 많이 쓰면서도 실증적인 논문을 쓴 것은 아마 천관우 선생의 가야사 한 편 정도고, 대부분 역사를 어떻게 봐야 할 것인가, 한국사 서술이 어떻게 잘못됐는가, 어떻게 지향해야 할 것인가, 이런 쪽으로 메타비평적인 관점으로 전개를 했지요.

그래서 그 당시에 지성이란 말이 제호만이 아니라 글의 제목에도 참 많이 들어가 있습니다. 노재봉, 이홍구, 또 이화대학 서광선 교수라든가 해서. 우린 분담해서 일을 할 수 있다는 점이 염 선생처럼 수고를 덜하게 되었고요. 1970년대 뒤로 갈수록 필자들도 좀 많아지고 또 활달해지기도 하고, 그래서 현실 정권에 대한 비판만이 아니라면 그걸 우회해서 갈 수 있는 길이 있었던 거지요. 외국 사람들 글이라든가, 그때 많이 동원된 사람들이 가령 프랑크푸르트학파의 비판이론이라든가 또는 불란서의 구조주의라든가, 문학사회학이라든가, 그런 걸 통해서 마르크시즘이나 혹은 좌파적인 아카데믹한 연구들을 들여올 수가 있었죠. 창비가 한국사의 실학을 비롯한 여러 논문을 제시했다면, 문지에선 오히려 네오 마르크시즘적 글들을 더 많이 소개했지요. 가령 김학준의『러시아혁명사』라든가 정문길 교수의 『소외론 연구』등 네오 마르크시즘 쪽으로 대신 옮겨간 거죠.

백영서 　 역사 분야 얘기 하나만 더 하자면, 말씀 들어보니까 당시 우리 지식인 사회에 주류 담론이었던 서구 추종의 근대화론을 넘어서야 된다, 그걸 비판해야 된다는 점에선 양쪽이 같았던 것 같아요. 그런데, 넘어설 경우 어떤 길을 통해서 넘어설 것이냐 라는 것에서는 차이가 나는 면이 좀 있는 것이 아닌가 해요.

김병익 　 그런 면에서는 창비가 오히려 보수적이었고, 문지가 진보적이었죠. 우리 쪽에서는 실학 쪽에 대한 관심은 그렇게 키우진 않았거든요. 대신에 프랑크푸르트라든가 뭐 이쪽으로 많이 기울어지고.

백영서 　 창비에서는 민족주의, 민족사관, 민중사관에 대한 걸 많이 얘기했다면, 문지에서는 그걸 비판하면서, 길현모 선생이나 이기백 선생 같은 분들은 그거에 대해서 비판도 하셨고요. 그런 분화가 좀 있는 것이 아닌가 싶은데요.

김병익   아무래도 필자의 성향이라든가 그분이 발표한 글의 성격으로 봐서 동의할 수 없는 분들도 있지 않겠어요? 가령, 강만길 선생도 역사적인 서술은 좋은데, 관점에서는 민중 편향이어서 일단은 그렇게 맘에 들지가 않은 거죠. 리영희 선생을 처음 발굴한 것도 문지였고, 그래서 언론 자유를 비롯한 리영희 선생의 글은 문지에 발표한 글이었거든요. 그런데 그분이 창비 쪽으로 넘어가서 창비 성향하고 잘 어울려 그쪽으로 많이 쓰게 되고, 문지는 문지 쪽 성향이 맞는 사람들 쪽으로 옮겨 갔겠죠. 그것은 필자의 자연스러운 선택 문제니까. 민족주의와 관련해서 우리의 경우에서 말하면, 민족주의란 말을 사실 박정희가 먼저 썼거든요. 먼저 강하게 사용을 했고, 그래서 민족주의란 말이 갖고 있는 순수한 뜻 못지않게 당대 현실을 호도하는 문맥으로 읽어야할 구절들이 많았기 때문에 그래서 민족주의란 말을 되도록 사용하지 않고 비판적인 입장에 섰지요. 그것을 제일 잘 대변해준 게 길현모 선생의 「민족과 문화」인데, 그게 먼저 『월간중앙』에 실렸는데 길현모 선생이 나중에 하신 말씀이, 거기에 낼 때는 아무 반응이 없다가 문지에 재수록하니까 그거 잘 읽었다 인사를 많이 받았다고. 그러니깐 문지가 민족주의나, 더 나아가 나중에 민중에 대해서까지도 사실은 그렇게 호의적인 태도는 아니었거든요. 그런 점에서 창비하고 문지하고의 근본적인 입지의 차이 같은 것을 느끼긴 하는데, 뭐 나쁜 의미로든 좋은 의미로든 있어야 한다면 문지가 훨씬 더 엘리티시즘에 빠져 있던 건 사실이고, 빠져있었다고 할까 혹은 당당하게 내세웠다고 할까요.

염무웅   어느 잡지나 다 그렇지만 필자들 간의 이념적 동질성이 높아 보이는 창비의 경우에도 사실은 편차가 심하고 강도에도 차이가 많았어요. 그러나 어쨌든 1970년대 들어와서 1972년에 남북공동성명이 있잖아요? 그와 거의 동시에 유신체제가 시작하는데, 이런 현실을 역사적인 차원에서 설명하고 인식하기 위한 노력으로 남북국시대 또는 분단시대란 개념이 등장하게 되었다고 생각합니다. 남북의 현실을 하나의 큰 틀로 보자는 시각이 생겨난 거라고 할 수 있는데, 이로써 통일운동도 더 확실한 이념적 뒷받침을 얻게 된 게 아닌가 싶어요. 물론 민족주의가 가질 수 있는 위험은 세계사가 명백히 보여주는 건데, 그런 위험에도 불구하고 우리의 분단 현실에서는 민족이란 전(前)시대적 공통기억을 호출하지 않고서 남북을 묶어서 생각하기 어려운 측면이 있고, 또 생각하기에 따라서는 우리가 아직 외세의 영향 속에 살고 있고, 민족모순이라고 하는 흔히들 얘기하는 것이 있으니까, 한시적으로라도 민족이라는 과도기적 매개항을 활용하지 않을 수가 없다, 제 생각에는 1970년대 창비 필자들 대부분이 이런 점에 암묵적으로 동의하지 않았나 싶어요. 그것이 민족문학론으로 나타나기도 하고, 민족사학 이렇게 가기도 했고요. 물론 조금 전에 김병익 선생이 지적하신 것처럼 세계 지식계의 동향에서 볼 때 보수적인 면이 있었다는 것은 자인하지 않을 수 없지요. 하지만 민족문학이나 민족사학의 경우 '민족이란 뭐냐'라고 물을 때 '민족의 실체는 민중이다' 이렇게 대답하고 보면 뭐랄까 내재적 진보성이 전제되었다고도 할 수 있는 거지요. 그러니까 국사학에서도 조선후기 역사를 전공한 분들 가운데서도 민중운동사를 전공한 분들이 필자로 더 많이 등장하고, 그래서 지배자의 역사가 아니라 민중들이 반항한 것도 우리 역사의 큰 흐름을 이룬다는 인식이 강하게 나타나지요. 가령 동학농민혁명이라든가 3·1운동을 한국사의 주도적인 흐름에서 해석하려고 하는 그런 관점이 대체로 창비에 가깝지 않을까 생각을 하지요. 그 점이 아마 문지하고 제일 많이 갈라지는 점이 아닐까 싶은데, 그걸 지금까지 굳이 꼭 고집해야 할 것은 아니지만, 그래도 1970년대나 1980년대 군사독재 시절에 어떤 점에서는 분단극복이라는 화두가 아직도 위험한 것이고, 따라서 오늘 같은 세계화시대에도 민족문제가 절대로 해결되었다고 할 수 없고, 아무리 앞선 이론, 새로운 이론이 나오더라도 민족에 대한 관심을 버릴 수는 없다 그렇게 보는데요.

김병익   문지 동인들 입장에서는 그런 점에선 좀 자유주의자였던 것 같고, 그래서 민족이란 어휘로 또 하나의 억압이 되는 걸 바라지 않았던 거 같고, 그래서 민족이란 단어를 쓰는 걸 서로 좀 피했고, 그리고 민족주의란 말로 가능할 억압들, 정치적 사회적 억압들을 상당히 두려워했던 것 같아요. 민족이란 말, 그 후에는 민중이란 말로 그만큼 자신을 견고하게 무장하는 대신에 그만큼 틀을 벗어나려고 하는 자유로움이 줄어드는 것을 우리는 바라지 않았던 것 같아요. 그래서 우리 주변에서는, 우리 친구들 사이에서는 민족이나 민족주의란 말이 가져올 위험을 오히려 더 두려워했던 것 같고, 그래서 저도 그 후에 그렇게 썼었습니다만, 민중이란 말도 시민이란 말로 바뀌기를 희망했지요. 그래서 기본적으로 창비가 하나의 아이디얼의 체계를 가지고 추구했다고 한다면, 문지는 그 자체에 묶이길 바라지 않았던 것 같아요. 그래서 좋게 말하면 자유주의고 개방주의고, 그래서 틀에 구속당하는 것을 서로가 바라지 않았던 점이 있었던 것 같고. 한참 후지만, 전 오히려 그런 걱정을 했어요. 우리나라가 어느 단계, 1970년대 후반 내지 1980년대 초 산업화의 단계로 올라왔을 때, 평화시장 전태일 사건이 지나가고, 그래서 우리나라도 중진국 수준으로 올라간다는 희망에 들떠 있을 때, 우리나라 기업들 해외로 막 번져나갔지요. 그때 우리나라 기업인들이 현지인들, 노동자들을 어떻게 학대, 착취하느냐 이젠 그거를 좀 봐야하지 않느냐, 아마 창비 창립 30주년인가 세종문화회관에서 행사할 때 그때 백낙청 선생이 나보고 축사를 해달라고 해서 내가 그때 그런 말을 했던 것을 기억하는데, 이젠 우리가 민족이란 단어보다는 우리가 다른 민족을 억압할 가능성 그런 위험에 대해서 생각해 봐야 되지 않겠느냐 그러니깐 백낙청 선생이 끝나고 나서 갑자기 그게 무슨 소리냐고 하더군요. 그때 내가 중남미에 나가있는 우리나라 기업인들이 평화시장에서처럼 어떻게 현지 노동자들을 착취하고 억압하는가 하는 보고 글을 본 적이 있거든요. 그래 우리나라에서 지금 그럴 단계에 있으니까 그걸 걱정해야 할 거다, 뭐 그런 말 했었지요. 민족을 우리가 주장하지 않음으로써 나중엔 좀 편해진 점도 있지요. 그 민족이란 말을 안 썼기 때문에 그 후에 민족주의가 가져올 비판이나 그런 것에서 또 벗어날 수도 있으니까.

권력의 개입과 지식장의 대응

백영서   저희 관심이 잡지를 둘러싼 한국 사회의 지식장에 있어요. 그런데 창비가 그런 방향에서 담론을 발신하려고 할 때 적절한 필자들이 있어야 되잖아요. 그게 제도권 대학 안에서 구하는 데에는 별 문제는 없었는지, 어려움이 없었는지요. 대개 그때 이미 해직되고 그런 분도 있고 그랬죠?

염무웅   내가 알기에 교수들이 집단적으로 해직된 첫 사례는 1965년 한일협정 반대운동에 참여한 교수들 21명이 아닌가 합니다. 하지만 그분들은 오래지 않아 복직이 되었고 해직교수 문제가 사회적 이슈로 크게 번지지도 않았던 것 같아요. 해직이 본격적으로 사회문제화된 것은 1976년일 겁니다. 그 전해 1975년 정기국회에서 교수재임용법이 통과되고 그 법에 따라 1976년 초에 전국에서 수백 명이 재임용에서 탈락했어요. 해직된 거죠. 당시 저도 재직하고 있던 덕성여대에서 재임용 탈락을 통보받았어요. 제게 그 사실을 알려주던 교무처장은 아주 미안한 표정으로 학교 쪽에서 구명을 위해 문교부에도 들어가고 해서 양해가 이루어졌으나 정보부의 압력으로 어쩔 수 없었다고 설명하더군요. 그런데 저처럼 정치적인 이유로 해직된 교수는 2~30명 정도고 대부분은 학내의 이런저런 사정 때문이라고 하더군요. 백낙청, 김병걸 두 분 국립대 교수는 1974년 말에 민주회복국민회의 선언에 참여하면서 파면이 됐지요. 1978년인가 해직교수협의회를 만들어서 연세대 성내운 교수가 회장을 하고 한신대학에 계시던 문동환 선생하고 백낙청 교수가 부회장 하고 해서 한 달에 한 번씩 모였었지요. 이 교수 집, 저 교수 집 가서 회식하면서 소식도 서로 전하고 그랬지요. 그때 이대 서광선 교수 중심으로 해서 기독자 교수모임이 있어서 돈을 모아가지고 해직교수들한테 연구 프로젝트를 주고, 연구비를 주려고 한 적도 있었어요. 그때 지금도 잊어버리지 않는데, 연대 김동길 교수도 그때 해직교수였죠. 그 양반은 참 다르더군요. 저 양반은 왜 해직됐을까 의아했어요. 아무튼 유신반대운동이 본격화하고 일부 교수들, 지식인들이 여기에 참여하면서 박정희 정부는 여러 방면에서 압박과 탄압을 자행했어요. 하지만 당시 제 주위에 있던 해직교수, 문인, 기자, 대학생들은 정권의 협박에 별로 위축되지 않았던 것 같아요. 창비나 문지, 『씨알의 소리』 같은 잡지 주위에 모이기도 하고 새로 출판사를 차리거나 저항적인 내용의 외국서적을 번역해서 생계를 꾸리거나, 하여간 힘들게 살면서도 묘한 활기 같은 게 넘쳤어요. 그런 점이 요즘과는 아주 달라요.

김병익　박정희 정권이 1970년대 초 3선으로 연장되면서 지식 사회에 대한 통제에 적극 나서게 됩니다. 반체제 지식인들을 으레 '일부 지식인' '불평분자'라고 비난하면서 대학과 언론계, 종교계에 적극적인 조종 작업으로 들어가게 되고 그래서 이른바 '채찍과 홍당무'의 양면 작전을 쓰게 되지요. 교수나 기자들을 몰아낸 것들이 그 채찍 정책의 실례들이고, 대학교수들에게 평가단을 구성해서 많은 일감을 안겨주고 혹은 언론인과 함께 관계(官界)로 발탁한 것이 홍당무 정책이었지요. 또 하나, 당시 문공부에서 문예진흥 정책으로 계간 문예지에도 지원한다며 원고료를 지원한 바 있습니다. 그런데 창비가 김지하 시를 싣는 바람에 딱 한 번 지원한 후 중단해버렸지요. 그게 유일한 정부 지원이었습니다. 지식 사회에 잡지 발행이든 세미나 개최든 돈 드는 사업이 나오면 그 자금이 어디서 나왔는지, 관이나 남산에서 나온 건 아닌지 자세히 들여다보아야 했지요. 제가 지금도 기억나는 게, 문지를 처음 창간하고 나서 김철준 선생한테 원고를 청탁하니깐 자금이 어디서 나왔느냐 혹시 남산 쪽 아니냐, 의심할 정도였거든요. 물론 오해를 풀긴 했지만. 당시 작가이기도 하고 언론인이기도 한 분을 정부 대변인으로 끌어갔고, 그때 기자들도 그쪽으로 많이 자리를 옮기기도 하고 그랬죠.

그 채찍과 홍당무 정책은 지식 사회에도 상호 불신과 비판을 일으키는 매우 마땅치 않은 현상을 일으켰지요. 저는 그걸 어떻게든 폭로하고 싶다는 생각 때문에 「지성과 반지성」이란, 제목은 멋지지만 속은 별로 없는 글을 썼었는데, 그때만 하더라도 참 두려웠거든요. 제가 딴 얘기로 길게 뺐는지 모르겠습니다만, 처음 서론을 십여 장 써놓고서, 그때 황인철 변호사하고, 김현하고 한번 읽어보라고, 이런 톤으로 나가도 괜찮겠느냐고 그랬더니만 읽어보더니 잘 피하면 되지 않겠느냐, 그래서 그 뒤를 이어서 써가지고서 그걸 발표했죠. 그때 남산 쪽에서 꼭 어떻게 쥐어박자니 확실한 꼬리가 있는 게 아니고, 가만 두기도 좀 불편하고 애매했던 게 아닌가 하는 생각이 들어요. 제가 자랑스럽게 얘기했지만, 그것 때문에 오히려 핀잔을 당했던 기억도 있어요. 하여튼 제가 「지성과 반지성」을 통해 지식인과 지성인을 구별하며 권력에 순응하는, 더 나아가 곡학아세의 지식인을 비난하는 글을 문지에 발표하게 된 것도 그런 정황에 대한 비판을 위해서였습니다. 그런데 그때 한편으로는 어떤 사회적이고 정치적인 발언을 하고 싶어 하지만, 한편으로는 어떻게 억제·통제당하는 걸 피할 수 있을 것인가 하는 게 양심적인 지식인들의 고민이기도 했지요. 제가 신문사에 있을 때, 남산 기관원들이 다른 신문 문화면은 그냥 넘기면서 동아일보 문화면은 꼭 유심히 본다는 말이 들려올 정도였는데, 학술이나 문학이나 말하자면 문화 쪽에서 제일 예민한 부분, 권력에 대해서 제일 예민할 수 있는 부분을 내가 주로 맡아 썼는데 한 번도 걸리진 않았거든요. 문지도 한 번도 걸리진 않았고요. 글을 쓰거나 보면서 이게 혹시 필화를 일으킬 수 있지 않을까 싶어 되도록이면 그걸 피할 수 있는 길을 찾느라고 애를 많이 썼어요. 예를 들면, 그때 동아일보에서 매주 목요일마다 신작 시를 발표 했는데, 그때 정희성씨에요. 지금도 기억하는데, 이런저런 사람들 자꾸 새치기해서 들어올까봐 50명의 명단을 미리 만들어 놓고, 거기에 맞춰서 하나씩 청탁을 했었는데, 그때가 아마 유신선언한 때, 긴급조치 발표하고 난 다음인데, 정희성 씨가 상당히 독하게 시를 썼다고요. 이대로 나가면 누가 걸려도 걸리게 돼 있더라고. 그래서 그 충정은 분명히 숨겨선 안 되고, 이걸 그대로 드러내야 하는데 어떻게 걸리지 않고 그대로 실어서 메시지를 전달할 수 있겠는가. 그래서 정희성 씨랑 한참 전화를 하면서 상의한 끝에 대의는 살릴 수 있는 쪽으로 해서 그걸 내보냈거든요. 그랬더니 독자들이나 신문기자들은 그 의미를 충분히 알지요. 그래서 참 기분 좋은 시를 읽었다는 평을 많이 들었지요. 남산에선 기웃기웃 하면서도 꼬투리를 못 잡는 거죠. 속셈은 알겠는데 문면으로 드러나질 않으니까요. 제 경우는 그런 비슷한 경우를 참 많이 당했어요. 그러니깐 그것을 묘하게 피하게 했고, 또 다른 필자들 글도 많이 피했지요. 가령 이런 일도 있어요. 1970년대 후반으로 기억하는데 번역 원고가 들어와서 봤더니 루시앙 골드만이 마르크스 얘길 하면서 "탁월한 마르크스의 글"이라고 했는데, 이대로 나갔다간 혼날 수밖에 없다 싶어 이건 의도적인 오역을 하자, 그래서 "문제적인"이란 말로 바꿔서 그런대로 넘어갈 수 있었거든요. 이런 식으로 장난질 치듯이 하면서 그 시대의 검열을 넘어가려고 애를 참 많이 썼지요. 지금 독자들이나 필자들이 보면 참 한가한, 너무 한가해서 별 얘기 다한다 하겠지만, 그때는 그게 참 심각하고 진지하게 감당해야할 문제였거든요.

염무웅   언론 얘기하면서 검열문제를 짚지 않을 수 없지요. 그것은 본격적으로 연구를 해야 돼요. 19세기 독일문학사를 보면 검열문제 가지고 책이 엄청나게 많이 나와 있는데 우리는 자료찾기가 쉽지 않아서인지 연구가 많지 않은 거 같아요. 일제시대의 경우는 총독부 해당부서에서 빨간 줄로 삭제지시 내린 것을 요즘 다시 살려내 가지고, 가령 염상섭의 「만세전」에 빨간 줄이 어디에 그어져 있고, 후에 다시 어떻게 복원되거나 수정되고, 이렇게 어떤 특정 작품에 대한 연구는 있지마는, 전반적으로 검열의 역사, 그리고 검열이 문학의 성격과 내용에 끼친 영향이랄까, 독자와 작품, 또 권력과 문학 사이의 관계에 대한 연구는 제대로 체계적으로 안 되어 있는 것 같아요. 창비의 경우 내가 경험한 걸 조금만 얘길 하면 김병익 선생이 얘기했듯이 저는 창비가 어떤 한두 글 때문에 피해를 입거나 잡혀가거나 해서는 안 된다고 생각했었고, 또 마찬가지로 중요한 게 필자가 정말 하고 싶은 얘기와 관계없이 괜히 용어만 과격해서 당국을 불필요하게 자극하는 것은 곤란하다고 생각을 했어요. 돌이켜보면, 창비는 내가 혼자서 주로 할 때 두 번 발표를 못한 적이 있어요. 둘 다 신인투고 소설이었어요. 1970년경인데, 하나는 김종규라는 사람의 중편소설이었어요. 4·19혁명에 열렬히 앞장섰던 주인공이 환희에 들떠 다니다가 차츰 사람이 변질이 되어서 여당 국회의원 비서관이 되는데, 그러다가 교통사고로 기억상실증이 걸려서 십년 전으로 돌아가요. 즉, 잘 나가는 국회의원 비서관인 상태에서 4·19 직후의 열혈청년으로 돌아가요. 소설이 이렇게 설정되어 있으니까 그 주인공의 납득할 수 없는 행동을 통해 1960년과 1970년 전후의 정치현실이 극적으로 대비되는 거예요. 근데 굉장히 재밌긴 한데 도저히 발표가 안 될 것 같아요. 그런 게 하나가 있었고. 또 하나는 월남전 다룬 작품인데, 십 수 년 후인 1980년대에 황석영 씨가 『무기의 그늘』에서 월남전을 다룬 바 있지만, 이 작품은 『무기의 그늘』과 달리 월남파병 군인들의 암거래 상황을 다룬 건데, 참 아깝지만 안 되겠더라구요. 월남에 파병된 한국군의 부패를 직접 경험하지 않으면 쓸 수 없는 작품이었어요. 그건 발표를 끝내 못한 경우고. 그 다음에 좀 아슬아슬 했던 경우는 황석영의 「객지」였죠. 이게 기막히게 좋은데 어딘가 위험해요. 그래서 맨 마지막 한두 문장을 잘라냈어요. 그 후에 보니까 황석영 씨가 작품집을 내면서 잘라낸 문장을 복원시켰더라구요. 그랬다가 또 그 후에 다시 내면서 또 잘라냈어요, 잘라내니까 더 암시적이고 그렇다고. 그 다음에 1978년인가에는 현기영 선생의 「순이 삼촌」도 편집자를 고민에 빠트렸지요. 어떻게 하는 게 좋을까, 근데 이 작품은 워낙 문학적으로도 뛰어나고 사회적 폭발력도 대단해서 한두 문장 수정하거나 완화하는 걸로는 될 수가 없고, 발표하든가 말든가였어요. 결국 이건 발표해야겠다는 결심이 들었어요. 어디 가서 혼이 나더라도, 얻어맞든 뭐 어떻게 되든 그건 어쩔 수 없다는 생각이 들어서 발표했는데,

잡지 편집자나 잡지에는 별 탈이 없었지만, 작자인 현기영 선생은 그 후에 심한 고문을 당했지요. 굉장히 독한 고문을 당했어요. 그래서 원칙은 아까 김 선생님 말씀하신대로, 내용은 되도록 살리되, 검열에는 안 걸리도록 어떻게 좀 부드럽게 고치는 건 창비도 여러 번 그렇게 했죠. 쓸데없이 낱말이나 문장만 거칠어서 걸리지 않으려고요. 그러니까 내부적 검열의 기술이 발달했지요. 사실은 그렇게 함으로써 표현이 더 좋아지는 경우도 있었어요, 말하자면 예술적으로 더 승화된 표현이 나타날 수도 있었던 거죠. 역설적인 일이죠.

김병익　그건 뭐 그렇죠. 가령 조세희가 소설을 쓰고자 하는 내용 메시지를 그대로 드러냈다가는 검열을 통해 발표가 안 되지요. 근데 그걸 돌리는 미학적인 작업 때문에 훨씬 더 좋은 작품이 됐지요.

염무웅　사회과학 분야의 경우도 일부러 영어나 독일어나 이런 외국어 번역한 듯한 투, 그런 서양적 문체로 잘 바꿔서 넘어가기도 했죠. 박현채 선생은 일본말 번역 문체잖아요? 그런 것도 내용을 살리되, 개념과 문장을 좀 부드럽게 고치고, 그런데 그렇게 함으로써 반드시 손해만 있는 것이 아니고 더 좀 내실 있는 문장이 될 경우도 있고. 그러니까 검열이 가지는 부정적인 측면과 더불어 약간의 긍정적인 효과, 그걸 부인할 필요는 없다는 생각이 들어요. 물론 검열을 긍정하는 것은 절대 아니고, 글 쓰는 사람이 독자에 대해 어떤 배려의 정신을 가져야 하느냐는 더 근본적인 문제지요.

김병익　최근에 나도 독일 쪽 사람이 쓴『금서의 역사』라는, 시공사에선가 어디서 나온 책을 봤는데, 근데 그건 참 폭넓게 중세부터 종교적인 문제에서 현대 권력의 문제, 그리고 자기 검열의 얘기까지 거의 모든 측면에 대해 썼는데, 우리나라도 1980년대 후반에서 90년대 초에 연대에서 나온 무슨 잡지에서도 금서 도서목록까지 나오고, 그런 잡지를 본 기억이 있는데요,

학회지겠지만.

염무웅   그러고 보니 1989년엔가 반공법, 긴급조치법 등에 걸려든 작품들만 모은 『한국문학 필화작품집』이란 책이 황토란 출판사에서 나온 적도 있었어요.

김병익   금서의 사회사 같은 것.

백영서   최근 연구들을 하고 있지요.

김병익   하고 있을 거예요.

백영서   이제, 화제가 저희들이 원하는 검열 쪽으로 자연스럽게 들어갔어요. 저도 그 시대에 살아서 직접 겪어보았습니다만, 보통은 검열, 억압, 저항 이렇게만 떠올리는데, 두 분 말씀 듣고 보니 사실은 그걸 이용해서 조금 더 예술적으로 완성도가 높은 작품이 나올 수도 있고, 좀 더 설득력이 좋은 글이 나오게 되기도 했다는 거지요. 두 분 선생님 표현을 빌리면 약간의 긍정적 효과라는 게 있었다는 게 흥미롭네요. 세상이 모두 저항과 억압만 있는 것은 아니고 그 틈새를 이용해서 그걸 또 변형하고 뭐 이러는 거니까요. 그런데 제 강의 경험을 말씀드리면, 1960~70년대의 억압적 상황이라는 것이 공기처럼 우리를 꽉 짓누르고 있었다는 사실을 학생들에게 실감나게 전달하는 데 어려움을 느껴요. 지금 상황이 너무 다르잖아요. 그래서 예를 들죠. 리영희 교수라는 분이 모택동을 찬양했다고 해 반공법 위반으로 재판을 받았다, 검찰 기소장에 나오는 죄목 가운데 하나가 "모택동이 큰 인물이다"라고 표현한 것인데, 크다는 것은 위대하다는 거고 위대하다고 말하는 건 고무·찬양이다, 바로 이런 논리로 반공법 위반이 되었다고 소개해요. 이걸 학생들은 도저히 이해를 못 해요. 어떻게 사람이 그렇게 비상식적일 수 있느냐는 거지요. 또 제가 중국현대사 전공이라 당시 중국 대륙에서 간행된 책을 좀 구해보려면 책의 앞뒤 장을 잘라서 어디서 간행된 책인지 모르게 하기도 했다는 이야기도 하지요. 그렇지 않으면 불온서적이 되니까요. 이런 얘기도 이해를 못 해요. 그러니까 두 분께서 그 당시에 검열이라는 게 어떤 식으로 진행되었나 좀 더 구체적으로 말씀해주시면 좋지 않을까 합니다.

염무웅　검열에 관해서는 아까도 얘기했듯이 법적으로 뭐가 어떻게 되어 있었는지 좀 연구를 하고 조사를 해야 될 거에요. 가령 1965년에 법적으로 문제가 되었던 남정현 씨의 「분지」 사건이 있는데, 남정현 씨 작품이 1965년 3월 『현대문학』에 발표되었을 때 한동안 아무 문제가 없었어요. 그 작품이 북한 노동당 기관지 『조국통일』 5월 8일자에 전재되었을 때만 해도 그럭저럭 넘어가는 듯했어요. 그러다가 7월 7일 밤에 중앙정보부에 연행되어 구속돼요. 반공법 4조 1항 위반이라는 거였죠. 이걸 어떻게 해석할 것인가. 인터넷으로 당시 신문을 찾아보면 그때 한일협정의 국회비준을 앞두고 정국의 긴장이 최고조에 이르고 있더라구요. 바로 1965년 7월 8일에는 예술원 회장 박종화 선생을 포함해 82명의 문인들이 비준 반대성명을 발표했는데, 그게 동아일보 사회면 톱이었어요. 남정현 씨 구속 기사는 7월 10일자에 나왔더군요. 김지하의 유명한 「오적」만 하더라도 『사상계』 1970년 5월호에 발표되었을 때 바로 문제가 된 게 아니에요. 사실 처음엔 당국과 타협이 돼서 유야무야 넘어가는 듯했어요. 그런데 작품이 곧바로 신민당 기관지 『민주전선』 6월 1일자에 재수록되고 그게 거리에서 막 뿌려졌거든요. 그러자 바로 이튿날 새벽 중정 요원과 종로서 형사들에 의해 『민주전선』 10만부가 압수되고 김지하 시인과 『사상계』 간부들이 구속됐어요. 대통령선거를 꼭 1년 앞둔 긴장된 시점이었는데, 당시 『사상계』 발행인은 부완혁 씨였지만, 그럼에도 정보부에서는 배후에 장준하 선생이 있다고 생각해서 더 탄압을 했겠지요. 그리고 보면 가령 창비 경우에 「베트남 전쟁」이 실렸을 때도, 리영희 선생님이 1972년, 1973년, 1975년 한 해 하나씩 1, 2, 3을 연재하셨는데, 그때 첫 회를 발표했을 땐 백낙청 선생이 아직 귀국하기 전이고 2~3회는 같이 했을 땐데, 편집자나 잡지사엔 가시적인 조치가 없었어요. 리영희 선생님에게는 뭐가 갔는지, 이건 리영희 선생님도 얘기를 안 하셨으니 모르죠. 근데 그 후에 얘기를 들으니까 「베트남 전쟁」 3회가 발표되었을 때, 그게 1975년 여름호인데, 창비 발행인 신동문 선생이 중앙정보부에 잡혀가서, 글의 게재 경위와 글의 내용에 대해서 상세히 추궁을 받았다고 그럽니다. 상당히 모욕도 당하고. 그런데 저는 그 사실 자체를 아주 뒤늦게 알았어요. 신동문 선생님이 참 자존심이 있고, 점잖고 좋은 분이라서, 저나 백낙청 교수한테 자기가 불려가서 그렇게 당했다는 얘기를 일절 말씀 안 하셨어요. 사실 그때는 이미 신동문 선생이 단양에 내려가서 농사를 짓고 있고, 이름만 그냥 빌려주고 있을 땐데요. 그러고 보면 신동문 선생은 1964년경 경향신문 특집부장으로 있다가 북한 쌀을 수입하자는 독자투고를 싣는 것이 문제가 되어 정보부에서 조사를 받고 신문사에서 쫓겨난 적도 있었지요. 이래저래 신 선생은 창비 발행인을 그만두고 마침 백낙청 교수도 교직에서 쫓겨난 때라 1975년 겨울호부터 백낙청 발행인으로 바뀌었죠. 그러니까 그런 경우는 검열하고 또 조금 다르잖아요? 검열은 구체적으로 어떤 글을 가지고 '이건 빼고 이건 실어라', 이렇게 하는 건데, 이건 그것도 아니고 말이죠. 그리고 「순이 삼촌」도 발표된 잡지에는 별 탄압이 없다가 10·26 이후 계엄상황에서 필자인 현기영 씨만 잡아다가 고문한 거고요. 판매금지라는 것도 언제 어떤 법적 근거로 생긴 건지 확실히 모르겠는데, 1974년경 긴급조치 때는 분명 판금이 행해졌어요. 리영희 선생의 『전환시대의 논리』 나 조태일 씨의 시집 『국토』, 이런 게 판금 되었지요. 또 생각나는 게 『쌈짓골』이라는 장편소설은 김춘복 씨가 1976년 창비에 연재한 건데, 그 작품은 어떻게 보면 새마을 소설이고 어떻게 보면 새마을운동을 비판하는 소설이에요. 진짜 새마을은 이렇게 해야 한다는 거지요. 그런데 연재가 끝나고 책을 내고 뒤에 내가 해설을 썼는데, 결국은 "해설을 떼고 책을 내라." 이렇게 되었어요. 그건 뭐 타협적 검열이라고나 할까요.

백영서　그러니까 검열이라는 게 시기별로 양상이 다르다고 봐야겠지요. 전두환 정권 출현할 1980년 그때는 완전히 서울 시청 앞에 계엄사령부의 검열반이 있어가지고 매일 가서 검열을 받았거든요. 그런데 그 전에는 그런 건 아니고, 그러니까 지금 말씀하신 대로 처음 단계는 시대적 상황이 그렇고 분위기가 그러니까 필자부터 이거 걸릴까 안 걸릴까를 자기검열하고, 또 편집자가 검열하고, 그리고 난 다음에 어떤 이유로 문제가 되는 거는 판금을 당하고, 그리고 최종적으로는 재판까지 가고 그러겠죠.

염무웅　근데 단행본하고 잡지하고 좀 다른데, 단행본은 출협(대한출판협회)에다 납본을 하고, 잡지는 문공부 무슨 과엔가 가서 납본을 했어요. 내가 잡지를 가지고 꽤 여러 번 간 적이 있는데, 그때 담당인 성낙인 과장이라는 사람 사무실 책상 밑에 보면, 제일 위에는 유리판이 있고 그 밑에는 고무판이 있는데, 고무판에는 잡지 판형의 그림이 그려져 있어요. 제가 창비 신간을 들고 들어가면 그 사람은 꼼꼼하게 판형 그림 위에다 잡지를 맞춰 봐요. 그래서 조금만 크기가 크거나 작아도 등록위반이라고 안 된다는 거예요. 창비 등록사항에는 46배판의 크기로 발행한다고 돼 있으니까 그걸 어겼다는 거지요. 말도 안 되는 걸가지고 괜히 꼬투리를 잡는 거예요. 그러니 문화공보부 주무과장의 관심은 한국의 잡지문화가 아니라 자기 자리를 지키는 것뿐이라고 말하지 않을 수 없어요. 그게 대한민국의 관료체제 아닌가 싶어요.

김병익　검열이든, 금서든 간에 그거에 대한 판단, 결정이라는 게 우리나라의 경우에 참 자의적이었던 것 같아요. 가령 소련은 검열이 발전되어 있지 않습니까? 스탈린 시대 같은. 그런데 그 사람들은 이데올로기 가지고서, 작품 가지고서 따지는데 우리나라는 단어나 구절 가지고서 따지고, 아니면 그 주변적인 걸 가지고선 금서로 만들고. 지금 염 선생님이 얘기했지만 책을 내는데 문화부에 납본을 하는 거기서, 접수증을 주는 데에서 접수를 안 하겠다고 하면 그냥 책을 못 팔게 되거든요. 그래서 금서가 되거든요. 근데 초판은 괜찮았다가 재판 때 안 되는 경우가 많아요. 그러니까 완전 자의적이라는 얘기죠. 문지 경우에는 제가 1990년대 초까지 모든 글을 다 봤거든요. 다 읽었기 때문에, 직접 글을 고친다든가, 표현을 좀 바꾼다든가, 그런 일이 다 제 책임으로 이뤄졌고, 그래서 제가 아까 말한 검열을 피할 수 있는 테크닉이 고도로 발달했어요. 그거 때문에 한 번도 판금되거나 또 필화를 입은 적이 없었는데, 그게 참 재주라면 재주지만, 상황이 그만큼 간교했다는 얘기가 아니겠어요?

백영서 글을 읽는 독자에게 도움이 되기 위해서 제가 질문을 하나 던져야 할 것 같아요. 왜냐하면 지금 말씀하실 때, 책 나오는 걸 쭉 다 보셨다고 하셨잖아요? 동아일보를 그만두시고, 이제 문지를 전적으로 책임지시잖아요, 해직 기자가 되시면서. 그 상황을 좀 설명해주셔야, 독자들한테 왜 기자가 갑자기 출판사 전체의 책 내는 걸 책임지셔야 되는지가 이해될 것 같네요.

김병익 글쎄요. 제 개인사적인 얘기라 좀 뭣하지만, 그때 동아일보에서 1974년 2월 인사문제 때문에 기자들이 노조를 만들었어요. 노조 결성을 하니깐, 회사에서는 노조 안 된다 해가지고서, 중심인물들이었던 이부영 등을 파면시켰던가 그랬어요. 그 다음 사람들이 비상대책위원회를 구성해 가지고 다시 노조를 만들었더니 거기까지 또 파면을 시켰어요. 그때 사람들이 저보다 입사 후배들이라, 그래서 나는 직접 나가서 행동하진 않겠다, 그러나 필요하다면 내 이름이라도 쓰고 거기 좀 넣어달라고 했죠. 근데 ㄱ, ㄴ 순으로 하다보니까 내가 맨 위에 이름이 올라가 있었고, 또 기수로도 제일 빨랐고. 당최 2차 대책위원회 명단에 내가 맨 위로 이름이 올라가니깐, 선배들이나 신문사에서 이 사람, 얌전한 사람까지 동원되었구나 했던 것 같아요. 그리고 사회 전반적으로 여론이 동아일보 사태에 대해서 나빠지고 하니까, 그걸 무마하기 위해서 '해결해라' 하는 사회적인 압력을 많이 받았던 것 같아요. 강원룡 목사를 비롯해서. 그래서 어느 날 갑자기 없던 일로 다 처리해버렸어요. 퇴직시켰던, 파면했던 기자들도 취소를 하고, 노조도 인정하지 않고, 이런 식으로 되어버렸어요. 그때 노조 문제 재판 때 황인철 변호사가 변호인으로 나섰죠. 그리고 그해 가을에 기자협회 회장이 신아일보 정치부 기자였는데, 느닷없이 내무부 대변인으로 간다고, 조금 전에 기자들을 대변인으로 끌어간다고 했지만, 그렇게 가니까 이게 기자협회와 기자들의 체면손상이다, 기자협회 회장이 기껏 대변인으로 가느냐, 그것도 현역 기자협회장이. 그래서 내부의 여론이 굉장히 악화되었죠. 그러니까 그 사람이 사퇴를 했어요, 내무부에도 안 가고. 그때 메이저 신문들 젊은 기자들이 모여가지고서 메이저 신문이 기자협회에 너무 관심을 두지 않고, 신아일보나 어디 지방 방송 뭐 이런 데서들 나와 가지고 맡으니까 꼴이 이렇게 되었다, 이번에는 메이저 언론사에서 기자협회를 맡는 게 좋겠다고 해서 조중동에서 상의를 했지요. '동아일보에서 내자' 해서, 동아일보에서 좌우지간 나를 찍어가지고선 내보냈지요. 그러니까 안 하겠다고 할 명분이 없더라고. 나 자신도 언론 자유는 되어야 한다고 믿고 있었고 또 회사의 태도가 잘못 되었다고도 알고 있는데, 안 하겠다고 할 수가 없어서 그럼 그러자 했죠. 그때 메이저 언론사들, 신문사 발행인들이 무슨 얘기를 하냐면 이게 "기자협회가 지금 다시 체제 개편을 하는데, 이게 앞으로 노조로 발전할지도 모른다." 기왕 동아일보에서도 한 번 그런 적이 있었으니까. "그러니 어떤 언론사에서도 자기 언론사에서 노조, 이제 기자협회 회장으로 나오지 않도록 막아야 한다." 하고 서로 이렇게 약속을 했답니다. 합의를 봤대요. 근데 동아일보에서 나오겠다고 하니까, 뭔가 처벌을 해야 하는데 기자협회 회원이 기자협회 회장으로 나온다고 대외활동 했다고 해서 무기정직 처벌을 내린 거죠. 그러니까 기자협회 회원이 기자협회 회장 나온다고 대외활동 한다고 …. 그렇게 해서 월급은 반으로 줄고, 기자협회 회장은 나왔거든요. 근데 여기저기서 촌지들이 들어오는데 오히려 월급보다 더 많아요. 동료들이 돈을 좀 모아주기도 하고. 그리고 그때 기자협회가 좀 엉터리였죠. 기자협회10년사 책을 만든다고 제작 진행 중이었는데, 기자협회 회장이 그만두는 바람에 자금이 끊겼어요. 그 동안 기자협회에서 무슨 책을 내게 되면 국회의원들이나 기업인들이 그냥 의례적인 광고를 내줘가지고선 그걸로 냈는데, 동아일보에 광고사태가 일어나지 않았어요? 그래서 기자협회는 기자협회대로 강성으로 정부에 대면하고 있었고, 동아일보는 동아일보대로 언론자유선언을 한 거죠. 언론자유 운동이 굉장히 넓어지니깐, 정부나 남산에서는 호시탐탐 기회를 노리고 있다가 안 되겠으니까 광고를 못 내도록 한 것이지요. 기업인들한테 압력을 줘서 광고가 못 나오게 됐지요. 그래서 개인 시민들 광고로 메꿔나가고, 기자협회와 또 각 신문사의 기자 지회들, 분회들, 그리고 재야 세력들하고 어울려가지고서 정부하고 맞설 수가 있었는데, 그때 김지하가 감옥에서 나와 인혁당 사건을 다룬 글을 쓰고 그걸 동아일보 이부영 씨가 받아가지고 … 근데 그때 소문은 김지하가 조선일보 사장, 방우영인가 누굴 만나서 "너, 엉터리 신문이다." 하면서 욕을 한참 해댄 모양이에요. 그랬더니만 방우영이가 남산 보고서 "쟤 좀 집어넣으라"고 해서 들어갔다는 소문도 있고 그랬지요. 정부와 남산, 그리고 기자들과 반체제 쪽하고 서로 제휴해서 대결하는 것들이 광고 사태로 동아일보에서 진행되면서 3월에 동아일보가 정부의 사주를 받았는지 자체적으로 했든지 간에, 하여튼 농성하던 기자들을 쫓아내고, 그래서 언론자유 투쟁이 벌어진 것이지요. 기자협회 회장 임기가 1년인데, 12기와 13기 두 기를 제가 했는데도 실제로 기자협회 회장한 것은 6개월밖에 안 돼요. 그런데 뭔가 꺼리를 잡는데, 기자협회에서 IFJ인가 국제기자연맹에 낸 보고서, 아마 동아·조선 사태에 대한 보고서를 그때 조선일보 기자 백기범 씨가 써서 보냈는데, 그게 우체국에 걸렸어요. 그걸 핑계로 해서 남산에 끌려갔는데, 회장단들하고 기업 사무국장이며 7~8명 끌려갔죠. 근데 우리가 숨길 것도 없고, 드러날 건 다 드러난 상태이기 때문에 조사는 하룻밤 만에 끝났고, 대엿새 있는 동안에 이걸 어떻게 처리할 것인가 하는 정책적인 문제만 있었던 것 같았어요. 난 우스갯소리로 하지만, 남산에 가서 얻어맞는 건 고사하고 차 한 잔 같이 나누면서 바둑도 두고 한 사람이에요. 실제로 그랬어요. 남산 들어가서 바둑 두고, 주간지, 그 사람들이 보던 옛날 주간지들, 그거 다 보고, 커피 마시고. 그때는 언론자유 문제로 해서, 또 내가 들어갔다는 것 때문에 철야 농성 하는 기자들 분회도 몇 군데 좀 있었고, 그러니까 함부로 다룰 수가 없기도 했고. 그러니까 당시 유신시절에 거의 유일하게 약간 해빙된 상태였거든요. 그러니까 김지하 시도 실릴 수가 있었고. 그랬다가 어떻게 처리하느냐는 문제에서 당시에 그만두는 것으로 마무리 짓자고 한 거죠. 나야 그만두니까 얼마나 좋아요? 그래서 기자협회 회장에서 물러나고 나왔는데, 신문사도 물론 해직·무기정직을 당했으니까 나갈 일도 없고, 그래서 제가 모처럼 학생이 방학을 맞는 기분으로 정말 즐겼거든요. 근데 몇 달 지나니까 생계 문제라든가 장래 문제가 좀 실감 있게 걱정이 되고. 그래도 출판사 할 생각이 전혀 없었어요. 출판사란 곳이 원체 가난하고, 별 볼일 없다는 생각이 들기도 하고, 내가 출판사, 출판을 담당했기 때문에 출판사 많이 들락거려서 그 사정을 알거든요. 근데 그때 김현이 불란서 유학 갔다가 예정보다 일찍 돌아왔어요. 그래서 지금도 기억을 하는데, 동대문야구장에서 김주연, 김현하고 같이, 김치수는 그때 불란서에 있었구나, 야구 구경을 하고 저녁을 먹으면서 설득을 하데요, 출판사를 하자고. 그 이유를 두 가지를 들어요. 하나는 문지가 일조각에서 나오는데, 일조각에서 나오는 건 우리 것이 아니라는 거지요. 물론 거기는 제작만 하고 편집에 대해서 관여를 안 하지만, '문학과지성사'의 이름으로 잡지가 나와야 우리의 『문학과지성』이 되는 거지, 이거를 다른 데서 하면 우리 것이 아니다, 그러니 우리 이름으로 이 잡지를 내자 하는 명분이었지요. 또 하나는 앞으로 너처럼 해직 당할 친구가 또 있을지도 모른다, 그러니까 어딘가 기댈 언덕이라도 만들어놔야 하지 않느냐. 그 말 들으니까 도망갈 길이 없더라고요. 명분상으로나 실질적인 이유로나. 그래서 내가 김현한테 설득을 당했죠. 문학판에 끌려간 것도 김현 때문에, 출판사도 김현 때문에 …. 그렇게 당했는데, 그게 6월인가 그랬는데 출판사는 12월에 나왔고, 그러니까 출판사를 내기로 합의를 보고 작업을 시작한 게 그 해 가을부터 했던가 싶은데 몇 달 만에 벼락치기로, 잡지도 그렇지만 출판사도 그렇게 김현이 농간에 넘어가서 ….

백영서　　그거는 비슷한 상황인 거 같아요. 그 당시 보면, 잡지만 하시다가 김 선생님의 경우에는 동아일보에서 나오게 되면서 전업 비슷하게 출판사를 운영하셨죠. 창비도 보면 그렇잖아요? 백 선생님, 염 선생님 해직되시면서 출판사를 꾸리고.

김병익　　그래서 지금도 기억이 나는데, 기자협회 회장을 한다고 해서 신문사는 해직당하고 하니까 매일 기자협회 회장실을 나올 수밖에. 그때 백 선생이 왔다고. 서울대학에서 쫓겨나서 재판 관계 때문인가, 그래서 나한테 말하자면 그동안의 실정 같은 것을 얘기하면서 서로 사정을 알고, 의견도 소통하자는 그런 취지에서. 그래서 그 즈음에 다시 얘기된 게 그렇다면 문지하고 창비하고 글을 좀 교환하자, 그래서 내가 창비에 글을 쓰고, 염 선생이 문지에 한 번 글을 쓰고, 그런 적이 있었지요. 그게 아마 창비, 문지 이름으로 거의 유일하게 서로 교환해서 한 걸 거예요.

염무웅　　근데 창비가 출판사로 독립한 것이, 백낙청 교수가 해직당하기 전이에요. 아니 어제 잡지를 뒤적여 보니까 창비 뒤에 보면 책 광고가 나오잖아요? 창비신서 『객지』, 『문학과 예술의 사회사』 이런 광고가 나오는 걸 보니까, 나도 백 교수가 해직된 뒤에 출판물이 나온 것이란 고정관념이 있었는데, 보니까 1973년 말이에요. 벌써 해직되기 1년 전에 출판사를, 출판활동을 시작했더라고요. 신동문 선생이 1975년 가을쯤에 아까 얘기한 「베트남전쟁」 때문에 이제 발행인 이름조차 사양을 하신 것이고, 그래서 백낙청 발행인으로 되었어요. 민주회복국민회의 때문에 파면된 건 1974년 말인데 그 1년 전에 이미 출판이 시작되었더라고요. 파면될 예정인 걸 미리 대비한 건지도 모르죠.

백영서　그 당시에 저도 출판사에 근무했던 인연도 있습니다만, 1970년대에는 출판계가 소위 해직 기자라든가 해직 교수나 또는 제적당한 학생들 그룹이 출판사에 취직하거나 출판사를 만들거나 했지요. 그런 식으로 출판계에 새로운 역량들이 대거 들어가면서 새로운 바람을 불러일으킨 것도 있지 않았는지요?

김병익　그랬죠. 그걸 중요하게 짚은 사람이 고종석 기자였는데, 동아·조선 사태 때문에 언론계는 크게 손실을 입은 대신에 출판계가 그걸 자양으로 해서 일어났다면서 여러 출판사의 예를 들었죠. 그때도 기자들이 지식인들인데, 지식인들이 막노동을 한다든가, 막장사를 한 사람도 있긴 하지만, 우선 할 수 있는 일이 가장 근접된 작업으로서의 출판 작업이었지요. 그러면서도 동아나 조선에서 해직되었던 사람이 그대로 이름을 사용하면 어떨지 모른다는 우려도 있었거든요. 그래서 문지출판사 초기에는 발행인이 제 이름으로 되어있지 않고 제 처 이름으로 되어 있어요. 그랬다가, 몇 년 후에 이제 내 이름으로 했지요. 몇 년 뒤에 황선필 씨가 문화부 무슨 국장 할 때, 넌지시 물어보고 "이제 이름 좀 바꿔도 되겠느냐" 그랬더니만 "아 그거 뭐 그러세요" 해서 이름을 내 이름으로 바꾼 기억이 나네요.

해외 지식 네트워크, 발신과 수용의 실제

백영서　검열문제는 이쯤 해두고, 화제를 좀 바꿔보려고 합니다. 외국 학계랄까 외국 지식인들과의 연대 운동이랄까, 네트워크에 대한 질문인데요. 그 엄혹한 독재정권 시절 외국인들, 예컨대 일본인이나 재일동포를 만나다 보면 간첩으로 몰린다든가 하는 위험도 있고 해서 쉽진 않았을 텐데요. 이 부분에 대해 두 잡지의 상황을 듣고 싶습니다.

김병익　예, 문지의 경우에는 외국인들이랑 직접 거래, 교류는 별로 없었고요. 아마 지금도 기억나는 게 창비하고 문지가 함께 폐간되었던 1980년, 그 해 문지 동인들이 인천에 MT를 간 적이 있었어요. 그래서 어떻게 이 현실을 타개해 나가느냐 그런 문제에 대해 한참 논의를 했었는데. 당시 나온 여러 얘기 중에 가장 현실적인 거는 지금 우리 발언을 우리 입으로 한다는 것은 억압당하기 가장 쉬운 거다. 그러니 남의 입을 빌려서 얘기를 하자. 그래서 이제 외국 책 번역 작업을 하자. 그래서 소설은 다른 출판사에서 얼마든지 하니까 굳이 그건 할 필요 없고, 이론서든 연구서든 그걸 번역하자. 그래서 현대의 지성 총서를 만들고, 그리고 그때그때의 토픽을 취재해서 일종의 anthology를 만들자. 그래서 가령 민중이라든가, 민족이론이라든가, 이런 걸로 해서 현 억압적인 상황을 우회해서 폭로하고 비판할 수 있는 그런 시점으로. 그러니까 검열 때문에 문학이 더 잘 형상화될 수 있듯이, 이런 억압 때문에 출판도 우회해서 길을 넓혀, 눈을 넓혀가는 방법이 만들어진 거지요.

염무웅　창비의 경우는 문지하고 조금 다른데요. 1988년, 다시 복간되는 것이 하나의 분수령 같아요. 그 이전과 이후로 나눌 수 있는데, 그 이전은 문지하고 비슷하지요. 직접적인 거래나 교통 이런 건 없었던 것 같고, 다만 이쪽은 수용자로서 외국의 좋은 글이 저널에 나오면, 좋다 하고 번역해 실었죠. 아마 초창기에는 원저자의 허락도 없이 그냥 무조건 실은 것이지요. 1970년대로 들어서면서 창비가 조금 달라지는 것이 1972년 유신선포 되고, 1973년 김대중 씨 납치사건이 일어나고 그러면서인데, 1973년 그 무렵에 일본의『세카이』란 잡지에「한국으로부터의 통신」이 연재되기 시작하고, 일본에서 김대중, 김지하 구명운동이 전개되었지요. 한국 민주화 운동에 대한 일본 지식인 사회의 관심이, 자기들이 못 하는 것을 여기서 한다는 생각으로 굉장히 적극화가 되어서, 창비에 실린 그런 문제와 직결된 것들을 모아서 와다 하루키와 다가사키 쇼조가 공편한 『분단시대의 민족문화』라는 게, '창비 논문선'이라는 제목으로 1979년에 번역되기도 했지요. 그보다 2년 뒤에는 김학현이라는 분이 있는데, 1929년 생이고 원주 출신으로 나도 한두 번 뵌 적이 있어요. 한국과 일본을 왔다 갔다 하면서 활동한 분인데 그 분이 모모야마가쿠인(桃山學院) 대학원 교수라 그럽디다. 그분이 번역한 걸로『제3세계와 민중문학』, 부제가 '한국 문학의 사상'이라는 제목으로 거긴 내 글도 하나 번역이 돼 있고. 주로 창비 것이지만 다른 글도 몇 개 포함해서 1970년대 후반 창비 논조를 중심으로 1981년에 그 책이 나왔어요.『분단시대의 민족문화』는 1979년인 가에 나왔고요. 그러니까 서로 직접적인 교류는 없었지만 일본 지식인 사회에서 오히려 한국 창비나 민주화 운동, 지식인 운동 쪽에 관심을 가지고 책을 번역해 내고 그랬던 것 같아요. 그러나 1980년이 되자 잡지는 폐간되고, 몇 년 뒤에는 출판사 자체도 등록이 취소되는 곤욕을 치르고. 그러다가 이제 민주화가 되고 1988년이 되면서 잡지가 복간, 문지는 이름이 달라졌지만 창비는 그대로 복간되었죠. 나는 대구로 내려가는 바람에 그때 창비에 직접 관여한 바가 없고. 백낙청 교수가 개인 채널을 많이 활용을 해서 프레드릭 제임슨이나 이매뉴얼 월러스틴, 그 밖의 많은 사람들 하고 커뮤니케이션이 있었던 걸로 알고 있어요. 1990년 봄에 제임슨과 백낙청 교수 사이에 대담도 있었고, 한국이 민주화와 산업화에 어느 정도 성공하면서 외국의 유명한 학자들이 특히 미국이나 이런 쪽에서 한국에 오면, 백낙청 교수는 영어도 잘하고 그 사람들과 대등하게 주고받을 수 있으니까, 여러 번 대담을 했던 거지요. 외국 어느 저널에 이미 발표된 걸 번역해서 싣는 게 아니라 직접 원고청탁을 한다든가, 또는 어디에 이미 발표된 것이라 하더라도 우리 실정에 맞게 좀 다시 고쳐달라고 해서 번역해 싣기도 하고, 그런 경우가 있었죠. 미국의 경우는 백낙청 교수가 거의 도맡다시피 했었고, 일본이나 중국 경우는 지금 백영서 교수가 계시지만, 1993년에 창비가 동아시아론 특집을 하잖아요? 그러면서 중국하고 러시아하고도 수교를 했고. 일본, 중국, 동아시아를 우리가 우리 현실과 묶어서 통합적으로 보자는 관점, 그런 움직임이 생겨나면서 중국, 일본의 학자들 글도 싣고, 우리가 그쪽으로 가기도 했지요. 그런 교류가 창비의 경우는 1993년 동아시아론 이후에 일본, 중국, 대만 쪽의 학자들의 글이 간헐적으로 잡지에도 실리고 또 단행본으로도 아시아를 새로운 눈으로 보자 해서 나오고. 그리고 벌써 몇 년 전부터는 일본어와 중국어로 된 창비 인터넷 판이 나오고 있잖아요? 상당히 국제적인, 글로벌한 잡지가 된 셈이죠.

백영서 그것은 1990년대 이후 얘기니까 오늘 주제에 직접 해당되지는 않습니다. 그런데 1970년대까지만 보면 외국 이론을 수입하는 거까지는 가능하겠지만 그 밖의 연대 활동이랄까 그에 대한 관심은 의외로 적었던 것 같습니다. 그러나 동아시아에서만도 한국에서 했던 것과 비슷한 고민을 한 지역도 있습니다. 예를 들어 대만을 봐도 아까 얘기하신 순수와 참여논쟁이라든가, 모더니즘과 리얼리즘 간의 논쟁이 벌어졌지요. 그 과정에서 참여를 주장하는 그룹이 잡지를 하나 냈는데, 그게 『하조(夏潮)』라는 월간지에요. 창비의 1970년대 후반의 노선하고 거의 비슷해요. 종속이론을 소개하고, 또 일본의 직접 투자에 대한 비판을 하며, 자신의 토착적인 역사를 재발굴하면서 민족민중 문화운동을 전개하지요. 냉전을 겪으며 미국과 그 하위 파트너인 일본의 영향을 받는다는 유사한 구조적 조건에서 비슷한 운동양태를 보이면서도 서로에 대해 별로 관심들을 못 갖고, 각자 움직인 것 같은 느낌이 드네요.

염무웅　예, 거기까지 관심을 돌릴 여력이 없었던 거지요. 역량 부족이기도 하구요, 한 마디로 말하면. 우선 중국어, 이게 중국 백화문, 중국어나 일본말이나 자유롭게 읽을 수 있는 능력도 없었고, 또 그 당시 1980년대까지는 중국을 중공이라고 해서, 중국이나 소련은 근처만 가도 혼이 나는, 아예 머릿속에서 생각도 안 했던 거고. 대만도 시야에 잘 안 들어왔어요. 그리고 무엇보다도 지금 생각을 해보면, 창비도 그렇고 문지도 그런데 잡지가 지성계나 언론장에서 큰 역할을 하자면 어느 정도의 물적인 기반이 필요한데, 그게 너무 취약했다 이런 생각이 들어요. 문지는 그래도 네 분이 했다고 하지만, 김병익 선생은 다르지만 다른 세 사람은 각자 직업을 가지고 있으면서 남는 시간을 활용해서 잡지 만들고 문학 활동에 투여한 것이지 전심전력 투여한 것은 아니잖아요? 창비도 마찬가지예요. 백낙청 선생이나 나 거기 전념해가지고 그걸로 생계를 꾸려가면서 한 것도 아니고. 두 사람이 해직된 뒤에는, 1970년대 후반에는 직원이 한 서너 사람 있었지만 모두 지식인으로서 중국어도 할 줄 알고 영어도 자유롭게 읽고 할 수 있는 게 아니고, 인터넷이 요즘처럼 있어가지고 외국하고 자유롭게 소통하는 것도 아니고, 교통할 수 있는 통로가 너무 빈약했던 것이죠. 그러니까 극히 취약한 조건에서 겨우겨우 연명해온 거 아닌가. 말하자면 자학사관인가. 거꾸로 생각해 보면 그런 열악한 조건에서 그만큼 했다는 것도 사실 놀랍다면 놀라운 거예요. 1970년대까지는 더 솔직히 말하면, 창비나 문지가 지금은 사회적 위상이 상당히 커졌지만, 1970년대까지는 창비나 문지가 아직 소수파, 『현대문학』의 문협 주류 김동리, 서정주 이런 큰 세력, 그런 주류 세력에 비하면 아직 젊은이들이 하는 어떤 주변부에 있었다 할까, 하여간 솟아올라 성장하는 세대의 그런 목소리긴 하지만 아직 소수였다, 그렇게 생각을 해요.

김병익　지적인 영향력은 컸지만, 또 문학작품이 줄 수 있는 비중은 매우 높았지만, 그걸 뒷받침할 수 있는 물적인 기반은 참 취약하고 왜소했지요. 그러니까 해외파견은 고사하고, 거래한다는 것, 교류한다는 것 자체가 상당히 부담스러운 일이었고요. 그런 점에서는 문지가 오히려 더 뭐랄까, 자폐적이라기보다는 그냥 글을 통해서 보자는 거였지, 직접 교류하고 토론하고 하는 기회는 별로 찾질 않았죠. 그걸 원하지 않았다는 게 오히려 더 정확할 정도로. 그러니까 창비 경우는 일본이나 중국에 대한 관심이 많았지만, 우리 경우는 서구 쪽, Neo-Marxism 이쪽으로 관심이 많았고, 그래서 그 방면의 글들을 많이 소개했지요. 또 작품에서도 통일문제든지 6·25문제든, 빈곤문제든 작품 소개하는 것으로 우리는 충분하다, 굳이 외국하고 교류한다든가 하는 그런 필요성까진 느끼질 않았고요. 그리고 작가들의 해외 교류라는 게 1990년대 이후지, 그 이전에는 우리나라 문단 전체가 외국과 교류를 활성화 할 수 있는 처지가 못 되었죠.

지성사에서의 창비와 문지, Counter-Culture로서의 역할

백영서　여기서 하나 짚고 넘어갔으면 싶은 게 있어요. 선생님이 말씀하신 대로 1970년대 지식인의 지형도에서 문지나 창비가 주변이었다고 얘기하시는 게 무슨 말씀이신지 충분히 알겠어요. 그런데 저는 그걸 Counter-Culture라고 봐요. 그 당시에 나이든 분들 사이에서는 어떨지 모르지만, 적어도 젊은 연구자든, 젊은 세대에 미치는 파급은 대단했다고 생각해요. 그 결과 1990년대 이후에 그들이 주도적인 역할을 하게 된 것이지요. 저 자신도 그 한 예가 되겠습니다만, 1970~80년대 그 세대에 미치는 영향은 컸다는 거죠. 그러니까 간단히 국내 지형도만 놓고 본다면, 1960~70년대 지식인 사회 혹은 지성사를 쓸 때는 문지·창비를 얘기하지 않을 수 없어서, 더욱이 그 이후의 연속성을 본다면 중시할 수밖에 없는 게 아닌가 싶네요.

김병익　제가 보기에는 1970년대 이미 상당한 힘을 발휘했다는 느낌을 갖고 있거든요. 그러니까 가령 이병도 박사라든가, 이희승처럼 정말 원로급들, 60대 이상 된 분들한테는 창비나 문지가 눈에 안 보였겠지만. 40대, 가장 정력적으로 활동하는 그 세대 분들, 역사학이든 국문학, 문학을 하는 분이든 그 분들한테는 창비나 문지의 그 영향, 후배들로부터 받는 평가에 대해서 상당히 적극적으로 환영했던 것 같아요. 그래서 가령 선우휘 선생, 아까 얘기 나왔지만 그 분 작품이 문지에 한 번 재수록 된 적이 있었는데, 그 분이 그 후에 용기를 얻어서 새로 작품을 쓰기 시작했다고 그런 말을 할 정도니까요. 나이 든 작가들 경우에는 선배들보단 후배들이 자기를 어떻게 봐주냐에 더 민감하거든요. 문지의 재수록 제도는 석 달 동안 발표된 작품 중에 이제 가장 좋다 싶은 것들을 재수록 하면서 그게 왜 좋은가 하는 거를 리뷰를 통해서 했거든요. 그게 확보되면서 말하자면 거기에 재수록 되면 문단에서 다시 평가 받는, 그런 자신감을 작가들에게 줬던 것 같아요. 그래서 문지에서 재수록 되고, 또 재평가 되면 이제 내가 진짜 작가다 하는 말을 할 수 있게 되는 거죠. 그래서 그게 아마 창비의 위세 앞에서 문지가 발휘할 수 있는 또 다른 영향력의 영역이 아니었을까 생각이 듭니다. 문지가 이념적으로는 달리 할 수 있는 많은 작가들을 확보할 수 있었던 것도 그 영향 때문이지요. 가령 조세희 씨의 기질은 부르주아에 대한 혐오감, 반감이 아주 심한 분이거든요. 근데 자기 작품을 문지에 두 번인가 재수록하고 또 중편을 청탁을 해서 실어주고 하니까, 아주 그냥 용기가 나고 힘이 났던 거죠. 그런 작가, 시인들이 참 많았어요. 재수록은 김현 아이디어인데, 이게 두 가지 이득이 있죠. 하나는 작가들을 끌어들일 수 있다는 것. 거기에다가 또 하나 가장 실질적인 이유는, 재수록 원고료는 적게 줌으로써 원고료를 세이브할 수 있다는 것이에요. 재수록이라는 걸 통해서 원고료도 적게 지출을 하고, 그러면서 작가의 기운은 실컷 돋워주고. 문지에 재수록 했다는 것으로 어떤 자신감을 가진 작가들이 꽤 있는데, 가령 김원일 씨 같은 경우 초기 소설들은 좀 상당히 떫은

데가 있었거든요. 모래알 씹듯이 좀 거칠었는데, 어쩌다가 발표한 게 「어둠의 혼」인데, 그걸 재수록 했거든요. 그랬더니 이 사람이 갑자기 자기 길을 거기서 찾은 거지요. 그 「어둠의 혼」이 재평가를 받으면서 자신감을 갖고, 6·25, 분단 그걸 소재로 한 자기 문학 세계를 개척해 나간 거죠. 그래서 1970년대 문학사를 쓴다면, 창비도 그렇지만 문지를 통해서 발표했거나 평가 받은 작가들이 상당 부분을 차지할 거예요. 또 하나 중요하게 말해둘 것은, 문지에서는 한국의 학자들이나 작가들, 시인들이 생산한 저작집, 작품집을 대상으로 서평을 지속적으로 실었다는 거예요. 제가 신문사에서 외국 잡지를 보면 권위 있는 잡지일수록 서평이 중심을 차지하거든요. 『뉴욕 리뷰 오브 북스(The New York Review of Books)』라는 격주간지는 전부 서평으로만 이루어졌거든요. 그게 참 부러웠죠. 그래서 모든 문화는 책으로 표현이 되고, 그것에 대한 검증은 서평을 통해서 이루어진다는 것 때문에 서평에 대해서 상당히 주력을 했던 거지요. 그러니까 정치·사회적인 주장은 창비가 앞서 했지만, 문학적인 실질적 소득은 문지에서 더 많이 거둬들인 것 같다는 생각이 들고요. 그래서 통일 문제라든가, 사회불의 문제라든가, 이런 문제를 소설 미학으로 수렴시키는 데는 문지가 보다 효과적인 자리였던 것 같고. 그래서 임헌영 씨인가 어디 나중에 그런 얘기를 했더라고요. 통일 문제는 창비에서 많이 떠드는데, 작품으로 나온 거는 문지에서 많이 나왔다고. 그게 문지가 창비 때문에 거둘 수 있는 소득이기도 하지요.

염무웅 이건 중요한 얘기는 아닌데, 창비에서 청탁을 해보면 작가들, 주로 시인일 경우인데, 너무 목에 힘이 들어가는 걸 느껴요. 그냥 원래 쓰던 대로 잘 쓰면 되는데, 창비가 이런 걸 좋아하려니, 미리 어떤 선입견을 가지고, 괜히 억지로 좀 과격한 주장이나 이런 걸 슬쩍 집어넣으려고 그러는데, 우리가 거슬려요 그게. 그럴 필요 없는데 말이죠. 질문으로 돌아가서 지성사의 측면에서 보면 창비는 다양한 학문 영역의 이론들을 의식적으로 수렴시키려 했다고 할 수 있겠어요. 창비는 1960년대부터 역사학 쪽과 이미 민족문제와 민중문제를 결합하려는 문제의식을 공유하기 시작했다고 볼 수 있는데, 1970년대 들어 현실 자체가 유신이라든가 긴급조치 등 노골적으로 반민주화의 방향으로 가니까 민중이라든가 민주라든가 이런 개념들을 요구했다고 할 수 있어요. 민중신학이나 민중사회학도 마찬가지라고 봅니다. 여기서 한 가지 짚어야 할 것은 왜 민족문제가 늘 민중문제와 결합되느냐 하는 건데, 알다시피 우리의 경우 민족주의는 불가피하게 요구되는 측면도 있는 동시에 역사의 진전에 반하는 위험요인도 있어요. 반면에 민중담론은 계급주의로 오해될 여지도 좀 있고 스스로 고립을 자초하는 측면도 있다고 봅니다. 민족을 앞에 내세우되 민족의 실천적 주체를 민중으로 설정함으로써 좌우의 편향을 모두 넘어설 수 있지 않을까 기대했던 거지요. 아무튼 1970년대의 현실에서 중요한 것은 여러 분야에서 좁게는 박정희 유신체제를 비판하는 운동에 어깨를 같이 하고, 또 다른 편으로는 민주화운동, 통일운동 이런 큰 전선이 함께 하게 되는 것이었죠. 요컨대 여러 분야로 날개를 넓혀서 연합전선을 형성하자는 거였어요. 가령 아동문학만 하더라도 이오덕이라는 필자를 제가 발굴했다면 발굴한 건데요, 그의 「시정신과 유희정신」이라는 글이 1974년 창비 가을호에 나오면서 아동문학평론 내지 아동문학사가 전환했다고 생각할 수도 있어요. 그리고 이오덕 선생을 통해서 권정생 같은 뛰어난 아동문학가, 단순한 아동문학가 이상의 사람인데 그런 분도 나오고요. 그 이후 1980~90년대, 오늘날에 이르러서 아동문학이 청소년문학까지 포함해서 과거와는 완전히 다른, 질적으로 상당히 높아진 문학이 되어 있거든요. 신학이나 불교, 특히 창비를 잘 찾아보면 불교학자 글도 꽤 있어요. 만해 한용운 선생의 불교유신론과 그 전후의 시기에 불교개혁론이 여러 사람한테서 나와요, 김영태, 한기두 같은 분들이죠. 그런 것을 소개하는 불교계통의 글, 가톨릭에서의 몇 분의 글들이 있지요. 기독교에서는 서남동 목사가 참 좋은 분이었고, 그 분 강의도 몇 번 들으면서 들을 때마다 감동을 했는데, 그 분이랑 지금 살아계시지만 박형규 목사도 등장하지요. 사회학에서 한완상 씨나 그 밖에 다른 분들, 여러 분야가 어느 정도는 의식적으로. 그런데 그게 창비 단독의 힘이라기보다는 그 시대의 운동의 힘이었다고 할까, 박 정권 체제를 비판하고 극복하려는 큰 운동의 힘을 창비가 기꺼이 받아들였다고 할까, 이론적으로 잡지 규모에서 접수했다고나 할까 그렇게 볼 수가 있지 않을까 싶어요.

김병익　한완상 선생 얘기 나왔으니까. 그 당시의 지적인 정황을 해석할 수 있는 예가 될 수 있지 않을까 싶은데, 민중사회학이라는 말을 처음 쓴 것은 한완상 선생이거든요. 그 분이 문지에 그 원고를 투고해서 실었어요. 주제라든가 한완상 선생의 무게로 봐서, 당연히 실어야했고 그래서 실었는데, 그 글에 대해서 전적인 찬동을 저나 동인들이 할 수 없었거든요. 당시 문지 서문이 많이 회자가 되었어요. 잡지 처음에 있는 서문인데, 그것을 읽기 위해 매호를 기다렸다 하는 사람이 있을 정도였으니깐. 그때 제가 쓰면서 한완상 선생 글을 싣는다면서 불평을 많이 했어요. 자기 잡지에 글을 실으면서 그 글에 대해 비판적인 발언을 했다는 게, 참 미안한 일이긴 하지만, 말하자면 한완상의 민중사회학에 대해서 전적으로 동의하지 못하던 게 있었던 것이지요. 그러니깐 민중과 반민중, 선과 악, 뭐 이런 식으로 대조시킨다는 것이 우리 기질에는, 적어도 문지기질에는 맞지 않았던 것이지요. 그러니깐 한완상 선생이 후에 두고두고 섭섭해 한 점이 바로 그런 거지요. 왜 실어놓고 욕이냐, 그게 가령 창비가 이렇게 저렇게 해서 현실적으로 당했을 고민들, 그것과 달리 문지는 큰 틀에서 동의하지만 세부나 내용에서는 동의할 수 없는 부분들, 그것을 실어야 할 때의 딜레마랄까 고민 같은 게 숨길 수 없이 드러나는 거지요. 지금이야 이러쿵저러쿵 자유롭게 이야기하고 선입견 없이 터놓고 이야기 할 수가 있지만 그땐 서로 알면서 모른 척 넘어가야 할 때가 많았거든요. 가령 백낙청 선생이나 창비에서 말하는 리얼리즘이라는 게 루카치가 말하는 그런 사회주의리얼리즘 쪽이 아닌가. 그것을 그렇게 짚으면서도 사회주의리얼리즘이라는 말을 써서는 서로가 안됐거든요. 그러니깐 리얼리즘이라는 말 자체를 비판하게 된 거지요. 그게 표현은 안했지만, 그 뒤에 숨어있는 언술되지 않은 부분이 상당히 많았다는 것. 그걸 염 선생은 동의를 하는지 어떤지 모르겠지만. 사회주의리얼리즘이라고 말하면 말하는 우리도 매카시즘으로 당할 것이고 창비도 빨갱이로 당할 것이고.

염무웅 백낙청 교수는 나보다 공부도 많이 하고, 사고의 깊이가 더 깊으니깐, 내가 그이를 대변할 수는 없는 노릇이고, 내 차원에서만 이야기 하면, 처음에 김병익 선생하고 1970년인가 『문학사상』에 리얼리즘을 가지고 반대 입장에서 쓰라고 하니깐 쓴 건데, 그때만 하더라도 내가 뭐 사회주의 리얼리즘에 대해서 제대로 된 이해를 가지고 있었던 것은 아니고 그냥 말하자면 팜플렛 지식 정도에 불과했는데, 차츰차츰 이제 깨닫게 된 것이 소련체제, 스탈린체제라는 것이 아니로구나 하는 생각이 점차적으로 들었지요. 사회주의라든가 다른 체제, 창문 바깥에 있는 다른 세상에 대해 처음 보게 될 때는 신기하고, 아 이건가 보다 이럴 때는 우선 호기심이 생기고 긍정적으로 좋게 보는 건데, 차차 보니깐 어두운 구석도 보이고 이게 아니로구나 싶고 그러면서 소위 사회주의리얼리즘이 제대로 된 리얼리즘에 못 미치는 것이거나 왜곡된 리얼리즘에 불과한 것이 아닌가 하는 생각을 했죠. 이건 상당히 복잡한 이야기가 되는데, 나는 못했지만, 백낙청 선생이 쓴 어느 리얼리즘론의 과정을 보게 되면 사회주의 리얼리즘에 대한 상당히 치열한 비판이 있는데, 사람들이 잘 안 읽어요. 심하게 말하면 창비의 리얼리즘에는 사회주의적이란 접두사가 생략된 것일 뿐이라는 선입견이 은연중 전제되고 있어요. 그런데 창비는 일관되게 소련체제, 소련체제라기보다 스탈린체제에 대해서 부정적이었고 그런 만큼 스탈린체제 하에서 이루어진 공식 문예정책, 이데올로기로서의 사회주의리얼리즘 에 대해서도 분명히 비판적이었는데도, 그렇게 되면 여러 가지 다 부정한 것처럼 또 같이 얽혀 들어서 부정을 하는, 리얼리즘조차 부정되는 것으로 오해되곤 했어요. 그건 아니거든요. 우리나라의 지적 풍토가 이론적으로 섬세하게 구별하는 훈련이 잘 안 돼 있어요. 하여간 백낙청 교수가 사회주의 리얼리즘에 대해 아주 치열하고 치밀한 비판을 했다는 증거는 그의 글에 숨어 있는데, 굳이 간단하게 아니야 했다가 리얼리즘조차 부정하는 것으로 될 가능성도 있고 하니깐 그냥 알아서 읽어보든가 말든가 하시오 그렇게 된 거 같아요.

백영서 조금 다른 이야기일 수도 있는데, 질문 중에서 빠졌다고 생각된 게, 1970년대 잡지를 보면 특집하고 좌담이 중요한 잡지 형식인데, 두 잡지에는 생각보다 많지 않았던 것 같아요. 굳이 상대적으로 보자면 특집은 창비가 좀더 많고, 문지는 1979년도에 가면 특집을 잡기 시작하구요. 또 창비가 비교적 좌담회를 많이 활용했다면 문지는 단 한 번도 좌담회를 하지 않았고요. 이런 차이를 좀 설명해 주시면 합니다.

김병익 저희는 편집을 하면서 뭔가 처음에는 그냥 청탁한대로, 혹은 들어온 원고대로 나열한 정도여서 그 호 잡지의 어떤 초점을 못 갖추고 있다, 그래서 초점화시키자고 해서 비슷한 류의 글들을 특집이라는 이름으로 주력화했다고 그럴까요. 그렇게 했는데, 대신에 좌담에 대해서는 저 개인적인 취향이고 다른 친구들도 제 취향과 비슷했지만, 아까 시작하기 전에 말이 나왔습니다만, 말에 대한, 이렇게 지금 대담하고 있습니다만 말이 가지고 있는 무책임성이 참 많거든요. 실제로 지금 우리가 말을 하고 있지만, 이것을 문어로 바꿨을 때는 문맥도 안 맞고 어법도 틀리고, 그런 게 숱하게 나옵니다. 그런데 글을 쓸 때는 그 논리를 다 맞추고 정확하게 표기를 하고 그렇거든요. 말과 글의 근본적 차이가 있다는 생각 때문에 그래서 좌담이 그때의 그 말꼬리를 잡는다든가 그 분위기에 몰려가 지고서 본의와 달리 발언할 수도 있고, 그래서 좌담이라는 형식 자체를 그렇게 신뢰하지를 않았어요. 그 대신 특집으로 주력화시키든가, 그렇지 않으면 아까도 얘기를 했습니다만, 저희가 9주년 기념으로 춘천에서 세미나를 한 번 한 적이 있었어요. 그래서 주제 발표를 하고, 질문도 하고 했는데, 그것을 그대로 옮긴 게 아니라 한 사람이 그 분과에서 리뷰를 쓰도록, 주제를 뭐라고 했고 어떤 질문이 나왔고 자기가 보기에는 어떤 게 문제가 되더라 하는 식으로 기자가 쓰듯이 그것보다 전문적인 수준으로, 세미나를 말로 옮긴 게 아니라 글로 리뷰를 했거든요. 그럴 정도로 그런 것에 대해서 창비하고 조금 생각이 달랐던 것 같습니다.

염무웅 저도 부분적으로는 동의를 하지요. 사실은 뭐 말이라는 게, 지적 능력과 별도로 말을 잘하는 사람이 있고 못하는 사람이 있잖아요. 머리가 빨리 돌아가는 사람이 있고, 천천히 생각을 해야 뭔가 말이 나오는 사람이 있고 그렇지요. 내 개인적으로 보면 순발력이 상당히 떨어진다는 생각을 해요. 좌담이나 강연에 어쩔 수 없이 나가긴 하는데 그럴 때마다 괜히 나왔다 하는 생각을 해요. 근데 백낙청 선생의 경우는 그렇지 않아요. 글도 잘 쓰지만 말도 참 잘해요. 아주 조리 있게 차근차근 말을 해요. 물론 정치연설이나 선동강연은 좀 서투르고 학술적인 강의와 토론에 능하지요. 근데 옆에서 지켜본 바로는 백 선생 경우도 말이 점점 발전하더라고요. 처음부터 말을 잘하는 분이 아니었어요. 나 같은 사람과는 다르더군요. 나는 시달릴수록 점점 겁이 나고 가기 싫어지고, 그냥 뭐 문법에 맞지 않고 뚱딴지같은 소리를 하게 되고. 그게 후에 채록을 해가지고 좀 교정을 보면서 보완을 하면 되는데, 그래도 그때그때 적절한 생각이 나서 진지한 대화가 오가야 좌담이 되잖아요. 그런 점에서 좌담이나 이런 데에 적임자가 못돼요. 말을 잘하는 사람이라면 두 사람이나 세 사람, 네 사람이 좌담하는 것은 글과는 다른 차원에서 생산적인 일이라고 생각을 해요. 어떤 사람의 글을 읽는 것과 그 사람의 강의를 듣는 것은 다르잖아요. 강의 들을 때의 살아있는 느낌을 글 가지고는 안 되듯이, 좌담을 할 때 생각이 다른 사람이 주거니 받거니 하면서 대립을 통한 종합이랄까에 이르는 과정을 좌담이나 대담이 보여줄 수 있다면 그것은 상당히 괜찮은 거고, 창비가 노린 것은 그런 거지요. 분야가 다르다든가 입장이 다른 사람들이 한 주제를 가지고 서로 이야기를 나눔으로써 문제의 성격을 더 잘 드러낼 수 있어요. 가령 박형규 목사하고 백낙청 교수가 1975년인가, 기독교문제 가지고 대담한 것은 창비를 빛낸 명대담 같아요. 『신동아』에서 마련한 대담이지만, 참여론이 한창일 때 선우휘 씨와 백낙청 교수가 마주앉아 대담한 것을 보면 좋은 글 몇 개 읽는 것 못지않게 글에서 나타나지 않았던 쟁점들이 부각이 되더군요. 좌담이나 대담도 잘 할 수 있는 사람은 하는 게 좋고, 못하는 사람은 …

김병익　　물론 염 선생은 좋은 경우를 들었지만, 저는 신문사에 있을 때 좌담이 얼마나 불편한 건가를, 선입견을 나쁘게 가지고 있었거든요. 『신동아』에서 좌담을 많이 했었어요. 신문학60주년이라고 해서 1967년인가 68년에 연쇄 좌담회를 했어요. 시·소설·비평·음악·미술 쭉 했는데, 문학 쪽에서 송욱 선생이 나와 가지고 자기 혼자 말을 한 20~30분 지껄여 놓고 나면 아무 소리를 안 하는 거예요. 그 다음에 이런 저런 말들이 나왔는데, 정작 편집자들이 그것을 그대로 옮길 수는 없잖아요. 그러니깐 송욱 선생 말을 여기 저기 떼어 가지고 옮겨서 배분을 한 거지요. 또 하나는 『신동아』에서 한국사 좌담을 천관우 선생이 사회를 보면서 했는데, 그 좌담을 하고 나면 필자들이 다시 검토를 할 거 아니에요, 그때 자기가 말을 못 했던가 상대방에서 비판받은 것을 미리 막는 구절을 집어넣는다는 거야. 그 다음 고친 걸 보다 또 고친다는 거예요. 한없이 고쳐서, 보통 어려운 일이 아니라는 거예요. 그러니깐 좌담이라는 것이 서양이 우리보다 나은지 어떤지 모르겠지만, 정제되지 못한 말을 하기가 쉬울 뿐 아니라 그때그때 분위기에 따라서 얼마든지 다른 얘기도 할 수 있는 상태가 되고, 그래서 글은 당신이 쓴 게 아니냐고 책임을 물을 수 있지만 말은 이게 당신이 한 말이지만 당신 속의 말은 아닐 수도 있다는 면책을, 책임으로부터 자유로울 수 있는 부분이 있어서. 그래서 좌담이란 걸 되도록 피하려고 했지요.

백영서 여기서 제가 개입하면, 저는 창비 쪽이니깐 좌담의 이점에 대해서 얘기할 수가 있는데, 물론 어려운 부분이 있죠. 굉장히 공이 많이 들어요. 정리하고 뭐하는 과정에서 편집자들이 보통 고역스러운 게 아니지요.

김병익 문지는 아니지만 다른 좌담회 갔다가 원고 정리를 한 것을 보면, 내가 말을 이렇게 엉망으로 했나, 내가 상당히 문어체로 말을 하는데도 참 자기 실망 같은 게 오기도 하고, 막 뜯어 고치고 새로 쓰고 싶은, 그래서 되도록 좌담, 기록해야 하는 좌담 같은 것은 나가고 싶어 하지 않죠.

염무웅 거기에 보태서 한 마디 한다면 1990년대 이후의 창비를 보면, 좌담이나 특집이 한 사람 개인이 아니라 문제의식을 공유하는 몇 사람들의 담론 생산방식으로 활용되고 있다는 걸 알 수 있어요. 그러나 1960~70년대의 창비에는 아직 그런 담론 생산의 역량이 모자랐다고 할까 그런 지적 협동에 대한 문제의식이 미숙한 상태였다고 할까 그런 생각을 해요. 1990년대 이후 이중과제론이라든가 분단체제론 등, 물론 주로 백낙청 교수가 제기하고 그 주위에서 그것을 보강하는 방식이고, 동아시아론 같은 것은 물론 최원식, 백영서 두 분이 한 것이지만, 1960~70년대에는 여러 사람들의 산발적인 민족문학론, 민중문학론 정도가 창비로 집결되는 문학담론이라고 할 수 있고, 그 밖에 다른 사회과학이나 일반 변혁론과는 거리가 있는데, 1985년에 박현채, 이대근 두 분이 '한국사회의 성격'이라는 것을 쓰면서 사구체 논쟁이 시작되잖아요. 그 논쟁이 그때부터 불이 붙어 그게 사회과학 분야를 벗어나서 학생운동권으로도 가고, 또 지식인사회에서도 어떤 특정 분야를 넘어서 문학이나 다른 여러 분야에서 담론 생산의 촉진제랄까,

출발점이 되었던 것 같아요. 이대근 씨는 성균관대학 교수를 오래 하다가 정년퇴직했지만, 그 전에 보면 이청산이란 필명으로 창비에 경제학 관계 글을 썼지요. 그때 그 이가 산업은행에 있었기 때문에 혹시 걸릴까봐 필명을 썼던 건지 몰라요. 그런 분이 몇 분 계세요. 사실 박현채 선생도 원고를 보면 박현채 글씨인데, 다른 사람 이름으로 발표한 게 몇 개 되지요. 다른 사람의 명예를 위해서. 박현채 선생은 특히 다들 아시잖아요, 어떤 출신에 어떤 분인지. 자기 개인의 보안도 있고 잡지를 지켜야 할 것도 있고, 또 내용 자체가 좀 위험한 부분도 있고. 뭐 박현채 선생이 완강한 마르크시스트라는 것은 천하 공지의 사실이니깐, 그런데 그것을 좀 이렇게 포장을 하기 위해서 다른 이름으로 하기도 했지요.

매체환경의 변화, 잡지의 과거와 현재

김병익　애기가 어느 정도 마무리 되는 것 같은데 제가 자청해서 좀 하고 싶은 말이 있어요. 오래전입니다만 이어령 씨가 참 재미난 비유를 한 게 있어서 더러 써먹었는데, 창비는 대통령책임제고 문지는 내각책임제 다, 상당히 정확히 들어맞는 게 아닌가 하는 생각이 들어요. 우리 경우는 네 사람이 1인 1표제로 공평하게 의견을 개진하고, 그래서 재수록부터 필자 선정에 이르기까지 한 사람이라도 이의가 있으면 선택하지 않는 전원합의제로. 그 만큼 거기에는 이념이나 문학에 대한 생각이 비슷했다는 정도가 아니라 우정이라든가 인간적인 요소도 상당히 작용했다는 생각이 들고, 그래서 그런 체제를 지금까지 거의 다 지켜오고 있는 셈이지요. 실질적으로 제가 사장 노릇도 하고 나이도 많고, 또는 돈을 끌어다 들인 경우도 내가 제일 많으니깐 발언권은 상대적으로 강했을지 모르지만 형식 상으로는 1인1표제였다는 것이죠. 문지가 그런 내각책임제 못지않게 또 하나 유지한 것은 편집동인체제라는 것이에요. 동인을 개방시켰다는 거거든요. 우리 때 1976년에 오생근, 김종철 씨를 영입해서 동인으로 끌어들이고, 그러다 몇 년 후에 김종철 씨가 투박한 말을 해가지고서 물러나고, 그러고선 문지, 창비가 함께 폐간되면서 뭔가 새로이 하자고 해서 무크지를 만들 때, 다음 세대들을 영입해서 『우리시대의 문학』을 만들었죠. 그때 제가 동인들 보고 한 얘기가, 언제고 때가 좋아져서 잡지를 다시 복간할 경우 우리는 잡지 제목과 편제를 완전히 바꾸자, 다음 세대한테 편집·발행을 맡기자고 했어요. 그렇게 해서 실제로 1987년인가 복간할 수 있었을 때 『문학과사회』라고 해서 편집책임자들도 후배 비평가들로 바꾸고 제목도 바꾸고, 그래서 당신들 하고 싶은 대로 해라 그랬거든요. 우리나라 출판사라는 것이 개인 기업이기 때문에 그 발행인이나 경영자가 병이 나든가 늙어서 못하면 출판사 자체도 늙고 병약해져 버리고 그래요. 그것을 현장에서 많이 봐왔기 때문에 그래서 문을 열어서 다음 세대들한테 넘기도록 하자, 그렇게 해서 처음부터, 1970년대 중반부터 내 요청이 받아들여져 새로운 세력을, 후배들을 끌어들이기 시작했거든요. 1993년, 그러니깐 김현이가 먼저 1990년에 작고하고 황인철 변호사도 1993년 작고하고 그러니깐 이젠 정말 준비를 해야겠다 싶어 주식회사로 바꾸면서 후배들이 경영할 수 있도록 체제를 갖추기 시작했지요. 그러고선 2000년 된 해, 21세기에는 나 같은 사람, 보수 꼴통은 물러나고 젊은 사람들한테 전권을 이양을 했지요. 전 그 후 이런 과정이 반드시 성공적이었는가 하는 거에 대해서는 확신할 수 없어요. 그때하고 지금하고는 문화적인 상황이 굉장히 바뀌었고, 또 출판사 이해관계도 많이 바뀌었기 때문에 전래의 태도도 유지할 수 없지만, 그래도 전날의 뭐랄까 영향력이라든가 위엄이라든가 그런 걸 찾기는 어려워졌지요. 그만큼 해체의 시대 속에 놓였기 때문에 그럴 수밖에 없긴 하지만, 지금 문지의 운영 방향이라든가, 그게 반드시 1인체제하, 즉 대통령책임제하에 갔을 때보다 결과가 좋았느냐 하는 데는 자신이 없습니다. 그렇다하더라도 그렇게 넘겨주기를 참 잘했다 하는 생각은 해요, 제가 제일 편해졌거든요. 잘되든 못되든 내 책임은 아니니깐 내가 고민할 문제는 아니고. 그리고 아마 감히 말한다면 일종의 사사로운 개인 영업기관을 혈연이 아닌 다른 사람, 제3자한테 넘겨준 예가 참 드물 거예요. 그 당시 칭찬을 많이 듣기도 했지만, 지금 문지의 운영 상태라든가 또는 출판 편집에 대해서 불평도 있고 아쉬움도 없을 수 없지만 그럼에도 자신들의 시대에 자신들의 인식에 따라 잡지와 출판사의 개성을 유지해나간다는 것은 참 좋게 보여요. 어떻든 이런 스타일로 출판사를 연명시킨다는 것, 체질 개선을 시킨다는 것 자체는 성공했든 실패했든 간에 하나의 본보기로 예시할 수 있지 않을까 그런 생각이 들었어요.

염무웅　김병익 선생 말씀에 전적으로 동감이 되네요. 창간 동인들 간에 형성된 일종의 우애의 분위기가 바깥에까지 전해졌죠, 그건 참 부럽기도 하고. 면찬입니다만 그럴 수 있는 힘은 아마 김병익 선생으로부터 나온다고 생각이 들어요. 그러나 그렇게 우애적 분위기를 유지하는 것과, 하나의 잡지 또는 문화운동 기구를 어떻게 영속시키느냐는 것은 별개의 문제일 겁니다. 말하자면 창비식도 있고 문지식도 있는데, 어느 것이 더 적절 적합한지는 알 수가 없다는 생각을 해요. 나도 출판계를 꽤 좀 아는 편이라 할 수 있어요. 우리 장인이 옛날 정음사에 6·25전부터 있다가 1970년대 후반에 정년퇴직을 했는데, 최영해 사장 친구의 동생이에요. 장인의 형은 최영해 사장과 연전 동창인데 일제말 자살을 했다고 해요. 해방 후 우연히 길에서 최영해 씨가 지나가다 장인이 인사를 하니깐 "자네 뭐하나?" 해서 "요즘 쉽니다" 했더니 "이리와" 하고는 그 날로 정음사 취직을 해서 평생 최영해 사장과 더불어 있게 되었대요. 1970년대 초 결혼하고 나서 얼마 되지 않아 무슨 일로 정음사에 간 적이 있는데, 우리 장인은 전무 노릇을 하고 임형택 교수 장인은 편집부장으로 있었지요. 아무튼 최영해 사장은 일치감치 당뇨에 걸려서 결국 자기 동생한테 정음사를 물려줬는데 후일 조카 삼촌 간에 갈등이 생겨서 하나는 정음사, 하나는 정음문화사가 되었다가 지금은 둘 다 없어지고 말았지요. 우리나라의 알아주던 출판사치고는 말로가 너무 허무해요.

김병익   타자기 제작 때문에 망했지요. 그 사업이 막 시작되어 활기를 띨 때 컴퓨터가 도입되어 타자기를 완전 제거해버렸지요.

염무웅   망한 셈이지요. 출판사라는 것은 일반 기업체와는 다른 종류의 사업이에요. 출판과 문화사업에 대한 경륜과 안목이 있어야 되는 거죠. 출판사를 물려주는 것은 재산을 물려주는 것과는 근본적으로 다른 일이에요. 삼중당이나 동아출판사, 을유문화사 등 과거 큰 출판사였던 것은 대부분 없어지거나 위축되어 있는 걸 보면 현재 있는 출판사가 30년 후에 어떻게 될지, 우리나라 출판 생태계가 어떻게 될지 알 수 없는 노릇이지요. 문지가 설사 쇠락한다 하더라도 그것은 운명이고, 창비도 지금은 백낙청 교수가 건재하지만, 그것이 어떻게 될지 누가 알겠어요? 그러니깐 다음 세대 어떻게 될 것인가 하는 것은 다음 세대가 알아서 할 노릇이고, 지금 현재를 본다면 문지가 과거의 김병익 세대로부터 다음 세대로 넘어가고, 또 같은 동인들끼리 의원내각제식으로, 또는 합자회사처럼 잘한 것은 좋은 선례랄까 아주 모범 사례로서 회자될 만하다는 거지요.

김병익   비능률도 참 많은 것은 사실이에요. 새로 누가 원고를 가져왔다 또는 책을 내겠다 이랬을 때, 가령 1인출판사 혹은 개인출판사라면 좋다, 내겠다 바로 그 자리에서 결정내릴 수 있지만, 여기는 다른 동인들한테 동의를 얻어야 하거든요. 모두 동의를 받는다 하더라도 동의 절차라는 게 있으니깐 시간이 걸리죠. 그래서 놓친 작가들, 작품들이 꽤 많다고요. 그래서 의사결정의 절차적 지연, 이런 문제가 있어서 요즘처럼 출판이 재빠른 결정, 선택이 필요할 때 늘 뒤지지요. 그런 약점을 당연히 갖게 되고. 그게 어떻든 1970년대 초 문지를 창간할 때부터 가져온 전통이니깐 싫으나 고우나 지켜갈 수밖에 없는 거지만, 그에 따른 약점도 충분히 생각을 해야 할 것 같고, 우리 죽은 다음에 뭐가 어떻게 될지 모르는 문제이니깐.

염무웅 대학이나 기업체를 봐도 물주가 확실한 대학이 발전이 빠르죠. 좋은 사람, 유능한 사람이 강력한 리더쉽을 발휘한다면 더 발전을 시키는 건 분명해요. 물론 거기에 따르는 부작용도 만만치 않지요. 딴 얘기지만, 1990년대 민주화된 이후 대학들마다 총장을 직선으로 뽑았잖아요? 좋은 일인데 그렇게 되니깐 파벌싸움이 얼마나 심한지 몰라. 영남대에 있을 때 보니까 1989년부터 직선제가 되었는데, 엉뚱하게 낯선 사람이 친절하게 인사를 해서, 1년쯤 지나고 보면 그 사람이 총장 출마를 하더라고. 그러니까 절대적으로 좋은 제도는 없어요. 그때그때의 상황에 적응해서 늘 새롭게 틀을 만들어내는 수밖에 없어요.

김병익 그것은 체제나 규정 문제가 아니라 사람이 문제라는 게. 참 보수적인 …

백영서 이제 마무리하기 위해 두 분께 정리 발언을 부탁드리고 싶습니다. 1970년대 문지나 창비가 지성사에서 가졌던 역할, 위치를 지금 창비나 문사가 하고 있느냐 아니냐도 따져볼 수 있겠습니다만, 미디어 환경이 다양화되어 있는 지금에서 1970년대 창비나 문지가 가졌던 역할을 특정한 잡지가 하기는 어려운 상황이기도 해요. 그런 걸 염두에 두더라도 지금 이 시대 지식 생산의 장에서 잡지가 할 수 있는 역할, 또는 해야 할 역할이 무엇인지에 대해 간단한 전망, 창비나 문지·문사와 관련해서도 좋고, 그냥 일반적인 의미로 하셔도 좋고, 한 말씀해주시면 마무리가 되지 않을까 싶습니다.

김병익 시대도 변화하고 문화도 바뀌고, 그 결과이기도 하고 또 주도하기도 하는 출판사, 출판계의 성격도 변할 수밖에 없는 것이고, 시대의 흐름을 개개 출판사가 뛰어 넘을 수는 없다는 생각입니다. 지금 보면 창비는 여전히 영업 문제에서부터 영향력이 크지만, 문지는 상당히 약화된 게 내 눈으로도 보이거든요. 그 나름으로 열심히 하고 있다는 점에 대해서 나로선 후배들한테 감사히 여기긴 하지만, 시대가 이미 1970년대 창비 문지로 수렴되던, 모든 시선이 그쪽으로 수렴되던 시대를 지나서, 후진의 출판사들이 오히려 더 앞서 가는 그런 상황 속에서 계속 문지 창비가 잊혀지지 않는다는 것은 참 어리석은 이야기 같고요. 다만 저로서는 우리나라의 산업화 시대, 한글세대의 부상, 그리고 정치의 민주화 세대, 그때 비로소 출발한 그 시대의 창비와 문지가 지니고 있던 사명감이라고 하면 거창하지만 문제의식, 그리고 그것을 자유롭게 표현할 수 없었던 정치적·사회적 상황에서도 끈질기게 살아남아서 뭔가 했다는 것, 뭔가 이루어 왔다는 것, 그것에 대해 후배들이 미국에서 유행하고 있는 지식사회사적인 접근을, 서베이를 좀 할 필요가 있지 않을까 합니다. 지금 우리도 제도사나 뭐 이런 데서부터 요즘 들어선 미시사로까지 상당히 좀 옮겨가는 것 같아요. 지식사회사 쪽으로도 힘을 기울여서 한 시대의 시대고를 함께 겪었던 한 집단·연대들을 역사적으로 추적해서 평가·의미화할 수 있지 않을까 해요. 그런 일을 후배들한테 부탁드리고 싶어요. 근데 우리 처음 시작한 네 사람의 경우에는 뜻이 같을 뿐만 아니라 우정으로 얽혀있어서 눈빛만 보고도 그쪽 의중을 짐작할 수 있을 정도로 되어 있었기 때문에, 편집이나 영업이나 이런데서 마찰 없이 잘 진행될 수 있었어요. 그런데 지금 와서 젊은 세대들 편집 관계 일 하는 것들 보면 사무적인 느낌을 줘서 옛날과 같은 인간적인 유대가 약화되었다는 생각이 들어요. 그런데 그것은 피할 수 없는 과정이라고 이해가 되기도 해요. 유신의 어려운 시절 살았던, 살면서 서로 손을 잡아야 했던 세대하고, 지금 자유롭게 자기 이익을 찾아갈 수 있는 세대하고 같을 수야 없겠지요. 시대상의 변화를 느끼면서, 시작하기 전에도 말씀드렸습니다만 이제 우리가 역사의 참여자가 아니라 역사의 연구대상이 된 것이 참 쓸쓸한 기분이 듭니다.

염무웅 글쎄요. 다 좋은 말씀을 하셔서. 그런데 아까 백영서 교수가 먼저 얘기한 매체 환경이랄까, 조건의 변화, 그게 제일 중요한 조건이 아닌가 생각합니다. 과거 1960~70년대만 하더라도 읽을거리가 많지가 않았는데, 요즘은 인터넷이니 뭐니 홍수처럼 쏟아져 나오니까 그것을 어떻게 선별해서 읽는가, 거기에 치어서 길을 못 찾을 형편이에요. 그래도 나같이 나이 든 세대들은 결국 책을 찾게 되는데, 책을 찾기 전에 먼저 책에 관한 글이나 기사를 봐요. 잡지에서 애독하는 게 서평이에요. 서평의 대상이 되는 책은 분량도 많은데다가 어렵기도 하잖아요? 읽고 싶은 책들이 너무 많이 나오고 있어서. 그래서 토요일에는 신문도 사다가 그것들을 하루 종일 보면 지식 흐름이 이렇게 되어가는구나 이런 걸 느끼죠. 그 밖에도 주말이면 책에 관한 이야기가 많습디다. 하여간 나도 눈은 나쁘지만 책은 읽으려고 해요. 정기적으로 나한테 오는 잡지가 창비랑 몇 개 있는데, 창비 보면 옛날 창비처럼 처음부터 끝까지 다 읽게 안 돼요. 절반 읽다가 마는 수도 있고. 그런데 내 감각에 문제가 생겨서 그런 건지 창비를 봐도 옛날처럼 현장에서 생생하게 찔러오는 것 같은 느낌이 덜 들어요. 뭔가 필터를 통해서 오는 것 같지, 1960~70년대의 창비는 안 그랬던 것 같은데, 거칠고 때론 소박하기도 하고 그렇지만 뭔가 직접 닿는 느낌이 들었는데, 요즘은 전문가의 공방에서 세련되게 만들어진 훌륭한 제품이긴 한데 현장과는 거리가 있는 느낌이랄까요. 창비 사무실에 가봐도 그렇습디다. 옛날에 허름한 마포구석에 있을 때는 그냥 아주 쉽게 들락거리고 거기가면 문인들이 바둑도 두고 담배도 피우고 이랬는데, 요즘 파주에 있는 창비에 가면, 요즘 잘 안가지만 어쩌다 가보면 너무 깨끗하고 세련된 곳에서 뭐 세상 돌아가는 것을 어떻게 잘 담아낼 수 있을까 이런 생각이 들고, 하여간 무슨 얘기를 하고 싶냐 하면 삶의 바닥, 역사가 만들어지는 현장과의 거리를 좀 더 좁혀야 하지 않나 싶어요.

김병익　　창비만이 아니라 시대가 벌써 40~50년, 세상이 네댓 번 바뀐다는 얘기거든요. 중세사회에서도 50년이면 상당한 변화일 텐데, 현대처럼 숨 가쁜 시절에 50년이라면 엄청난 변화고. 그러니깐 우리 세대에 식민지시대에서부터 중진국 수준까지, 분단과 전쟁으로부터 선진사회까지, 전자사회 미디어사회까지 치를 수 있는, 인류가 치를 수 있는 모든 것을 한세대에서 압축해서 체험을 했기 때문에, 변화라는 것을 볼 때 금석지감이라는 게 참 크지요. 그래서 앞으로 우리 세계가 또는 인류사회가 어떻게 변할 것인가, 과학기술이 어떻게 바뀔 것인가에 대해서는 감히 장담할 수 없을 정도로 되어 버리니깐, 오히려 움츠러 들어가지고 옛날 흑백 영화가 더 깨끗하고 순진하고 인간적으로 뵈어지듯이 TV프로그램보다 책이 신뢰감이 있어 보이고, 또 방송 뉴스보다는 신문기사가 더 깊이 있는 글로 보이고 그렇게 되데요. 그래서 저도 요즘 제일 의존하는 것이 책인데, 책이라는 게 사실은 실제와는 거리가 있는 것이거든요. 같은 사실을 놓고 이쪽으로 보든가 저쪽으로 보든가 정반대로 보듯이 상반된 시선을 가지고 있기 때문에 그래서 이쪽 책을 보면 이쪽 편이 되고, 저쪽 책을 보면 저쪽 편이 되기도 하고. 그런 것이 우리가 아직 구세대의 매체 문화에 젖어 있다는 증거이기도 하겠지만 쉽게 변할 것 같지가 않지요. 인터넷도 보고 그러기도 하지만 아직은 활자 미디어에 더 치중해 있는 편이죠. 그래서 창비든 문지든 그 종이책, 종이잡지에 실린 글들에 대한 신뢰감이 단순히 옛날에 대한 회고, 그리움이 아니라 우리 의식의 가장 핵심적인, 성감대가 예민한 부분으로 다가오고요. 그래서 이런 대담에서 우리가 역사의 주체가 아니라 객체가 되었다는 사실이 안쓰러우면서도 여러분한테 감사하고, 여러분한테 배워야 하겠다는 생각이 들기도 하고 그렇습니다.

백영서　　장시간 말씀해주셔서 대단히 고맙습니다. 독자에게 아주 유익한, 그리고 한국 지성사의 소중한 자료가 될 것으로 믿습니다.

찾아보기

필자 소개

강명숙: 연세대학교 교육학과를 졸업하고 서울대학교 대학원에서 교육학 석사 및 박사학위를 받았다. 현재 배재대학교 교직부 교수로 재직하고 있으며, 조선교육령에 관한 연구를 비롯하여 한국 근현대 교육사에 대한 다수의 논문을 발표하였다. 박사학위논문으로 「미군정기 고등교육 연구」가 있으며, 저서로는 『식민지 교육연구의 다변화』(공저) 등이 있다.

김건우: 서울대학교 국문과를 졸업하고 같은 학교 대학원에서 석사와 박사학위를 받았다. 현재 대전대학교 국어국문창작학부 교수로 재직하면서 해방후 한국 지식사에 대한 연구를 하고 있다. 지은 책으로 『사상계와 1950년대 문학』, 『혁명과 웃음』(공저)이 있으며, 최근 논문으로 「조연현-정명환 논쟁 재론」이 있다.

김영선: 이화여자대학교 여성학과 석사과정을 마치고, 미국 뉴욕주립대(빙엄튼)에서 역사사회학 박사학위를 받았다. 현재 연세대학교 국학연구원 HK연구교수로 재직하고 있다. 한국여성학 학술제도사 연구에 관심을 두고 있으며, 최근 논문으로는 「마을인문학과 여성주의」, 「남북한 여성교류의 다층적 궤적과 학술과제」 등이 있다.

김현주: 연세대학교 국어국문학과와 같은 학교 대학원에서 석사와 박사학위를 받았다. 현재 연세대학교 국어국문학과 교수로 재직하고 있다. 근대적 지식과 글쓰기의 문제, 그리고 사회문화적 실천의 상호작용에 대해 관심을 두고 있다. 지은 책으로는 『한국 근대산문의 계보학』, 『이광수와 문화의 기획』, 『사회의 발견-식민지기 사회에 대한 이론과 상상 그리고 실천(1910~1925)』 등이 있다.

서은주: 연세대학교 국어국문학과를 졸업하고 같은 학교 대학원에서 석사와 박사학위를 받았다. 현재 연세대학교 국학연구원 HK연구교수로 재직하고 있다. 서사양식과 인식론의 상관성을 연구해 왔으며 한국 근현대 지식장의 형성과정에도 관심을 두고 있다. 지은 책으로 『제도로서의 한국 근대문학과 탈식민성』(공저), 『한국 인문학의 형성』(공저)이 있으며, 최근 논문으로는 「1970년 대 문학사회학의 담론 지형」, 「지식인담론의 지형과 '비판적' 지성의 거처」 등이 있다.

신주백: 성균관대학교 산업심리학과를 졸업하고 같은 대학교에서 식민지기 농민운동과 만주지 역 민족운동사로 석사와 박사학위를 받았다. 현재 연세대학교 국학연구원 HK연구교수로 재직하

고 있다. 주전공은 한국 근현대의 학술사, 한일관계사, 군사사, 역사교육사로, 이를 동아시아사의 맥락에서도 파악하려 노력하고 있다. 지은 책으로는『만주지역 한인의 민족운동사』,『역사화해와 동아시아형 미래 만들기』,『1930년대 국내 민족운동사』,『1920, 30년대 중국지역 민족운동사』등과 공저로『분단의 두 얼굴』,『한중일이 함께 쓴 동아시아근현대사』등이 있다.

이봉범: 성균관대학교 국문과를 졸업하고 같은 대학에서 석사와 박사학위를 받았다. 현재 성균관대학교 학부대학 초빙교수로 재직하고 있다. 해방 후 한국문학제도사에 관심을 두고 검열, 미디어, 출판, 문단, 번역, 전향 등에 대해 연구하고 있다. 지은 책으로는『반공주의와 한국문학의 근대적 동학』(공저),『아프레걸 사상계를 읽다』(공저)가 있고, 최근 논문으로는「1950년 대 번역 장의 형성과 문학 번역」,「불온과 외설-1960년대 문학의 존재방식」,「잡지미디어, 불온, 대중교양 – 1960년대 복간『신동아』론」등이 있다.

이영미: 고려대학교 국어국문학과를 졸업하고 같은 대학원에서 현대문학 비평을 전공하여 석사학위를 받았다. 오랫동안 노래운동과 연극운동에서 비평과 연구 활동을 해왔고, 1990년대에는 연극평론을 활발히 했으며, 2000년대 이후에는 한국대중예술 연구에 매진하고 있다. 지은 책으로 『마당극 양식의 원리와 특성』,『마당극 리얼리즘 민족극』,『한국대중가요사』,『대학로 시대의 극작가들』,『한국인의 자화상 드라마』등이 있다.

대담자 소개

김병익: 평론가. 1967년『사상계』에「문단의 세대 연대론」을 발표하며 등단하였다. 동아일보 문화부 기자,『문학과지성』편집인 및 대표, 인하대학교 한국어문학과 초빙교수, 한국문화예술위원회 초대위원장을 역임하였다. 지은 책으로『지성과 반지성』,『한국문단사』,『지식인 됨의 괴로움』,『새로운 글쓰기와 문학의 진정성』,『기억의 타작』,『조용한 걸음으로』등이 있다.

염무웅: 평론가. 1964년『경향신문』신춘문예에「최인훈론」으로 등단하였다.『창작과비평』편집인 및 주간, 영남대학교 교수, 민족문학작가회의 이사장 등을 역임하였다. 지은 책으로 『한국문학의 반성』,『민중시대의 문학』,『혼돈의 시대에 구상하는 문학의 논리』,『문학과 시대현실』,『모래 위의 시간』,『자유의 역설』등이 있다.

백영서: 연세대학교 사학과 교수. 연세대학교 국학연구원 원장과 HK사업단장으로 있으며 창작과비평 편집주간을 맡고 있다. 지은 책으로『핵심현장에서 동아시아를 다시 묻다』,『동아시아의 귀환』,『중국현대대학문화연구』,『사회인문학이란 무엇인가』,『동아시아인의 동양 인식』(공저),『동아시아의 지역질서』(공저) 등이 있다.

이 저서는 2008년도 정부재원(교육과학기술부 학술연구조성사업비)으로 한국연구재단의 지원을 받아 연구되었음(NRF-2008-361-A00003)

필자_ 가나다순

강명숙 | 배재대학교 교직부 교수
김건우 | 대전대학교 국어국문창작학부 교수
김영선 | 연세대학교 국학연구원 HK연구교수
김현주 | 연세대학교 국어국문학과 교수
서은주 | 연세대학교 국학연구원 HK연구교수
신주백 | 연세대학교 국학연구원 HK연구교수
이봉범 | 성균관대학교 학부대학 초빙교수
이영미 | 성공회대학교 강사

대담자

김병익 | 평론가
염무웅 | 평론가
백영서 | 연세대학교 사학과 교수

사회인문학총서

권력과 학술장 : 1960년대~1980년대 초반
서은주/김영선/신주백 편

2014년 5월 30일 초판 1쇄 발행

펴낸이 · 오일주
펴낸곳 · 도서출판 혜안
등록번호 · 제22-471호
등록일자 · 1993년 7월 30일
㉾ 121-836 서울시 마포구 서교동 326-26번지 102호
전화 · 3141-3711~2 / 팩시밀리 · 3141-3710
E-Mail hyeanpub@hanmail.net

ISBN 978-89-8494-505-0 93910
값 30,000 원